中国环境司法发展报告

2023年

撰稿人（以撰写内容先后为序）

吕忠梅　张忠民　侯志强　张　琪
刘　超　陈梓铭　刘长兴　韩　印
焦艳鹏　张　博　赵祖斌　冀鹏飞
桂　凡　王雅琪　袁　明　王耀珑
欧　恒　王生珍　曾雨婷　赵　珂
李文贺　彭　丽

北京

图书在版编目（CIP）数据

中国环境司法发展报告. 2023 年 / 吕忠梅等著.
北京：法律出版社，2024. -- ISBN 978-7-5197-9492-7

Ⅰ. D922.684

中国国家版本馆 CIP 数据核字第 2024KU8290 号

中国环境司法发展报告（2023年）   吕忠梅 等 著   责任编辑 郑怡萍
ZHONGGUO HUANJING SIFA FAZHAN BAOGAO(2023 NIAN)   装帧设计 李 瞻

出版发行 法律出版社	开本 710 毫米×1000 毫米 1/16
编辑统筹 法律教育出版分社	印张 24.5　　字数 399 千
责任校对 陆帅文	版本 2024 年 12 月第 1 版
责任印制 刘晓伟	印次 2024 年 12 月第 1 次印刷
经　　销 新华书店	印刷 北京建宏印刷有限公司

地址：北京市丰台区莲花池西里 7 号(100073)
网址：www.lawpress.com.cn　　　　　　销售电话:010-83938349
投稿邮箱：info@lawpress.com.cn　　　 客服电话:010-83938350
举报盗版邮箱：jbwq@lawpress.com.cn　 咨询电话:010-63939796
版权所有·侵权必究

书号：ISBN 978-7-5197-9492-7　　　　　定价:78.00 元

凡购买本社图书，如有印装错误，我社负责退换。电话:010-83938349

"中国环境司法发展研究"课题组主要分工

课题组负责人 吕忠梅

执行负责人 张忠民

总稿人 吕忠梅 张忠民

撰写分工：

《中国环境司法发展报告(2023年)》发布稿(代序)
吕忠梅

中国环境司法2023：新征程上开新局
吕忠梅 张忠民 侯志强 张 琪

环境侵权司法的多维检视和优化方向
刘 超 陈梓铭

环境行政案件的类型与司法审查
刘长兴 韩 印

2023年全国生态环境刑事司法与犯罪惩治述评
焦艳鹏

环境公益诉讼的系统检视与重点剖析
张 博 赵祖斌

公安机关在环境资源犯罪治理机制中的职能定位与司法效能
冀鹏飞 桂 凡

检察机关提起环境行政公益诉讼的实证观察
王雅琪 袁 明 王耀珑

环境刑事附带民事公益诉讼案件的实证检视与路径完善
欧 恒 王生珍 曾雨婷

附录
赵 珂 李文贺 彭 丽

"中国环境司法发展研究"课题组
人员简介

一、报告撰写人员简介(按撰写内容先后排序)

吕忠梅　法学博士,全国人大常委会委员、环境与资源保护委员会副主任委员,最高人民法院环境资源司法研究中心副主任、学术委员会主任,中国法学会副会长,中国法学会环境资源法学研究会会长,中国政法大学民商经济法学院教授、博士生导师

张忠民　法学博士,中南财经政法大学法学院教授、博士生导师,法律事务部部长,生态文明研究院常务副院长,清华大学环境资源能源法学研究中心研究员

侯志强　法学博士,中南财经政法大学法学院讲师

张　琪　中南财经政法大学法学院环境法博士研究生

刘　超　法学博士,华侨大学法学院教授、院长、教育立法研究基地主任,案例法研究中心主任,中南财经政法大学法学院博士生合作导师

陈梓铭　法学博士,华侨大学法学院讲师

刘长兴　法学博士,武汉大学环境法研究所教授、博士生导师

韩　印　华南理工大学法学院博士研究生

焦艳鹏　法学博士,华东政法大学刑事法学院教授、博士生导师,中国环境犯罪治理研究中心主任

张　博　法学博士,中南财经政法大学法学院讲师

赵祖斌　法学博士,中南财经政法大学刑事司法学院讲师

冀鹏飞　法学博士,中南财经政法大学法学院讲师

桂　凡　中南财经政法大学法学院环境法博士研究生

王雅琪　法学博士,常州大学史良法学院讲师

袁　明　中南财经政法大学法学院环境法博士研究生

王耀珑　中南财经政法大学生态文明研究院博士研究生

欧　恒　法学博士,贵州中医药大学人文与管理学院讲师

王生珍　中南财经政法大学法学院环境法博士研究生、青海师范大学法学与社会学学院讲师
曾雨婷　中南财经政法大学法学院环境法博士研究生
赵　珂　法学博士,郑州大学法学院讲师
李文贺　中南财经政法大学法学院环境法博士研究生
彭　丽　中南财经政法大学法学院环境法博士研究生

二、"中国环境司法发展研究"课题组数据支持人员简介

李俊慧　法学硕士,中国司法大数据研究院社会治理发展研究部部长
卓　煜　工学博士,中国司法大数据研究院社会治理发展研究部副部长
赵雨彤　法律硕士,中国司法大数据研究院法律研究员
段雨恒　法律硕士,中国司法大数据研究院法律研究员

2023年"中国十大环境司法案例"点评专家

(按撰写内容先后排序)

王秀卫　法学博士,海南大学法学院教授、博士生导师,生态文明法治研究中心主任
杨朝霞　法学博士,北京林业大学人文社会科学学院教授、博士生导师,生态文明研究院副院长、生态法研究中心主任
王社坤　法学博士,西北大学法学院教授
于文轩　法学博士,中国政法大学钱端升讲座教授、博士生导师,民商经济法学院副院长、生态与资源法治研究中心主任
胡　静　法学博士,中国政法大学民商经济法学院教授、博士生导师
王小钢　法学博士,天津大学法学院教授、博士生导师,中国绿色发展研究院副院长
杜健勋　西南政法大学经济法学院教授
张　璐　法学博士,华东政法大学经济法学院教授、博士生导师
郭　武　福州大学法学院教授、博士生导师
巩　固　北京大学法学院研究员、博士生导师,资源能源与环境法研究中心主任

《中国环境司法发展报告(2023年)》发布稿(代序)

中国法学会副会长、中国法学会环境资源法学研究会会长
最高人民法院环境资源司法研究中心副主任、学术委员会主任　　吕忠梅
2024年6月5日

各位媒体朋友：

　　大家上午好！今天发布的2023年度《中国环境司法发展报告》，是我们自2017年以来连续发布的第八份报告，这份报告由最高人民法院环境资源司法研究中心、中南财经政法大学生态文明研究院、中国环境司法发展研究课题组共同完成。

　　2023年是全面贯彻党的二十大精神的开局之年。全国司法系统坚持推动环境司法专门化专业化稳定持续发展，加强环境司法机制、规则、理论同步化建设，切实提升环境司法效能，推动形成中国特色的绿色职权主义模式，不断满足人民对美好生活的新期待，开启新征程上环境司法新局面。

一、环境司法专门化建设基础愈加坚实

　　全国司法机关认真总结新时代十年的实践经验，准确把握和处理高质量发展和高水平保护的关系、重点攻坚和协同治理的关系、自然恢复和人工修复的关系、外部约束和内生动力的关系、"双碳"承诺和自主行动的关系，全面加强环境组织机构建设、提升工作质效、完善规则体系、锻造专业队伍、促进理论研究与实践转化紧密结合，为司法服务和保障新征程上全面推进"美丽中国"建设夯实基础。

　　第一，环境司法组织机构注重系统性建设。2023年，全国环境资源专门审判机构数量同比增长15.95%，稳中有升、健康持续。陕西省新建环境资源保护法庭90个，北京市建成"高院1＋中院1＋基层法院7"的立体化环境资源审判机构体系。黑龙江、湖南、湖北等省在重点生态功能区设立环境资源巡回审判点，强化司法保护力度。公益诉讼检察专门机构建设持续深耕。青海省三江源地区检察院与玛多县检察院共同探索"生态巡回检察＋依托属地＋专项治理"

办案模式,广东省深圳市前海检察院探索海岛巡回检察机制,推行"四检融合"一体化海洋案件办案模式。

第二,环境司法工作效能强调整体性提升。全国司法机关以数字赋能增强司法能力,以协同共建提高协作效能,以多元化方式保护生态环境、保障人民合法环境权益。黄河流域九省区法院签署《司法服务黄河流域生态保护和高质量发展山西倡议》,上海海事法院与上海市检察院第三分院共同签署《关于建立海洋自然资源与生态环境司法保护协作机制的工作备忘录》,深化司法协同。

第三,环境司法规则制定进行体系性升级。按照党的二十大报告提出的推进"美丽中国"建设总体要求,围绕"双碳"战略,《黄河保护法》《青藏高原生态保护法》等新法实施,织密生态环境保护法治网。2023年,最高人民法院、最高人民检察院、公安部等单独或者联合发布12件相关环境司法文件,发布1批5个指导性案例,32批246个典型案例,系统优化环境司法规则,引领贯彻落实绿色发展理念,以高水平保护促进高质量发展。

第四,环境司法能力建设注重与理论研究紧密结合。最高人民检察院、公安部、生态环境部连续第八年开展生态环境保护工作同堂培训。河南、甘肃、海南等省举办全省法院环境资源审判业务培训。福建省高级人民法院制定《关于推广生态环境审判技术调查官制度助力打造美丽中国示范省的意见》。湖北省高级人民法院等单位在中国法学会环境资源法学研究会指导下,举办了第二届长江大保护司法论坛。

第五,环境司法的社会功能面向国内国际双向发力。持续加强生态环境法治宣传,全国各级人民法院发布环境资源审判情况报告35件,《人民法院报》发布环境司法工作纪实11件,上升趋势明显。积极传播中国环境司法经验,引领世界绿色司法发展,联合国环境规划署已收录4批45件中国环境资源审判典型案例和8部司法报告,最高人民法院、最高人民检察院等举办生态文明贵阳国际主题论坛,为全球环境治理贡献东方司法智慧。

二、环境司法专业化稳中求进见实效

经过不断努力,环境司法专业化建设取得积极成效。专门环境诉讼制度运行平稳,平衡发展与保护关系的司法功能发挥更加明显;环境司法重点领域持续发力,多元共治合力加快形成,一些具有中国特色的环境司法机制发展良好。

环境侵权案件数量继续呈下降趋势,地域分布不平衡现象依然存在,案件数量最多的为水污染与噪声污染案件,损害赔偿请求居于首位,争议焦点集中于侵害事实、赔偿责任主体等,凸显人民群众对保护环境权益的新期待、新需求。环境行政案件数量上升,以环境行政处罚、环境行政强制等争议为主,案件审理突出实体合法性审查的特征。环境刑事案发数量再创新低,司法机关加大刑事司法政策供给,更加契合生态环境法益保护的刑事司法特性。环境公益诉讼案件依旧为民事公益诉讼多、行政公益诉讼少、生态环境损害赔偿诉讼更少的状况,以检察机关提起公益诉讼为主;社会组织提起的公益诉讼案件数量不多,但有一定的社会影响力。公益诉讼案件的审理与执行更加紧扣国家战略、注重处理发展与保护的关系,呈现新特点。

课题组对公安机关、检察机关、审判机关的工作情况进行了特别观察。总体上看,环境资源犯罪侦查专业化模式初现,"行刑衔接"机制成为常态,打击生态环境犯罪的合力正在形成。环境行政公益诉讼案件集中于垃圾管理、地质环境保护等领域,诉前检察建议动因多元。环境刑事附带民事公益诉讼案件数量稳步上升,主要集中于水生动物资源、野生动物资源保护领域,以促进生态恢复为主。

三、为环境司法服务高水平保护持续努力

习近平总书记在全国生态环境保护大会上强调"必须以更高站位、更宽视野、更大力度来谋划和推进新征程生态环境保护工作,谱写新时代生态文明建设新篇章",为环境司法机关在新征程上履行新使命注入了新动能。深入贯彻落实习近平生态文明思想和习近平法治思想,践行全面推进"美丽中国"建设总要求,以改革开放精神继续优化完善环境司法体制机制,切实解决环境司法工作存在的困难和问题,是环境司法机关的新使命新担当。

立足宪法和法律赋予的环境司法机关职能,建设充分体现中国生态文明建设道路的绿色司法体系,持续释放法治活力。围绕实现中国式现代化国家战略,立足于保障促进实现"人与自然和谐共生"的现代化,构建体现中国道路、中国制度、中国风格的绿色司法体系。通过强职能、健体制、重统筹,筑牢环境司法组织基础;积极探索强基层、补短板的环境司法工作机制。建立健全生态环境侦查、检察、审判规则体系,着力推进"多检融合""三审合一""行刑衔接"等改革,促进实现从"物理反应"到"化学反应"的转变;加强生态环境领域的多元解纷机制建设,加快环境司法与环境行政执法密切协作、保障公众依法有序参加的治理体系建设,不断提升环境治理体系与治理能力现代化水平。

把握生态环境法典编纂契机,认真梳理总结环境司法实践规律,积极推进将成熟的司法经验固化为法律规定,为更好发挥环境司法功能奠定法律基础。认真梳理《民法典》"绿色条款"适用的司法实践经验,在建立体系性解释框架、明确"原则+规则"适用规则基础上,提炼生态环境法典与民法典相互衔接的法律制度安排。认真总结环境民事司法、环境行政司法、环境刑事司法、环境公益诉讼实践经验,归纳体现环境司法特色的实体与程序规则,为建立系统化的生态环境法律责任制度及其责任追究程序提供基础。

我的发布到此,谢谢大家!

目 录

总体观察篇

中国环境司法 2023：新征程上开新局   003
  一、环境司法专门化建设基础愈加坚实   003
  二、环境司法专业化能力稳步提升   026
  三、环境司法重点领域持续发力   040
  四、推动环境司法体系提阶升级   053

重点分析篇

环境侵权司法的多维检视和优化方向   061
  一、2023 年环境侵权案件研究样本概述   061
  二、环境侵权案件的多维检视   063
  三、结论与建议   091

环境行政案件的类型与司法审查   102
  一、环境行政案件的概况与样本选择   102
  二、环境行政案件的基本类型   111
  三、环境行政案件的审查要点   117
  四、环境行政案件的裁判规律   122
  五、环境行政诉讼发展展望   129

2023 年全国生态环境刑事司法与犯罪惩治述评   132
  一、2023 年全国生态环境刑事案件办理情况述评   132

二、重点省份生态环境刑事案件办理情况述评　　133
　　三、部分市区生态环境刑事案件办理情况述评　　138
　　四、2023 年涉生态环境刑事政策供给情况述评　　141
　　五、结语　　145

环境公益诉讼的系统检视与重点剖析　　147
　　一、环境公益诉讼研究样本的选定及获取方式　　148
　　二、2023 年度环境公益诉讼案件的系统检视　　148
　　三、实践中环境公益诉讼的重点剖析　　161
　　四、环境公益诉讼制度的未来面向　　178

特别关注篇

公安机关在环境资源犯罪治理机制中的职能定位与司法效能　　189
　　一、问题限定及数据样本来源　　189
　　二、打击环境资源犯罪的实证观察　　191
　　三、公安机关内部能动：展环境司法新担当　　213
　　四、行刑衔接部门联动：聚打击犯罪新合力　　217
　　五、警民联合群众发动：显基层治理新优势　　222

检察机关提起环境行政公益诉讼的实证观察　　226
　　一、问题限定及样本选择　　226
　　二、环境行政公益诉讼案件的整体观测　　228
　　三、检察机关在诉前提起检察建议的实践样态　　246
　　四、检察机关对行政机关履行职责的评估情况　　261
　　五、结语　　276

环境刑事附带民事公益诉讼案件的实证检视与路径完善　　277
　　一、环境刑事附带民事公益诉讼的问题限定及样本选择　　278
　　二、环境刑事附带民事公益诉讼案件的现实样态　　280

三、环境刑事附带民事公益诉讼案件的问题透视　　290
四、环境刑事附带民事公益诉讼案件的规则完善　　298
五、结语　　307

附　录

附录一：环境立法、司法解释、生态文明体制改革政策目录（2023）　　309
附录二：2023 年度"中国十大环境司法案例"评选　　338
附录三：2023 年度"中国十大环境司法事件"评选　　370

总体观察篇

中国环境司法2023：新征程上开新局

吕忠梅　张忠民　侯志强　张　琪

2023年是全面贯彻党的二十大精神的开局之年。全国司法系统以习近平法治思想和习近平生态文明思想为指引，全面贯彻党的二十大和二十届二中全会精神，落实习近平总书记在全国生态环境保护大会上的重要讲话要求，准确把握"人与自然和谐共生"的中国式现代化本质特征，认真分析疫情后经济恢复发展趋势和国家治理体系和治理能力现代化新要求，坚持推动环境司法专门化专业化稳定持续发展，加强环境司法机制、规则、理论同步化建设，进一步筑牢环境司法基础，切实提升环境司法效能，不断满足人民对美好生活的新期待，开启了新征程上环境司法的新局面。

《中国环境司法发展报告(2023年)》是"中国环境司法发展"课题组跟踪观测的第八份报告。本报告是在《环境司法专门化：现状调查与制度重构》[1]《中国环境司法发展报告(2015—2017)》[2]《中国环境司法发展报告(2017—2018)》[3]《中国环境司法发展报告(2019年)》[4]《中国环境司法发展报告(2020年)》[5]《中国环境司法发展报告(2021年)》[6]《中国环境司法发展报告(2022年)》[7]等的基础上，持续观察2023年度中国环境司法发展状况，总结环境司法发展规律的过程中形成的。本部分是对2023年度中国环境司法的总体观察。

一、环境司法专门化建设基础愈加坚实

2023年，全国司法机关认真总结新时代十年的实践经验，深刻分析当前面临的新情况新问题，以正确处理高质量发展和高水平保护的关系、重点攻坚和协

---

[1]　参见吕忠梅等：《环境司法专门化：现状调查与制度重构》，法律出版社2017年版。
[2]　参见吕忠梅等：《中国环境司法发展报告(2015—2017)》，人民法院出版社2017年版。
[3]　参见吕忠梅等：《中国环境司法发展报告(2017—2018)》，人民法院出版社2019年版。
[4]　参见吕忠梅等：《中国环境司法发展报告(2019年)》，法律出版社2020年版。
[5]　参见吕忠梅等：《中国环境司法发展报告(2020年)》，法律出版社2021年版。
[6]　参见吕忠梅等：《中国环境司法发展报告(2021年)》，法律出版社2022年版。
[7]　参见吕忠梅等：《中国环境司法发展报告(2022年)》，法律出版社2023年版。

同治理的关系、自然恢复和人工修复的关系、外部约束和内生动力的关系、"双碳"承诺和自主行动的关系为行动指南,全面加强环境组织机构建设、提升工作质效、完善规则体系、锻造专业队伍、促进理论研究与实践转化紧密结合,为司法服务和保障新征程上全面推进"美丽中国"建设夯实基础。

(一)环境司法组织机构注重系统性建设

2023年度,各级司法机关以生态环境治理的整体性、系统性为着眼点,针对流域、森林、湿地等生态系统及其生态服务功能特征,积极探索设立巡回审判机构和专门性检察机构,持续推进形成立体化的环境司法组织体系。环境资源审判专门机构数量稳步提升,公益诉讼检察专门机构触角进一步延伸。

1. 环境资源审判专门机构体系更加严实

截至2023年12月,全国31个省、自治区、直辖市共有环境资源审判专门机构(组织)2813个。[8] 相较于2022年,同比增长15.95%。[9] (见图1-1)

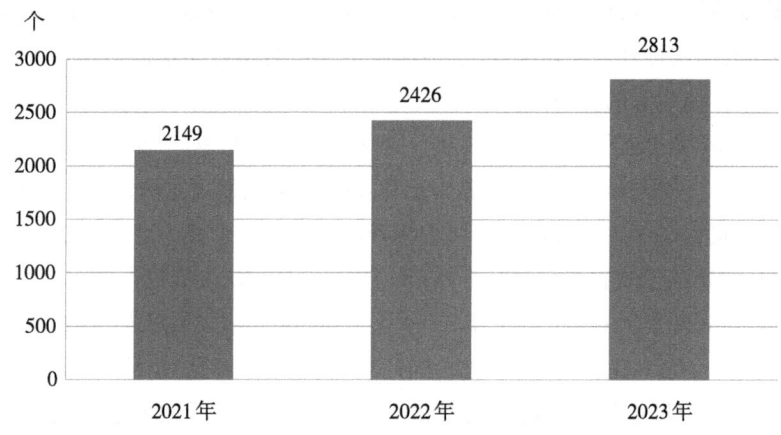

图1-1 2021~2023年全国环境资源审判专门机构(组织)的设置情况

(1)立足生态环境特性,科学设置环境资源审判专门机构。陕西省新建环境资源保护法庭90个,全面覆盖黄河、长江流域。[10] 江西省以"一江一湖五大

---

[8] 数据来源于最高人民法院环境资源审判庭。
[9] 截至2022年12月,全国31个省、自治区、直辖市共有环境资源审判专门机构2426个。参见吕忠梅等:《中国环境司法发展报告(2022年)》,法律出版社2023年版,第4页。
本书的所有数据均只统计了31个省、自治区、直辖市,不包括我国港澳台地区。——编者注
[10] 参见西部法制网:《十分守护 一片青绿!——陕西法院加强环境资源审判工作纪实》,载百度网,https://baijiahao.baidu.com/s?id=1767854283981909425&wfr=spider&for=pc,最后访问日期:2024年2月25日。

河流"等7个流域环境资源法庭为中心,以庐山、仙女湖等区域环境资源法庭为辅,构建地域管辖与流域(区域)集中管辖并行的环境资源审判机构体系。[11]北京市8家中级、基层人民法院统一挂牌成立环境资源审判专门机构,建立起"高院1+中院1+基层法院7"的立体化环境资源审判机构体系。[12] 重庆市第五中级人民法院设立重庆环境资源法庭,为流域区域生态环境提供一体司法保护。[13]

(2)依托生态功能区平台,积极探索设立生态保护巡回法庭。地方人民法院积极探索环境资源巡回审判工作机制,在自然保护区、湿地、流域等重点生态功能区设立环境资源巡回审判点以强化生态环境资源司法保护力度。广东省清远市以连山笔架山省级自然保护区为依托,设立生态保护巡回法庭。[14]广州市从化区人民法院在陈禾洞省级自然保护区挂牌成立生态保护巡回法庭工作站。[15]黑龙江省哈尔滨市道外区人民法院在道外区民主镇新国村月牙湾湿地挂牌成立"湿地生态保护巡回法庭"。[16] 湖南省法院设立湘江环境资源法庭巡回审判点,开展跨行政区域环境资源案件巡回审判。[17] 湖北省长阳土家族自治县人民法院在清江国家湿地公园设立生态保护巡回法庭。[18]

2. 公益诉讼检察专门机构建设持续延伸

2023年,全国各级检察机关秉持"高质效办好每一个案件"的工作态度,[19]切实履行法律监督职责,立足系统观念持续推进公益诉讼检察专门机构建设,推

---

[11] 参见胡佳佳:《让赣鄱大地开窗见绿推门见景——江西法院强化生态环境司法一体化保护工作纪实》,载中华人民共和国最高人民法院网,https://www.court.gov.cn/zixun/xiangqing/390731.html,最后访问日期:2024年2月25日。
[12] 参见赵岩:《北京:挂牌成立8家环境资源审判专门机构》,载《人民法院报》2023年8月16日,第1版。
[13] 参见刘洋:《重庆环境资源法庭揭牌》,载中华人民共和国最高人民法院网,https://www.court.gov.cn/zixun/xiangqing/421852.html,最后访问日期:2024年2月25日。
[14] 参见广东连山笔架山省级自然保护区管理处:《清远首个生态保护巡回法庭揭牌成立》,载广东省林业局网,http://lyj.gd.gov.cn/lmgd/gdxd/content/post_4236890.html,最后访问日期:2024年2月25日。
[15] 参见高京:《省级自然保护区里设巡回法庭工作站》,载广州市生态环境局网,http://sthjj.gz.gov.cn/ysxw/content/post_8831077.html,最后访问日期:2024年2月25日。
[16] 参见张冲:《哈尔滨市道外区法院挂牌成立"湿地生态保护巡回法庭"》,载法治网,http://www.legaldaily.com.cn/index_article/content/2023-08/16/content_8888884.html,最后访问日期:2024年2月25日。
[17] 参见罗晓:《湖南首个跨区域环境资源巡回审判点设立》,载长沙市开福区人民法院网,http://kfqfy.hunancourt.gov.cn/article/detail/2023/06/id/7369404.shtml,最后访问日期:2024年2月25日。
[18] 参见长阳法院办公室:《长阳法院清江湿地生态保护巡回法庭揭牌成立》,载长阳土家族自治县人民法院网,http://www.cyxfy.hbfy.gov.cn/DocManage/ViewDoc?docid=bedffb35-4f86-4371-b3e5-6053eab950e7,最后访问日期:2024年2月25日。
[19] 参见《高质效办好每一个案件》,载中华人民共和国最高人民检察院网,https://www.spp.gov.cn/spp/zhuanlan/202304/t20230403_611478.shtml,最后访问日期:2024年2月25日。

动公益诉讼检察组织建设体系化发展。

（1）推进流域生态环境检察专门机构建设，全面提升生态环境检察监督质效。陕西省设立秦岭北麓、秦岭南麓、关中平原、陕北高原地区4个专门检察院，管辖涉秦岭、黄河流域生态保护的跨区划公益诉讼案件；[20]西安市阎良区人民检察院成立黄河流域（西安）生态环境司法保护治理办公室，强化黄河流域石川河段的生态环境保护检察工作。[21]

（2）积极开展生态环境巡回检察，切实发挥检察机关生态保护职能。立足检察机关作为国家法律监督机关的定位，结合生态环境问题所具有的跨流域、跨地域、跨领域等"三跨"特征，青海省三江源地区检察院会同玛多县检察院，采取"生态巡回检察+依托属地+专项治理"办案模式，联合开展黄河源片区生态巡回检察。[22]广东省深圳市检察机关探索开展海岛巡回检察机制，推行"四检融合"一体化海洋案件办案模式。[23]湖北省武汉市检察院下发《关于"充分发挥检察职能，助力流域综合治理"公益诉讼交叉巡回检察的实施方案》，[24]推进基层人民检察院开展巡回检察工作的规范化和制度化。

（二）环境司法工作效能强调整体性提升

2023年，各级司法机关认真贯彻落实习近平总书记对政法工作的重要指示，立足环境司法专业活动，适应数字化时代新发展，为满足环境治理新要求和人民群众新期待，加强数字赋能，以环境司法信息化建设推动跨流域、跨区划、跨部门协作联动机制顺畅运行，切实提升环境司法工作质效，提升环境治理体系和能力现代化水平，维护人民群众环境权益。

1. 加强信息技术开发应用，以数字赋能增强司法能力

各级司法机关加快推进数字法院和数字检察建设，加强政法协同办案智慧平台建设，促进环境司法工作信息共享，积极探索以现代信息技术助推环境司法

---

[20] 参见《以高质效办案加强荒漠化防治司法保障》，载中华人民共和国最高人民检察院网，https：//www.spp.gov.cn//llyj/202309/t20230914_628168.shtml，最后访问日期：2024年2月26日。

[21] 参见孙立昊洋、李静：《陕西西安阎良区：构建生态保护新格局》，载中华人民共和国最高人民检察院网，https：//www.spp.gov.cn/spp/dfjcdt/202312/t20231203_635541.shtml，最后访问日期：2024年2月26日。

[22] 参见徐谦、马静：《青海三江源地区：联合守护高原生态》，载中华人民共和国最高人民检察院网，https：//www.spp.gov.cn/tpxw/202307/t20230707_621051.shtml，最后访问日期：2024年2月26日。

[23] 参见周洪国、王霄：《〈深圳海洋检察工作报告〉发布》，载中华人民共和国最高人民检察院网，https：//www.spp.gov.cn/zdgz/202403/t20240315_649555.shtml，最后访问日期：2024年3月26日。

[24] 参见周晶晶、代琪：《湖北武汉：生态检察为河湖注入"幸福元素"》，载《检察日报》2023年9月3日，第3版。

工作现代化。

（1）有效发挥大数据驱动作用，提升环境司法工作信息化水平。在最高人民法院主导下，江苏省高级人民法院承建了中国环境资源审判信息平台。[25] 贵阳市中级人民法院、清镇市人民法院设立"大数据环境司法保护研究基地"，[26] 探索将大数据技术应用于环境资源审判领域。河北省全省三级检察机关积极运用公益诉讼检察大数据智能化应用平台进行办案。[27] 广东省广州市花都区检察院利用大数据构建固体废物跨区域非法转移类案监督模型。[28] 山东省威海市文登区检察院研发构建了海域使用公益诉讼类案监督模型，[29] 切实推动办案模式从"个案为主、数量驱动"向"类案为主、数据赋能"转变，[30] 促进公益诉讼案件办理监督方式的多元化发展。

（2）搭建交流协作平台，促进环境司法工作提质增效。立足以生态环境保护优先原则为主的司法体制机制改革，[31] 多省市法院探索搭建环境司法协作平台。河北省邢台市中级人民法院创办了《太行山河北段生态环境保护司法协作专刊》，研发"环境资源审判一体化平台"。[32] 上海市崇明区人民法院建立了生态司法协同专门线上智慧平台，积极开展诉前协调、案件会商等事项。[33] 安徽

---

[25] 参见孙航：《中国环境资源审判信息平台正式运行　周强强调　深化环境资源审判信息化建设　加快推进环境资源审判体系和审判能力现代化》，载《人民法院报》2023年1月13日，第1版。

[26] 参见《大数据环境司法保护研究基地成立》，载贵阳市大数据发展管理局网，https://dsjj.guiyang.gov.cn/newsite/xwdt/xyzx/202308/t20230811_81691655.html，最后访问日期：2024年3月2日。

[27] 参见肖俊林：《河北：公益诉讼检察大数据应用平台正式启用》，载《检察日报》2023年12月31日，第1版。

[28] 参见刘韬、刘腾、丘恺琦：《广东广州花都区：破解固体废物跨区域非法转移监管难题》，载中华人民共和国最高人民检察院网，https://www.spp.gov.cn/spp/dfjcdt/202307/t20230724_622409.shtml，最后访问日期：2024年3月2日。

[29] 参见郭树合、宋晓卉：《山东威海文登区：打通信息壁垒促进整治违规使用海域问题》，载中华人民共和国最高人民检察院网，https://www.spp.gov.cn/spp/dfjcdt/202311/t20231123_634666.shtml，最后访问日期：2024年3月2日。

[30] 参见王旭光：《深化跨行政区划检察改革构建陕西生态环境检察工作新格局》，载中华人民共和国最高人民检察院网，https://www.spp.gov.cn/llyj/202311/t20231108_633262.shtml，最后访问日期：2024年3月3日。

[31] 参见王普：《"绿水青山就是金山银山"理论的法治化研究》，载《中国地质大学学报（社会科学版）》2024年第2期。

[32] 参见《守护好"中华之脊"八百里巍巍太行——环太行山四省（市）法院生态环境保护司法协作三人谈》，载《人民法院报》2023年9月13日，第2版。

[33] 参见《行政司法协作联动　共同赋能生态治理》，载上海市崇明区人民政府网，https://www.shcm.gov.cn/elder/infodetail.html?infoid=ff8a14ba-512d-4099-abc6-e21f3c1aaa99&type=cmxw，最后访问日期：2024年3月3日。

省巢湖市检察院依托"府检联动"机制,建设与生态环境主管部门双向衔接信息平台。[34]

2.统筹生态环境综合治理,以协同共建提高协作效能

各级司法机关深化跨部门、跨区划环境司法协作,通过制定和发布"备忘录""框架协议""意见"等规范性文件的形式完善环境司法协作机制和工作流程,促推环境资源审判、检察监督与行政执法协同履职,提高生态保护工作整体效果,实现环境司法与环境治理深度融合。

(1)深化职能部门协同,推进行政与司法有机衔接。最高人民检察院联合水利部在郑州举办首届服务保障黄河国家战略检察论坛,并启动黄河流域水资源保护专项行动。[35] 上海海事法院与上海市检察院第三分院共同签署《关于建立海洋自然资源与生态环境司法保护协作机制的工作备忘录》。[36] 海南省屯昌县检察院与屯昌县水务局联合会签《关于建立"河长湖长+检察长"协作配合工作机制的意见》;与县自然资源和规划局、县综合行政执法局联合出台《关于建立行政检察与自然资源行政执法衔接工作机制的意见》。[37] 四川省遂宁市两级检察机关与同级河长办建立"塘长+库长+巡护员"网格化治理小流域模式。[38] 陕西省榆林市检察机关联合市林长办、市公安局建立了"林长+检察长+警长"协作机制;联合市田长办建立了"田长+检察长"协作机制;联合市生态环境局建立了"生态环境执法+检察监督"工作机制,[39] 织密生态环境和资源保护网。

---

[34] 参见吴贻伙:《安徽巢湖:检察履职聚焦巢湖生态保护》,载中华人民共和国最高人民检察院网,https://www.spp.gov.cn/spp/dfjcdt/202312/t20231224_638006.shtml,最后访问日期:2024年3月2日。

[35] 参见巩宸宇:《首届服务保障黄河国家战略检察论坛在豫举行》,载中华人民共和国最高人民检察院网,https://www.spp.gov.cn/tt/202304/t20230412_610994.shtml,最后访问日期:2024年3月4日。

[36] 参见魏小欣、陈贤、杭晶琪:《上海:法检共建海洋生态环保协作机制》,载中华人民共和国最高人民检察院网,https://www.spp.gov.cn//dfjcdt/202311/t20231113_633583.shtml,最后访问日期:2024年3月4日。

[37] 参见邢东伟、翟小功:《海南屯昌:打造"益心护水 画里屯昌"公益诉讼检察品牌》,载中华人民共和国最高人民检察院网,https://www.spp.gov.cn/zdgz/202401/t20240123_640968.shtml,最后访问日期:2024年3月4日。

[38] 参见曹颖频、周雅丽:《对话四川省遂宁市人民检察院第六检察部主任游筱——净化跨界小流域,保护江河"大动脉"》,载中华人民共和国最高人民检察院网,https://www.spp.gov.cn/zdgz/202311/t20231109_633344.shtml,最后访问日期:2024年3月4日。

[39] 参见孙立昊洋、马金顺、薛蓉蓉:《陕西榆林:能动履职守护母亲河安澜》,载中华人民共和国最高人民检察院网,https://www.spp.gov.cn/zdgz/202404/t20240403_650987.shtml,最后访问日期:2024年4月10日。

（2）深化区域流域协作，构建跨域生态环境司法联动机制。最高人民法院召开"贯彻实施黄河保护法暨沿黄九省区法院黄河流域司法保护工作推进会"，会议期间，黄河流域九省区法院通过并签署《司法服务黄河流域生态保护和高质量发展山西倡议》。[40] 湖北省黄梅县人民法院分别与安徽省宿松县人民法院、湖北省武穴市人民法院签署了《龙感湖自然保护区环境资源审判协作框架协议》《环太白湖环境资源保护审判协作框架协议》，构建跨区域生态保护司法协作模式。[41] 陕西宝鸡、汉中、四川广元、甘肃陇南四地法院共同签署《川陕甘秦岭南麓嘉陵江上游区域环境资源审判协作框架协议》《陕川甘秦岭南麓嘉陵江上游环境资源审判协作之委托送达和调查取证实施办法（试行）》。[42]

3. 落实恢复性司法理念，以多元化方式保障生态修复

全国司法机关积极探索建设生态环境司法保护（修复）基地，结合实现"双碳"目标创新生态环境责任承担方式，将个案裁判落实嵌入生态功能系统恢复，促进生态环境整体改善。

（1）建设生态环境司法基地，切实推进生态修复。湖南省高级人民法院、长沙市中级人民法院与长沙市天心区人民法院共同在天心区南托街道兴马洲成立"长株潭生态绿心生物多样性司法保护基地"。[43] 上海市第三中级人民法院与上海市生态环境局、浦东新区人民政府共同建设浦东生态环境司法保护基地。[44] 四川省万源市人民法院在任河建立生态环境司法修复基地。[45] 江苏省灌南县人民法院先后设立6个陆上和1个海上环境司法执行基地，实现生态修

---

[40] 参见人民法院新闻传媒总社：《贯彻实施黄河保护法 以高质量司法服务高质量发展 为保障黄河安澜、服务民族复兴再立新功》，载中华人民共和国最高人民法院网，https://www.court.gov.cn/zixun/xiangqing/394651.html，最后访问日期：2024年3月4日。

[41] 参见吴英：《鄂皖三地法院携手共护龙感湖流域生态环境》，载《人民法院报》2023年6月15日，第4版。

[42] 参见张娅、张雅芝：《用法治力量保卫"一山一河一水"——陕西法院加强生态环境司法保护工作纪实》，载中华人民共和国最高人民法院网，https://www.yczy.gov.cn/article/detail/2023/11/id/7644136.shtml，最后访问日期：2024年3月5日。

[43] 参见《在首个全国生态日，"长株潭生态绿心生物多样性司法保护基地"揭牌成立啦！》，载长沙市中级人民法院网，https://baijiahao.baidu.com/s?id=1774307879153945647&wfr=spider&for=pc，最后访问日期：2024年3月5日。

[44] 参见《上海三中院与市生态环境局、浦东新区人民政府共建上海·浦东"生态环境司法保护基地"》，载上海市第三中级人民法院网，https://baijiahao.baidu.com/s?id=1785320510170760356&wfr=spider&for=pc，最后访问日期：2024年3月5日。

[45] 参见张璇、魏祯：《四川万源：环资审判护航绿色发展》，载中国法院网，https://www.chinacourt.org/article/detail/2023/07/id/7391578.shtml，最后访问日期：2024年3月5日。

复由个案到类案再到项目化修复全覆盖。[46]

（2）探索创新执行方式，服务经济社会绿色低碳转型。海南省第一中级人民法院引入"碳汇"理念开展全省首例使用林业碳汇进行替代性修复的生态案件。[47] 福建省漳州市中级人民法院审结全国单笔最大的司法认购红树林蓝碳碳汇案件。[48] 贵州省检察机关积极探索"异地补植复绿""碳汇+检察"等生态环境修复模式，在2023年度督促认购碳汇2.1万吨、补植复绿1.1万亩。[49] 广东省广州市南沙区检察院创设"检察+碳汇"生态修复模式，办理了广东省首例碳汇认购生态修复民事公益诉讼案。[50] 浙江省象山县人民检察院创新"蓝碳+产权+司法"的生态补偿方式，依托宁波、厦门两地产权交易中心设立跨省共建的蓝碳生态碳账户。[51] 四川省成都铁路运输中级法院积极探索野生动物处置新路径，提出对陆生野生动物进行野化放归的生态环境恢复模式。[52]

（三）环境司法规则制定进行体系性升级

2023年，围绕国家"双碳"战略，《黄河保护法》《青藏高原生态保护法》等新法实施出台整体性司法文件；聚焦生态环境领域系统性规范供给，最高人民法院、最高人民检察院、公安部等单独或联合出台相关司法解释和司法文件，发布指导性案例、典型案例，系统优化环境司法规则供给，保障和促进生态文明建设。

1. 环境司法保护政策更趋精细

2023年，最高人民法院、最高人民检察院等发布12件相关环境司法文件（见表1-1）。按照"以最严格制度最严密法治保护生态环境"的要求，推动环

---

[46] 参见朱旻：《86%环境刑事案件适用恢复措施，设立6个陆上1个海上执行基地，环境司法"灌南模式"重修复、治未病、疗已伤——"伪虎鲸又来灌河口了！"》，载中华人民共和国最高人民法院网，https://www.court.gov.cn/zixun/xiangqing/418702.html，最后访问日期：2024年3月5日。

[47] 参见崔善红：《海南宣判适用林业碳汇替代修复生态案》，载中华人民共和国最高人民法院网，https://www.court.gov.cn/zixun/xiangqing/396732.html，最后访问日期：2024年3月5日。

[48] 参见蔡楠楠：《市"两院"工作报告亮点扫描》，载《闽南日报》2024年1月12日，第2版。

[49] 参见林建安：《聚焦·地方两会丨贵州："检察蓝"提升生态"颜值"》，载中华人民共和国最高人民检察院网，https://www.spp.gov.cn/zdgz/202401/t20240130_641765.shtml，最后访问日期：2024年3月6日。

[50] 参见刘韬、夏立元、齐鸣：《走进全国模范检察院丨广东广州南沙区：用改革精神打造创新品牌》，载中华人民共和国最高人民检察院网，https://www.spp.gov.cn//zdgz/202404/t20240407_651017.shtml，最后访问日期：2024年3月6日。

[51] 参见王春、方芳、慕森：《非法捕捞者认购蓝碳修复海洋生态》，载中华人民共和国最高人民检察院网，https://www.spp.gov.cn//dfjcdt/202404/t20240403_650988.shtml，最后访问日期：2024年3月6日。

[52] 参见王小玲：《成都探索野化放归生态环境恢复模式》，载中国经济网，http://www.ce.cn/cysc/stwm/gd/202303/15/t20230315_38443929.shtml，最后访问日期：2024年3月6日。

司法文件、环境司法解释发挥织密、织细生态环境法治网的功能作用,进一步精准法律适用规则、规范环境司法行为,推动生态环境司法保护工作有序开展。

表1-1　2023年最高人民法院、最高人民检察院等发布的环境司法文件情况

类别	序号	名称	发布单位	发布时间
规范性文件	1	《关于完整准确全面贯彻新发展理念　为积极稳妥推进碳达峰碳中和提供司法服务的意见》	最高人民法院	2023年2月
	2	《打击防范文物犯罪专项工作方案(2023—2025年)》	中共中央宣传部、最高人民法院、最高人民检察院、公安部、文化和旅游部、海关总署、国家文物局	2023年2月
	3	《依法打击涉海砂违法犯罪座谈会纪要》	最高人民法院、最高人民检察院、中国海警局	2023年6月
	4	《关于贯彻实施〈中华人民共和国黄河保护法〉的意见》	最高人民法院	2023年6月
	5	《关于建立健全林草行政执法与检察公益诉讼协作机制的意见》	最高人民检察院、国家林业和草原局	2023年8月
	6	《关于在检察公益诉讼中加强协作配合依法做好城乡历史文化保护传承工作的意见》	最高人民检察院、住房城乡建设部	2023年9月
	7	《办理海上涉砂刑事案件证据指引》	最高人民检察院办公厅、公安部办公厅、中国海警局执法部	2023年10月
司法解释	1	《关于具有专门知识的人民陪审员参加环境资源案件审理的若干规定》	最高人民法院	2023年7月
	2	《关于办理环境污染刑事案件适用法律若干问题的解释》	最高人民法院、最高人民检察院	2023年8月

续表

类别	序号	名称	发布单位	发布时间
司法解释	3	《关于审理破坏森林资源刑事案件适用法律若干问题的解释》	最高人民法院	2023年8月
	4	《关于审理生态环境侵权责任纠纷案件适用法律若干问题的解释》	最高人民法院	2023年8月
	5	《关于生态环境侵权民事诉讼证据的若干规定》	最高人民法院	2023年8月

（1）发布环境资源审判指导意见，整体推进环境审判工作。最高人民法院发布《关于完整准确全面贯彻新发展理念 为积极稳妥推进碳达峰碳中和提供司法服务的意见》，为各级人民法院审理涉碳案件提供及时、有力的审判指导;[53]围绕黄河流域生态文明保护和高质量发展以及对《黄河保护法》的实施，最高人民法院发布《关于贯彻实施〈中华人民共和国黄河保护法〉的意见》，明确了贯彻实施黄河保护法的重大意义、基本原则、裁判思路以及环境司法体制机制改革创新方向;[54]最高人民法院发布《关于具有专门知识的人民陪审员参加环境资源案件审理的若干规定》，完善具有专门知识人民陪审员参加环境资源案件审理的规则，统一法律适用。[55]

（2）出台精准细化的司法解释，推动环境审判专业化水准。最高人民法院在原有环境侵权案件司法解释的基础上，继续发布环境侵权案件审理的细化司法解释——《关于审理生态环境侵权责任纠纷案件适用法律若干问题的解释》《关于生态环境侵权民事诉讼证据的若干规定》，进一步完善生态环境侵权案件

---

[53] 参见《最高人民法院关于完整准确全面贯彻新发展理念 为积极稳妥推进碳达峰碳中和提供司法服务的意见》，载中华人民共和国最高人民法院公报网，http://gongbao.court.gov.cn/Details/9ccaab687bdeebdb9360b2df27015b.html，最后访问日期:2024年3月7日。

[54] 参见《最高法发布贯彻实施黄河保护法意见》，载人民网，society.people.com.cn/n1/2023/0629/c1008-40023718.html，最后访问日期:2024年3月7日。

[55] 参见《最高人民法院发布〈关于具有专门知识的人民陪审员参加环境资源案件审理的若干规定〉》，载中国法院网，https://www.chinacourt.org/article/detail/2023/07/id/7422307.shtml，最后访问日期:2024年3月7日。

的审理和裁判规则。[56] 最高人民法院、最高人民检察院联合印发《关于办理环境污染刑事案件适用法律若干问题的解释》细化污染环境罪的定罪量刑标准和宽严相济的具体规则、厘清环境数据造假行为的认定标准。[57] 最高人民法院发布《关于审理破坏森林资源刑事案件适用法律若干问题的解释》，系统规定破坏森林资源犯罪的定罪量刑标准和法律适用问题。[58]

(3)完善环境资源行政执法与检察公益诉讼衔接机制，切实推动生态环境保护形成合力。最高人民检察院与国家林业和草原局联合印发《关于建立健全林草行政执法与检察公益诉讼协作机制的意见》，强化森林、草原、湿地等重要生态系统保护领域执法司法衔接；[59]与住房城乡建设部联合发布《关于在检察公益诉讼中加强协作配合依法做好城乡历史文化保护传承工作的意见》，明确城乡历史文化保护传承与检察公益诉讼协作的重点领域，筑牢城乡历史文化遗产保护的法治屏障。[60]

2. 司法案例释法功能发挥更加充分

2023年，最高人民法院、最高人民检察院等共发布1批4个指导性案例(见表1-2)，32批共233个典型案例(见表1-3)。深化以案促治，充分发挥指导性案例和典型案例的约束引领功能，切实加强生态环境公共利益，保护人民群众合法环境权益。

---

[56] 参见《最高人民法院关于生态环境侵权民事诉讼证据的若干规定》，载中华人民共和国最高人民法院网，https://www.court.gov.cn/zixun/xiangqing/408942.html，最后访问日期：2024年3月7日。
[57] 参见《"两高"联合发布环境污染犯罪司法解释》，载中华人民共和国最高人民检察院网，https://www.spp.gov.cn/xwfbh/wsfbt/202308/t20230809_624288.shtml#1，最后访问日期：2024年3月7日。
[58] 参见《最高人民法院关于审理破坏森林资源刑事案件适用法律若干问题的解释》，载中华人民共和国最高人民法院网，https://www.court.gov.cn/zixun/xiangqing/408822.html，最后访问日期：2024年3月7日。
[59] 参见《最高检、国家林草局：强化林草领域执法司法衔接》，载中华人民共和国中央人民政府网，https://www.gov.cn/lianbo/bumen/202308/content_6898417.htm，最后访问日期：2024年3月9日。
[60] 参见《检察公益诉讼助力历史文化保护》，载中华人民共和国最高人民检察院网，https://www.spp.gov.cn/spp/llyj/202309/t20230927_629536.shtml，最后访问日期：2024年3月9日。

表1-2 2023年最高人民法院、最高人民检察院发布的环境资源指导性案例

	诉讼类型	案例名称	发布时间
最高人民法院第38批指导性案例	刑事附带民事公益诉讼	指导性案例212号:刘某桂非法采矿刑事附带民事公益诉讼案	2023年10月
		指导性案例213号:黄某辉、陈某等8人非法捕捞水产品刑事附带民事公益诉讼案	2023年10月
		指导性案例215号:昆明闽某纸业有限责任公司等污染环境刑事附带民事公益诉讼案	2023年10月
	行政公益诉讼	指导性案例216号:睢宁县人民检察院诉睢宁县环境保护局不履行环境保护监管职责案	2023年10月

表1-3 2023年最高人民法院、最高人民检察院等发布的环境资源典型案例

发布单位	序号	文件名(数量)	发布时间
最高人民法院	1	人民法院贯彻实施民法典典型案例(第二批)(1)	2023年1月
	2	依法保护文物和文化遗产典型案例(2)	2023年2月
	3	司法积极稳妥推进碳达峰碳中和典型案例(11)	2023年2月
	4	青藏高原生态保护典型案例(10)	2023年5月
	5	人民法院高质量服务保障长三角一体化发展典型案例(1)	2023年5月
	6	湿地生态保护典型案例(12)	2023年5月
	7	2022年全国海事审判典型案例(2)	2023年6月
	8	2022年度人民法院环境资源审判典型案例(10)	2023年6月
	9	依法惩治破坏森林资源犯罪典型案例(6)	2023年8月
	10	人民法院服务保障京津冀协同发展典型案例(1)	2023年10月
	11	国家公园司法保护典型案例(10)	2023年10月
最高人民检察院	1	检察机关服务保障碳达峰碳中和典型案例(10)	2023年6月
	2	检察公益诉讼协同推进中央生态环境保护督察整改典型案例(10)	2023年5月

续表

发布单位	序号	文件名(数量)	发布时间
最高人民检察院	3	依法惩治非法捕捞水产品犯罪典型案例(6)	2023年6月
	4	督促整治非法采矿检察公益诉讼典型案例(第二批)(10)	2023年6月
	5	湿地保护公益诉讼典型案例(10)	2023年6月
	6	生态环境保护检察公益诉讼典型案例(10)	2023年7月
	7	"公益诉讼守护美好生活"专项监督活动典型案例(8)	2023年8月
	8	荒漠化防治检察公益诉讼典型案例(7)	2023年9月
	9	检察公益诉讼助力流域生态环境保护治理典型案例(7)	2023年8月
	10	耕地保护检察公益诉讼典型案例(10)	2023年9月
	11	文物和文化遗产保护检察公益诉讼典型案例(8)	2023年12月
	12	生物多样性保护检察公益诉讼典型案例(11)	2023年12月
最高人民法院、最高人民检察院	1	生态环境保护检察公益诉讼典型案例(10)	2023年8月
	2	行政公益诉讼典型案例(4)	2023年11月
	3	海洋自然资源与生态环境检察公益诉讼典型案例(9)	2023年12月
最高人民检察院、自然资源部	1	土地执法查处领域行政非诉执行监督典型案例(5)	2023年3月
最高人民检察院、水利部	1	检察监督与水行政执法协同保护黄河水安全典型案例(11)	2023年4月
最高人民检察院、国家文物局	1	长城保护检察公益诉讼典型案例(5)	2023年3月
最高人民检察院、公安部、生态环境部	1	依法严惩危险废物污染环境犯罪典型案例(7)	2023年5月
	2	依法严惩重点排污单位自动监测数据弄虚作假犯罪典型案例(4)	2023年10月

续表

发布单位	序号	文件名(数量)	发布时间
最高人民检察院、中国海警局	1	办理海上非法采砂相关犯罪典型案例(5)	2023年5月

(1)发布专题指导性案例,推动流域保护司法提质增效。最高人民法院首次以生态环境保护领域的专题形式发布《第38批指导性案例》[61],集中遴选长江流域保护专题的涉及非法采砂、生态环境损害赔偿、非法捕捞水产品、污染治理、生态环境侵权、环境保护监管职责等5个案件,综合考虑不同诉讼类型、不同案件性质、不同裁判方式的案例,提炼裁判规则、提出指导性意见,一方面,完善《长江保护法》的法律适用规则,促进流域保护司法经验向规则转化;另一方面,充分发挥指导性案例的效力功能,促进解决长江流域司法保护的"同案不同判"问题。

(2)发布环境司法典型案例,引领环境司法转向"大保护"。结合我国首部特殊地理区域生态环境保护法——《青藏高原生态保护法》的实施,最高人民法院发布《青藏高原生态保护典型案例》,[62]青海省人民检察院联合青海省生态环境厅发布10起守护青藏高原生态文明高地典型案例,[63]补齐环境司法的特殊地理区域生态保护"短板"。及时总结《湿地保护法》实施司法实践,关注国家公园、荒漠化治理等立法薄弱领域,最高人民法院发布《湿地生态保护典型案例》[64]《国家公园司法保护典型案例》;[65]最高人民检察院发布《湿地保护公

---

[61] 参见《最高人民法院发布第38批指导性案例》,载中国法院网,https://www.chinacourt.org/article/detail/2023/11/id/7647363.shtml,最后访问日期:2024年3月9日。
[62] 参见《最高人民法院发布青藏高原生态保护典型案例》,载中华人民共和国生态环境部网,https://www.mee.gov.cn/home/ztbd/2022/sthjpf/sthjshpcdxal/202307/t20230711_1035844.shtml,最后访问日期:2024年3月9日。
[63] 参见晴空:《我省发布10起守护青藏高原生态文明高地典型案例》,载青海省人民政府网,http://www.qinghai.gov.cn/zwgk/system/2023/09/02/030024616.shtml,最后访问日期:2024年3月9日。
[64] 参见《湿地生态保护典型案例》,载中国法院网,https://www.chinacourt.org/article/detail/2023/05/id/7317750.shtml,最后访问日期:2024年3月10日。
[65] 参见《最高法发布国家公园司法保护典型案例》,载中国法院网,https://www.chinacourt.org/article/detail/2023/10/id/7580823.shtml,最后访问日期:2024年3月10日。

益诉讼典型案例》[66]《荒漠化防治检察公益诉讼典型案例》[67]，不断加密环境司法保护网。

（3）发布检察公益诉讼系列典型案例，建立环境公益检察"全过程"监督机制。最高人民检察院发布了《检察公益诉讼协同推进中央生态环境保护督察整改典型案例》[68]《检察公益诉讼助力流域生态环境保护治理典型案例》[69]《生态环境保护检察公益诉讼典型案例》[70]《生物多样性保护检察公益诉讼典型案例》[71]等系列典型案例，完善检察公益诉讼工作规程。结合2023年《海洋环境保护法》的实施，联合最高人民法院发布《海洋自然资源与生态环境检察公益诉讼典型案例》，完善海洋生态环境保护法律适用规则。[72]

（四）环境司法能力建设注重与理论研究紧密结合

2023年，各级司法机关在环境司法队伍素质提升、专家队伍建设等方面高度重视发挥专家学者作用；在环境司法专业化方面注重理论与实践相互促进功能，结合相关专题开展研讨交流，不断夯实环境司法专业化队伍基础，提升理论支撑能力。

1. 借智借力加强环境司法能力建设

全国各级司法机关为加快推进环境司法队伍建设现代化，建立环境司法培训常态化机制，充分发挥行政机关、科研机构、专家学者的"外脑"作用，提升环

---

[66] 参见《最高检发布湿地保护公益诉讼典型案例 加强协作，提升湿地保护能力和水平》，载中华人民共和国最高人民检察院网，https://www.spp.gov.cn/xwfbh/wsfbt/202306/t20230630_619159.shtml#1，最后访问日期：2024年3月10日。
[67] 参见《荒漠化防治检察公益诉讼典型案例》，载中华人民共和国最高人民检察院网，https://www.spp.gov.cn/xwfbh/dxal/202309/t20230901_626915.shtml，最后访问日期：2024年3月10日。
[68] 参见《最高检发布10个典型案例 深入推进中央生态环境保护督察公益诉讼案件办理》，载中华人民共和国最高人民检察院网，https://www.spp.gov.cn/spp/xwfbh/wsfbt/202306/t20230606_616462.shtml#1，最后访问日期：2024年3月12日。
[69] 参见《最高检发布检察公益诉讼助力流域生态环境保护治理典型案例 提升流域治理法治化水平》，载中华人民共和国最高人民检察院网，https://www.spp.gov.cn/spp/xwfbh/wsfbt/202309/t20230904_626990.shtml#1，最后访问日期：2024年3月9日。
[70] 参见《生态环境保护检察公益诉讼典型案例》，载中华人民共和国最高人民检察院网，https://www.spp.gov.cn/spp/xwfbh/wsfbt/202307/t20230707_620946.shtml#2，最后访问日期：2024年3月12日。
[71] 参见《最高检发布生物多样性保护检察公益诉讼典型案例 综合运用多种手段加强生物多样性保护》，载中华人民共和国最高人民检察院网，https://www.spp.gov.cn/spp/xwfbh/wsfbt/202312/t20231228_638608.shtml#1，最后访问日期：2024年3月12日。
[72] 参见《"两高"联合发布海洋自然资源与生态环境检察公益诉讼典型案例》，载中华人民共和国最高人民法院网，https://www.court.gov.cn/zixun/xiangqing/422042.html，最后访问日期：2024年3月12日。

境司法队伍专业化能力。

（1）建立常态化"同堂培训"机制，着力培育环境执司法"共同体"。最高人民检察院、公安部、生态环境部三部门连续第8年开展生态环境资源保护工作同堂培训。[73] 青海省检察院党组理论学习中心组集体学习，邀请全国人大常委会法工委立法专家作青藏高原生态保护法专题辅导报告。[74] 河南、甘肃、海南等省举办全省法院环境资源审判培训班，[75] 邀请专家学者进行系统性辅导。四川省遂宁市中级人民法院举办环境资源审判工作专题培训会，采取以会代训方式进行专题培训。[76]

（2）推进环境资源审判辅助机制，为环境司法增添专家力量。福建省高级人民法院制定下发《关于推广生态环境审判技术调查官制度 助力打造美丽中国示范省的意见》，[77] 重庆市第一中级人民法院出台环境资源审判技术调查官选任和管理相关规定，并聘任来自生态环境保护不同领域的17名专业学者、业界专家作为技术调查官，[78] 积极为环境司法增加"专业厚度"。根据最高人民法院发布的《关于具有专门知识的人民陪审员参加环境资源案件审理的若干规定》的要求，吉林铁路运输法院建立了精度高、范围广的环境资源专业人民陪审员库。[79]

---

［73］参见史兆琨：《生态环境和资源保护检察工作特别报道之一：以打促防，绘就生态"蓝图"》，载中华人民共和国最高人民检察院网，https://www.spp.gov.cn/zdgz/202310/t20231019_630991.shtml，最后访问日期：2024年3月12日。

［74］参见王丽坤：《青海：专题辅导青藏高原生态保护法》，载中华人民共和国最高人民检察院网，https://www.spp.gov.cn/spp/dfjcdt/202307/t20230705_620629.shtml，最后访问日期：2024年3月12日。

［75］参见魏琪：《全省法院环境资源审判培训班在河南法官进修学院圆满举办》，载河南法官进修法院网，https://hnfgjxxy.hncourt.gov.cn/public/detail.php?id=842，最后访问日期：2024年3月12日；《全省法院环境资源审判业务培训班开班》，载甘肃法院网，http://www.chinagscourt.gov.cn/Show/84385，最后访问日期：2024年3月14日；邢东伟、翟小功：《海南高院举办全省法院首次环境资源审判专题培训班》，载法治网，http://www.legaldaily.com.cn/index/content/2023-04/25/content_8848221.html，最后访问日期：2024年3月14日。

［76］参见《遂宁法院环境资源审判工作专题培训会召开》，载遂宁市中级人民法院网，http://scsnzy.scssfw.gov.cn/article/detail/2023/12/id/7731212.shtml，最后访问日期：2024年3月14日。

［77］参见丁珈、何晓慧：《用"微创新"服务好"大战略"——福建法院服务积极稳妥推进碳达峰碳中和的实践与探索》，载中华人民共和国最高人民法院网，https://www.court.gov.cn/zixun/xiangqing/414892.html，最后访问日期：2024年3月14日。

［78］参见刘洋：《【重庆一中院】聘任17名环境资源审判技术调查官》，载《人民法院报》2023年8月11日，第4版。

［79］参见《扬帆起航，吉铁法院首次特邀环境资源专业陪审员列席庭审》，载吉林市长安网，http://www.jlpeace.gov.cn/jls/fzjs/202312/26e78c246be740f897e275fec11ae0f0.shtml，最后访问日期：2024年3月14日。

2. 环境司法理论研究与实践融合加深

2023年，全国各级司法机关聚焦环境资源新领域、新类型案件审理过程中的疑难问题，充分利用环境司法研讨会和实践教学基地等平台，促进环境资源司法基础理论与司法实务产生"化学反应"，共同推进环境司法工作高质量发展。

（1）聚焦环境司法领域重大问题举办环境司法论坛。最高人民法院中国应用法学研究所、江西省高级人民法院、中国政法大学环境资源法研究和服务中心联合主办"首届环境司法创新发展论坛"。[80] 在中国法学会环境资源法学研究会指导下，湖北省高级人民法院联合长江海商法学会、武汉大学、华中科技大学、中南财经政法大学、人民法院环境资源审判理论研究（武汉大学）基地等联合举办第二届长江大保护司法论坛。[81] 江苏省高级人民法院、江苏省法学会主办"长江大保护司法改革钟山论坛"，为省际共商长江流域生态环境司法保护策略提供平台。[82] 四川省高级人民法院、四川省法学会环境资源法学研究会主办"第二届长江上游司法保护论坛暨四川省法学会环境资源法学研究会2023年年会"。[83] 上海市崇明区人民法院在中国法学会环境资源法学研究会指导下，举办第七届崇明世界级生态岛司法研讨会。[84] 这些会议取得的成果，既促进了环境司法实践中一些重大问题的解决，也为环境法理论研究提供了问题指向。

（2）围绕司法需求举办环境司法专题研讨会。最高人民法院在湖南岳阳召开长江保护专题指导性案例专业会议；[85] 在青海西宁召开青藏高原六省区法院

---

[80] 参见《首届环境司法创新发展论坛在江西上饶举办》，载中华人民共和国最高人民法院网，https://www.court.gov.cn/zixun/xiangqing/404242.html，最后访问日期：2024年3月15日。

[81] 参见《聚集智库之力 共商治理之策——在第二届长江大保护司法论坛开幕之际，湖北高院党组副书记、常务副院长覃文萍答湖北日报记者问》，载湖北省高级人民法院网，http://www.hbfy.gov.cn/DocManage/ViewDoc?docId=fb0d95bd-6e88-4b06-abb4-2493d8131283，最后访问日期：2024年3月15日。

[82] 参见郑卫平：《长江大保护司法改革钟山论坛在南京召开 贺小荣出席开幕式并讲话》，载中华人民共和国最高人民法院网，https://www.court.gov.cn/zixun/xiangqing/417322.html，最后访问日期：2024年3月15日。

[83] 参见《第二届长江上游司法保护论坛暨四川省法学会环境资源法学研究会2023年年会成功举办》，载中国法学会环境资源法学研究会网，http://cserl.chinalaw.org.cn/portal/article/index/id/1461.html，最后访问日期：2024年3月15日。

[84] 参见郭燕、陈雨丝：《上海崇明：司法协同助推世界级生态岛建设》，载人民法院网，https://www.chinacourt.org/article/detail/2023/09/id/7554085.shtml，最后访问日期：2024年3月15日。

[85] 参见韩爽、李佳宜：《最高法院在岳召开长江保护专题指导性案例专业会议并开展长江生态环境保护专题调研》，载湖南长安网，https://www.hnzf.gov.cn/content/646748/60/12601200.html，最后访问日期：2024年3月15日。

调研座谈会。[86] 四川省高级人民法院、四川省生态环境厅指导成都铁路运输中级法院、四川省环境政策研究与规划院共同主办"恢复性司法理念在生态环境领域的探索与实践"专题研讨活动，[87]回应环境审判实践需求，建立"同题共答"机制。最高人民检察院第一检察厅、人民检察杂志社主办环境资源犯罪检察理论与实务研究专题研讨会，[88]着力解决立足环境检察实践中的疑难问题。中国法学会环境资源法学研究会、中国法学会案例法学研究会、内蒙古自治区高级人民法院共同主办"强化环境资源司法保护研讨会"，贯彻落实习近平总书记在内蒙古考察期间的重要讲话重要指示精神，[89]通过专业理论和先进经验的交融推动筑牢我国北方重要生态安全屏障。陕西省人民检察院举办生态环境检察专题讲座，[90]促进提升具有陕西特色的生态环境检察专门化建设水平。

（3）致力全面合作建设一体化基地。江西省高级人民法院与中南财经政法大学共建环境资源司法理论研究基地、校外法学实践教学基地，[91]福建省漳州市中级人民法院与漳州市社科联联合打造资源集成平台、探索协同创新模式，[92]山东省临沂市中级人民法院与山东政法学院、沂沭河水利管理局三方联合共建实践教学基地，[93]内蒙古自治区检察院与山东大学共建检察公益诉讼生

---

[86] 参见朱婧:《杨临萍:坚持生态保护第一,全面提升大江大河水源地及雪域高原生态环境司法保护能力水平》,载中华人民共和国最高人民法院网,https://www.court.gov.cn/zixun/xiangqing/406442.html,最后访问日期:2024年3月15日。

[87] 参见《"恢复性司法理念在生态环境领域的探索与实践"专题研讨活动在成铁中院"见山讲堂"举行》,载四川法制网,http://www.scfzw.net/fayuan/35/89026.html,最后访问日期:2024年3月15日。

[88] 参见史兆琨、范跃红:《最高检:坚持理论与实践融合互促,高质效办好涉生态环境案件》,载中华人民共和国最高人民检察院网,https://www.spp.gov.cn/zdgz/202308/t20230818_625299.shtml,最后访问日期:2024年3月15日。

[89] 参见张鑫:《全面推进美丽中国建设 强化环境资源司法保护研讨会在巴彦淖尔市举办》,载内蒙古经济网,http://www.nmgsb.com.cn/system/mengshi/2023/0Q5102642023.html,最后访问日期:2024年3月15日。

[90] 参见祝长英:《陕西:举办生态检察专题讲座》,载中华人民共和国最高人民法院网,https://www.spp.gov.cn/dfjcdt/202307/t20230715_621652.shtml,最后访问日期:2024年3月15日。

[91] 参见《江西高院与中南财经政法大学共建环境资源司法理论研究基地、校外法学实践教学基地》,载江西政法网,https://www.jxzfw.gov.cn/2023/0925/2023092552194.html,最后访问日期:2024年3月15日。

[92] 参见梁政、张恩培:《强强联合！漳州中院与市社科联携手推进法治建设》,载闽南网,http://www.mnw.cn/news/zz/2847460.html,最后访问日期:2024年3月15日。

[93] 参见周靖雯:《沂沭河局与临沂市中级人民法院、山东政法学院举行环资审判实践教学基地签约揭牌仪式》,载沂沭河水利管理局网,http://yss.hrc.gov.cn/ysh/xwzx2/27346.jhtml,最后访问日期:2024年3月28日。

态环境损害鉴定研究基地,[94]通过司法机关与相关院校和科研机构资源共享和优势互补,建立司、学、研、用一体化基地。

(五)环境司法的社会功能面向国内国际双向发力

2023年,全国各级司法机关围绕促进生态文明建设全民行动、增强中国环境司法国际引领能力。立足"一个案例胜过一打文件"的司法教育功能,助力全社会生态文明法治素养提升;充分发挥中国环境司法制度的独特优势,为世界贡献独具东方智慧的中国司法方案,引领全球生态环境治理。

1. 环境司法的法治素养养成功能逐渐显著

全国多地人民法院、人民检察院通过多媒体发布环境司法白皮书、环境司法工作纪实、举办"环境日""生态日"纪念活动等方式,系统开展环境法治宣传教育。

(1)系统展示环境司法工作,促进提升全民环境法治意识。最高人民法院举办新闻发布会,发布《中国环境资源审判(2022)》和《2022年度人民法院环境资源审判典型案例》,全国各级人民法院发布环境资源审判白皮书34件(见表1-4)、《人民法院报》发布环境司法工作纪实10件(见表1-5),数量较上年有所上升。最高人民检察院召开"生态检察助力美丽中国建设"新闻发布会,首次发布《生态环境和资源保护检察白皮书(2018—2022)》和10件典型案例。[95]上海海事法院与上海市人民检察院第三分院联合发布海洋自然资源与生态环境司法治理情况通报。[96]

表1-4 2023年全国人民法院发布环境资源审判白皮书情况

法院层级	序号	名称	发布单位	时间
最高人民法院	1	《中国环境资源审判(2022)》	最高人民法院	2023年6月

---

[94] 参见沈静芳、贾琳琳:《内蒙古:检校共建生态环境损害鉴定研究基地》,载中华人民共和国最高人民检察院网,https://www.spp.gov.cn/spp/dfjcdt/202312/t20231224_638020.shtml,最后访问日期:2024年3月28日。

[95] 参见史兆琨:《聚焦第四届新时代检察宣传周|高质效办好每一个生态环境检察案件》,载中华人民共和国最高人民检察院网,https://www.spp.gov.cn/zdgz/202306/t20230606_616497.shtml,最后访问日期:2024年3月27日。

[96] 参见魏小欣、陈贤、杭晶琪:《上海:法检共建海洋生态环保协作机制》,载中华人民共和国最高人民检察院网,https://www.spp.gov.cn/spp/dfjcdt/202311/t20231113_633583.shtml,最后访问日期:2024年3月27日。

续表

法院层级	序号	名称	发布单位	时间
高级人民法院	1	《天津法院发布环境资源审判白皮书(2022年)》	天津市高级人民法院	2023年6月
	2	《重庆法院环境资源审判白皮书(2021—2023)》	重庆市高级人民法院	2023年6月
	3	《湖南环境资源司法保护状况(2022—2023)》	湖南省高级人民法院	2023年6月
	4	《2018—2022年河南法院环境资源审判白皮书》	河南省高级人民法院	2023年6月
	5	《江西环境资源审判(2018—2023)》(白皮书)	江西省高级人民法院	2023年6月
	6	《福建法院生态环境司法保护状况》	福建省高级人民法院	2023年6月
	7	《江苏环境资源审判白皮书(2022年6月—2023年5月)》	江苏省高级人民法院	2023年6月
	8	《2018至2022年环境资源审判白皮书》	甘肃省高级人民法院	2023年6月
	9	《广东环境资源审判白皮书》	广东省高级人民法院	2023年8月
	10	《湖北法院2018—2023年度环境刑事审判白皮书》	湖北省高级人民法院	2023年11月
中级人民法院	1	《株洲环境资源司法保护状况》	湖南省株洲市中级人民法院	2023年5月
	2	《环境资源纠纷案件审判白皮书(2019年—2023年)》	天津市第三中级人民法院	2023年5月
	3	《环境资源审判工作情况报告(2017年—2022年)》	河北省秦皇岛市中级人民法院	2023年5月
	4	《环境资源公益诉讼审判白皮书暨典型案例》《环境资源公益诉讼审判绿皮书暨典型案例》	西安铁路运输法院	2023年5月
	5	《成都法院环境资源审判白皮书(2018—2022年)》	成都市中级人民法院	2023年6月
	6	《宜昌法院开展湿地保护环境资源审判白皮书》(2022.6—2023.5)	湖北省宜昌市中级人民法院	2023年6月

续表

法院层级	序号	名称	发布单位	时间
中级人民法院	7	《邢台环境资源审判（2022—2023）》	河北省邢台市中级人民法院	2023年6月
	8	《铜仁环境资源审判白皮书（2022年6月—2023年5月）》	贵州省铜仁市中级人民法院	2023年6月
	9	《环境资源审判白皮书》	江西省抚州市中级人民法院	2023年6月
	10	《2023年环境资源审判白皮书》	内蒙古自治区包头市中级人民法院	2023年6月
	11	《郴州市中级人民法院环境资源审判白皮书（2018—2023）》	湖南省郴州市中级人民法院	2023年6月
	12	《东营市中级人民法院环境资源审判白皮书》	山东省东营市中级人民法院	2023年8月
	13	《大熊猫国家公园四川片区环境资源案件集中管辖白皮书（2021年—2023年）》	成都铁路运输第二法院	2023年10月
	14	《河南省内黄河流域环境资源审判白皮书（2022年度）》	郑州铁路运输中级法院	2023年12月
基层人民法院	1	《环境资源审判白皮书》	北京市延庆区人民法院	2023年4月
	2	《洪泽湖流域环境资源审判白皮书（2022年—2023年）》	江苏省盱眙县人民法院	2023年6月
	3	《环境资源跨区域审判白皮书》（2022.6—2023.5）	江苏省如皋市人民法院	2023年6月
	4	《夏津县人民法院环境资源审判白皮书》	山东省夏津县人民法院	2023年6月
	5	《环境资源审判白皮书（2018—2022年）》	四川省崇州市人民法院	2023年6月
	6	《长三角生态绿色一体化发展示范区环资审判白皮书（2019年—2023年）》	上海市青浦区人民法院、苏州市吴江区人民法院、浙江省嘉善县人民法院	2023年6月

续表

法院层级	序号	名称	发布单位	时间
基层人民法院	7	《环境资源审判白皮书》	北京市密云区人民法院	2023年8月
	8	《环境资源审判白皮书(2021—2023)》	江西省贵溪市人民法院	2023年8月
	9	《潜江环境资源审判白皮书(2019—2023)》	湖北省潜江市人民法院	2023年12月

注：本表通过网络途径等收集整理，由于搜索条件限制，可能存在疏漏。

表1-5 2023年《人民法院报》发布的环境司法工作纪实情况

序号	名称	时间
1	《千年古城又添法治新名片——四川阆中法院法治护航古城保护与发展工作纪实》	2023年1月13日
2	《专业化审判守护碧水蓝天净土——河南法院构建全省跨区划环资审判体系工作纪实》	2023年2月13日
3	《护航绿色发展守卫碧水蓝天——山东青岛法院恢复性司法实践工作纪实》	2023年2月26日
4	《让赣鄱大地开窗见绿推门见景——江西法院强化生态环境司法一体化保护工作纪实》	2023年3月3日
5	《守护白鹭飞 留住鳜鱼肥——湖北大冶法院推进长江大保护工作纪实》	2023年3月23日
6	《能动司法，守护绿色"国宝"——广东法院依法保护红树林生态多样性工作纪实》	2023年6月5日
7	《"对历史负责,对人民负责"——习近平总书记在内蒙古考察并主持召开专题座谈会纪实》	2023年6月10日
8	《努力建设人与自然和谐共生的现代化——习近平总书记引领生态文明建设纪实》	2023年7月17日
9	《用法治力量保卫"一山一河一水"——陕西法院加强生态环境司法保护工作纪实》	2023年8月9日
10	《日拱一卒 不负青山——福建法院助力矿山治理筑牢绿色生态屏障工作纪实》	2023年8月11日

（2）举办纪念日主题活动，引导社会公众参与生态文明建设行动。结合世界环境日主题，最高人民法院新闻局、成都铁路运输中级法院、成都铁路运输第二法院与中央广播电视总台社会与法频道联合制作绿色司法特别节目《探访生态秘境"华西雨屏"》，在光明网、央视频移动网、中国法院网等30余家媒体、平台全网首播，[97]通过四川大熊猫国家公园生态法庭的实践工作传播生物多样性保护理念。黑龙江省海林市人民法院利用植树节、"世界水日"、"地球保护日"、"世界环境日"、海浪河禁渔规定发布日等，宣传生态环境保护法治，[98]湖北省丹江口市检察院与市法院、市公安局、十堰市生态环境局丹江口分局等行政机关在丹江口库区流域开展"共护一库碧水"巡江普法宣传活动，[99]提升公众生态环境保护法治素养，促进公民参与生态文明建设行动。

2. 中国环境司法贡献东方智慧和独特经验

环境司法机关以"共建人类命运共同体"的胸怀与担当，共谋全球生态文明建设，努力打造全球生态环境治理的中国样本，[100]为"地球生命共同体"建设贡献中国智慧、中国力量。

（1）持续提供中国环境司法发展经验与典型案例，引领世界环境治理。联合国环境规划署环境法数据库及相关门户网站自建立中国专栏以来，连续发布中国环境资源审判的相关信息。截至目前，已连续收录8部《中国环境资源审判》报告和4批共45件中国环境资源审判典型案例，并在联合国多边环境协定信息门户网站的法律与案例栏目进行专题摘要介绍，[101]扩大了中国环境司法经验的传播版域。最高人民法院代表团出访坦桑尼亚、肯尼亚及联合国环境规划署，与相关国家和国际组织交流中国环境法治建设及环境司法积累的有益经

---

[97] 参见《"6·5"世界环境日 | 探访生态秘境"华西雨屏"》，载法治网，http://www.legaldaily.com.cn/index_article/content/2023-06/04/content_8861532.html，最后访问日期：2024年3月25日。

[98] 参见蒋国彬、李萌：《为建设绿色"林海雪原"贡献新时代司法力量——海林市法院全面加强环境资源审判工作纪实》，载中国法院网，https://www.chinacourt.org/article/detail/2023/05/id/7276887.shtml，最后访问日期：2024年3月25日。

[99] 参见王琴：《聚焦流域综合治理 | 守好一江碧水 呵护共同家园》，载湖北省丹江口人民检察院网，http://djk.sy.hbjc.gov.cn/jcxw_69786/djdt/202303/t20230301_1765321.shtml，最后访问日期：2024年3月25日。

[100] 参见吕忠梅、马鑫：《打造特殊空间区域保护的"中国样本"》，载《环境保护》2023年第16期。

[101] 参见朱婧、徐文文：《联合国环境规划署网站刊登第三批中国环境资源司法案例和年度报告》，载《人民法院报》2023年1月10日，第1版。

验。[102]传播中国特色社会主义司法制度和东方环境司法智慧。

(2)连续举办生态文明国际司法论坛,促进中国与世界互学互鉴。最高人民法院、最高人民检察院、司法部、武汉大学共同主办2023年生态文明贵阳国际论坛,[103]中外学者和司法实务工作者共聚一堂,围绕"法治保障生态文明先行区建设"主题深入研讨、广泛交流。在2023全球滨海论坛上,江苏省高级人民法院主办以"滨海湿地司法保护的中国实践"为主题的生态司法专题研讨会[104],讲述以司法守护湿地生态的中国故事,传播中国生态文明建设正能量。

二、环境司法专业化能力稳步提升

2023年,全国法院受理环境资源一审案件数量为:收案231625件,审结231830件,环境资源案件一审收案量和结案量分别同比增长-15.21%、-5.80%。(见图1-2)

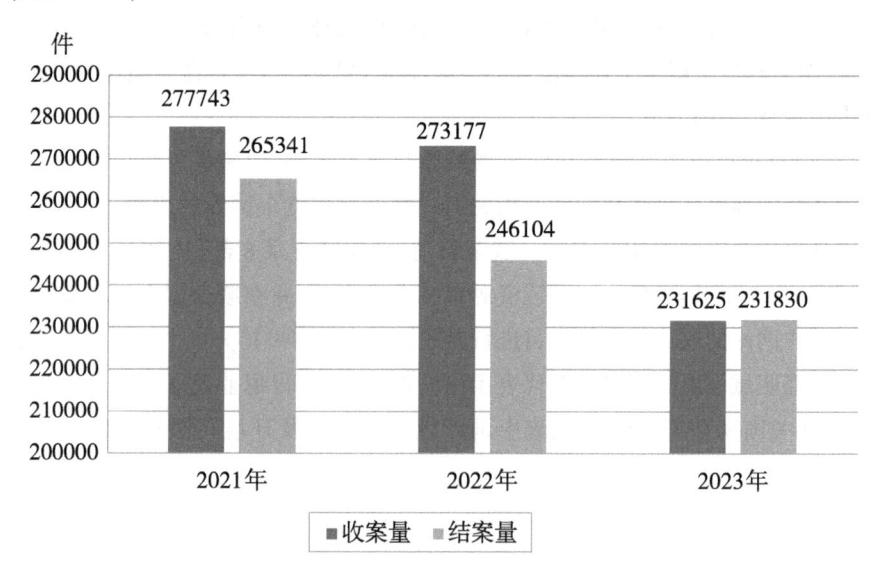

图1-2 2021~2023年全国法院受理一审环境资源案件情况

---

[102] 参见李文雯:《杨临萍率团访问坦桑尼亚、肯尼亚及联合国环境规划署》,载中华人民共和国最高人民法院网,https://www.court.gov.cn/zixun/xiangqing/417182.html,最后访问日期:2024年3月28日。

[103] 参见《"法治保障生态文明先行区建设"主题论坛举行》,载贵州省司法厅网,https://sft.guizhou.gov.cn/xwzx_97/zwyw/202307/t20230710_80775224.html,最后访问日期:2024年3月27日。

[104] 参见《2023全球滨海论坛会议生态司法专题研讨会召开 杨临萍强调以更高水平的司法服务促进和保障湿地保护工作高质量发展》,载中华人民共和国最高人民法院网,https://www.court.gov.cn/zixun/xiangqing/413212.html,最后访问日期:2024年3月27日。

环境民事一审收案 154111 件,结案 154084 件;环境行政一审收案 49619 件,结案 49431 件;环境刑事一审收案 27895 件,结案 28315 件。其中,环境公益诉讼一审收案 6219 件,审结 5403 件;生态环境损害赔偿案件一审收案 255 件,审结 233 件(见表 1-6)。[105] 需要注意的是,环境资源案件类型统计规范尚未实现理论与实践的完整契合,理论上较为超前的分类方式,在实践上因为几种类型的交错致使统计无法精准,暂无法达到环境资源案件类型化的初衷,故今年的研究视角依旧回归到传统的分类方法上,以进一步总结规律与经验。

表 1-6 2023 年全国法院受理一审环境资源案件情况

案件类型	收案数(件)	结案数(件)	案件类型	收案数(件)	结案数(件)
环境民事案件	154111	154084	环境公益诉讼案件	6219	5403
环境行政案件	49619	49431	生态环境损害赔偿案件	255	233
环境刑事案件	27895	28315	合计	231625	231830

(一)环境侵权审判机制运作平稳,基本样态延续[106]

经课题组对 83 份环境污染侵权案件判决书的整体观察分析,对 2023 年环境民事审判情况及其所反映的发展方向得出以下基本结论。

1. 环境侵权案件数量分布呈现出整体下降和局部波动的趋势特征。2021 年、2022 年、2023 年的环境侵权报告中检索获取的裁判文书数量分别为 220 份、117 份、83 份,绝大部分省份案件数量出现明显下降导致判决书样本总量的整体下降。与此同时,部分省区市环境侵权案件数量起伏较大,重庆、河北、吉林、浙江、福建、内蒙古案件数量呈现先减后增态势,上海、山东、陕西、甘肃案件数量呈现先增后减态势。(见图 1-3)

---

[105] 数据来源于最高人民法院环境与资源保护法庭。
环境公益诉讼案件和生态环境损害赔偿案件的数量是包括在民、刑、行的案件数量中。——编者注
[106] 参见《中国环境司法发展报告(2023 年)》分报告,刘超、陈梓铭:《环境侵权司法的多维检视和优化方向》。

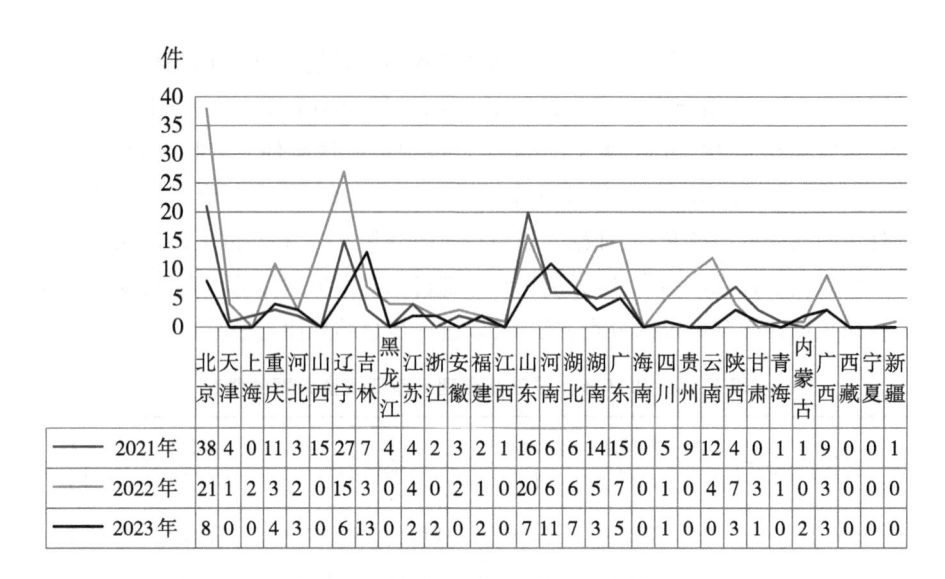

件	北京	天津	上海	重庆	河北	山西	辽宁	吉林	黑龙江	江苏	浙江	安徽	福建	江西	山东	河南	湖北	湖南	广东	海南	四川	贵州	云南	陕西	甘肃	青海	内蒙古	广西	西藏	宁夏	新疆
2021年	38	4	0	11	3	15	27	7	4	4	2	3	2	1	16	6	6	14	15	0	5	9	12	4	0	1	19	0	0	0	1
2022年	21	1	2	3	2	0	15	3	0	4	0	2	1	0	20	6	6	5	7	0	1	0	4	7	3	1	0	3	0	0	0
2023年	8	0	0	4	3	0	6	13	0	2	2	0	0	2	0	7	11	7	3	5	0	1	0	0	3	1	0	2	0	0	0

图 1-3　2021~2023 年环境侵权案件省域分布动态演变折线图

2. 自然人和企业是环境侵权案件中最主要的主体类型。近三年来，自然人、企业的整体占比有所起伏，但总体上仍然位居高位（见图 1-4）。可见，自然人的环境私益与企业的经济利益之间存在紧张关系，需要立足于利益合理衡量的视角出发予以协调解决。

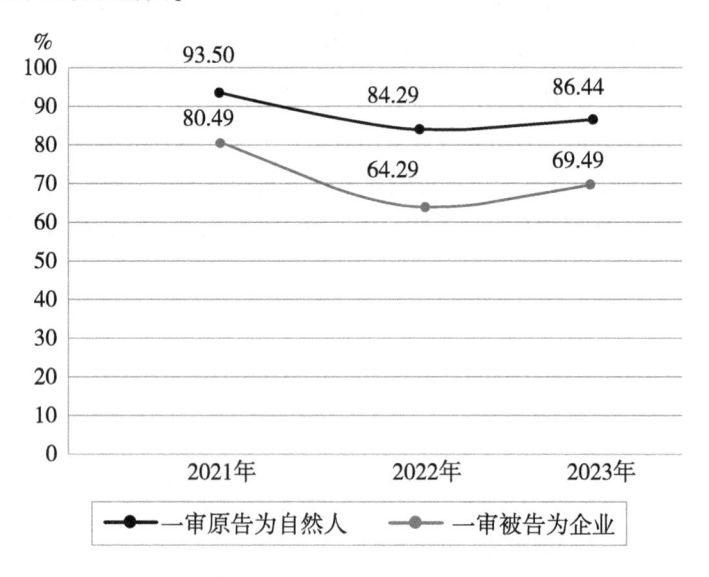

图 1-4　2021~2023 年一审最主要的主体类型占比

3. 当事人间围绕水污染与噪声污染所产生的环境纠纷最为突出,需要着重予以解决。从近三年环境侵权司法各类型案件的演进情况看,不同类型案件的占比虽有起伏,但水污染与噪声污染类型始终是最为主要的两大类型。虽然与2022年相比,2023年噪声污染案件与水污染案件的占比有所下降,但是仍然超过30%。(见图1-5)

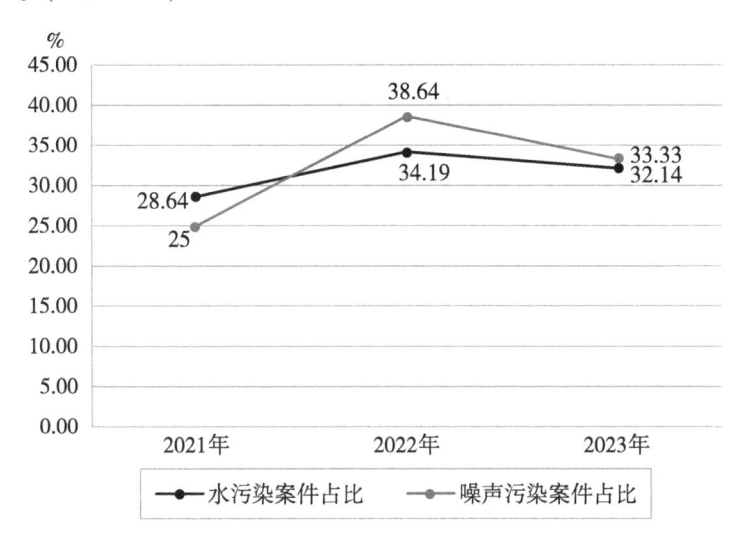

图1-5　2021~2023年水污染与噪声污染案件占比

4. 环境侵权案件中当事人争议焦点分布呈现相对集中特征。经整理归纳,环境侵权案件审理的争议焦点多聚焦于是否存在侵害事实、赔偿责任主体认定、数额认定与承担、侵权责任认定与承担、是否存在因果关系方面。(见图1-6)

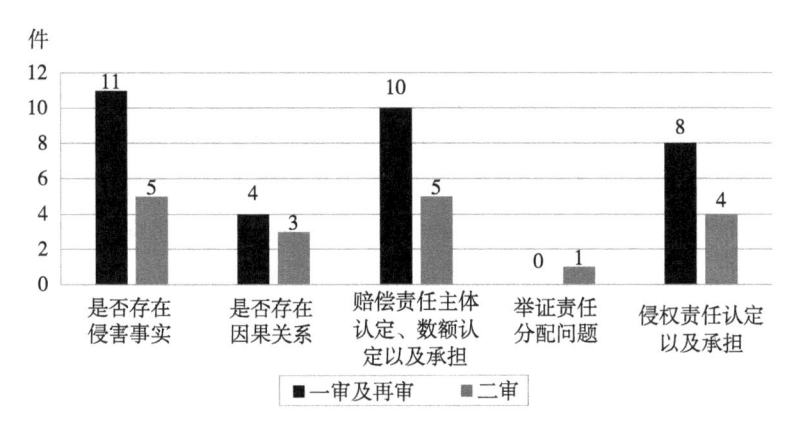

图1-6　争议焦点数量

5. 环境侵权案件审理继续体现出被侵害方权益救济难度大,案件改判空间狭窄的特征。从一审判决结果看,2023 年环境侵权司法仍然延续了前两年权利被侵害方败诉率显著高于胜诉率的案件审判态势(如图 1-7)。从二审判决结果看,2023 年环境侵权二审改判案件的占比仍然较低,数量为 3 件,占比为 12.6%。

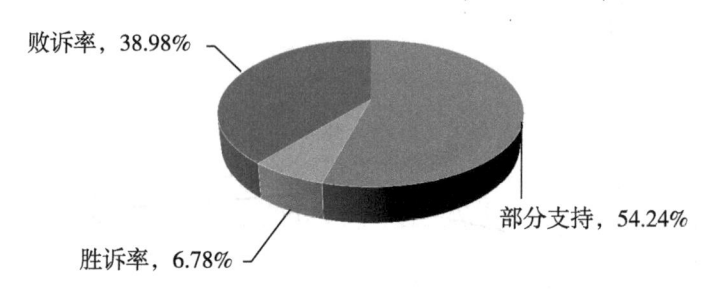

图 1-7　2023 年度一审环境侵权案件权利被侵害胜败诉情况

（败诉率,38.98%；胜诉率,6.78%；部分支持,54.24%）

6. 建议多措并举、协同发力,进一步完善环境侵权案件审理的理念机制。2023 年环境侵权案件审理在司法实践和规则供给方面取得系列进展,但也存在内生不足,建议从案件审理思路、法律适用规则等方面针对性完善。首先,在环境侵权司法的案件审理思路方面,建议准确定位和协同适用《民事案件案由规定》《环境资源案件类型与统计规范(试行)》,推动实现生态环境侵权案件的类型化审理。其次,在环境侵权司法的法律适用规则方面,建议紧紧围绕最高人民法院《关于审理生态环境侵权责任纠纷案件适用法律若干问题的解释》(以下简称《生态环境侵权解释》)、最高人民法院《关于生态环境侵权民事诉讼证据的若干规定》(以下简称《生态环境侵权证据规定》)的最新规定,归纳并更新环境侵权司法在实体裁判领域和证据认定领域的法律适用规则。

（二）环境行政案件承办质效稳健提升,多元审查模式彰显[107]

2018 年至 2023 年 9 月,全国各级法院共审结各类环境资源一审案件 147 万件,其中行政案件 27.8 万件。[108] 自 2018 年最高人民法院环境资源审判庭归口审理行政案件以来,环境行政案件办理呈现出以下特点:其一,环境行政审判职能进一步延伸。从局部治理向多效统一转变,由追求领域效果向最佳生态效果转变。其二,绿色发展理念得到深入贯彻。在生态移民安置补偿、采矿区塌陷移

---

[107] 参见《中国环境司法发展报告(2023 年)》分报告,刘长兴、韩印:《环境行政案件的类型与司法审查》。
[108] 参见《最高人民法院关于人民法院环境资源审判工作情况的报告——2023 年 10 月 21 日在第十四届全国人民代表大会常务委员会第六次会议上》,载中国人大网,http://www.npc.gov.cn/c2/c30834/202310/t20231021_432326.html,最后访问日期:2024 年 5 月 5 日。

民安置履职等案件中融入对行政机关不作为的效果评价和督促履职,通过行政裁判阐述绿色发展的理念,进而影响和推进行政机关的行政行为。其三,山水林田湖草沙一体化保护和系统治理的手段更加规范和有序。对污染排放、环评未申报等涉事企业,行政规制手段由一罚了之向惩处与预防相结合的复合手段进行转变,同时裁判中更加注重对行政行为和令状文书的依据审查。其四,持续推进协同治理。在生态环境项目的引入或政策落实的过程中,努力推进安置补偿标准与补偿款实际落实工作,强化了与项目主管机关、地方政府及村集体组织协同推进舆情治理和矛盾疏导工作。

2023年度环境行政案件的观察样本从宏观视角与微观视角两部分展开对数据平台的选择,从人民法院数据库中选取的数据用于宏观趋势的分析和类型归纳的梳理,从北大法宝司法案例平台选取关联性和精确度较高的案例作为审查要点和裁判规律的观察样本。

1. 环境行政案件数量上升,类型集中。2023年度环境行政案件数据总量呈波动上升趋势(见图1-8),但发回重审或改判案件占比相较于2021年、2022年呈现明显下降趋势,环境行政案件承办质效稳步提升,案件类型上仍然以环境行政处罚、环境行政强制、环境行政征收及补偿等行为外部性和典型性较强的案件为主(见图1-9),且审理层级、行政行为及裁判文书等具有明显特征,可进一步以"行政行为+实质要素"为标准,适度整合重点主体和管理领域,探索以实质争议标准重新划分行政复议、行政裁决等救济性程序及其行政行为,最终以归纳后的类型特征明确司法审查的要点和裁判规律。

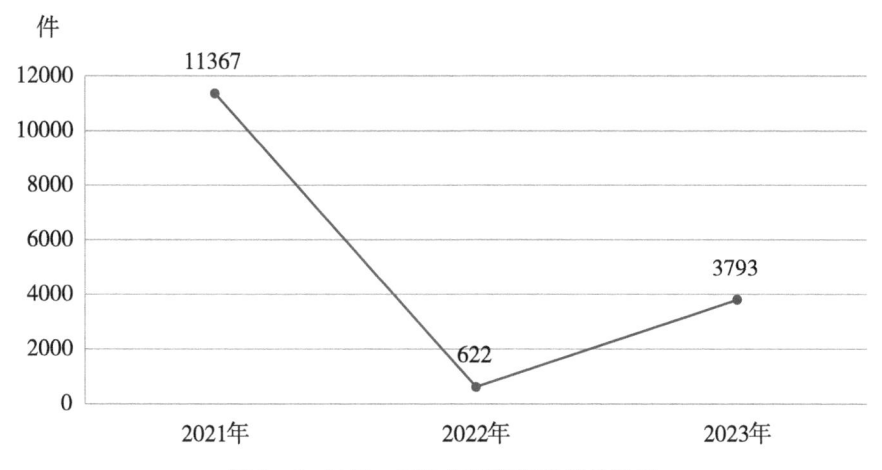

图1-8 2021~2023年环境行政案件数量

表 1-7　2023 年五类环境资源案件典型行政行为数量

类型	行政处罚	行政补偿	行政登记	行政给付	行政赔偿	行政强制	行政许可	行政征收
环境污染防治类	535	53	43	4	193	56	20	7
生态保护类	1236	120	101	61	392	168	48	36
资源开发利用类	385	38	54	37	135	42	8	17
气候变化应对类	1079	103	110	52	351	156	44	42
生态环境治理与服务类	2281	205	155	20	348	207	76	33

2. 环境行政司法多元审查模式彰显,实体合法性审查占比较大。司法审查在本年度总体上仍然保持以合法性审查为主、合理性审查为辅的模式,尤以实体合法性占比较大,而合理性审查除裁量幅度和案件事实认定外,其程序合理性审查相对较少。从类型上看,环境行政处罚、环境行政许可、环境行政确认和环境行政不履职等类型案件侧重于实体合法性审查与合理性审查,而环境行政强制、环境行政征收及补偿类案件更侧重于程序合法性审查。环境行政强制相较于环境行政处罚案件则更加关注程序合法性的审查,156 件样本案例中共有 79 件案例侧重于程序合法性审查(见图 1-9)。在实体合法性上主要集中在违法行为主体、行为性质和行为对象等事实要素的综合认定上,程序合法性上除调查、违法告知、听证陈述等必要环节的审查外,二审更侧重于必要程序事实的实质性审查。此外,类型案件除既有的行政行为特征外,亦可从类案集中的实质争议予以归纳审查的重点事实。

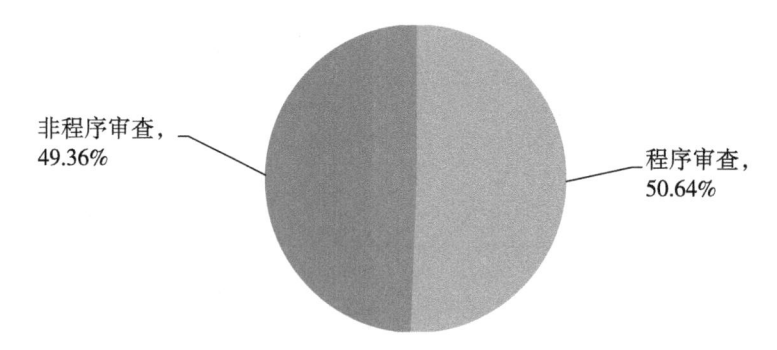

图 1-9　环境行政强制案件审查类型占比

非程序审查,49.36%　程序审查,50.64%

3. 环境行政违法行为评价标准多元，诉讼基础尚需夯实。在裁判规律上，重点围绕环境行政惩罚、环境行政强制、环境行政征收及补偿等行为类型。首先，重点考量裁量行政行为中罚过相当在裁判中的认定模式：最低标准处罚模式、处罚额度在法定幅度内的模式、处罚金额符合规范依据的计算结果。其次，司法实践中错误行政行为实际包含违法与瑕疵两种情形，综合裁判观点，环境行政行为违法与瑕疵的区分主要以性质与范围、实质性两种界定标准。再次，针对环境行政案件中规范性缺失，裁判认定中主要从选择裁量介入的时机、参照规范的方式以及参照后的合理性评价三部分着手展开论证。最后，综合样本案件，环境行政行为不可诉案件仍存在认定上的理论争议，利害关系或实际影响、主观公权力侵犯以及要件缺失等皆存在相应裁判逻辑，但长远来看需要进一步依赖环境行政法律体系的构建，进而明确诉权理论中行政行为可诉性的基础与实务标准，方可予以推进理论进程和实质解决此类争议。

(三)环境刑事司法工作稳妥推进，政策供应充足[109]

1. 环境刑事司法工作稳步推进。国务院2024年4月在第十四届全国人民代表大会常务委员会第九次会议上所作的《关于2023年度环境状况和环境保护目标完成情况的报告》显示："2023年，全国各级生态环境部门共下达环境行政处罚决定书7.96万份，罚没款金额62.7亿元。各级公安机关共立案侦办破坏环境资源保护刑事案件6.6万起，破案5.6万起。各级检察机关共对破坏环境资源类犯罪案件提起公诉2.1万件，立案办理生态环境和资源保护领域公益诉讼案件8.4万件。"[110]根据最高人民检察院于2024年3月发布的《刑事检察工作白皮书(2023)》可知，全国检察机关2023年依法从严惩处破坏环境资源保护犯罪，"共办理破坏环境资源保护犯罪审查起诉案件84251人，同比上升7.7%。检察机关坚持依法严惩破坏环境资源保护犯罪，守护绿水青山蓝天净土，自2020年以来受理审查起诉人数基本保持在年均7万人以上"[111]。根据最高人民法院在2024年全国两会上对2023年工作的总结报告，2023年度全国法院系

---

[109] 参见《中国环境司法发展报告(2023年)》分报告，焦艳鹏：《2023年全国生态环境刑事司法工作概要评述》。

[110] 《国务院关于2023年度环境状况和环境保护目标完成情况的报告——2024年4月23日在第十四届全国人民代表大会常务委员会第九次会议上》，载中国人大网，http://www.npc.gov.cn/npc/c2/c30834/202404/t20240424_436701.html，最后访问日期：2024年5月15日。

[111] 《刑事检察工作白皮书(2023)》，载中华人民共和国最高人民检察院网，https://www.spp.gov.cn/xwfbh/wsfbh/202403/t20240309_648173.shtml，最后访问日期：2024年5月15日。

统共"审结环境资源案件23.2万件,同比下降5.8%,其中涉环境污染案件5386件,同比下降11.5%"[112]。由上述数据可知,2023年度全国环境刑事司法工作稳步推进,依法及时惩治了生态环境犯罪,有力保障了生态文明建设。(见表1-8)

表1-8　2023年度环境状况和环境保护目标完成情况

类别	数量(万件)	备注
环境行政处罚决定书	7.96	罚没款金额62.7亿元
公安机关立案侦办破坏环境资源保护刑事案件	6.6	—
检察机关对破坏环境资源保护犯罪提起公诉案件	2.1	审查起诉案件84251人,同比上升7.7%
检察机关办理生态环境和资源保护领域公益诉讼案件	8.4	—
法院审结环境资源案件	23.2	同比下降5.8%,其中涉环境污染案件5386件,同比下降11.5%

2.顶层设计与环境刑事司法政策供应充足。2023年7月,习近平总书记出席全国生态环境保护大会并发表重要讲话,习近平总书记强调"要始终坚持用最严格制度最严密法治保护生态环境,保持常态化外部压力,同时要激发起全社会共同呵护生态环境的内生动力"[113]。2023年12月,中共中央、国务院印发了《关于全面推进美丽中国建设的意见》,强调"强化美丽中国建设法治保障,推动生态环境、资源能源等领域相关法律制定修订,推进生态环境法典编纂,完善公益诉讼,加强生态环境领域司法保护,统筹推进生态环境损害赔偿。加强行政执法与司法协同合作,强化在信息通报、形势会商、证据调取、纠纷化解、生态修复等方面衔接配合"。上述顶层设计为司法机关、生态环境管理机关进一步完善生态环境司法政策提供了强大的理念支撑。2023年6月,最高人民法院、最高人民检察院、中国海警局联合下发了《依法打击涉海砂违法犯罪座谈会纪要》。2023年2月,最高人民法院发布了《关于完整准确全面贯彻新发展理念　为积极稳妥推

---

[112] 最高人民法院:《最高人民法院工作报告(2023)》,载中华人民共和国最高人民法院网,http://www.court.gov.cn/zixun/xiangqing/459381.html,最后访问日期:2024年5月15日。

[113] 《习近平在全国生态环境保护大会上强调:全面推进美丽中国建设　加快推进人与自然和谐共生的现代化》,载中国政府网,https://www.gov.cn/yaowen/liebiao/202307/content_6892793.htm,最后访问日期:2024年5月15日。

进碳达峰碳中和提供司法服务的意见》。2023年8月,最高人民法院、最高人民检察院发布了《关于办理环境污染刑事案件适用法律若干问题的解释》;同月,最高人民法院发布了《关于审理破坏森林资源刑事案件适用法律若干问题的解释》。上述有关生态环境刑事审判工作的司法文件与司法解释的供给,为准确理解与适用法律,依法惩治生态环境犯罪提供了有力支撑。(见表1-9)

表1-9 环境刑事司法政策汇总

时间	发布单位	名 称
2023年2月	最高人民法院	《关于完整准确全面贯彻新发展理念 为积极稳妥推进碳达峰碳中和提供司法服务的意见》
2023年6月	最高人民法院、最高人民检察院、中国海警局	《依法打击涉海砂违法犯罪座谈会纪要》
2023年8月	最高人民法院、最高人民检察院	《关于办理环境污染刑事案件适用法律若干问题的解释》
2023年8月	最高人民法院	《关于审理破坏森林资源刑事案件适用法律若干问题的解释》
2023年12月	中共中央、国务院	《关于全面推进美丽中国建设的意见》

3. 环境刑事司法积极服务与保障重点工作。2023年,检察机关对生态环境领域"中央关注、群众关切"的重点突出生态环境犯罪问题进行了集中整治,特别是对"盗采锂矿乱象、盗采海砂犯罪问题、长江支流非法采砂、黄河流域非法采砂,未批先建违法占地、南海非法捕捞等生态环境资源保护和开发利用问题,最高检会同相关部门开展8个专项行动,挂牌督办江西锂矿系列案件3批22件。会同公安部、中国海警局印发《办理海上涉砂刑事案件证据指引》,发布典型案例5批22件,不断强化指导"[114](见表1-10)。全国检察机关、公安机关、生态环境执法机关联合行动,积极助力深入打好污染防治攻坚战,连续四年联合开展严厉打击危险废物环境违法犯罪和重点排污单位自动监测数据弄虚作假违法犯罪专项行动。相关机关积极"会同开展第三方环保服务机构弄虚作假专项整治,办理首例提供虚假证明文件案即山东某环保科技有限公司涉嫌提供虚假

---

[114] 《刑事检察工作白皮书(2023)》,载中华人民共和国最高人民检察院网,https://www.spp.gov.cn/xwfbh/wsfbh/202403/t20240309_648173.shtml,最后访问日期:2024年5月15日。

证明文件案,取得良好办案效果"[115]。

表 1-10　2023 年生态环境领域最高人民检察院相关工作开展情况

类　　别	数量
生态环境资源保护和开发利用专项行动	8 项
挂牌督办江西锂矿系列案件	3 批共 22 件
发布典型案例	5 批共 22 件

（四）环境公益诉讼运行顺畅,预防性功能凸显[116]

据最高人民法院中国司法大数据研究院创新研究部统计,全国法院 2023 年环境资源公益诉讼案件裁判文书共计 602 份,其中环境刑事附带民事公益诉讼的裁判文书为 358 份,环境民事公益诉讼的裁判文书为 148 份,环境行政公益诉讼的裁判文书为 96 份。（见图 1-10）

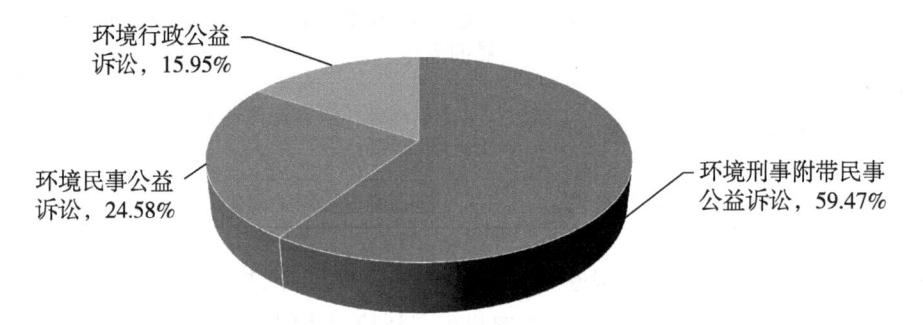

图 1-10　2023 年各类环境公益诉讼裁判文书数量

本课题组在对上一年度有关环境公益诉讼的裁判文书数据进行整理,对 2023 年度我国环境公益诉讼基本情况进行客观描述,并在此基础上对关键域的数据进行实证解析,总结现阶段我国环境公益诉讼的整体发展样态如下。

1. 我国环境和生态保护工作稳中向好的发展态势。综观历年环境公益诉讼一审案件数据可知,2016 年环境公益诉讼一审案件数量为 73 件,2017 年为 114 件,2018 年为 1252 件,2019 年为 1947 件,2020 年为 3357 件,2021 年为 1487 件,

---

[115]　《刑事检察工作白皮书（2023）》,载中华人民共和国最高人民检察院网,https://www.spp.gov.cn/xwfbh/wsfbh/202403/t20240309_648173.shtml,最后访问日期:2024 年 5 月 15 日。

[116]　参见《中国环境司法发展报告（2023 年）》分报告,张博、赵祖斌:《环境公益诉讼的系统检视与重点解析》。

2022年为462件，2023年为566件。从历年数据来看，环境公益诉讼案件数量在2020年达到顶峰，随后逐步回落，并在近两年呈现出较为稳定的状态。由此可以看出，2021年环境公益诉讼案件数量下降并非偶然现象，而是我国环境公益诉讼案件数量逐步趋于稳定的表现。究其原因在于，近年来我国环境司法专门化建设稳步发展，形成了较为完备的环境司法规则、环境司法组织、环境司法机制、环境司法队伍及环境司法理论，助推环境公益诉讼稳中向好发展。（见图1-11）

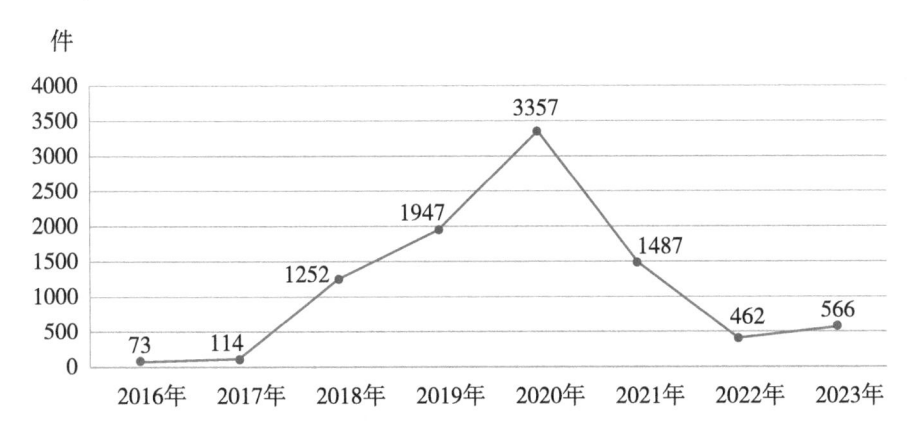

图1-11 2016~2023年环境公益诉讼一审案件数量情况

2. 环境公益诉讼案件类型依旧呈现出"重民轻行"的特点。按照环境民事公益诉讼、环境刑事附带民事公益诉讼以及环境行政公益诉讼三种类型划分环境公益诉讼，不难发现，环境行政公益诉讼案件数量为96件；环境民事公益诉讼案件数量148件；环境刑事附带民事公益诉讼案件数量358件（见图1-12）。从整体上看，环境刑事附带民事公益诉讼案件"一支独大"的状况持续多年未曾改变。这也是环境公益诉讼的提起主体以检察机关占主导的根本原因。加之，理论上普遍认为环境刑事附带民事公益诉讼案件归属于环境民事公益诉讼，这也就表明，与环境民事公益诉讼有关的裁判文书具有506件。相较于环境行政公益诉讼案件数量96件而言，环境民事公益诉讼案件数量占据绝对优势地位，这种现象早已存在多年且呈现愈演愈烈的趋势。

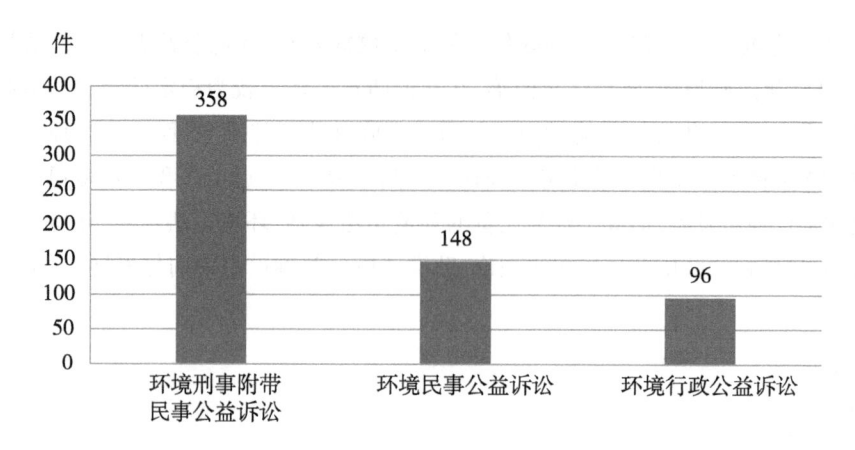

图 1-12　2023 年各类环境公益诉讼案件数量情况

3. 环境公益诉讼案件省际分布较为均衡,地域差异有所缓和。从省际分布来看,2023 年环境公益诉讼案件数量与前几年情况稍显不同,主要在于 2023 年环境公益诉讼案件数量较为均衡地分配于 31 个省、直辖市、自治区,且不存在没有分布的区域。2023 年环境公益诉讼案件数量达到 20 件以上的省份多达 13 个,按照案件数量依次排序分别为甘肃省(58 件)、陕西省(46 件)、湖南省(43 件)、辽宁省(41 件)、湖北省(38 件)、贵州省(30 件)、安徽省(29 件)、云南省(26 件)、内蒙古自治区(25 件)、黑龙江省(24 件)、四川省(21 件)、上海市(21 件)、重庆市(20 件)。甘肃省、湖南省、辽宁省、陕西省、湖北省、贵州省、安徽省、云南省、内蒙古自治区、黑龙江省、四川省、上海市、重庆市 13 个省、自治区、直辖市环境公益诉讼案件数量共计 422 件,约占全国环境公益诉讼案件总量的 70.10%。(见图 1-13)

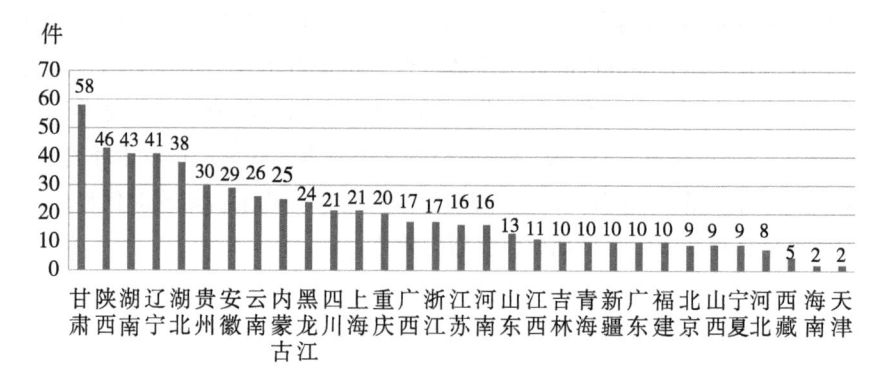

图 1-13　2023 年环境公益诉讼案件省区市分布数据

4. 环境公益诉讼起诉主体比例失衡。从环境公益诉讼的提起主体来看，社会组织占比微小，呈现以检察机关为主导的局面。《中国环境司法发展报告（2020年）》指出检察机关提起的环境公益诉讼占环境公益诉讼案件数量的近90%。[117]《中国环境司法发展报告（2021年）》指出在环境公益诉讼案件中，由社会组织提起的占比不到3%。[118]《中国环境司法发展报告（2022年）》指出检察机关提起的环境公益诉讼占比达到87%，社会组织作为起诉主体提起的环境民事公益诉讼案件占比为1.8%。[119] 2023年检察机关提起环境公益诉讼占比达到92%，社会组织作为起诉主体提起的环境公益诉讼案件占比为4.8%（见图1-14）。从数据来看，社会组织提起的环境民事公益案件数量虽有增长，但整体格局稳定，检察机关仍占据环境民事公益诉讼起诉主体的首位。导致社会组织占比微小的因素较多：其一，对社会组织的资格审查较严，诉讼争议焦点多集中于对原告主体资格的质疑；其二，社会组织在面对因果关系证据收集方面处于弱势地位；其三，社会组织出于公益目的起诉，面临鉴定费、律师费及差旅费等诉讼压力。

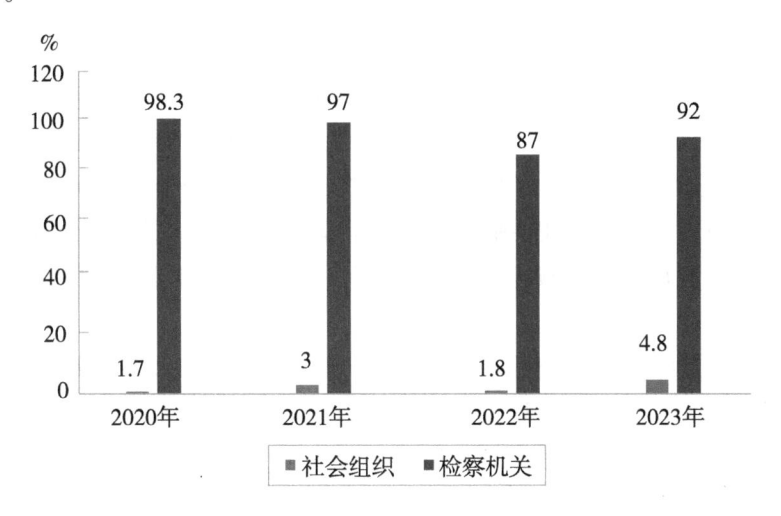

图1-14 2020~2023年环境民事公益诉讼起诉主体数量分布

5. 赔礼道歉作为环境公益诉讼责任承担方式有待完善。在2023年的环境民事公益诉讼案件判决中，赔礼道歉的责任承担方式出场率较高，在66份民事

---

[117] 参见吕忠梅等：《中国环境司法发展报告（2020年）》，法律出版社2021年版，第157页。
[118] 参见吕忠梅等：《中国环境司法发展报告（2021年）》，法律出版社2022年版，第256页。
[119] 参见吕忠梅等：《中国环境司法发展报告（2022年）》，法律出版社2023年版，第177页。

判决书中有 12 位原告提出了赔礼道歉的责任承担方式。即便原告未在诉讼请求中要求被告承担赔礼道歉的责任，法院也将此项责任判令被告承担的民事判决书有 2 份，但法院的说理并不充分，有关赔礼道歉的责任承担方式仍需细化。各地法院对赔礼道歉责任方式的认定随意，在实际损害、主观过错、豁免条件等方面存在矛盾冲突。[120] 执行效果欠佳。赔礼道歉的指向对象不明，适用逻辑欠缺。

三、环境司法重点领域持续发力

2023 年，环境司法发展样态纷呈，亮点凸显，以协作为标志而生成的环境司法机制建设蔚为大观，成为司法发展中重要的观测点。基于此，本课题转换分析视角，分别从公安机关、检察机关、审判机关的独特运作模式出发，对环境资源犯罪治理机制中公安机关的职能定位、环境行政公益诉讼诉前程序机制、环境刑事附带民事公益诉讼中审判机关运作机制进行分析，发掘其中真谛，探讨环境司法协作的内在逻辑和规律，助力环境司法聚力突破。

（一）环境资源犯罪侦查专业化模式初现，办案程序尚需优化[121]

2019 年年初，根据中央关于深化党和国家机构改革的总体部署和中央批准的机构改革方案，公安部整合多个业务局相关职责，专门组建了食品药品犯罪侦查局，明确由食品药品犯罪侦查局承担打击生态环境领域犯罪职责。公安部食品药品犯罪侦查局自 2019 年组建以来，始终坚持用最严格制度、最严密法治保护生态环境，对环境资源犯罪坚持重拳出击、露头就打，有力推动了全国公安机关打击环境资源犯罪队伍建设，提升打击环境资源犯罪的专业化水平，延拓了生态环境治理的多元化格局。

本报告着眼环境司法整体性发展历程与阶段性建设成果，既往研析更偏重锚向检察机关与人民法院视角，围绕诉讼程序展开，而对前端侦查阶段的整体观照与具象审视显有阙略，对公安机关在打击环境资源犯罪领域的有益探索与特色经验亟待提炼。

基于此，特别关注之公安机关篇将聚焦公安机关在环境资源犯罪治理机制中的职能定位与司法效能。课题组以近年来我国环境资源犯罪发生的年度变化

---

[120] 参见孙佑海、杨帆：《赔礼道歉：如何在环境民事公益诉讼裁判中正确适用？——基于对 112 份判决书的实证分析》，载《中国政法大学学报》2023 年第 5 期。

[121] 参见《中国环境司法发展报告（2023 年）》分报告，冀鹏飞、桂凡：《公安机关在环境犯罪治理中的职能定位与司法效能》。

趋势为背景,以公安部食品药品犯罪侦查局组建元年即 2019 年为观察时间起点,选取 2019 年至 2023 年五年期间打击环境资源犯罪相关的规范性文件及案例数据为研究对象,并以公安机关内部能动、行刑衔接部门联动、警民联合群众发动三个视角展开,呈现食品药品犯罪侦查局近五年来打击环境资源犯罪的客观情况,总结公安机关以打击环境资源犯罪促进生态环境治理的显著成效与典型做法。(见图 1-15)

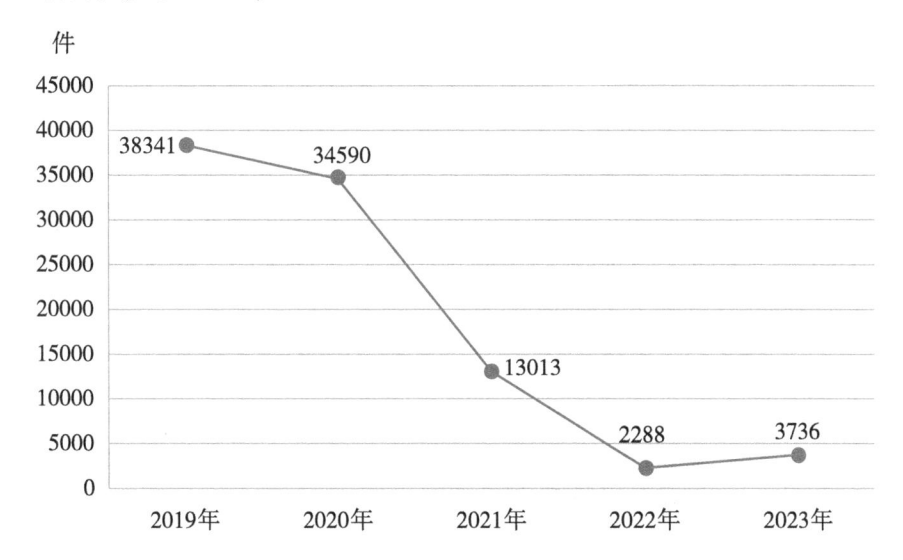

图 1-15　2019~2023 年我国环境资源犯罪刑事一审案件数量变化趋势

1. 立足环境资源犯罪"打防管控"职能,推进司法高效运作。据统计,2018 年 1 月至 2023 年 6 月,全国公安机关共立案侦办破坏环境资源保护类犯罪案件 26 万起,抓获犯罪嫌疑人 33 万名,2022 年比 2018 年分别上升 58.8%、30.3%,2023 年上半年同比分别上升 9%、18.9%;公安部共挂牌督办重大案件 1624 起,发起集群打击 118 次,对环境资源犯罪实施"全环节、全要素、全链条"打击。[122] 公安机关对破坏环境资源犯罪打击力度进一步增强,已然成为推动环境司法的前沿阵地与重要力量。

为明确公安机关在刑事诉讼中保证准确、及时地查明犯罪事实的任务,完善以证据为核心的刑事指控体系,加强和规范侦查及补充侦查工作,切实提高办案

---

[122]　参见《国务院关于打击生态环境和资源保护领域犯罪工作情况的报告》,载中国人大网,http://www.npc.gov.cn/c2/c30834/202310/t20231025_432568.html,最后访问日期:2024 年 4 月 25 日。

质效,《刑事诉讼法》,最高人民检察院、公安部《关于加强和规范补充侦查工作的指导意见》对公安机关侦查及补充侦查的相关内容作了规定。最高人民检察院、公安部《关于健全完善侦查监督与协作配合机制的意见》进一步明确了公安机关、检察院在依法规范开展侦查活动和侦查监督工作的责任分工,以期健全完善侦查监督与协作配合机制,推动提升公安执法和检察监督规范化水平,确保依法履行刑事诉讼职能。

2. "行刑衔接"机制成常态化运行模式,形成打击犯罪新合力。环境资源犯罪呈现传统与新型交织态势,多层级、跨区域作案的特点更加突出。为切实提升对环境资源犯罪的打击力度,各机关相继出台了环境行政执法与刑事司法衔接相关的规范性文件,并推动各地建立一系列相应的行刑衔接制度,"行刑衔接"规范体系基本形成,信息共享、案件移送、技术支持、联席会议等具体协作机制的运行规则亦日益完善,多部门优势互补、协作配合,形成了联手依法打击环境资源犯罪、维护国家生态安全的强大合力。(见表1-11)

表1-11 环境行政执法与刑事司法衔接的规范性文件统计

序号	发文年份	文件标题
1	2023	最高人民法院、最高人民检察院《关于办理环境污染刑事案件适用法律若干问题的解释》(2023)
2	2023	《生态环境行政处罚办法》
3	2023	自然资源部、公安部《关于加强协作配合强化自然资源领域行刑衔接工作的意见》
4	2021	《行政处罚法》(2021修订)
5	2021	最高人民检察院关于印发《最高人民检察院关于推进行政执法与刑事司法衔接工作的规定》的通知
6	2021	生态环境部《关于深化生态环境领域依法行政持续强化依法治污的指导意见》
7	2021	生态环境部《关于优化生态环境保护执法方式提高执法效能的指导意见》
8	2020	《行政执法机关移送涉嫌犯罪案件的规定》(2020修订)
9	2019	应急管理部、公安部、最高人民法院、最高人民检察院关于印发《安全生产行政执法与刑事司法衔接工作办法》的通知

续表

序号	发文年份	文件标题
10	2018	《刑事诉讼法》（2018 修订）
11	2017	环境保护部、公安部、最高人民检察院关于印发《环境保护行政执法与刑事司法衔接工作办法》的通知
12	2014	《行政主管部门移送适用行政拘留环境违法案件暂行办法》
13	2013	环境保护部、公安部《关于加强环境保护与公安部门执法衔接配合工作的意见》
14	2011	《中共中央办公厅、国务院办公厅转发国务院法制办等部门〈关于加强行政执法与刑事司法衔接工作的意见〉的通知》

3. 延伸环境资源犯罪多元治理"触角"，警民联合显基层力量新优势。2019年至2023年公安部单独或者联合发布的打击环境资源犯罪典型案例共62件，46件典型案例提及违法线索来源，其中违法线索源于公安机关自行发现的占21.74%，源于群众举报的占28.26%，源于其他机关移送的占50%（见图1-16）。群众举报作为公安机关获取违法线索的重要渠道，其价值和意义日益凸显。警民联合打击环境资源犯罪的工作模式展现了基层治理的新优势，这种优势不仅体现在打击犯罪的效率和效果上，更体现在促进社会参与、增强社会凝聚力、提升治理能力等众多方面，也为构建安全、稳定、和谐的社会环境提供了有力保障。未来如何充分发挥群众优势、畅通警民沟通渠道，将群众生态法治意识与关注程度转化为发现违法问题的"源头活水"，是推进环境资源犯罪多元治理机制构建的重点之一。

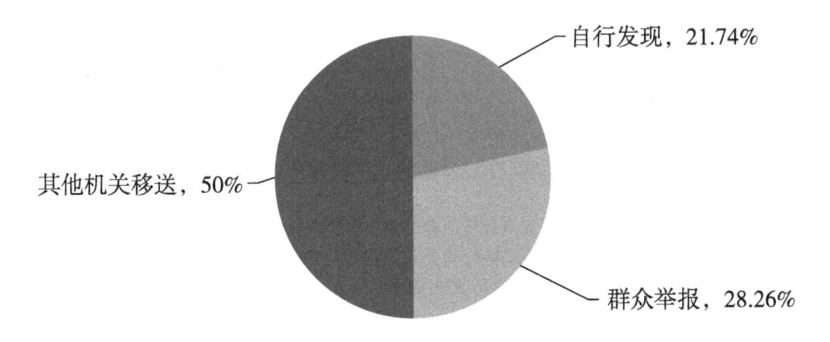

图 1-16　2019~2023 年公安部单独或者联合发布的打击环境资源犯罪典型案例的违法线索来源占比

（二）检察建议助推环境司法纠纷多元化解，诉前程序有待完善[123]

课题组通过对2021~2023年的环境行政公益诉讼案件整体数量，以及181件最高人民法院与最高人民检察院于2021~2023年发布的环境行政公益诉讼指导性和典型案例[124]，对环境行政公益诉讼的诉前程序进行观察，发现检察机关通过以检察建议为支撑的一系列诉前举措的"制度柔性"和"效果刚性"，[125]充分调动了行政机关、专家与公众等多方面资源，深度参与环境司法纠纷多元化解，展现出检察机关自觉融入环境治理的履职形态。检察机关在实质性化解环境纠纷的同时，进一步促进了环境治理规则的完善与环境执法的规范化，呈现出"以诉前实现维护公益目的为最佳司法状态"[126]。未来，环境行政公益诉讼的诉前程序规定应当在实践中全面吸收理论供给与经验总结，围绕环境公益侵害的具体领域形成更加规范化、精细化的判定标准。

1. 环境行政公益诉讼案件一审比重最大，涉案行政机关怠于履行法定职责系诉讼主要成因。2021年、2022年、2023年案件一审数量占比分别为93.22%、100.00%、96.92%（见图1-17），年均整体占比位居高位。案件审级集中于一审代表着环境领域行政机关履职的争议情况逐渐明确，同时，环境行政公益诉讼案件审判质效较高。从诉讼成因看，涉案行政机关怠于履行职责是检察机关提起环境行政公益诉讼的主要原因，其中主要包括完全不履行法定职责或不充分履行法定职责两种情形，前者占比58.78%，后者占比36.64%。（见图1-18）

---

[123] 参见《中国环境司法发展报告（2023年）》分报告，王雅琪、袁明、王耀珑：《检察机关提起环境行政公益诉讼的实证观察》。

[124] 基于案件文书管理规范要求、观测点分析内容的详细度要求等原因，本报告对最高人民法院、最高人民检察院于2021~2023年发布的环境行政公益诉讼指导性和典型案例的裁判文书进行了逐一阅读，根据诉前检察建议、诉前协商与对行政机关履职状况评估的分析焦点，择取了181件案例作为分析样本。

[125] 参见杨建顺：《以检察建议助推涉住建领域的合法规范运营——以最高人民检察院第170号指导性案例为例》，载《行政法学研究》2024年第3期。

[126] 张军：《最高人民检察院工作报告》，载中华人民共和国最高人民检察院网，https://www.spp.gov.cn/tt/202203/t20220315_549263.shtml，最后访问日期：2024年4月26日。

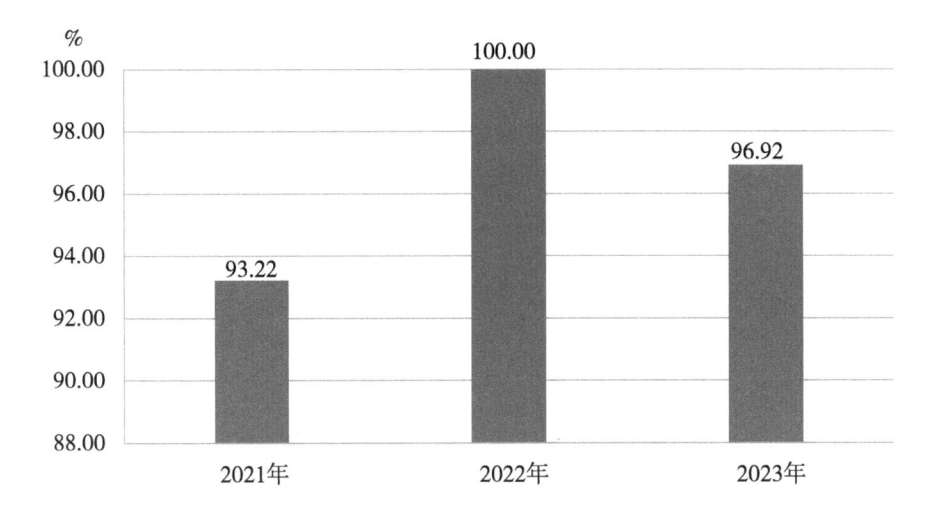

图1-17　2021~2023年环境行政公益诉讼案件一审案件量占比

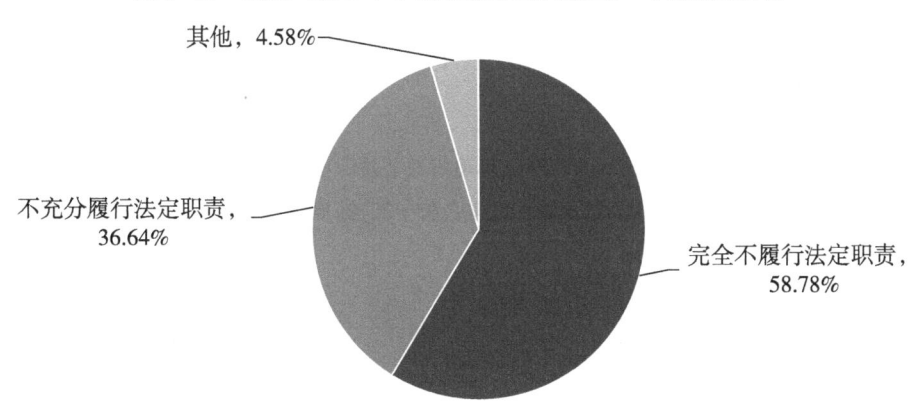

图1-18　2021~2023年环境行政公益诉讼成因分布占比

2. 案件履职争议领域集中化程度愈加明显，自然资源管理部门与生态环境管理部门被诉占比相对较低。以履职争议领域为统计标准，涉案行政机关在垃圾管理、医疗卫生、地质环境保护和土地复垦、水污染、农用地保护、河道环境保护、文物保护、违章建筑、饮水安全、道路安全、永久基本农田保护、养殖污染、水土保持、大气污染、国有土地保护领域的监督与管理行为争议较多。其中，垃圾管理、医疗卫生、地质环境保护和土地复垦领域分别为17件、11件、10件，对应占比12.98%、8.40%、7.63%，位居前三（见图1-19）。行政机关对于生活垃圾堆放处置、采矿后土地复垦、医疗废水废物处理的监管领域的履职程度有待进一步加强。以被诉行政机关为统计标准，自然资源管理部门与生态环境管理部门被诉综合占比在 2021 年、2022 年、2023 年呈下降趋势,分别为 24.24%、14.29%、18.06%(见图 1-20)。在一定程度上可以看出,自然资源管理部门与生态环境管理部门作为专门的环境保护部门,其环境履职处于逐步规范化与精准化的发展阶段,不断强化着环境行政工作体系与执法能力。

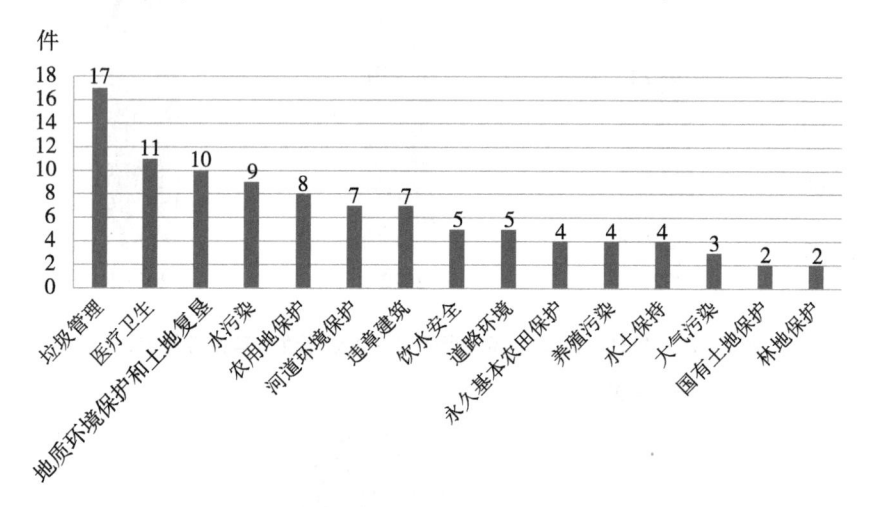

图 1-19 2021~2023 年环境行政公益诉讼涉案行政机关履职争议领域(排名前十五)数量

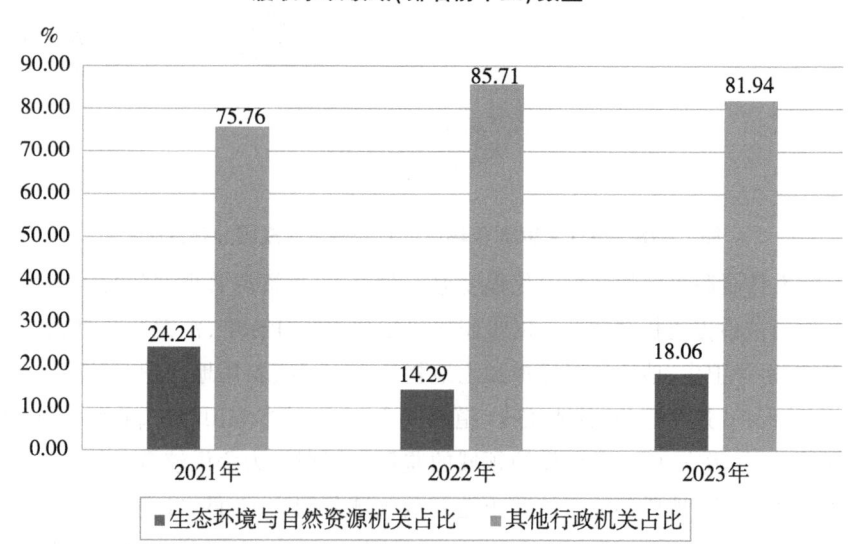

领域	数量(件)
垃圾管理	17
医疗卫生	11
地质环境保护和土地复垦	10
水污染	9
农用地保护	8
河道环境保护	7
违章建筑	7
饮水安全	5
道路环境	5
永久基本农田保护	4
养殖污染	4
水土保持	4
大气污染	3
国有土地保护	2
林地保护	2

图 1-20 2021~2023 年环境行政公益诉讼案件自然资源管理部门、生态环境管理部门与其他部门之间的被诉量占比

年份	生态环境与自然资源机关占比	其他行政机关占比
2021年	24.24	75.76
2022年	14.29	85.71
2023年	18.06	81.94

3. 检察机关制发检察建议的运行模式相对成熟。当前检察机关制发诉前检察建议动因多元,制发范围涵盖广泛,制发程序逻辑严密,能够实现事实认定、法律适用、问题整改、效果评估的"全流程"覆盖。同时,检察机关注重监督检察建议的落实情况,兼顾发挥内外合力提升审查刚性,通过引入磋商听证、适用公开送达、推进实地勘察走访等方式,达到实质性化解争议、将案件终结于诉前程序的良好效果。但基于环境行政公益诉讼的特殊性与复杂性,目前亦存在制发认定标准模糊、制发内容释理说法不明、制发对象权责关系不清的问题,亟须更为明确的司法理念指引与更为明晰的司法规则完善。

4. 检察机关对行政机关履行职责的评估标准有待细化。检察机关在法定职责的范围判定、不依法履行职责的认定以及不依法履行职责与环境公益受损之间因果关系的判定中,表现出较为规范的运行模式。三个要件的判定样态体现出检察机关对行政机关履行职责的评估存在着行为判定与结果判定的双重标准,并以行政机关是否采取积极作为以避免环境公益受损作为评估行政机关是否依法履职的根本标准[127]。同时,检察机关对行政机关履行职责的评估模式与标准还有发展的空间,特别是在对不依法履行职责与环境公益受损之间因果关系的判定中,还需要保持一定的审慎态度,需要结合环境行政公益诉讼的具体领域形成更加规范化、精细化的判定标准。

(三)环境刑事附带民事公益诉讼案件较为典型,适用规则亟待明确[128]

2018年3月2日,最高人民法院、最高人民检察院联合发布了《关于检察公益诉讼案件适用法律若干问题的解释》,第20条确立了刑事附带民事公益诉讼制度。此后,环境刑事附带民事公益诉讼制度作为环境司法的重要诉讼制度抓手,在实践中取得了良好的法律效果和社会效果:环境刑事附带民事公益诉讼作为检察公益诉讼的重要形态之一,致力于解决个人诉讼保护公共利益无力的状况,同时将刑事诉讼与民事公益诉讼集中于同一诉讼构造之中,既发挥了检察机关公诉部门和法律监督部门的职责,又节约了有限的司法资源,能够最大程度、最高效率、最强力度保护生态环境。然而,环境刑事附带民事公益诉讼案件汇集了刑事诉讼和民事公益诉讼二者性质迥异的要素和程序,在实践中也存在诉讼

---

[127] 参见王作化、喻怀峰、刘霞:《作为客观诉讼的环境行政公益诉讼》,载《南京工业大学学报(社会科学版)》2023年第5期。
[128] 参见《中国环境司法发展报告(2023年)》分报告,欧恒、王生珍、曾雨婷:《环境刑事附带民事公益诉讼案件的实证检视与路径完善》。

相互交织、诉讼程序难以理顺等一些亟待解决的困境,因此有必要对其进行连续观测。

2022年度的环境刑事附带民事公益诉讼案件数量为332件。2023年1月1日至12月31日,全国法院共计审理环境刑事附带民事公益诉讼案件358件。与2022年相比,2023年环境刑事附带民事公益诉讼案件数量稳步上升。课题组对2023年的环境刑事附带民事公益诉讼案件进行了深入分析,从地域分布、案由分布、审级和审理程序、裁判文书类型和民事公益诉讼的责任承担等方面进行了全面考察,并对比了2021年和2022年的环境刑事附带民事公益诉讼案件的基本情况,[129]得出以下结论:

1. 从案件的地域分布上看,案件的地域分布特征较为明显。总体上看,案件发生量呈现从西部地区向东部地区递减的趋势,可以反映出西部地区的生态环境禀赋高于东部地区,因此在案件发生量上也多于东部地区。(见图1-21)

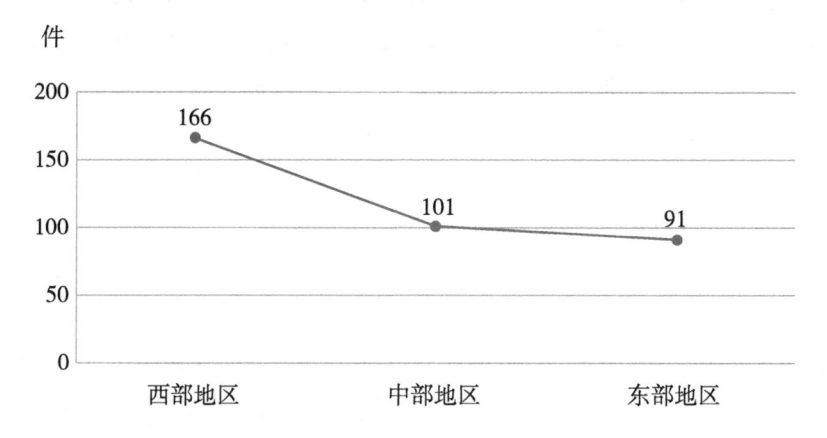

图1-21　2023年环境刑事附带民事公益诉讼案件的地域分布情况

在案件地域分布的变化趋势上,2021年和2023年都呈现西部地区案件数量占比最多,东部地区其次,中部地区数量最少,而2022年中部地区的案件占比最多,西部地区其次,东部地区数量最少(见图1-22)。总体上也符合西部地区资源禀赋较好的客观规律。

---

[129] 2021年、2022年的环境刑事附带民事公益诉讼的案件数据来源于《中国环境司法发展报告(2021年)》和《中国环境司法发展报告(2022年)》。

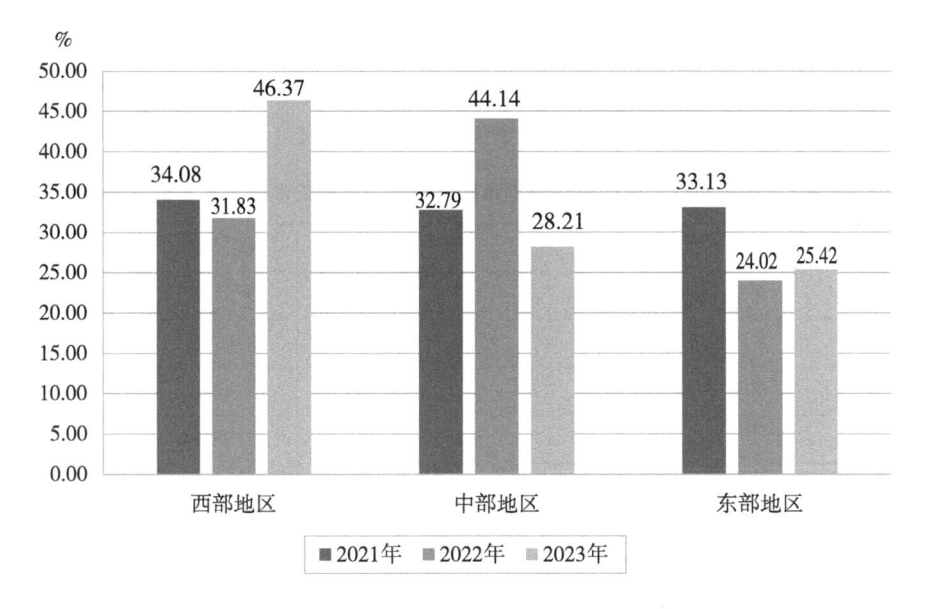

图 1-22　2021～2023 年环境刑事附带民事公益
诉讼案件刑事地域分布对比

2. 刑事案由方面,案件量前五位的依次为非法捕捞水产品罪(89 件)、非法狩猎罪(56 件)、滥伐林木罪(43 件)、非法占用农用地罪(38 件)、危害珍贵、濒危野生动物罪(31 件),该 5 类案件共计 257 件,占环境刑事附带民事公益诉讼总案件量的 71.79%(见图 1-23)。由此可以说明刑事案件分布不均,侵害客体集中在对水生动物资源、野生动物资源、林木资源、土地资源的侵害上。

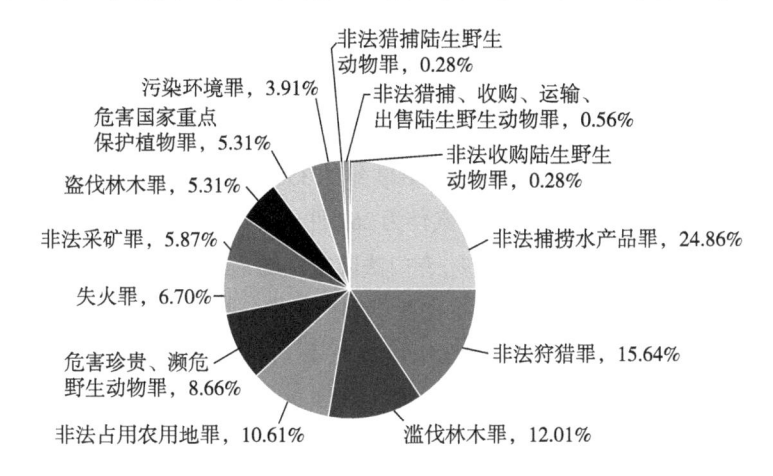

图 1-23　2023 年环境刑事附带民事公益诉讼案件刑事案由

对比三年的刑事案由可以得出,非法捕捞水产品罪、非法狩猎罪、非法占用农用地罪、滥伐林木罪、非法采矿罪、污染环境罪和危害珍贵、濒危野生动物罪是近三年环境刑事附带民事公益诉讼案件的最主要案由。(见表1-12)

表1-12　2021~2023年环境刑事附带民事公益诉讼案件刑事案由占比

罪名	2021年	2022年	2023年
非法捕捞水产品罪	30.62%	27.41%	24.86%
非法狩猎罪	17.38%	18.07%	15.64%
非法占用农用地罪	7.33%	14.46%	10.61%
滥伐林木罪	8.83%	12.95%	12.01%
非法采矿罪	10.79%	6.33%	5.87%
污染环境罪	8.22%	5.42%	3.91%
危害珍贵、濒危野生动物罪	11.06%	4.52%	8.66%
失火罪	0	3.62%	6.70%
盗伐林木罪	3.80%	3.01%	5.31%
走私国家禁止进出口的货物、物品罪	0	3.01%	0
危害国家重点保护植物罪	1.63%	0.60%	5.31%
走私珍贵动物、珍贵动物制品罪	0	0.30%	0
非法经营罪	0	0.30%	0
非法捕猎、收购、运输、出售陆生野生动物罪	0.27%	0	0.56%
非法收购盗法、滥伐的林木罪	0.07%	0	0
合计	100%	100%	100%

3.审级及审理程序分布方面,在2023年的358件环境刑事附带民事公益诉讼案件中,由基层人民法院审理的案件为267件,占比74.58%,由中级人民法院审理的案件为59件,占比16.48%,专门法院审理的案件为32件,占比8.94%。没有出现高级人民法院和最高人民法院审理的案件(见图1-24)。一审案件为343件,占比95.81%,二审案件为15件,占比4.19%(见图1-25)。环境刑事附带民事诉讼案件集中于一审程序。2021年和2022年案件同样呈现出以基层人民法院的一审程序为主的规律。(见图1-26、图1-27)

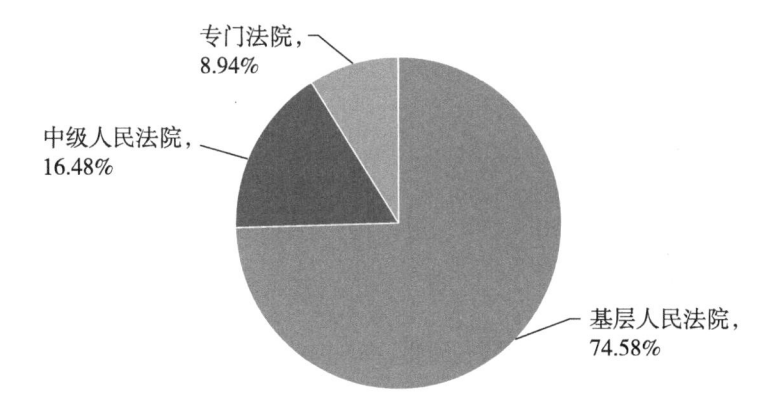

图 1-24　2023 年环境刑事附带民事公益诉讼案件法院级别占比

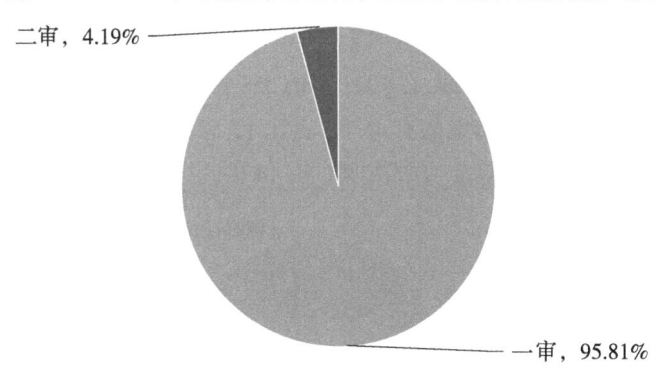

图 1-25　2023 年环境刑事附带民事公益诉讼案件审理程序

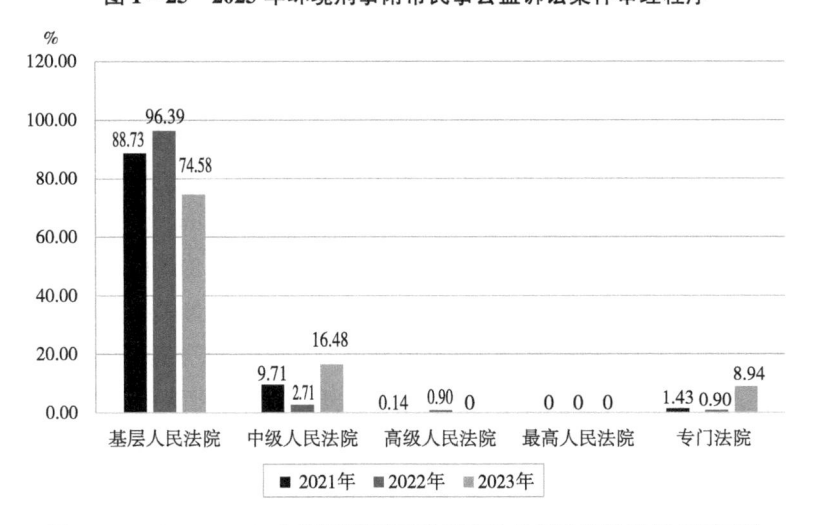

图 1-26　2021~2023 年环境刑事附带民事公益诉讼案件法院级别对比

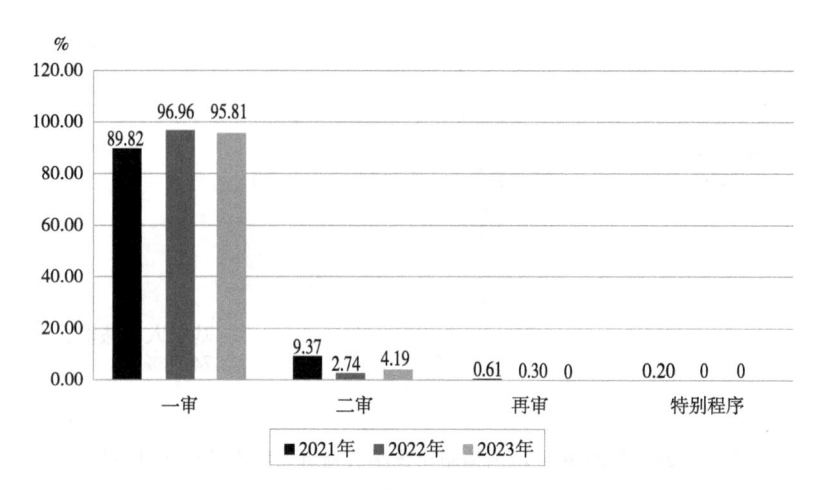

图 1-27　2021~2023 年环境刑事附带民事公益诉讼案件审理程序对比

4. 裁判文书类型分布方面,在 2023 年的 358 件环境刑事附带民事公益诉讼中,以"调解+判决"方式结案的有 45 件,占比 12.57%;以"判决"方式结案的有 299 件,占比 83.52%;以"裁定"方式结案的有 14 件,占比 3.91%。(见图 1-28)

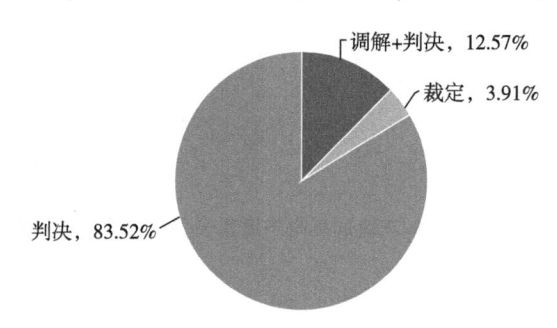

图 1-28　2023 年环境刑事附带民事公益诉讼案件裁判文书类型

5. 民事公益诉讼的责任承担方面,附带民事公益诉讼的责任承担方式分为两种,传统的民事责任和生态环境专门责任。根据案例分析可以得出,大部分案件都判决了生态环境专门责任,但是仍有部分案件仅采用传统的民事责任承担方式。在生态环境专门责任中,根据《民法典》的规定,分为生态环境修复责任和生态环境损害赔偿责任,部分案件同时判决二者责任,部分案件仅判决单一责任。在生态环境修复责任中,分为直接判处修复责任和修复责任的其他形式;在生态环境损害赔偿责任中,分为直接统一判决承担生态环境损害赔偿费用和依据《民法典》第 1235 条中的某种或几种分别进行判决。此外,虽然赔礼道歉并不属于《民法典》第 1229~1235 条规定的生态环境责任的承担形式,但该责任承担方式在实践中也多用于对环境公益侵害的案件。

四、推动环境司法体系提阶升级

习近平总书记在2023年召开的全国生态环境保护大会上强调"必须以更高站位、更宽视野、更大力度来谋划和推进新征程生态环境保护工作,谱写新时代生态文明建设新篇章"。在环境司法迈向十周年之际,同时面对新的发展阶段和新的时代使命,各级司法组织应当深入贯彻和切实践行习近平生态文明思想和习近平法治思想,整合优化环境司法体制机制,切实解决目前环境司法中存在的重难点问题,迎难而上、精益求精。各级人民法院要坚持以习近平新时代中国特色社会主义思想为指导,全面贯彻党的二十大精神,抓好第一批、第二批主题教育的衔接联动,紧紧围绕"公正与效率"工作主题,做深做实为大局服务、为人民司法,奋力推进环境资源审判工作高质量发展,更加有力有效维护国家生态环境和资源安全、社会公共利益、人民群众环境权益,为加快推进人与自然和谐共生的现代化提供更加有力司法服务和保障。[130] 围绕"高质效办好每一个案件"的检察履职办案基本价值追求,全国检察机关落实以可诉性来提升精准性和规范性,持续提升公益诉讼检察办案质效。[131]

(一)全力完善环境司法专门化体系

强化司法保障生态环境的基础效能,构筑严密细致的环境司法体系,持续释放法治活力,为美丽中国建设提供坚强司法保障。理顺生态环境司法过程中的行政执法权、检察权、审判权之间的关系,建立衔接紧密、沟通顺畅、联动协同、运行高效的"绿色司法"体系。[132]

1. 夯实环境司法基础,促进环境司法高质化前行

通过强职能、健体制、重统筹,筑牢环境司法组织基础。加强环境司法治理平台建设,密织环境司法组织网络,提升环境资源法庭规范化建设水平。"聚焦构建现代环境治理体系,完善环境资源专门化审判组织体系,规范环境资源案件范围,加快推进专门审判机构实质化运行。运用好环境资源审判机构成熟经验和工作机制,指导未设置专门审判机构的法院相关审判庭、合议庭履行好

---

[130] 参见《最高人民法院关于人民法院环境资源审判工作情况的报告(全文)》,载中国法院网,https://www.chinacourt.org/article/detail/2023/10/id/7593613.shtml,最后访问日期:2024年4月1日。
[131] 参见《公益诉讼检察工作白皮书(2023)》,载最高人民检察院网,https://www.spp.gov.cn/xwfbh/wsfbh/202403/t20240309_648329.shtml,最后访问日期:2024年4月11日。
[132] 参见吕忠梅:《融合履职视野下的生态环境检察》,载《国家检察官学院学报》2024年第1期。

办理环境资源案件、促进生态环境治理的职能"[133]。探索设置环境资源案件巡回调解室，积极探索打造环境资源法庭"巡回服务模式"。积极发挥公益诉讼检察职能，持续探索建立公益诉讼指挥中心，加强检察公益诉讼实质化运行水平。稳步推动公益诉讼检察机构基层工作联络室设置，延伸监督触角，提升监督实效。

突出专业化建设，精心培养环境司法保护专门队伍。增强环境司法队伍专业知识和业务素养，着力提升环境司法队伍在生态环境治理中的履职能力，形成强有力的专业化办案团队。建立健全智库平台，充分发挥专家在环境资源案件审判中的智力支持作用。强化公益诉讼专门人才库设置，扩充专门人才来源通道，为公益诉讼案件贡献强劲"生力军"。坚持"大培训"的概念，做实多种方式的培训，把培训和调研相结合，注重专业化高素质人才培养，持续提升法官业务素质。[134] 在推广"培训＋办案＋研究"的司法人才一体化实训模式的基础上，做好考核评价管理，通过精准培训、联合培训、业务竞赛等方式，探索法治人才培训新模式。深化院校合作，建设常态化环境司法人才培养机制。

2. 强化生态法治供给，提升环境司法质效

最大限度地保障环境司法制度供给，激活制度效能。把恢复性司法理念深度融入审理规则之中，充分发挥主观能动性，强化体系化构建。深入贯彻绿色理念和系统性思维，以宪法为根本遵循，全面把握环境保护立法修法精神，适时制定和完善《刑法》以及《民法典》相关司法解释，确保法律准确适用。[135] 严格执行环境保护相关法律规范，探索适合地域特色的司法保护方案，做好法律在适用上的衔接。建立健全环境资源典型案例、指导性案例常态化发布机制，统一案件处理标准和尺度，深入挖掘理论正当性，深化对实践的理论支撑力度，优化典型案例向指导性案例的转化规则。持续推进气候变化应对、资源开发利用、生物多样性保护等方面司法服务能力，增强环境司法制度供给，在生态环境保护立法、执法等领域贡献司法智慧。

着力强化环境司法规则建设，提升审判专业化水平。深化环境司法改革创新，优化完善司法解释和司法政策，建立健全环境资源审判裁判规则体系。

---

[133] 参见《最高人民法院关于人民法院环境资源审判工作情况的报告（全文）》，载中国法院网，https://www.chinacourt.org/article/detail/2023/10/id/7593613.shtml，最后访问日期：2024年4月11日。

[134] 参见杨梦娇：《做实强基固本，着力锻造法院铁军——深入学习贯彻习近平总书记重要讲话和全国两会精神系列评论之三》，载《人民法院报》2024年3月19日，第1版。

[135] 参见吕忠梅等：《中国环境司法发展报告（2021年）》，法律出版社2022年版，第51页。

全面推进在线诉讼规则适用,助力环境司法裁判规则优化升级。探索建立由司法鉴定、专家辅助人、专家陪审员组成的多元事实查明机制,着力解决环境审判鉴定难、技术事实认定难等问题,促进案件办理质效提升。[136] 统一环境资源案件中证据的收集、采用规则,提高因果关系认定的准确性。建立健全环境资源案件证明标准体系,增强环境民事、行政、刑事诉讼证明标准的衔接与证据的转化。完善环境污染损害评估鉴定方法,科学划定生态环境损害数额的认定标准。

3. 构建环境司法长效机制,激发环境司法共治合力

多方联动促高效环境司法协同。完善司法服务举措,以联席会议、信息联通、要案会商等机制为支撑,着力推动生态环境协同治理和生态司法保护再升级,进一步健全协调联动机制。深化环境司法协作深度,增强环境司法协作协议的规范效力。确立就近协作管辖标准,统一环境司法裁判尺度,建立健全环境资源审判一体化平台。坚持检察一体化推进,依法履职,完善区域检察协作机制,系统推进环境公益保护治理。积极推动"行政检察+行政公益诉讼检察""两行并进"模式建设,着力提升监督质效。加强跨部门合作,建设全方位、多层次的环境行政执法与环境司法协作机制,推动协作向纵深发展。构建"四检融合"的专门化机制,通过设立专门办案机构,实现生态环境刑事、民事、行政与公益检察的"物理融合"。[137] 加强生态环境资源矛盾纠纷化解方告知、平台对接、纠纷排查等制度建设,构筑多元化争议联合化解机制。

多点发力创优质环境司法服务。强化"前端预防—中端控制—末端修复"的环境司法保障体系建设,促进社会效果最佳化。严格规范适用证据保全、先予执行、诉前禁令措施,优化环境司法诉讼程序。比物连类,依据本领域特点,持续探索多样化替代性生态环境修复方式,确保环境修复责任执行效果最大化。探索多元化修复资金投入模式,充分保障生态保护修复项目的资金投入。建立特色生态修复司法保护基地,鼓励和支持社会资本参与生态环境保护修复,推行异地修复、替代修复、代为履行等裁判执行方式,努力恢复被破坏的生态环境功能。[138] 强化监督评估机制建设,健全环境技术标准,明确生态修复程序和标准,

---

[136] 参见刘玉民:《扎实推进环境资源审判 以司法之力守护美丽中国》,载《人民法院报》2023年3月28日,第2版。
[137] 参见吕忠梅:《融合履职视野下的生态环境检察》,载《国家检察官学院学报》2024年第1期。
[138] 参见刘娟:《以能动司法之力守护绿水青山》,载《人民法院报》2023年7月19日,第2版。

为生态环境修复和评估提供更为科学的依据。建立健全跟踪监测制度和民主监督机制,确保生态修复效果的有力落实。

(二)着力优化环境司法专业化结构

针对专门化开展的需求,应当进一步优化环境司法专业化结构,不断提高审判效能,为环境保护政策落实和法律适用的统一提供更为优质的服务和保障。

1. 探索具体适用规则,激活《民法典》"绿色原则"价值

积极构建"绿色原则"适用的体系性解释框架,明确"原则+规则"的适用规则。厘清"绿色原则"在各民事具体领域的内容和适用范围,确立各领域裁判功能的适用顺位。综合考虑各领域的绿色化程度,充分发挥"绿色原则"的约束功能,形成"绿色义务"体系,梯次配置义务规范。适当扩充绿色物权的内容,在此基础上设定行为人的环境保护义务,实现资源利用最大化。在合同的认定上,明确"绿色原则"的效力规则;在合同解除上,强化价值指引功能的运用。细化司法解释,严格区分环境公共利益与环境私人利益,准确适用惩罚性赔偿制度。基于法律体系的整体要求对具体情形进行判定,探索环境侵权特殊规则的适用与侵权法一般规则的衔接,确立特殊规则适用的条件和范围。[139] 在使"绿色理念"融入司法审判过程中,保障"绿色原则"的实践性和社会功能的发挥。

2. 准确运用判断基准,精细化开展环境行政司法审查

综合考量多方因素,增强对行政行为的实质性审查判断。进一步厘清跨区域集中管辖原则和标准,优化诉讼程序,扩充法院在简化庭审程序上的裁量空间。严守起诉要件与诉讼要件的程序分流机制,放宽诉讼程序启动要件,进一步扩大受案范围。[140] 科学建构环境行政司法审查的标准,强化环境行政执法的合法性。在对环境行政行为类型化处理的基础上,探索适用不同的审查规则。应当以说明理由义务作为审查的切入点,形成以技术标准为形式的判断基准审查,在具体案件中对判断基准客观适用的双阶审查过程。[141] 注重对环境行政协议的综合性审查,积极维护环境公共利益,审慎认定其效力。建立健全环境资源案件证据认定规则,对证据进行全面客观审查。完善环境行政非诉强制执行程序,健全配套制度,做好与行政诉讼程序的衔接与配合。

---

[139] 参见刘长兴:《民法绿色原则解释的方向与路径》,载《法学评论》2023年第5期。
[140] 参见吕忠梅等:《中国环境司法发展报告(2022年)》,法律出版社2023年版,第43页。
[141] 参见张帅宇:《论环境行政专业性判断的司法审查构造》,载《行政法学研究》2024年第2期。

3. 优化环境犯罪治理机制,提升生态法益保护水平

完善环境刑事司法保护机制,建立健全生态犯罪入罪量刑规则。筑牢环境刑事治理多方联动机制,提升公安机关在环境犯罪治理领域的协同能力,推动生态环境综合性治理水平提升。准确识别环境法益,注重对生态法益的实质性考量,为环境法益刑事保护提前化设定合理界限,合理设置入罪标准。强化环境刑事诉讼与环境民事公益诉讼的衔接,在环境刑事诉权和环境民事公益诉权各自行使的主要节点上全面形成协同增效模式,探求错位协调、附带起诉法定化、诉求实现互撑等具体协调手段。[142] 构建双重防范体系,积极践行预防性理念,推动预防和惩治环境犯罪效能的共同提升。完善行刑衔接机制的程序,建立健全证据转换规则,统一环境犯罪证据转化审查标准。科学判断生态法益损害标准,准确识别环境行政违法和环境刑事犯罪的边界。

4. 调适公益诉讼结构,赋能环境公益诉讼工作

推进检察公益诉讼专门立法,加强制度供给,构建严密的公益诉讼规则体系。强化检察建议的说理作用,完善诉前监督机制,充分激发诉前程序功能。应当构建完善诉前监督规则,不断探索法律文书送达、整改方案和整改成效评估、案件听证与论证等新机制,充实持续跟进监督程序,严格规范中止审查、终结案件的事实和证据标准,提升监督的精准性和刚性,确保诉前监督取得实效。[143] 探索环境民事公益诉讼惩罚性赔偿制度的适用规则,明确构成要件,切实发挥惩罚性赔偿制度的惩罚功能。准确界分环境行政公益与环境行政附带民事公益诉讼机制和程序,构建协调有效的两诉衔接机制。系统研究刑事附带民事公益诉讼案件,发现并提炼刑事附带民事公益诉讼的"两审合一"规则,切实解决司法实践中的"诉讼主体错位""诉讼规则错配"问题。[144]

5. 用好司法力量,筑牢生态系统根基

加强自然生态系统、资源开发利用、文化遗产等领域的司法保护力量,不断提升生态系统功能。做深做实具有地方特色的专门化审判机制,实施更为精准的管辖机制、协作机制,推进环境资源审判实质化运行。积极贯彻适用《青藏高原生态保护法》等法律规范,推动规则的实效性,加强与《长江保护法》《黄河保

---

[142] 参见肖峰:《论环境领域刑事诉权与民事公益诉权的协调》,载《中南大学学报(社会科学版)》2024年第2期。

[143] 参见时侠联:《深入贯彻落实党的二十大精神 在推动完善公益诉讼制度中展现检察担当》,载《人民检察》2023年第11期。

[144] 参见吕忠梅:《检察公益诉讼立法应解决的基础理论问题及建议》,载《人民检察》2023年第21期。

护法》等在范围和内容上的衔接。要以理念现代化引领审判工作现代化,坚持守正创新,增强系统观念,突出问题导向,以深化改革创新为动力,不断增强贯彻实施《青藏高原生态保护法》的力度,加强水源地和生态敏感脆弱区保护、水资源节约集约利用、推动少数民族地区高质量发展等青藏高原司法保护特点和重点工作。[145] 加大对海洋自然资源、黑土地、森林资源、湿地、矿产资源等司法保护力度,强化行政执法与检察监督协作能力,充分发挥环境资源审判职能,推动自然资源的高质量保护和可持续利用。充分落实文化遗产保护的司法制度,积极运用司法保护令,构筑起全面的文化遗产司法保护格局。

要在新的征程上推进环境司法迈上新台阶、走向新高度,充分发挥司法功效。在发展中求突破、在创新中话引领,助力环境司法体系现代化。要深刻把握环境司法在国家治理和全球治理中的地位,坚持服务法治建设和生态文明建设的职能定位,坚持协同司法,积极延伸和拓展司法职能,强举措、出实招、下实功,为中国式现代化助力。在做好自身内功的同时,也需积极面对人与自然和谐共生的现代化,构筑生态全要素共保联治的司法保护新格局,为美丽中国建设提供更加有力的司法服务和保障。进一步主导形成环境司法国际共识,达成国际环境司法"最大公约数",为建立公平合理、合作共赢的全球环境司法治理体系贡献中国环境司法智慧。[146]

---

[145] 参见朱婧、武文丽:《认真贯彻实施青藏高原生态保护法 推动环境资源审判工作高质量发展——青藏高原生态司法保护调研座谈会综述》,载《人民法院报》2023年9月1日,第5版。
[146] 参见杨临萍:《为全面推进美丽中国建设提供有力司法服务和保障》,载《红旗文稿》2023年第18期。

重点分析篇

环境侵权司法的多维检视和优化方向[*]

刘　超　陈梓铭

一、2023 年环境侵权案件研究样本概述

为了深入探讨环境侵权司法的运行现状、发展动向及其存在的问题，并以此为基础对环境侵权司法相关制度进行完善。本部分从北大法宝、中国裁判文书网、人民法院案例库三大数据库中检索提取环境侵权判决书样本，筛选并确定本份报告的研究对象范围，明确本份报告的研究重点与思路。

（一）环境侵权案件研究样本的筛选与确定

对 2023 年环境侵权领域案件的发展动向、案件的分布情况等进行追踪，有利于从客观上对环境侵权案件的规律进行实质性的分析和探究。本研究报告选定以"中国裁判文书网"为样本来源的主要数据库，以"北大法宝""人民法院案例库"样本作为补充，明确以下三大检索事项，筛选确定最终研究样本：（1）在检索的案由方面，本份报告依据最高人民法院《民事案件案由规定》[1]所确定的案由分类标准，围绕该规定中"第九部分""三十一、侵权责任纠纷"之"377. 环境污染责任纠纷"类案件进行检索、下载、整理与分析。（2）检索的裁判文书类型的选取。通过三个途径进行文书的筛选提取，综合考虑不同类型的裁判文书的研究价值、文书论证、研究要点、争议焦点等因素，最终选取判决书类型作为本研究的分析对象。（3）就检索时间范围而言，在检索条件中选定审结日期为 2023 年 1 月 1 日至 2023 年 12 月 31 日的案件。

本报告的研究样本主要通过上述方法进行收集，通过三个检索路径检索到 145 份裁判文书，其中中国裁判文书网 78 份（3 份为公益诉讼）、北大法宝 60 份

---

[*] 感谢华侨大学法学院硕士研究生戴海燕、朱涵彬、张连胜、陈鸿锴、陶颖颖、李清杰、李浣敏等参与裁判文书收集与整理工作。

[1] 本报告选择以环境污染责任纠纷为研究对象，反映环境侵权司法的实践情况，主要是基于以下考虑：一方面，在环境权司法实践中，涉及生态破坏责任纠纷案件多见于公益诉讼。另一方面，课题组在检索过程中发现，中国裁判文书网检索的案由体系的"环境侵权纠纷"子体系中，未设置生态破坏类案件，北大法宝数据库案由体系中的"生态破坏责任纠纷"一列中也未检索出 2023 年的司法案例。

(2份为公益诉讼)、人民法院案例库7份(2份为公益诉讼),公益诉讼案件合计7份,剔除公益诉讼案件后符合要求的环境侵权民事诉讼案件为138份。然而,三大数据库中存在相当数量的重复判决。对此,课题组通过对三大数据库中重复判决书的进一步剔除,确定最终纳入本报告研究样本的案件数量为83份。符合研究条件要求的83份判决书中,一审判决书数量为59份、二审判决书为24份。需要说明的是,为研究便利,已将山东省高级人民法院(2023)鲁民申8890号纳入一审判决书中统计梳理。经过筛选与归类,获得83份环境侵权案件民事判决书中一、二审的案件数量分布及其与2021年、2022年的情况对比。(见表2-1、图2-1)

表2-1 2023年与2022年、2021年判决书数量比较

年份	一审判决书数量(份)	二审判决书数量(份)	判决书总量(份)
2023	59	24	83
2022	70	47	117
2021	123	97	220

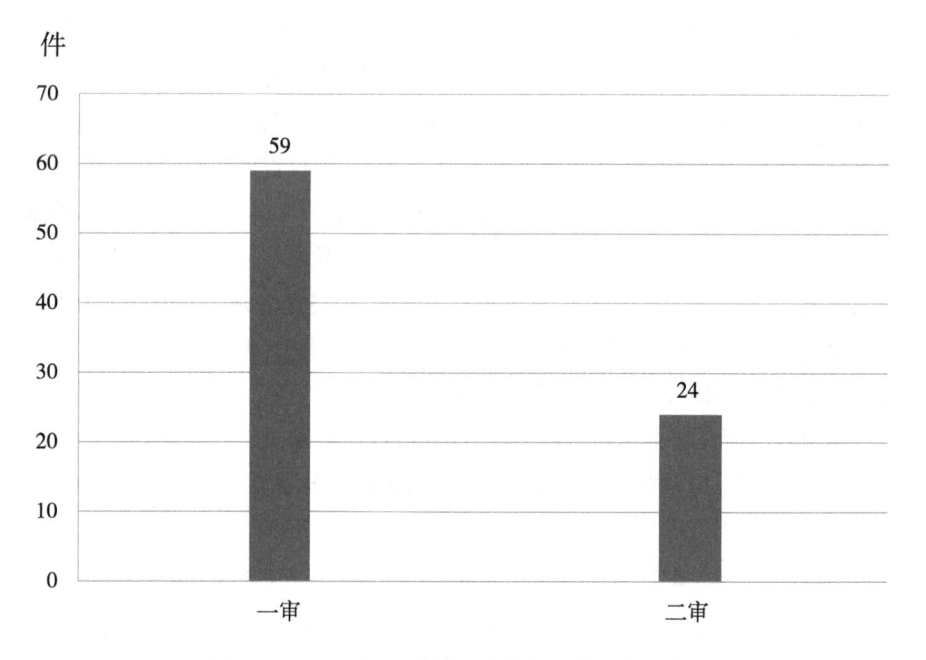

图2-1 2023年环境侵权案件研究样本审级分布

（二）环境侵权案件研究的对象与思路

根据最高人民法院《关于审理生态环境侵权责任纠纷案件适用法律若干问题的解释》（以下简称《生态环境侵权解释》），本解释所规定的生态环境侵权案件，仅指私益侵权，具体包括环境污染责任纠纷案件和生态破坏责任纠纷案件。本份报告选定以环境污染类案件为研究对象对2023年环境侵权案件进行综合观察与分析，主要基于以下三个因素考量：一是通过三个数据库进行环境侵权案件的检索，进行样本总量的分析，案件的案由集中为环境污染；二是生态破坏的案件主要分布于公益诉讼救济领域；三是以纵向年份角度进行比较分析，往年的环境民事侵权案件判决文书数据也是以环境污染为案由分类，选取相同研究对象有利于从时间维度上对同一问题进行有效比对。

本报告拟围绕不同污染类型的环境侵权案件展开，一方面全面准确反映2023年环境侵权司法实践的基本情况，另一方面注重将2023年与往年报告的研究基础相结合，以体现写作的连续性和衔接性。基于以上两点考虑，本报告的第二、三部分分别依照多维检视、结论与建议展开。

就本报告第二部分而言，围绕地域分布、诉讼主体类型、污染种类、争议焦点、胜败诉情况及改判情况、代表人诉讼制度适用情况六大维度，对环境侵权司法上一年度整体情况及2021～2023年的演进情况进行检视与分析。

就本报告第三部分而言，主要围绕环境侵权实践的进展与演进趋势、不足、完善建议展开，总结过往成就，展望未来发展方向。

二、环境侵权案件的多维检视

整体而言，2021年、2022年和2023年三年上网的环境侵权案件整体数量呈现逐年下降的趋势，与裁判文书上网递减的背景相契合（见表2－2）。整体案件数量下降的原因在于裁判文书上网制度的功能定位发生了转变，逐渐从过往的全面上网模式，转向注重实现裁判文书上网的示范和监督功能。[2] 从实践上看，多年的裁判文书上网工作在促进司法公正、提升司法公信力、发挥司法裁判社会效果、促进社会信用等方面发挥了重要作用，但也存在使用效果不佳、当事人权利保护问题、裁判文书数据安全风险等不足。[3] 可见，不加区分的强调裁

---

[2] 参见欧元捷：《功能视角下的裁判文书网上公开模式研究》，载《政治与法律》2024年第5期。
[3] 参见《最高人民法院相关部门负责人就征集人民法院案例库参考案例有关问题答记者问》，载中华人民共和国最高人民法院网，https://www.court.gov.cn/zixun/xiangqing/421342.html，最后访问日期：2024年4月26日。

判文书一律上网，不仅难以发挥该制度预期功能，反而容易产生公信力不强、侵害个人隐私和信息泄露等弊端。2021～2023年裁判文书上网数量的下降是裁判文书上网规范化和制度化水平进一步提升的表现。在裁判文书上网数量和规模有所下降的同时，最高人民法院于2023年8月启动人民法院案例库建设并于2024年2月面向全社会上线开放。这标志着新时期的裁判文书上网工作不再追求形式意义上的数量和规模增长，而是注重基于中国裁判文书网和人民法院案例库两大信息工具的功能定位和合理分工，有序实现裁判文书上网工作的规范化、标准化、信息化。

表2-2　2014～2023年全国法院审结案件数量与裁判文书上网数量[4]

单位：万件

年份	全国人民法院审结案件数量	裁判文书上网数量
2014	1380.7	464.4
2015	1672.8	1105.6
2016	1979.2	1574.4
2017	2296.6	1598.3
2018	2520	2103.7
2019	2905.6	2813
2020	2874.1	1920
2021	3013.3	1490
2022	3371.8	1040
2023	4528.6	511

在裁判文书上网制度和实践持续优化的背景下，从不同维度分析环境侵权案件审理情况，有助于提炼环境侵权司法的实践规律和关键问题。基于此，本部分分别从地域分布、诉讼主体类型、污染种类、争议焦点等维度分析环境侵权司法的实践现状。

(一) 地域分布

本部分从案件地域分布的角度观察2023年度环境侵权司法的整体情况，案

---

[4] 本表所涉及数据，来源于最高人民法院自2014年以来的年度工作报告，以及最高人民法院相关部门负责人就征集人民法院案例库参考案例有关问题答记者问上提供的数据。

件地域分布的分析是历年来环境侵权司法分析的重要维度,旨在准确把握环境侵权司法在各省份的分布情况。具体分析环境侵权案件的地域分布情况,可知在实践层面其发展呈现出以下两大特征:

1. 环境侵权案件的省域分布呈极小部分省份增长,绝大部分省份持平或减少的发展态势。分析2021～2023年环境侵权案件在各省份的分布情况可知:(1)"从无到有"的现象在2021～2023年中并未出现,这与目前所统计到的环境侵权案件逐年减少的发展态势保持一致。(2)"从有到无"的省份有:天津、安徽、云南、青海,共4个省份。2021年天津4件、安徽3件、云南12件、青海1件;2022年天津1件、安徽2件、云南4件、青海1件;2023年这4个省份均无环境侵权案件。(3)检索所囊括的31个省份中,西藏、宁夏、海南在三年间均未检索到环境侵权案件。(4)检索所囊括的31个省份中,重庆、上海、河南、吉林、浙江、福建、山东、陕西、甘肃、内蒙古在三年间呈现出较大的波动态势,其中,三年间先增后减的省份是上海、山东、陕西、甘肃;先减后增的省份是重庆、河北、吉林、浙江、福建、内蒙古。(见图2-2、表2-3)

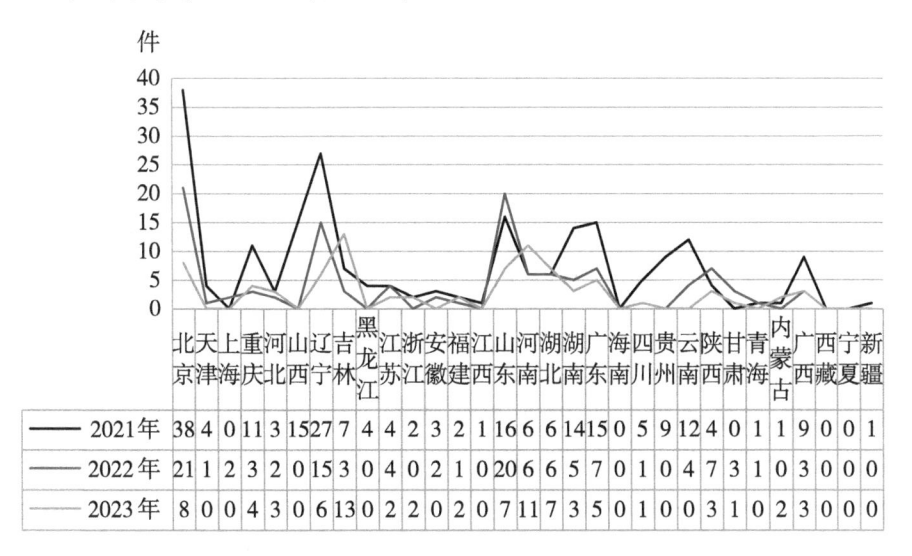

图2-2 2021～2023年环境侵权案件省域分布动态演变折线图

表 2-3 2023 年一、二审环境侵权案件省域分布

单位:件

省区市	一审	二审	总数	省区市	一审	二审	总数
北京	5	3	8	湖北	3	4	7
天津	0	0	0	湖南	1	2	3
上海	0	0	0	广东	1	4	5
重庆	4	0	4	海南	0	0	0
河北	2	1	3	四川	1	0	1
山西	0	0	0	贵州	0	0	0
辽宁	5	1	6	云南	0	0	0
吉林	10	3	13	陕西	2	1	3
黑龙江	0	0	0	甘肃	0	1	1
江苏	1	1	2	青海	0	0	0
浙江	1	1	2	内蒙古	1	1	2
安徽	0	0	0	广西	3	0	3
福建	2	0	2	西藏	0	0	0
江西	0	0	0	宁夏	0	0	0
山东	4	3	7	新疆	0	0	0
河南	7	4	11	总数	53	30	83

2. 环境侵权案件的省域分布呈三档分布特征。两年间环境侵权案件在各省份间的分布情况可按照三个数量区间进行划分:(1)两年间环境侵权案件数量小于等于6件的省份有21个。其中山西、黑龙江、江西、贵州、西藏、宁夏、海南、新疆在两年间的环境侵权案件数量均为0件。2023年,天津、上海、河北、江苏、浙江、安徽、福建、四川、云南、甘肃、青海、内蒙古、广西的案件数量为:0件、0件、3件、2件、2件、0件、2件、1件、0件、1件、0件、2件、3件;2022年,天津、上海、河北、江苏、浙江、安徽、福建、四川、云南、甘肃、青海、内蒙古、广西的案件数量为:1件、2件、2件、4件、0件、2件、1件、1件、4件、3件、1件、0件、3件。(2)两年间环境侵权案件数量大于6件小于等于15件的省份有5个。其中,湖南、广东、陕西案件量较2022年显著下降,重庆、湖北较2022年案件数量增加1件。具体体现如下:2023年重庆、湖北、湖南、广东、陕西的案件数量为:4件、7件、3件、5件、3件;2022年重庆、湖北、湖南、广东、陕西的案件数量为:3件、6件、5件、7件、7件。(3)两年环境侵权案件数量合计大于15件的省份有5个:其中吉

林省 2023 年的案件均较 2022 年出现显著增长。2023 年北京、辽宁、吉林、山东、河南的案件数量为:8 件、6 件、13 件、7 件、11 件;2022 年北京、辽宁、吉林、山东、河南的案件数量为:21 件、15 件、3 件、20 件、6 件(见图 2-2、表 2-3)。其中系列案仍是导致吉林省环境侵权案件骤增的一大原因,吉林省 10 个一审案件中有 7 个为系列案,均为各原告对梅河口市阜康酒精有限责任公司提起的系列案。

(二)诉讼主体类型

环境侵权纠纷司法治理的过程也是对当事人之间利益纷争进行法律衡平的过程,专门从环境侵权司法中当事人及利益诉求的维度进行考察对掌握环境侵权司法实践规律至关重要。依据检索所提取的环境侵权案件样本,本部分从诉讼主体类型维度对 2023 年度的环境侵权司法案件进行梳理分析。同时,考虑到诉讼主体及其利益主张能否得到协调平衡是案件所涉纠纷最终解决的核心环节,本部分还将着重考察不同诉讼主体的利益类型及其相互关系。

整体而言,2023 年环境侵权案件中,占比最大的主要诉讼主体类型依旧是自然人和企业,该现象与 2022 年保持一致。将视野拓展至 2021 年,近三年来,自然人、企业分别在一审原告和被告主体类型中的占比有所起伏,但总体保持着比重大的局势(见图 2-3)。因此,2023 年仍有必要继续聚焦自然人、企业两大诉讼主体类型,深入观察分析其分别在环境侵权一审、二审案件中的具体分布情况。

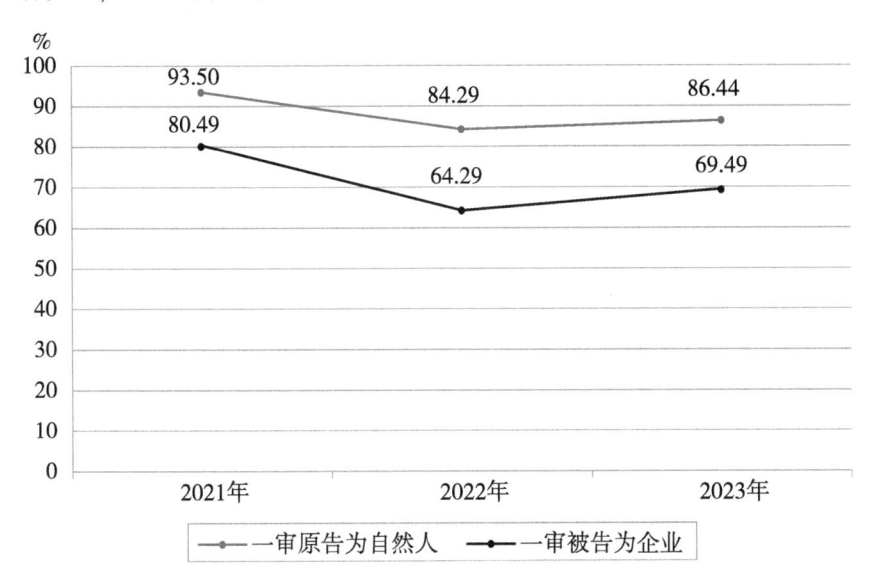

图 2-3 2021~2023 年环境侵权一审案件中最主要主体类型占比情况

1. 自然人往往是环境侵权案件中环境污染行为的主要受害者。就一审案件来看，2023年原告为自然人的案件数量为51件，占一审案件原告总数的86.44%，比上一年度有所提高（见表2-4）。就二审案件而言，2023年上诉人类型为自然人的案件有13件，占二审案件全部数量的54.17%。另外，二审案件中包含自然人与企业为共同上诉人的案件4件，自然人与农村集体组织为共同上诉人的案件1件，若将这两部分列入统计中，二审案件中上诉人包含自然人类型的案件占比将进一步提高至75.00%（见图2-4）。由此可见，2023年环境侵权案件中，自然人主体为环境侵权案件中最主要的起诉人和上诉人。

从环境侵权司法中自然人的利益诉求看，自然人类型的原告提起诉讼的原因是其环境私益受到环境污染行为的侵害。在诉讼中自然人提出所需保护的环境私益主要包括人身权益和财产权益。人身权益最为常见，也最常受到侵害，如拥有安静的生活环境的权益[5]、呼吸清新空气的权益[6]、维护身心健康的权益[7]等。环境污染当然也会导致财产损害，包括直接损失，也包括间接损失[8]等。在环境侵权案件中，由于污染行为和环境私益之间联系的隐蔽性，因果关系证明、环境私益损害认定往往是案件审理的难点。

表2-4 2023年环境侵权案件一审诉讼主体类型分布

单位：件

主体类型	原告	被告
自然人	51	13
企业	5	41
政府及相关部门	2	—
农村集体组织	1	—
自然人、企业	—	2
企业、政府及相关部门	—	3
合计	59	59

---

[5] 参见重庆市江津区人民法院一审民事判决书，(2022)渝0116民初8783号；浙江省舟山市定海区人民法院一审民事判决书，(2023)浙0902民初2457号。

[6] 参见长春铁路运输法院一审民事判决书，(2023)吉7101民初599号。

[7] 参见北京市海淀区人民法院一审民事判决书，(2020)京0108民初47917号；福建省尤溪县人民法院一审民事判决书，(2023)闽0426民初694号。

[8] 参见陕西省商南县人民法院一审民事判决书，(2022)陕1023民初441号；通化铁路运输法院一审民事判决书，(2023)吉7103民初21号。

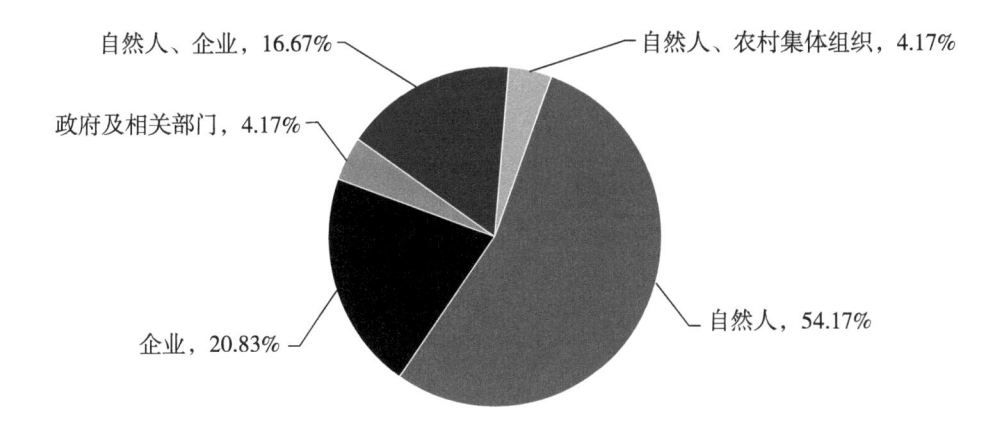

图 2-4　2023 年环境侵权案件二审上诉人主体类型分布

2. 企业成为环境侵权纠纷中环境污染行为的主要实施者。在 2023 年的一审的 59 件案件中,被告主体为企业类型的案件数量达到 41 件,占全部一审案件数量的 69.49%。此外,企业和自然人为共同被告的案件有 2 件,企业和政府及相关部门为共同被告案件有 3 件,分别占比 5.08%、3.38%(见表 2-4),若将这两部分纳入案件数量统计中,企业为一审原告的案件数量比重将进一步提高。在 2023 年的二审案件中,企业为二审案件被上诉人的案件有 12 件,在全部上诉案件中的占比为 54.55%。另外,企业与自然人、政府及相关部门组成的共同被上诉人的案件共有 4 件,将这些部分都纳入统计范围,企业为被上诉人的二审案件的比重将会更大(见图 2-5)。因此,企业是一审案件中最主要的被告,是二审案件中最主要的被上诉人。可见,企业生产经营中的环境影响行为仍是造成环境污染的主要因素。

从环境侵权司法中企业的利益诉求看,经济利益是其核心诉求,企业在环境侵权诉讼中的主张是维护自身的经济利益。值得注意的是,与 2022 年度相比,二审被上诉人的主要主体类型不再是自然人,而转变为企业,可以看出,部分企业所主张的经济利益得到了初审法院的支持。本次选取的环境侵权案件中,企业为维护经济利益所主张的抗辩事由主要包括因果关系不成立[9]、不存在侵权行为[10]、涉案行为符合相关规定[11]等。

---

[9] 参见山东省宁阳县人民法院民事判决书,(2023)鲁 0921 民初 3350 号。
[10] 参见郑州铁路运输法院民事判决书,(2022)豫 7101 民初 181 号。
[11] 参见北京市通州区人民法院民事判决书,(2021)京 0112 民初 31948 号。

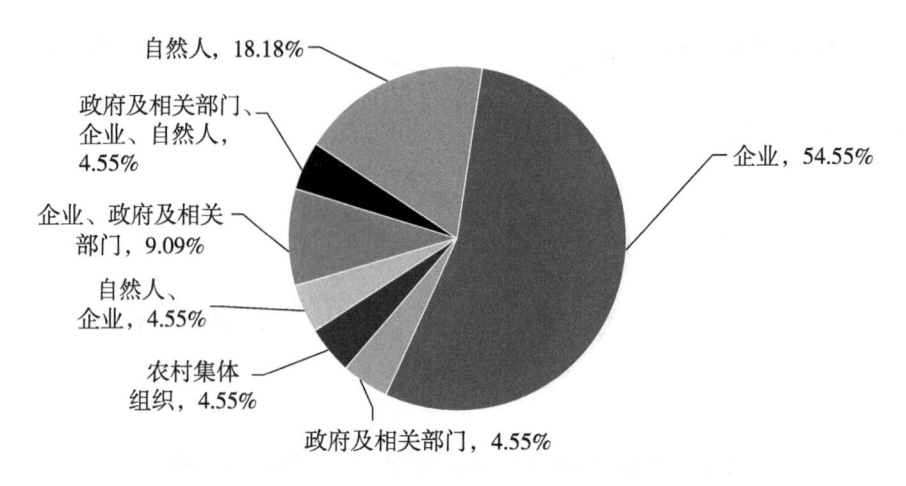

图 2-5　二审被上诉人主体类型分布

（三）污染种类

为了有效应对不同环境侵权案件的审理需求，司法实践中已经建立起科学的案由分类管理机制，基于不同类型案件审理需要制定出差异化的案件审理规则。因此，在本部分中，课题组依照《民事案件案由规定》对环境侵权案件进行系统的分类与观察。这将为本报告后续部分中各类污染案件的分类管理与审理工作提供有力的数据支撑。课题组梳理了 2023 年各污染类型案件的数量分布情况，发现：噪声污染案件的占比虽然有所下降，但仍然是最常见的单一污染类型案件，且其易与其他污染混同导致出现复合型的环境损害。紧随其后的是水污染案件。需要特别注意的是，2023 年环境侵权司法实践中未发现放射性污染类型案件。（见图 2-6）

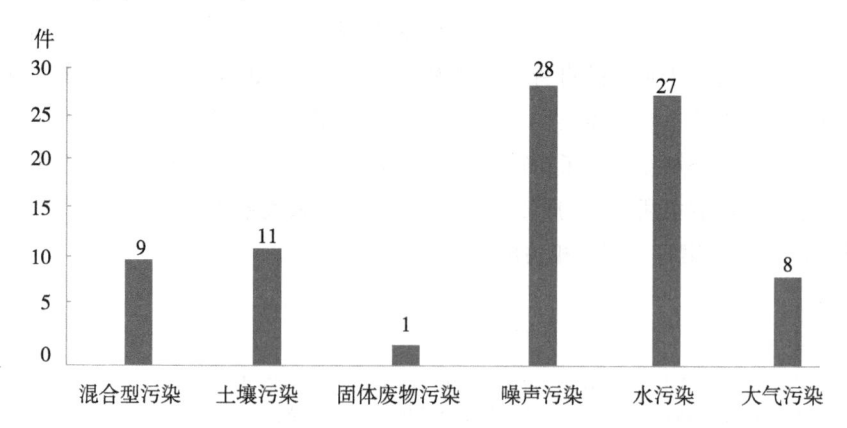

图 2-6　2023 年环境侵权案件各污染类型数量分布

1. 噪声污染案件和水污染案件对人们的生产生活影响最为显著。虽然 2023 年噪声污染案件与水污染案件占比较 2022 年均有所下降，但是仍然超过 30%。在 2023 年 24 件环境侵权二审案件中，噪声污染与水污染案件共计 14 件，占比 58.33%。从 2023 年环境侵权司法实践情况可发现，当事人之间围绕水污染与噪声污染所产生的环境纠纷最为突出，需要予以着重解决。（见图 2-7）

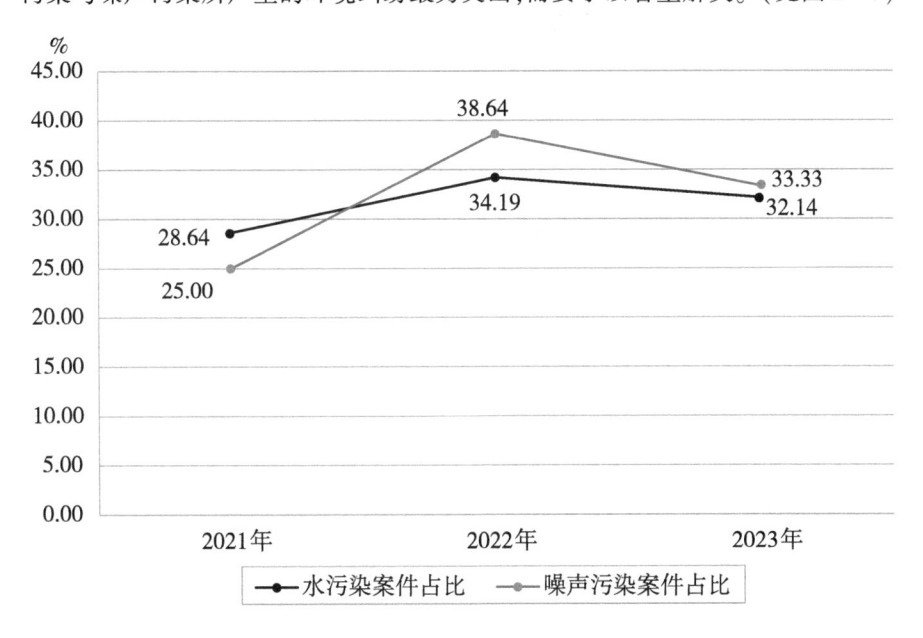

图 2-7　2021~2023 年水污染案件与噪声污染案件占比情况

2. 在单一污染类型案件中，噪声污染案件数量居最高位。噪声污染案件一、二审合计达 28 件，占比 33.33%。位居其后的是水污染案件，一、二审合计达 27 件，占比 32.14%（见图 2-8）。若将多污染类型混合型案件中含有噪声污染以及水污染情形的案件分别列入统计，噪声污染案件数量将提升至 33 件，占比 39.29%；水污染案件数量将提升至 31 件，占比 36.90%。噪声污染主要来源于生活和生产活动中产生的噪声。值得注意的是，2023 年，有 5 起案例是噪声污染与其他污染类型混合而成的混合型污染案例，这些案例占混合型污染案件的 55.56%。水污染主要是排放污染物以及危险化学物品泄漏导致水体受损。同样，有 4 起案例是水污染与其他污染类型混合构成的混合型污染案例，占混合污染类型案件的 44.44%。

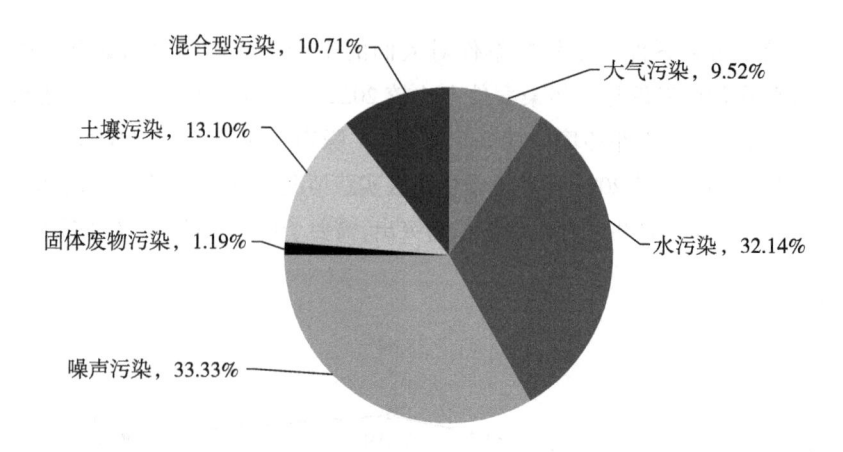

图 2-8　2023 年环境侵权案件各污染类型占比

3. 混合型污染案件数量较上一年度保持稳定。该类型案件一、二审合计 9 件,占比 10.71%。混合型污染案件中,大气与噪声混合型污染案件数量较上一年度依旧占据高位,一、二审合计达 5 件,占比 55.56%。土壤、水与大气混合型污染案件和土壤与水混合污染案件持平,均为 2 件,各占 22.22%。混合型污染案件中,大气污染类型的混合型案件出现的频率最高,9 件混合型污染案件中,一、二审合计达 7 件,占比 77.78%。

(四)争议焦点

尽管最高人民法院《关于审理环境侵权责任纠纷案件适用法律若干问题的解释》[以下简称《环境侵权解释》(已失效)][12]以及《民法典》等对环境污染侵权案件提出了相应规定,但该类案件在实践中仍存在若干争论点。因此,争议焦点不仅是法官归纳的有关证据事实和争议适用的关键问题,对其进行归纳与分析更成为研究环境司法案件的关键一环。故此,本部分提取出环境侵权案件中法院就诉讼争议焦点已作出明确归纳的判决样本加以针对性分析,合计 25 份。其中一审案件 14 件(见表 2-5),二审案件 10 件(见表 2-6),再审案件 1 件(见表 2-7)。由于环境侵权案件中再审案件数量较少且再审审理程序相当于重新启动一审程序,故本课题组在后续环节将再审案件合并至一审案件中进行分析。对上述案件争议焦点类型化分析后可得出环境侵权案件审理的争议焦点是是否

---

[12] 根据 2023 年《生态环境侵权解释》第 29 条的规定,"本解释自 2023 年 9 月 1 日起施行。本解释公布施行后,《最高人民法院关于审理环境侵权责任纠纷案件适用法律若干问题的解释》(法释〔2015〕12 号)同时废止"。由于该文件在 2023 年大部分时间内还是有效的,故多次引用该文件。

存在侵害事实、赔偿责任主体与数额认定、侵权责任认定与承担、是否存在因果关系及证明责任分配，在这四个方面中一审及再审案件与二审案件数量依次为11份、10份、8份、4份以及5份、5份、4份、3份。（见图2-9）

表2-5 环境侵权一审案件争议焦点内容梳理

标题	案号	争议焦点
重庆某甲开发有限公司与重庆某乙有限责任公司土壤污染责任纠纷案	（2022）渝0112民初41091号	1. 原告主张权利的时间范围； 2. 原告是否遭受损失
重庆市梁平区某某淡水鱼养殖场与重庆某某农业有限责任公司水污染责任纠纷案	（2022）渝0101民初7590号	1. 被告是否排放水污染物； 2. 被告排放的水污染物是否构成民事侵权； 3. 原告损失如何确定
何某某、钟某某等环境污染责任纠纷案	（2023）桂0381民初281号	1. 被告伍某某经营养猪场及排放猪粪便与陈某某的死亡之间是否存在因果关系； 2. 如存在因果关系，陈某某的死亡产生的具体经济损失数额为多少
洪某某与永州某公司环境污染责任纠纷案	（2023）湘1102民初1678号	1. 关于原告房屋是否存在被二次给水加压设备噪声污染并影响居住的问题； 2. 案涉二次给水加压设备设置的位置与规划设计图不相符，同时违反《城镇给水排水技术规范》； 3. 关于原告要求搬迁水泵房的请求
林某某、中山坦洲快线建设投资有限公司等环境污染责任纠纷案	（2022）粤2071民初34591号	1. 该案的案由确定； 2. 有关各方是否需要赔偿林某某相关损失
某某合作社、王某某环境污染责任纠纷案	（2023）鲁0830民初2442号	1. 某某合作社的莲藕损失与王某某用无人机喷洒除草剂的行为之间是否具有关联性； 2. 某某合作社的莲藕损失数额如何认定
韦某、陈某某等环境污染责任纠纷案	（2023）桂0381民初282号	1. 被告伍某某经营养猪场及排放猪粪便与陈某某的死亡之间是否存在因果关系； 2. 如存在因果关系，陈某某的死亡产生的具体经济损失数额为多少
杨某某与王某某噪声污染责任纠纷案	（2022）鄂0881民初2445号	被告是否存在噪声污染并承担侵权责任

续表

标题	案号	争议焦点
尹某、王某等环境污染责任纠纷案	（2023）吉7101民初16号	1. 尹某对案涉林木是否有所有权； 2. 王某应否对尹某的损失承担赔偿责任； 3. 王某应赔偿尹某损失的具体数额； 4. 鲁某是否应与王某共同承担赔偿责任
余某某与朱某某环境污染责任纠纷案	（2023）川3424民初213号	具体赔偿金额如何认定。
鱼某、鱼某某、李某等与西安驰刚建设工程有限公司噪声污染责任纠纷案	（2023）陕0428民初436号	被告的行为是否对原告造成噪声污染的侵权
张某某、国家电投集团东北电力有限公司本溪热电分公司环境污染责任纠纷案	（2023）辽0502民初631号	原告主张被告侵权行为是否有事实及法律依据
顾某某、舟山新湖置业有限公司等噪声污染责任纠纷案	（2023）浙0902民初2457号	1. 案涉房屋是否存在噪声污染； 2. 该案噪声污染损害赔偿的责任主体和责任承担方式
许某、聂某与某商用置业有限公司、某商业管理有限公司等噪声污染责任纠纷案	（2022）渝0116民初8783号	1. 被告是否实施了污染环境的行为； 2. 原告是否存在损害事实； 3. 被告污染环境的行为与原告损害后果之间是否存在因果关系； 4. 被告是否应承担污染环境的侵权责任以及承担责任的方式

表2-6　环境侵权二审案件争议焦点内容梳理

标题	案号	争议焦点
曹某某、潘某某环境污染责任纠纷案	（2022）浙05民终2019号	一审法院对涉案藕塘受损面积及受损藕塘亩产量的认定是否正确
胡某某与磴口县亿源种养殖农民专业合作社、吕某、王某某等环境污染责任纠纷案	（2023）内08民终1377号	1. 被告吕某某、王某某是否适格被告； 2. 亿源种养殖农民专业合作社在生产过程中是否有污染环境的行为
隗某某与北京鑫博置业有限公司、北京韩建物业管理服务有限公司等噪声污染责任纠纷案	（2022）京02民终13879号	1. 北京鑫博置业有限公司、北京韩建物业管理服务有限公司是否应当针对涉案电梯的运行噪声采取降噪措施； 2. 是否应当向隗某某支付相关检测等费用

续表

标题	案号	争议焦点
吕某与监利市宏利文化商业开发有限公司、武汉天源物业管理有限责任公司监利分公司等环境污染责任纠纷案	（2023）鄂10民终192号	1. 该案一审审判组织是否符合法律规定； 2. 被上诉人是否存在违法安装铺设商业用途的排烟、排油、排废气的油烟管道和空调主机产生声音气味污染环境； 3. 上诉人是否存在损害,其损害与被上诉人安装铺设油烟管道和空调主机工作时产生的声音、气味是否有因果关系
陕西××实业公司与王×1、王×2等噪声污染责任纠纷案	（2023）陕01民终22100号	1. 涉案房屋噪声的评定标准及《监测报告》能否作为认定案件事实的依据； 2. ××公司对涉案房屋噪声的产生是否应当承担责任； 3. 王×1主张的精神损害赔偿应否得到支持； 4. 王×2、赵××对涉案房屋噪声的产生是否应当承担责任
王某某、中交一公局集团有限公司大气污染责任纠纷案	（2023）甘08民终804号	1. 中交公司的施工行为是否对王某某经营的果园造成环境污染； 2. 王某某的经济损失应如何认定
姚某等与北京万某物业管理有限公司等噪声污染责任纠纷案	（2023）京01民终4839号	胡某一家所述"噪声"是否为苏某某侵权行为所致
陈某某与北京城建和泰房地产开发有限责任公司等噪声污染责任纠纷案	（2023）京02民终5172号	一审法院驳回陈某某的诉讼请求是否适当问题
陈某某与监利市宏利文化商业开发有限公司、武汉天源物业管理有限责任公司监利分公司等环境污染责任纠纷案	（2023）鄂10民终191号	1. 被上诉人是否存在违法安装、敷设商业用途的排烟、排油、排废气的油烟管道和空调主机产生的声音、气味环境污染； 2. 上诉人是否存在损害,其损害与被上诉人安装排放油烟管道和空调主机工作产生的声音、气味是否有关联性

续表

标题	案号	争议焦点
张某某、中国石油化工股份有限公司中原油田分公司等环境污染责任纠纷案	（2023）豫71民终1号	1. 张某某在未缴纳后续土地租金的情况下，是否有权向中国石油化工股份有限公司中原油田分公司、濮城采油厂主张案涉损失，以及案涉污染的发生原因是否应当归责于中国石油化工股份有限公司中原油田分公司、濮城采油厂； 2. 对案涉污染的赔偿是否应当以中国石油化工股份有限公司中原油田分公司、濮城采油厂主张的补偿协议为准，若不以补偿协议为准，对张某某地上附属物的损失赔偿是否应当以濮政文〔2014〕69号《濮阳市人民政府关于调整国家建设征地地上青苗和附着物补偿标准的通知》为标准，以及一审在确定污染损失数额时，对举证责任的分配是否错误； 3. 一审判决对鉴定结论的认定是否错误，重启鉴定是否合法，鉴定费用应当由谁承担； 4. 是否应当判令中国石油化工股份有限公司中原油田分公司、濮城采油厂赔偿张某某从2018年10月至受污染土地实际恢复之日的土地经营损失50000元，张某某主张损失数额为340310元是否应当支持； 5. 是否应当判令中国石油化工股份有限公司中原油田分公司、濮城采油厂对案涉受污染土地采取补救措施、恢复原状

表2-7 环境侵权再审案件争议焦点内容梳理

标题	案号	争议焦点
王某诉临沂某公司环境污染责任纠纷案	（2023）鲁民申8890号	1. 被告的生产行为是否构成噪声环境污染； 2. 被告的生产行为如造成噪声污染，给原告造成的损失的范围及大小

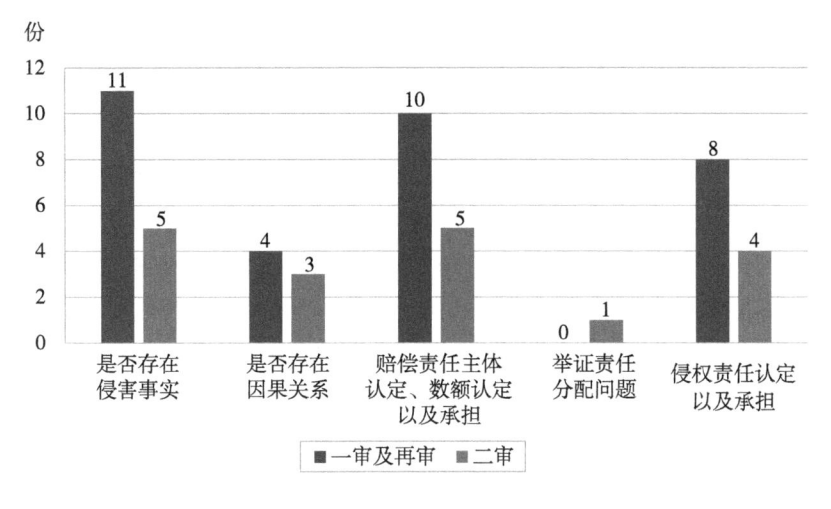

图 2-9 争议焦点数量

1. 侵害事实认定

在侵害事实认定方面，主要表现为被告是否违反相关环境法律，造成环境污染损害事实。作为环境侵权行为的构成要件之一的"有污染环境造成的损害事实"这里的"损害"包括人身损害和财产损害两种情形。在张某某、国家电投集团东北电力有限公司本溪热电分公司环境污染责任纠纷案中，双方的争议焦点在于原告主张被告侵权行为是否有事实及法律依据[13]；在顾某某、舟山新湖置业有限公司等噪声污染责任纠纷案中，双方的争议焦点之一为案涉房屋是否存在噪声污染[14]；在许某、聂某与某商用置业有限公司、某商业管理有限公司等噪声污染责任纠纷案中，双方的争议焦点之一为被告是否实施了污染环境的行为以及原告是否存在损害事实[15]；在胡某某与磴口县亿源种养殖农民专业合作社、吕某某、王某某等环境污染责任纠纷案中，案涉合作社在生产过程中是否有污染环境的行为是双方的争议焦点之一[16]；在陕西××实业公司与王×1、王×2等噪声污染责任纠纷案中，涉案房屋噪声的评定标准及监测报告能否作为认定案件事实的依据成为该案的争议焦点之一[17]。可见，环境侵权案件所救济的利益类型往往体现为环境私益，这与《民法典》第 1235 条的生态环境损

---

[13] 参见辽宁省本溪市平山区人民法院一审民事判决书，(2023) 辽 0502 民初 631 号。
[14] 参见浙江省舟山市定海区人民法院一审民事判决书，(2023) 浙 0902 民初 2457 号。
[15] 参见重庆市江津区人民法院一审民事判决书，(2022) 渝 0116 民初 8783 号。
[16] 参见内蒙古自治区巴彦淖尔市中级人民法院二审民事判决书，(2023) 内 08 民终 1377 号。
[17] 参见陕西省西安市中级人民法院二审民事判决书，(2023) 陕 01 民终 22100 号。

害损失存在本质不同。

在环境侵害事实的判定上,裁判人员往往基于当事人、司法鉴定机构提供的相关证据和鉴定意见、有关法规、条例、文件等进行综合判断。如胡某某与磴口县亿源种养殖农民专业合作社、吕某某、王某某环境污染责任纠纷案中就引用了《水污染防治法》《固体废物污染环境防治法》《畜禽规模养殖污染防治条例》等;在陕西××实业公司与王×1、王×2等噪声污染责任纠纷案中就适用了《社会生活环境噪声排放标准》(GB 22337—2008)作为监测和评价依据。需要注意的是,司法鉴定在环境侵害的认定中发挥了重要作用。不论是一审还是二审,当事人就环境污染的专业性问题委托有关机构、人员出具相关意见来证明案件事实的情况较为普遍。对此,2023年8月14日最高人民法院公布的《关于生态环境侵权民事诉讼证据的若干规定》第23条明确:"当事人就环境污染、生态破坏的专门性问题自行委托有关机构、人员出具的意见,人民法院应当结合本案的其他证据,审查确定能否作为认定案件事实的根据。对方当事人对该意见有异议的,人民法院应当告知提供意见的当事人可以申请出具意见的机构或者人员出庭陈述意见;未出庭,该意见不得作为认定案件事实的根据。"

2. 赔偿责任主体与数额认定

环境侵权司法实践的第二大争议焦点集中体现在赔偿责任主体认定、数额认定与承担方面。不论是一审还是二审,关于赔偿责任主体和数额的认定在绝大多数情况下均成为法官归纳案件事实和争议适用的争议焦点。如重庆市梁平区炜娥淡水鱼养殖场与重庆晟虹农业有限责任公司水污染责任纠纷案中归纳的争议焦点之一为原告损失如何确定[18];在何某某、钟某某等环境污染责任纠纷案中争议焦点之一为如存在因果关系,陈某某的死亡产生的具体经济损失数额为多少[19];在某某合作社、王某某环境污染责任纠纷案中,法官将某某合作社的莲藕损失数额如何认定作为该案的争议焦点[20];在尹某、王某等环境污染责任纠纷案中,王某应否对尹某的损失承担赔偿责任、王某应赔偿尹某损失的具体数额以及鲁某是否应与王某共同承担赔偿责任这三大问题被法官总结为争议焦点[21]。分析涉及此类型争议焦点的判决书,如重庆市梁平区某某淡水鱼养殖

---

[18] 参见重庆市万州区人民法院一审民事判决书,(2022)渝0101民初7590号。
[19] 参见广西壮族自治区荔浦市人民法院一审民事判决书,(2023)桂0381民初281号。
[20] 参见山东省汶上县人民法院一审民事判决书,(2023)鲁0830民初2442号。
[21] 参见长春铁路运输法院一审民事判决书,(2023)吉7101民初16号。

场与重庆某某农业有限责任公司水污染责任纠纷案中,法官将原告损失的认定分为鱼的损失、打捞死鱼的工资及填埋费用以及租赁土地费用三大部分。对每部分所涉及的证据和事实进行分析,参考了诸如梁平区公安局某某派出所民警作了鱼称量的称量视频、称量笔录、记录清单,2022年第一季度梁平区水产品的市场均价、第二次庭审的法庭调查资料、日常生活经验等各方大量数据资料,并以环境污染案件中由原告对侵权行为、损害结果两要件承担证明责任的原则进行裁判。又如某某合作社、王某某环境污染责任纠纷案中,法院采纳了某司法鉴定中心鉴定意见,将其作为认定王某某用无人机喷洒除草剂与某某合作社的莲藕损失之间具有关联性及某某合作社莲藕损失的依据,并根据司法鉴定意见书出具的鉴定意见认定某某合作社的莲藕损失数额。可见,环境污染损害赔偿涉及赔偿责任主体、赔偿的范围、赔偿权利人和义务人、磋商机制、鉴定评估、资产管理等众多制度。

环境司法实践在确定损害赔偿主体及数额,尤其是在认定赔偿数额时往往需要参考大量数据资料进行综合理性分析。目前我国司法实践常见的损失赔偿数额确定方式有鉴定式、自由裁量式以及调解式。环境侵权司法实践中,由于相关鉴定机构专业性较强,法官对于鉴定机构出具的意见易形成依赖性,用鉴定式方法确定赔偿数额成为大部分裁判人员的选择。如果出现司法鉴定花费较高或者鉴定无法适用的情形,法官会选用自由裁量式,综合多方面因素确定赔偿数额。而当前两种方式不能合理适用或者遇到环境损害标的无法评估的情况,法院会使用调解式方法。此外,从认定的结果看,目前在环境侵权司法实践中往往出现类案裁判金额差别较大的问题,一定程度上可归结于现有法律和技术规范未能对环境污染损害赔偿的认定和计算提供一个具体完善的操作标准。

3. 侵权责任认定与承担

环境侵权司法实践的争议焦点还表现在侵权责任认定与承担方面。环境侵权案件中的责任主体认定问题往往是数人环境侵权情境下权利被侵害人的保护与救济问题,对此类案件之审判是环境侵权案件审判中的难点所在。如在胡某某与磴口县亿源种养殖农民专业合作社、吕某某、王某某等环境污染责任纠纷案中,争议焦点涉及被告吕某某、王某某是不是适格被告以及被告合作社的排污行为对原告造成的损失及责任划分问题;在张某某、中国石油化工股份有限公司中原油田分公司(以下简称中原油田分公司)等环境污染责任纠纷案中争议焦点有中原油田分公司、濮城采油厂应否对张某某的损害承担侵权责任以及中原油田分公司、濮城采油厂损失数额的确定及如何承担责任[22]。上述两个案件都牵涉多个主体,并且各方对责任的承担方式都持不同意见。因为环境侵权的主要形式包括大气污染、水污染、土壤污染等,所以往往是企业这一单位成为侵权的主体。某种污染现象往往会出现在产业聚集地区,由多个企业共同造成。由于污染潜伏周期长、范围广,确定每个主体的具体污染程度并非易事。因此,在环境侵权案件中,责任认定往往成为双方争执的焦点。

4. 因果关系及其证明责任分配

是否存在因果关系以及因果关系证明责任的分配是环境侵权司法实践的主要争议焦点之一。《民法典》第1230条规定,因污染环境、破坏生态发生纠纷,行为人应当就法律规定的不承担责任或者减轻责任的情形及其行为与损害之间不存在因果关系承担举证责任。《环境侵权解释》(已失效)第7条规定:"侵权人举证证明下列情形之一的,人民法院应当认定其污染环境、破坏生态行为与损害之间不存在因果关系:(一)排放污染物、破坏生态的行为没有造成该损害可能的;(二)排放的可造成该损害的污染物未到达损害发生地的;(三)该损害于排放污染物破坏生态行为实施之前已发生的;(四)其他可以认定污染环境、破坏生态行为与损害之间不存在因果关系的情形。"在何某某、钟某某等环境污染责任纠纷案中法官归纳的第一条争议焦点即为被告伍某某经营养猪场及排放猪粪便与陈某某的死亡之间是否存在因果关系;在某某合作社、王某某环境污染责任纠纷案中争议焦点之一为某某合作社的莲藕损失与王某某用无人机喷洒除草剂的行为之间是否具有关联性;在韦某、陈某某等环境污染责任纠纷案中被告伍某某经营养猪场及排放猪粪便与陈某某的死亡之间是否存在因果关系被归纳为争议焦点[23];在吕某与监利市宏利文化商业开发有限公司、武汉天源物业管理有限责任公司监利分公司等环境污染责任纠纷案中,需要解决的争议焦点之一为上诉人是否存在损害,其损害与被上诉人安装铺设油烟管道和空调主机工作时产生的声音、气味是否有因果关系[24]。

(五)胜诉、败诉及改判情况

环境侵权案件的审理结果体现着整个环境侵权司法实践的发展趋势。本部分分别观察环境侵权案件的一审胜诉、败诉情况及二审改判情况,结合法院的判

---

[22] 参见郑州铁路运输中级法院二审民事判决书,(2023)豫71民终1号。
[23] 参见广西壮族自治区荔浦市人民法院一审民事判决书,(2023)桂0381民初282号。
[24] 参见湖北省荆州市中级人民法院二审民事判决书,(2023)鄂10民终192号。

定理由,以期从中梳理出环境侵权司法实践中对权利被侵害方利益诉求的支持程度及其深层次考量。

1. 一审胜诉、败诉情况及判定理由

第一,梳理归纳 2023 年度环境案件中被侵权方的胜诉、败诉情况。2023 年环境侵权一审案件总数为 59 件,对于权利被侵害方是否胜诉的判断标准与 2021 年以及 2022 年保持一致。详述如下:(1)一审原告的诉讼请求被一审法院全部支持的视为环境案件被侵权方胜诉;(2)一审法院判决结果中含有"驳回其他诉讼请求"的视为被侵权方部分胜诉。基于此,一审案件权利被侵害方胜诉 4 件,败诉 23 件,部分支持 32 件,胜诉率 6.78%,败诉率 38.98%(见图 2-10)。可以发现,2023 年仍然延续了前两年权利被侵害方败诉率显著高于胜诉率的案件审判态势。

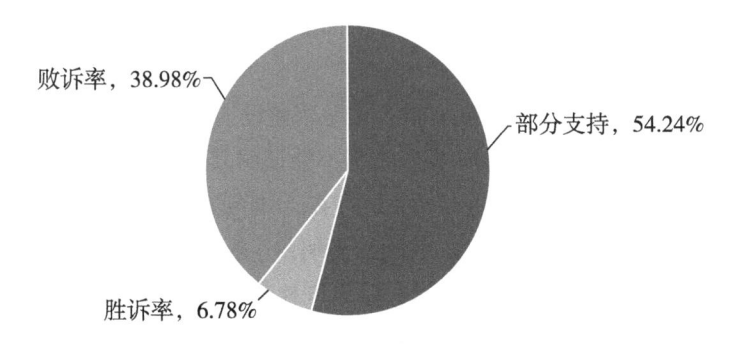

图 2-10 2023 年度一审环境侵权案件权利被侵害胜诉、败诉情况

第二,检视剖析 2023 年度环境侵权案件关联判决书中法官判定胜诉、败诉的理由。《环境侵权解释》(已失效)规定了证明内容、证明程度、证明标准、举证责任分配等重点事项,尤其是,其中第 6 条、第 7 条的规定明确了判定被侵权人胜诉、败诉的基本思路,判定被侵权人胜诉需要满足:(1)被侵权人提供证据证明存在污染事实、有证据证明损害后果,初步举证存在因果关系;(2)侵权人未能提供证据证明行为与损害之间不存在因果关系。在检视的样本中,判定被侵权人胜诉的代表性判决及其判定理由如下:

在原告某某合作社诉被告王某某环境污染责任纠纷案中,法院认定,王某某种植毛豆的案涉地块与某某合作社的藕池具有相近的地理位置,王某某喷洒农药的侵害环境的行为经过风的影响产生了漂移,通过司法鉴定,结合荷叶受害的前期症状,后期的缺苗规律以及相关气象资料等信息综合分析认为,王某某喷洒农药的行为与莲藕损失之间具有关联性,而王某某未提供证据证明其存在不承担责任或减轻责任的情形,即未证明其行为与损害之间不存在因果关系,(1)(2)条件均成立,故此法院判定王某某应承担对其不利的法律后果。[25]

在原告沧州市生态环境局河间市分局诉被告张某某、石某某环境污染责任纠纷案中,法院基于先前的刑事判决书认定,被告张某某、石某某违反国家规定,实施了环境侵权行为且侵权行为与侵权结果具有因果关系,而刑事判决结果也说明了被告无法提供证据证明侵权行为与结果之间无因果关系,(1)(2)条件均成立,故法院支持了原告的所有主张。[26] 判定被侵权人败诉的代表性判决及其判定理由如下:原告王某诉被告梅河口市阜康酒精有限责任公司水污染责任纠纷民事判决书中,王某某提供的价格鉴定报告不能证明其农作物的损害与污染有关联性,且王某某自认排污管道和观察井并不经过其承包地,故其未能证明(1)条件中的污染事实以及因果关系的存在,法院驳回了原告的诉讼请求。[27]

在原告鱼某、鱼某某、李某诉被告西安驰刚建设工程有限公司噪声污染责任纠纷案中,法院认为,原告提供的相关证据不能证明其受到噪声污染的侵害,亦未进行相关的鉴定,不能证明噪声污染的存在,不能证明被告施工产生的声音与原告受到损害的结果存在关联性,故无法证明(1)条件中污染事实以及因果关系的存在,法院驳回原告的诉讼请求;[28] 原告杜某某诉被告计某某环境污染责任纠纷判决书中,法院认定,被告的养殖行为符合要求,且根据原被告提供的检测报告,不能证明被告的养殖行为与水源污染具有关联性,故其不能证明(1)条件中的污染事实以及因果关系的存在,故法院驳回了原告要求被告迁离以及赔偿的诉讼请求。[29]

2. 二审改判情况及判定理由

经梳理可知,2023 年环境侵权二审改判案件量为 3 件,二审案件的改判内容主要包括改判调整赔偿金额、改判被告停止对原告的侵害行为、改判驳回原告全部诉讼请求。(见表 2-8)

---

[25] 参见山东省汶上县人民法院一审民事判决书,(2023)鲁 0830 民初 2442 号。
[26] 参见河北省河间市人民法院一审民事判决书,(2022)冀 0984 民初 3607 号。
[27] 参见通化铁路运输法院一审民事判决书,(2023)吉 7103 民初 26 号。
[28] 参见陕西省长武县人民法院一审民事判决书,(2023)陕 0428 民初 436 号。
[29] 参见辽宁省兴城市人民法院一审民事判决书,(2022)辽 1481 民初 2156 号。

表 2-8 二审改判案件

案件名称	二审案号	一审判决	二审判决	改判内容
上诉人胡某某与上诉人磴口县亿源种养殖农民专业合作社、被上诉人吕某某、王某某等环境污染责任纠纷案	(2023)内08民终1377号	1. 被告磴口县亿源种养殖农民专业合作社于本判决书生效后10日内赔偿原告胡某某经济损失176000.41元的60%，合计105600.25元；2. 驳回原告胡某某的其他诉讼请求。案件受理费4216元，由原告负担1804元，被告磴口县亿源种养殖农民专业合作社负担2412元；3. 鉴定费80000元，由原告负担32000元，被告磴口县亿源种养殖农民专业合作社负担48000元	1. 撤销内蒙古自治区磴口县人民法院(2022)内0822民初119号民事判决；2. 磴口县亿源种养殖农民专业合作社于本判决生效后15日内赔偿胡某某经济损失115579.2元的60%，合计69347.4元；3. 驳回胡某某的其他诉讼请求；4. 驳回胡某某要求支付生态恢复费用的起诉	下调被告磴口县亿源种养殖农民专业合作社的赔偿金额
潘某某与胡某某噪声污染责任纠纷案	(2023)鄂11民终1295号	驳回潘某某的诉讼请求	1. 撤销湖北省黄梅县人民法院(2022)鄂1127民初3457号民事判决；2. 由胡某某在2个月的时间内对案涉冷冻库压缩机进行降噪改造达到《社会生活环境噪声排放标准》规定的标准或停止使用该冷冻库压缩机；3. 驳回潘某某的其他诉讼请求。一审案件受理费1050元，由胡某某负担500元，由潘某某负担550元；二审案件受理费1050元，由胡某某负担500元，由潘某某负担550元。本判决为终审判决	改判被告停止对于原告的侵害行为，排除妨碍
张某某诉泗阳某污水处理有限公司、泗阳某环保有限公司等七家公司环境污染责任纠纷案	(2023)苏01民终4521号	某环保有限公司赔偿张某某损失合计204480元，并驳回张某某的其他诉讼请求	张某某、某环保有限公司均不服，提起上诉。江苏省南京市中级人民法院二审判决：撤销一审判决，驳回张某某全部诉讼请求	改判驳回原告全部诉讼请求，被告无须赔偿原告损失

检视剖析表 2-8 中的样本内容以及具体案件的判决书,对 3 件二审改判案件作具体分析:

在上诉人胡某某与上诉人磴口县亿源种养殖农民专业合作社、被上诉人吕某某、王某某等环境污染责任纠纷案中,[30]二审主要的争议焦点为:涉案合作社是否应当承担损害赔偿责任,赔偿数额应为多少;胡某某是否应当承担责任等。二审改判直接涉及的争议焦点在于赔偿数额的认定。经鉴定,赔偿数额主要涉及生态恢复费用(176000.41 元)和经济损失(115579.2 元)两项费用的认定。对此,一审法院将判定生态环境恢复费用包括经济损失费用,判定被告按照生态恢复费用的 40% 承担赔偿原告。二审法院认定两项费用相互独立不具有包含关系,同时认为环境私益诉讼不应支持生态环境修复费用,据此改判原审被告按照经济损失费用的 60% 赔偿原告,无须承担生态环境恢复费用项下对应的赔偿数额。故该案中主要的关键点在于《民法典》第 1234 条关于生态环境修复的规定是否适用于该案,二审法院论证了一审法院在法律适用上的错误,否定了该案适用该条的正当性,将赔偿金额的认定基准改为经济损失,纠正了一审法院的错误判决。

在潘某某与胡某某噪声污染责任纠纷案中,[31]具体的改判事项为驳回诉讼请求改判被告停止对于原告的侵害行为,排除妨碍。该案件中一审和二审程序判定的主要差异在于如何认定被诉环境侵害行为的违法性。一审法院不予认可鉴定意见,据此认定原告行为不构成侵权。二审法院审理中基于检测机构数据和检测技术公司的检测数据,认定原告行为超过噪声排放限值,构成环境侵权,据此改判原审被告应当向原审原告承担环境侵权责任,在 2 个月的时间内对案涉冷冻库压缩机进行降噪改造达到《社会生活环境噪声排放标准》规定的标准或停止使用该冷冻库压缩机。该案改判的主要关键点在于二审法院纠正了一审法院判决中对鉴定所涉及的事实认定不清的错误,从而维护了当事人的合法权益。

在张某某诉泗阳某污水处理有限公司、泗阳某环保有限公司等七家公司环境污染责任纠纷案中,[32]主要争议焦点在于:环保公司排污行为与张某某财产损害之间是否存在法律上的因果关系。一审法院判决认定环保公司构成环境侵权,应当向原审原告承担损失赔偿责任。二审法院改判驳回原审原告全部诉讼请求。其改判理由在于:(1)环保公司正常达标排放污水的行为不会导致张某

---

[30] 参见内蒙古自治区巴彦淖尔市中级人民法院二审民事判决书,(2023)内 08 民终 1377 号。
[31] 参见湖北省黄冈市中级人民法院二审民事判决书,(2023)鄂 11 民终 1295 号。
[32] 参见江苏省南京市中级人民法院二审民事判决书,(2023)苏 01 民终 4521 号。

某养殖鱼死亡;(2)水质急剧变差系导致养殖鱼因缺氧而死亡的直接原因,正常排污与养殖鱼死亡之间无因果关系;(3)合法合规排放污染物构成排放区域的环境背景,排污企业对其合法排污行为造成的他人养殖损失并不当然承担侵权责任;(4)张某某在六塘河从事网箱水产养殖并未取得养殖许可,不能因其非法养殖的需要阻止企业合法合规排污。基于以上四点理由,二审法院认为环保公司排污行为与张某某财产损害之间不存在法律上的因果关系,不应就张某某的损失承担侵权责任,故改判驳回原告全部诉讼请求,被告无须赔偿原告损失。

（六）代表人诉讼制度的适用情况

综观近三年的环境侵权司法实践,存在相当数量的数人环境侵权案件,相较之下,适用代表人诉讼制度的环境侵权案件则在数量和占比上均处于较低水平。但是,代表人诉讼制度的适用体现出诸多方面的积极效益。基于此,本部分从代表人诉讼制度维度,分析环境侵权司法领域对该制度的适用及案件审理情况。

代表人诉讼是指为了便于诉讼,在一方或者双方当事人人数众多时,由人数众多的一方当事人推选出代表人,代表本方当事人利益实施诉讼行为而进行的诉讼。被推选出代表当事人实施诉讼行为的人为诉讼代表人。[33] 从代表人诉讼制度的立法发展看,我国早在1991年的《民事诉讼法》中即进行了具体的规定,此后在历次《民事诉讼法》修改中得到保留并延续至今。代表人诉讼制度在现行立法层面规定于2023年《民事诉讼法》第56条。[34] 从代表人诉讼制度的成立要件看,主要包括:(1)当事人人数众多,一般是指10人以上;(2)众多当事人一方诉讼标的相同或属于同一种类,即多数方当事人之间存在共同诉讼人的关系;(3)诉讼请求或抗辩的方法相同或至少互不矛盾;(4)代表人合格。[35] 近三年来对环境侵权司法领域对该项制度的适用可以分为以下情形具体分析。

1. 适用代表人诉讼制度的环境侵权案件审理情况分析

近三年来环境侵权司法实践中,适用代表人诉讼制度审理的案件分别是广西岑兴高速公路发展有限公司、广西岑溪市马路镇中林村上林一组(以下简称

---

[33] 参见叶楒平、陈芳编著:《民事诉讼法》,格致出版社、上海人民出版社2010年版,第114页。
[34] 《民事诉讼法》第56条规定:"当事人一方人数众多的共同诉讼,可以由当事人推选代表人进行诉讼。代表人的诉讼行为对其所代表的当事人发生效力,但代表人变更、放弃诉讼请求或者承认对方当事人的诉讼请求,进行和解,必须经被代表的当事人同意。"
[35] 参见熊超:《环境侵权案中运用代表人诉讼制度的思考——以河南省19户村民诉高某环境污染损害赔偿案为例》,载《环境保护》2014年Z1期。

上林一组)等水污染责任纠纷案[36]和 2022 年审结的吴某某、潘某某等噪声污染责任纠纷案[37]。

就广西岑兴高速公路发展有限公司、广西岑溪市马路镇中林村上林一组等水污染责任纠纷案而言,该案中卢某某是诉讼代表人,案件围绕以下 3 个争议焦点展开:原告上林一组是否为适格的诉讼主体、上林一组的损失具体包括哪些范围、各被告方是否需要承担赔偿责任。该案为二审判决,判决结果维持一审原判,一审判决结果为被告甄某、任某某、广西岑兴高速公路发展有限公司分别应支付聘请管水员费用 36150 元、18075 元、18075 元给原告上林一组,驳回原告上林一组的其他诉讼请求。

就吴某某、潘某某等噪声污染责任纠纷案而言,该案中诉讼主体分别为原告吴某某,以及被告潘某某等 64 位被告当事人,其中适用代表人诉讼制度为被告一方,诉讼代表人分别为霍某某、袁某、孔某某。该案争议焦点围绕原告吴某某遭受噪声影响,是否与各被告之间存在因果关系,各被告是否承担赔偿责任应从是否实施侵权行为、存在过错等方面进行认定。该案判决结果是驳回原告吴某某的诉讼请求。

进一步分析前述案件中代表人诉讼制度的适用情况,可以发现,代表人诉讼制度在环境侵权司法中的实践应用能够带来如下积极效果。

从诉讼当事人角度分析可知,代表人诉讼制度的适用有助于实现诉讼当事人诉讼效益的最大化。在吴某某、潘某某等噪声污染责任纠纷案和广西岑兴高速公路发展有限公司、广西岑溪市马路镇中林村上林一组案等水污染责任纠纷中,当事人数量较多,适用代表人诉讼制度,能够由诉讼代表人在案件事实的举证、水污染证据的收集、损失范围的确定、赔偿数额的确定等方面积极发挥作用,对于村组组员来说,能够发挥诉讼效益最大化。

从法院和法官案件审理的角度分析,代表人诉讼制度的适用既能节约诉讼资源、提高审判效率,也能有效防止同案不同判,维护司法公信力。在前述案件审理中,如果不适用代表人诉讼制度,按照常规的单一主体分别立案受理并作出判决,所导致的结果是法院法官需要对同类案件中的事实查明、损失范围等确定进行重复性操作,这将造成司法资源的严重浪费。不仅如此,分别立案、审理和判决的过程中,不同法官可能由于对于案件的整体认知或者关键事实认定的差

---

[36] 参见广西壮族自治区梧州市中级人民法院二审民事判决书,(2020)桂 04 民终 1335 号。
[37] 参见广西壮族自治区梧州市长洲区人民法院一审民事判决书,(2022)桂 0405 民初 10 号。

异,最终作出不同判决,进而导致同案不同判,不利于建立司法的公信力和权威性。可见,适用代表人诉讼制度能够有效地避免产生前述问题。

2. 未适用代表人诉讼制度的环境侵权案件审理情况分析

近三年环境侵权案件中,存在代表人诉讼制度适用空间的系列案主要有 6 大批次,判决书数量合计 61 份。综合多方面因素考虑,最终的案件处理结果是并未适用代表人诉讼制度。本部分专门就此类案件进行分析,具体从案件审理过程分析及其未得到适用的原因分析两方面展开。6 大批次系列案的具体审理情况如表 2-9 所示。

表 2-9 未适用代表人诉讼制度的环境侵权案件审理情况

案件名称	诉讼当事人	诉讼请求是否相同	争议焦点	判决结果是否相同
安某、张某、李某某等与北京城建八建设发展有限责任公司等环境污染责任纠纷[38]	安某、张某等;北京新航城开发建设有限公司、中铁建设集团有限公司等法人被告	相同诉讼请求:1. 判令被告立即停止噪声侵害,停止夜间施工;2. 判令被告赔偿原告各项损失(误工费、精神损失费);3. 诉讼费用由被告承担。不同诉讼请求:诉讼请求具体内容不同,即要求赔偿的具体损失数额不同	1. 赔偿主体的确认;2. 赔偿标准;3. 停止侵权的诉讼请求;4. 损失确认	判决结果基本一致:1. 北京博大经开建设有限公司、北京万兴建筑集团有限公司、北京建工四建工程建设有限公司支付原告精神损失费;2. 驳回原告的其他诉讼请求;3. 案件受理费原、被告按比例承担
崔某1、李某、杨某、江某、王某1等与山西潞安祥瑞焦化有限公司等长	崔某1、李某、杨某、王某1等;山西潞安祥瑞焦化有限公	相同诉讼请求:1. 请求人民法院依法判令二被告停止侵害、排除妨碍,并恢复原告居住环境;2. 诉讼费用由被告负担	二被告排放废气、粉尘、废水侵犯居住环境是否存在因果关系	判决结果基本一致:驳回原告的诉讼请求,诉讼费减半收取

---

[38] 参见北京市大兴区人民法院一审民事判决书,(2021)京 0115 民初 9039 号;(2021)京 0115 民初 9045 号;(2021)京 0115 民初 9044 号;(2021)京 0115 民初 9036 号;(2021)京 0115 民初 9033 号;(2021)京 0115 民初 9041 号;(2021)京 0115 民初 9046 号;(2021)京 0115 民初 9031 号;(2021)京 0115 民初 9023 号;(2021)京 0115 民初 9024 号;(2021)京 0115 民初 9025 号;(2021)京 0115 民初 9026 号;(2021)京 0115 民初 9021 号;(2021)京 0115 民初 9017 号;(2021)京 0115 民初 9019 号;(2021)京 0115 民初 9020 号;(2021)京 0115 民初 9029 号;(2021)京 0115 民初 9030 号;(2021)京 0115 民初 9038 号;(2021)京 0115 民初 9043 号;(2021)京 0115 民初 9032 号;(2021)京 0115 民初 9035 号;(2021)京 0115 民初 9040 号;(2021)京 0115 民初 9037 号;(2021)京 0115 民初 9027 号;(2021)京 0115 民初 9042 号。

续表

案件名称	诉讼当事人	诉讼请求是否相同	争议焦点	判决结果是否相同
治市麟源煤业有限责任公司环境污染责任纠纷[39]	司、长治市麟源煤业有限责任公司			
周某某、姜某某、王某等与北京市平谷区夏各庄镇稻地村民委员会等环境污染责任纠纷[40]	周某某、姜某某等;北京市平谷区夏各庄镇杨庄户村民委员会、北京市平谷区夏各庄镇杨各庄村民委员会等	相同诉讼请求:1.判令被告赔偿原告财产损失;2.相关诉讼费、鉴定费由被告承担。 不同诉讼请求:具体财产损失数额不同	1.赔偿主体问题; 2.赔偿数额问题	判决结果基本一致:1.被告北京洳河水处理技术有限公司于本判决生效后7日内赔偿原告损失; 2.驳回原告的其他诉讼请求
山东省机场管理集团烟台国际机场有限公司与崔某、蓬莱市潮水镇莱华畜禽养殖场、烟台经济技术开发区潮水尚伟养殖场等噪声污染责任纠纷[41]	山东省机场管理集团烟台国际机场有限公司(以下简称烟台机场公司);蓬莱市潮水镇莱华畜禽养殖场等	相同诉讼请求:1.请求判令烟台机场公司赔偿因噪声污染给造成的经济损失;2.请求判令烟台机场公司承担诉讼费用。 不同的诉讼请求:请求赔偿因噪声污染造成的损失金额不同以及原告所主张的损失事实和理由不同	1.烟台机场公司是否为适格被告; 2.噪声污染行为与损害之间是否存在因果关系	判决结果基本一致:1.驳回上诉,维持原判。 2.二审案件受理费由烟台机场公司承担。其中,一审判决结果为烟台机场公司分别向各原告蓬莱市潮水镇莱华畜禽养殖场、崔某家、崔良基饲养场、烟台经济技术开发区潮水尚伟养殖场赔偿经济损失596052元、291475.20元、171456元、575500元

[39] 参见山西省长治市屯留区人民法院一审民事判决书,(2021)晋0405民初504号;(2021)晋0405民初505号;(2021)晋0405民初506号;(2021)晋0405民初507号;(2021)晋0405民初508号;(2021)晋0405民初509号;(2021)晋0405民初510号;(2021)晋0405民初511号;(2021)晋0405民初512号;(2021)晋0405民初513号;(2021)晋0405民初514号;(2021)晋0405民初515号;(2021)晋0405民初516号;(2021)晋0405民初517号;(2021)晋0405民初518号。

[40] 参见北京市平谷区(县)人民法院一审民事判决书,(2022)京0117民初863号;(2022)京0117民初864号;(2022)京0117民初865号;(2022)京0117民初866号。

[41] 参见山东省烟台市中级人民法院二审民事判决书,(2022)鲁06民终4044号;(2022)鲁06民终4046号;(2022)鲁06民终4047号;(2022)鲁06民终4048号。

续表

案件名称	诉讼当事人	诉讼请求是否相同	争议焦点	判决结果是否相同
陈某、李某、王某、于某等与梅河口市阜康酒精有限责任公司水污染责任纠纷[42]	陈某、李某、王某、于某、梅河口市阜康酒精有限责任公司（以下简称阜康公司）等	相同诉讼请求：1. 请求阜康公司停止污染侵害、排除污染妨碍、消除污染危险；2. 判令阜康公司赔偿因水污染造成多种树木损失；3. 判令阜康公司承担鉴定评估费 3000 元及诉讼费。不同诉讼请求：请求赔偿因水污染造成的损失金额以及各原告主张的损失事实和理由不同	污染行为与损失之间的关联性问题	本批次案件共作出 8 份判决。其中 6 份判决结果均为驳回原告全部诉讼请求，案件受理费由原告承担。另有 2 份判决[43]支持原告部分诉讼请求，被告阜康公司给付原告李某 2019~2021 年度黄柏树、紫李及鉴定费损失 11987 元，给付原告陈某 2020 年度黄柏树及鉴定费损失合计 36440.64 元；驳回原告其他诉讼请求。案件受理费按照各自比例承担
王某、付某某、王某某等 16 位原告与中国石油天然气股份有限公司辽宁阜新销售分公司环境污染责任纠纷[44]	王某、付某某、王某某、中国石油天然气股份有限公司辽宁阜新销售分公司等	相同诉讼请求：1. 由被告承担诉讼费用；2. 判令被告赔偿原告每户因地下成品油污染造成异地取水的误工损失。不同诉讼请求：原告主张赔偿的事实和理由不同及赔偿数额不同	地下成品油造成水污染导致的误工费赔偿问题	判决结果基本一致：1. 中国石油天然气股份有限公司辽宁阜新销售分公司分别应赔偿王某、付某某、项某某等 13 位原告每户 2445.31 元。以上共计赔偿 31789.03 元。案件受理费原、被告按比例承担。2. 中国石油天然气股份有限公司辽宁阜新销售分公司分别应赔偿王某、付某某、王某某误工费每户 2443.93 元。以上共计赔偿 7331.79 元。案件受理费由原、被告按比例承担

分析 6 大批次系列案的具体审理情况可知，以下三大方面的考虑是造成代表人诉讼制度在环境侵权司法实践中应用的可能原因：

---

[42] 参见通化铁路运输法院一审民事判决书，(2023) 吉 7103 民初 21 号；(2023) 吉 7103 民初 22 号；(2023) 吉 7103 民初 23 号；(2023) 吉 7103 民初 24 号；(2023) 吉 7103 民初 25 号；(2023) 吉 7103 民初 26 号；(2023) 吉 7103 民初 27 号；(2023) 吉 7103 民初 30 号。
[43] 参见通化铁路运输法院一审民事判决书，(2023) 吉 7103 民初 23 号；(2023) 吉 7103 民初 27 号。
[44] 参见辽宁省阜新市新邱区人民法院一审民事判决书，(2023) 辽 0903 民初 282 号；(2023) 辽 0903 民初 184 号。

首先，从诉讼请求的角度，6大批次系列案中，原告的诉讼请求整体相对趋同，但在具体诉讼请求的内容上，尤其在赔偿损失的数额的主张方面存在不一致的情况。例如，在山东省机场管理集团烟台国际机场有限公司与崔某、蓬莱市潮水镇莱华畜禽养殖场、烟台经济技术开发区潮水尚伟养殖场等噪声污染责任纠纷案中，原告主张烟台机场公司赔偿损失数额分别为1406800元、916652元、55万元等不同损失数额；又如，在陈某、李某、王某、于某等与梅河口市阜康公司水污染责任纠纷案中，各原告主张阜康公司赔偿的数额分别为36273元、31172元、10514元、8987元等不同损失数额。而赔偿数额主张不同一定程度影响法官适用该制度，法官在对赔偿数额确定和分配的判定上存在不一致的情况。（见表2-9）

其次，从争议焦点角度分析，案例中的争议焦点一般集中于环境污染与各诉讼原告的损失之间的因果关系，但是各个原告的损失和事实认定可能存在不一致的情况，如果统一处理，可能会对某些关键事实认定造成遗漏或者偏差。例如在陈某、李某、王某、于某等与梅河口市阜康公司水污染责任纠纷案中，各原告基于诉讼请求，提出相应的事实和理由。但是，在法院的案件审理中对因果关系认定存在不同的结论。从该案审理情况看，各原告提供的事实和证据是作为法官进行因果关系认定的关键依据，如果适用代表人诉讼制度，法官对原告与被告之间的因果关系进行统一处理，以单一的法律事实认定因果关系作出判决，那么可能会影响案件判决的公正性。

最后，从判决结果的角度分析。即使是同一诉讼标的，法院法官根据案件事实和举证情况审理案件可能会作出不同的判决结果，如果分别立案和进行判定，在具体个案中法官能够更好地通过不同的个案事实作出判决，如果适用诉讼代表人制度，判决文书对于整体案件各个当事人有效，但在根据案件具体情况进行差异化判定方面可能难以达到预期效果。[45]

通过分析未适用代表人诉讼制度的环境侵权案件审理情况，可以发现代表人诉讼制度在环境侵权司法实践领域适用的复杂性。代表人诉讼制度在环境侵

---

[45] 在山东省机场管理集团烟台国际机场有限公司与崔某、蓬莱市潮水镇莱华畜禽养殖场、烟台经济技术开发区潮水尚伟养殖场等噪声污染责任纠纷案中和陈某、李某、王某、于某等与阜康公司水污染责任纠纷案中均出现差异化的判定结果。具体而言，在山东省机场管理集团烟台国际机场有限公司与崔某、蓬莱市潮水镇莱华畜禽养殖场、烟台经济技术开发区潮水尚伟养殖场等噪声污染责任纠纷案中，存在驳回原告诉讼请求和判决被告支付相关费用两种结果；在陈某、李某、王某、于某等与阜康公司水污染责任纠纷案中，则在赔偿数额方面出现差异化的判决结果。

权司法实践中的适用虽然对诉讼效益、节约司法资源、维护社会秩序等方面具有一定的积极影响,但是在实际的司法实践中,案件本身的复杂情况可能导致该制度的适用存在困难,难以满足在案件多方面的差异化审理需要。这些都是在代表人诉讼制度实际使用中需要重点考虑的要素。因此,环境侵权案件审理中是否适合适用代表人诉讼制度,不仅需要从形式层面判断该纠纷是否符合代表人诉讼制度的构成要件,还需要从实质层面结合案件具体情况综合分析。

三、结论与建议

本报告从地域分布、诉讼主体类型、污染种类、争议焦点、胜败诉及改判情况、代表人诉讼制度六大方面对环境侵权司法实践的样态进行多维检视,全景式观察我国环境侵权司法的运行和发展情况。在此基础上,本部分将围绕环境侵权司法的进展、不足及其完善建议展开探讨,为环境侵权司法实践的进一步优化提供理论支撑。

(一)环境侵权司法的进展与不足

基于前文对2023年环境侵权司法的检视与分析,已对环境侵权司法实践状况有了整体把握。本部分将从纵向对比的角度分析归纳2023年度环境侵权司法实践新进展,并发现取得新发展下仍存在的审理难题,为后续进一步探索提供研究基础。

1. 环境侵权司法的新进展

结合历年环境侵权司法实践的演进情况可以发现,环境侵权司法有着清晰的发展规律,主要包括将保护救济环境私益作为环境侵权司法的核心目标、充分尊重传统民法理念、谨慎对待惩罚性赔偿在环境侵权司法领域的适用[46]。这种发展规律同样体现在2023年的环境侵权司法实践中。以惩罚性赔偿制度的适用为例,环境侵权司法实践长期以来对惩罚性赔偿制度秉持谨慎适用的态度,2023年环境侵权司法实践也体现了这种价值取向,原告提起惩罚性赔偿的案件在整体数量占比上进一步被限缩,且法院作出了不予支持惩罚性赔偿主张的判决结果[47]。与此同时,2023年也发生了一系列的制度和规则更新现象,从司法实践和规则供给层面有力推动了环境侵权司法的进一步完善发展。

就司法实践进展而言,人民法院案例库启动建设和正式上线为环境侵权司

---

[46] 具体参见《中国环境司法发展报告(2022年)》中的"环境侵权司法的演进规律"部分的分析。
[47] 综观2023年环境侵权案件样本,唯有重庆某甲开发有限公司与重庆某乙有限责任公司土壤污染责任纠纷案中,原告提出惩罚性赔偿主张。法院基于不应溯及适用的考虑,否定了原告诉讼请求。

法审判提供了裁判说理的权威指引。人民法院案例库中收录的案件是经最高人民法院审核认为具有参考示范价值的权威案例，包括指导性案例和参考案例。2023年8月，最高人民法院印发《关于建设人民法院案例库的通知》，开始案例库建设工作。截至2024年5月10日，人民法院案例库中收录的各类案件数量接近4000件，案件类型涵盖刑事、民事、行政、国家赔偿、执行五大类别。人民法院案例库对环境侵权司法审判实践的重要指引意义，可以分别从以下两个方面阐明：(1)实现与指导性案例制度的功能互补，为环境侵权司法实践提供裁判指引。自2010年以来，最高人民法院先后发布《关于案例指导工作的规定》《〈最高人民法院关于案例指导工作的规定〉实施细则》等重要司法规范性文件，合计发布了39批指导性案例。我国指导性案例制度的产生和发展，在统一法律适用标准、简化法律适用过程、有效填补法律漏洞、规范法官裁判活动、强化裁判的说理论证方面发挥着重要功能[48]。与此同时，现行发布的指导性案例在数量供给上严重不足、覆盖面也相对有限，在司法裁判实践中出场频次较低[49]。从人民法院案例库中环境侵权案件的收录情况看，截至2024年5月10日，已合计收录环境侵权案件23件，其中1件为指导性案例，22件为参考案例。从人民法院案例库中环境侵权案件的裁判要旨看，数量众多的参考案例填补了指导性案例制度在数量和覆盖面上的劣势，从被侵权人关联性证明责任的证明[50]、因果关系举证责任分配[51]、关联性证明标准的确定[52]、一般人容忍限度的判断[53]等方面更为全面和充分地为环境侵权司法实践提供了裁判指引，在一定程度上填补了指导性案例制度的不足。(2)人民法院案例库的动态调整机制能够实现对收录案件的实时更新，从而保障为环境侵权司法实践提供指引的时效性和准确性。《人民法院案例库建设运行工作规程》中对人民法院案例库参考案例的动态调整进行了专章规定，明确了最高人民法院和地方各级人民法院在发现参考案例出现需要出库、替换或修改完善时的动态调整程序。我国环境侵权司法的理论和实践仍然处于持续的发展中，通过构建人民法院案例库的动态调整机制，

---

[48] 参见王利明：《我国案例指导制度若干问题研究》，载《法学》2012年第1期。
[49] 参见方乐：《指导性案例司法适用的困境及其破解》，载《四川大学学报(哲学社会科学版)》2020年第2期。
[50] 参见江苏省南京市中级人民法院二审民事判决书，(2023)苏01民终4521号。
[51] 参见河北省邢台市中级人民法院二审民事判决书，(2023)冀05民终2798号。
[52] 参见山东省宁阳县人民法院一审民事判决书，(2023)鲁0921民初3350号。
[53] 参见山东省高级人民法院再审民事判决书，(2023)鲁民申8890号。

能够确保被收录的参考案例为环境侵权司法实践提供裁判指引上的时效性和准确性。

就规则供给进展而言,生态环境侵权领域的重要司法解释文件为统一司法标准和裁判尺度提供重要规则保障。最高人民法院于2023年8月15日先后发布《生态环境侵权解释》《生态环境侵权证据规定》。两大司法解释为生态环境侵权案件审理提供了重要规则参照,具体而言,分别体现在裁判实体规则完善和证据问题规定两方面:(1)《生态环境侵权解释》进一步完善了生态环境侵权案件审理的实体裁判规则。从内容上看,《生态环境侵权解释》主要规定生态环境侵权案件范围、归责原则、数人侵权、责任主体、责任承担、诉讼时效等内容。相较《环境侵权解释》(已失效),《生态环境侵权解释》结合环境侵权司法实践的现实需要进一步更新和细化了法律适用规则,主要体现在对生态环境侵权原因行为的列举和排除、无过错责任承担的进一步细化、区分不同情形审理数人环境侵权案件、排污单位和第三方治理机构环境侵权责任的规定、法人人格否认制度的适用等方面。从2023年的环境侵权司法实践看,少量判决书中已经开始引用该解释的相关规定作为裁判实体争议的依据。例如,在重庆某甲开发有限公司诉被告重庆某乙有限责任公司土壤污染责任纠纷中,重庆市渝北区人民法院基于《生态环境侵权解释》第23条第1款规定,驳回了原告主张被告赔偿土壤修复费用的诉求。[54] 又如,在任某某、钟某某诉中铁某局集团第某工程有限公司、中铁某工程局集团有限公司等环境污染责任纠纷中,广东省江门市新会区人民法院运用《生态环境侵权解释》第26条,对该案责任进行划分,认定两原告的被告应承担不具有因果关系的举证责任的主张缺乏事实基础与法律依据。[55] (2)《生态环境侵权证据规定》系统性回应了生态环境案件审理中的证据认定相关问题。《生态环境侵权证据规定》主要通过规定适用范围、举证责任、证据的调查收集和保全、证据共通原则、专家证据、书证提出命令、损失费用的酌定等方面的内容,对生态环境侵权案件审理涉及的突出证据问题进行回应。从2023年环境侵权司法实践看,少量判决书中已经开始引用该解释的相关规定作为判定证据问题的依据。例如,在原告重庆某甲开发有限公司与被告重庆某乙有限责任公司土壤污染责任纠纷案中,重庆市渝北区人民法院基于《生态环境侵权证据规定》第2条的规定,明确了原告的举证责任,据此认定原告应当就其遭受财

---

[54] 参见重庆市渝北区人民法院一审民事判决书,(2022)渝0112民初41091号。
[55] 参见广东省江门市新会区人民法院一审民事判决书,(2023)粤0705民初3756号。

产损失承担举证责任。[56] 又如,在伍某某诉被告周某某噪声污染责任纠纷案中,广东省中山市第一人民法院基于《生态环境侵权证据规定》第25条的规定,认定由环保行政执法部门委托第三方机构进行检测而形成的检测报告以及其答复等,可以作为认定案件事实的依据,据此认定被告构成噪声污染侵权并需要承担相应责任。[57] 综上,2023年最高人民法院发布的《生态环境侵权解释》《生态环境侵权证据规定》已经开始实质性地指导生态环境侵权案件的法律适用。目前,随着两大司法解释于2023年9月1日施行,《环境侵权解释》等相关司法解释文件的法律效力已被废止,不再得到适用。因此,可以预期,《生态环境侵权解释》《生态环境侵权证据规定》将成为指导未来环境侵权司法实践法律适用的主要司法解释,为推动我国生态环境保护事业发展提供有力的司法保障。

2. 环境侵权案件的审理难题

总结2023年环境侵权司法新进展的同时,也需要注意到当前的环境侵权司法实践中出现了诸多待解难题,主要包括:

(1)生态环境侵权案件的类型化审理尚未实现

建立环境资源专门审判机构与传统审判机构联系与协同机制,明确环境资源案件与普通案件的不同类型化标准与方法,是新时代环境资源司法发展的重点任务[58]。从实践层面看,近三年的环境侵权司法发展已经在一定程度上推进了生态环境侵权案件审理的类型化。2021年1月,最高人民法院制定《环境资源案件类型与统计规范(试行)》。《环境资源案件类型与统计规范(试行)》超越了《民事案件案由规定》概括式划分的做法,依照其导致损害的内在机理的差异,对八大环境污染案件进行了三分式处理,也就是分为环境介质污染、有毒有害物质污染、能量污染三大类型。依据这种创新性的类型化方案,2023年环境侵权案件中,环境介质污染案件、有毒有害物质污染案件、能量污染案件、混合型污染案件一、二审合计分别为45件、3件、27件、9件,占比53.57%、3.57%、32.14%、10.71%(见表2-10)。相对于《民事案件案由规定》,《环境资源案件类型与统计规范(试行)》三分式的类型化思路能够更好地将归纳环境污染案件的特征,推进环境司法专业化水平。

---

[56] 参见重庆市渝北区人民法院一审民事判决书,(2022)渝0112民初41091号。
[57] 参见广东省中山市第一人民法院一审民事判决书,(2023)粤2071民初29356号。
[58] 参见吕忠梅:《新时代中国环境资源司法面临的新机遇新挑战》,载《环境保护》2018年第1期。

但是,随着《环境资源案件类型与统计规范(试行)》的出台,也为生态环境侵权案件的类型化审理带来了更多的难题。首先,《环境资源案件类型与统计规范(试行)》一定程度上创设了与《民事案件案由规定》截然不同的分类体系,在现有以《民事案件案由规定》为基础的司法实践中,《环境资源案件类型与统计规范(试行)》的要求如何与案件案由管理的要求相衔接?其次,在案件分类思路上,《环境资源案件类型与统计规范(试行)》与《民事案件案由规定》在类型化的标准上存在何种差异,借助于《环境资源案件类型与统计规范(试行)》所确立的类型化标准归类案件后应当如何结合其归类结果进一步实质审理?最后,依照《环境资源案件类型与统计规范(试行)》对环境资源案件的类型化,并不专门区分刑事、民事、行政以及公益案件。本报告所涉及环境侵权案件在案件定性上属于民事案件,《环境资源案件类型与统计规范(试行)》能在多大程度上为此类案件的进一步类型化审理提供指引?

表2-10 环境介质污染案件、有毒有害物质污染案件、
能量污染案件、混合型污染案件分布频次

单位:件

审级	环境介质污染案件	有毒有害物质污染案件	能量污染案件	混合型污染案件
一审	34	3	19	4
二审	11	0	8	5
合计	45	3	27	9

(2)环境侵权司法的法律规则适用有待更新

《生态环境侵权解释》《生态环境侵权证据规定》在统一裁判尺度和司法标准的同时,也使得更新法律规则适用成为环境侵权司法的重要任务。法律的生命在于实施,法律的权威也在于实施。司法解释是审判机关准确理解和实施法律的重要规范依据。虽然司法解释并非立法活动,不具有创制新法的功能,但其却能够确保现行法律得到正确和统一适用。完备的环境侵权法律规范体系和与之相协调的司法解释适用指引,是确保环境侵权司法审理质效的两大核心要素。我国已经在《民法典》侵权责任编中专章规定了环境污染和生态破坏责任,并出台了《民事诉讼法》《环境保护法》等相关规定,在立法层面为环境侵权司法实践提供了较为全面的法律规则。为保证《民法典》环境侵权法律规定能够在司法实践层面得到统一、规范的适用,最高人民法院自《民法典》制定实施后出台了

《生态环境侵权解释》、《生态环境侵权证据规定》等司法解释。这些司法解释均为环境侵权司法实践的裁判提供了具体、可操作的指引。但是，频繁变动的司法解释创制活动在统一、规范环境侵权司法裁判的同时，也为环境侵权司法的法律规则适用提出了更高要求。基于《生态环境侵权解释》《生态环境侵权证据规定》的规定更新环境侵权司法的法律规则适用便成为今后完善环境侵权司法需要着重解决的现实问题。

（3）环境合规抗辩的侵权法认定机制亟待优化

首先，有必要优化企业环境合规的侵权法认定法律机制。为此，应当将企业环境合规抗辩的侵权法认定法律机制优化作为着力点和突破口，推进民事侵权领域的企业合规制度建设。

其次，有必要进一步完善合规效力认定规则。当前，《生态环境侵权解释》已经公布实施，《环境侵权解释》的法律效力随之废止。从内容上比较可知，《生态环境侵权解释》对《环境侵权解释》在无过错责任法律适用规则方面进行了调整。《环境侵权解释》第1条第2款中关于法院不予支持企业合规抗辩主张的规定和第3款中关于侵权人不承担或减轻承担责任法律依据的规定均不再保留，《生态环境侵权解释》第4条第2款中新增了行为人以外的其他责任人对损害发生有过错的应当承担侵权责任的规定。对此，可以认为，环境侵权司法将继续适用无过错责任原则，但司法解释层面已不再绝对化的否定企业环境合规抗辩的主张。未来有必要以《生态环境侵权解释》的规定为基础，探讨如何进一步完善合规效力认定规则。

最后，有必要提升环境标准合规抗辩认定的一致性。从2023年环境侵权司法实践看，法院对合规抗辩认定的不一致性主要体现在以环境影响行为符合环境标准为理由提出合规抗辩，法院应当如何认定。法院对此类情形下的合规抗辩主张的处理，在噪声污染纠纷和其他类型污染纠纷之间呈现出显著的不同。噪声污染纠纷的案件审理中是否违背环境标准的限值规定是法院判定是否支持合规抗辩主张的核心依据，其他污染纠纷中法院的判定表明，环境标准的限值规定仅在部分案件中成为法院判定合规抗辩的核心依据。可见，企业环境标准合规抗辩在不同污染纠纷中的认定呈现出不一致性，有必要予以针对性解决。

（二）环境侵权司法的完善建议

上述部分已从多维度详细讨论2023年环境侵权司法实践的进展和不足，分析了2023年度环境侵权司法整体情况。课题组在此基础上，针对环境侵权案件审中中所存在的难题,进行深入挖掘与分析,从实现路径、法律适用、侵权法认定机制三个方面提出相应的完善建议。

1. 探索生态环境侵权类型化审理的路径方向

针对生态环境侵权案件类型化审理的实现障碍,有必要探索生态环境侵权类型化审理的路径方向。具体而言,可以从以下三个方面重点推进:

首先,协同适用《民事案件案由规定》《环境资源案件类型与统计规范(试行)》开展生态环境侵权案件类型化审理工作。需要注意的是,《环境资源案件类型与统计规范(试行)》的制定实施并不意味着取代《民事案件案由规定》的功能。对民事案件而言,特定案件只有能够基于《民事案件案由规定》的规定被归类至环境污染或生态破坏纠纷,才有可能适用《环境资源案件类型与统计规范(试行)》进行审理。同样,《环境资源案件类型与统计规范(试行)》对特定案件的指引也应当以其被《民事案件案由规定》的归类结果为前提。

其次,准确定位《环境资源案件类型与统计规范(试行)》。《环境资源案件类型与统计规范(试行)》与《民事案件案由规定》虽然都在一定程度上推进生态环境侵权案件的类型化管理,但二者在功能定位上仍然存在显著区分。《环境资源案件类型与统计规范(试行)》对生态环境侵权案件的分类标准以所要保护的主要秩序和权益为标准,《民事案件案由规定》对生态环境侵权案件的分类标准则以传统司法实践中当事人诉争的法律关系为标准。从《环境资源案件类型与统计规范(试行)》与《民事案件案由规定》对环境侵权案件的分类标准看,前者注重于实质利益层面进行分类,后者侧重于从形式意义上的法律关系定型进行分类。这种区别决定了两大司法规范性文件的功能差异。《民事案件案由规定》对环境侵权案件的法律关系定性有助于从形式层面对案件进行分流和管理,使环境侵权案件的审理与一般民事案件相区分。《环境资源案件类型与统计规范(试行)》从实质层面提出了应当基于环境侵权案件的特性进行差异化审理的必要性。也就是说,在法院依据《民事案件案由规定》定性和分类,特定案件进入实质审理阶段后,《环境资源案件类型与统计规范(试行)》才开始彰显出其功能价值。

最后,依照《环境资源案件类型与统计规范(试行)》的分类标准进行差异化审理。相比较《民事案件案由规定》基于对环境污染案件的罗列,《环境资源案件类型与统计规范(试行)》更加注重在提炼环境污染案件共性特征的基础上进行分类处理。依据《环境资源案件类型与统计规范(试行)》,环境污染类案件又可细分为环境介质污染、有毒有害物质污染、能量污染三大类型。因此,基于《环境资源案件类型与统计规范(试行)》的分类思路,根据三大类环境污染行为的作用途径和致害过程,在事实认定和法律适用上应当有所区分。例如,在环境损害事实是否存在的判断上,环境介质污染类案件和以噪声污染为代表的能量污染案件就存在显著差异。噪声污染类型案件中往往将是否超过环境标准限值作为判断是否产生环境损害事实的指标,环境介质污染类型案件中则不仅考虑环境标准这一单一要素。

2. 更新环境侵权司法的法律适用规则

《生态环境侵权解释》《生态环境侵权证据规定》是司法机关适用《民法典》《民事诉讼法》《环境保护法》等相关法律规定的基本依据。随着《生态环境侵权解释》《生态环境侵权证据规定》的制定实施,《环境侵权解释》(已失效)等与此相关联的司法解释的法律效力已被替代。未来环境侵权司法规则适用的重点,便在于紧紧围绕以《生态环境侵权解释》《生态环境侵权证据规定》的最新规定,更新法律适用规则。

在实体裁判领域,依据《生态环境侵权解释》,主要应当在以下方面更新法律适用规则:(1)对生态环境侵权案件进行正向列举和反向排除。在生态环境侵权案件的认定上,应当依据《生态环境侵权解释》第1条、第2条关于生态环境侵权案件范围的正向规定和反向列举规定进行认定。(2)合理认定数人环境侵权中侵权人的责任承担问题。《生态环境侵权解释》基于《民法典》的相关规定,在总结近年环境侵权司法实践经验的基础上,对原有的《环境侵权解释》中关于数人环境侵权责任承担问题进一步细化规定。在数人环境侵权中侵权人的责任承担问题认定上,应当依据《生态环境侵权解释》第5~9条的规定进行。(3)合理认定第三方治理中排污单位和第三方治理机构的侵权责任承担问题。《生态环境侵权解释》第12~14条区分三种情形规定了二者的侵权责任承担,填补了此领域法律适用规则的空白。今后环境侵权司法应当以此为依据进行法律适用。(4)精细化认定第三人环境侵权责任。《生态环境侵权解释》第18~20条进一步细化了《环境侵权解释》中有关第三人环境侵权责任法律适用的规则,今后环境侵权司法应当以此为依据进行法律适用。(5)在法律适用中严格依据《生态环境侵权解释》相关规定对法人人格否认制度、特定利益保护、过失相抵规则问题进行认定。《生态环境侵权解释》第15条、第23条、第26条分别规定了法人人格否认制度、特定利益保护、过失相抵规则的法律适用规则,今后环侵权司法应当以此为依据进行法律适用。

在证据认定领域,依据《生态环境侵权证据规定》,主要应当在以下方面更新法律适用规则:(1)准确认定原告和被告的举证责任。《生态环境侵权证据规定》第 2 条、第 4 条、第 5 条规定了环境侵权案件原告的举证责任,第 6 条规定了环境侵权案件被告的举证责任。在举证责任分配的法律认定上,应当以此为依据进行。(2)合理确定待证事实的证明标准。《生态环境侵权证据规定》第 8 条规定,对于发生法律效力的刑事裁判、行政裁判因未达到证明标准未予认定的事实,在因同一污染环境、破坏生态行为提起的生态环境侵权民事诉讼中,人民法院根据有关事实和证据确信待证事实的存在具有高度可能性的,应当认定该事实存在。此规定明确了环境侵权案件中的证明标准相对于刑事裁判、行政裁判的适度降低,今后环境侵权司法应当以此为依据进行法律适用。(3)在法律适用中严格依据《生态环境侵权证据规定》相关规定对证据共通原则、专家证据、损失、费用等的酌定进行认定。《生态环境侵权证据规定》第 15 条规定了证据共通原则、第 16~23 条规定了专家证据制度在生态环境侵权案件适用中的重难点问题、第 30~31 条规定了损失和赔偿数额的考量因素。今后环境侵权司法应当以前述规定为依据进行法律适用。

3. 完善环境合规抗辩的侵权法认定机制

如前所述,2023 年环境侵权司法实践折射出在企业环境侵权合规抗辩领域存在一系列法律问题,主要有未能在整体性视角下审视企业合规抗辩的侵权法效力、合规效力认定规则适用的不确定性、合规抗辩认定的不一致性。究其原因,在于环境侵权案件审理中环境侵权合规抗辩的法律认定机制亟待整体性优化。

(1)应当在环境侵权法领域导入和构建企业合规制度。企业合规制度构建的体系性需求决定了需要在全环节、各领域协同推进。就目前而言,刑事司法领域、行政监管领域、民事侵权领域的企业合规制度构建所获得的关注度与重视程度依次递减。2023 年,最高人民法院发布《关于优化法治环境 促进民营经济发展壮大的指导意见》[59],在"深入推进企业合规改革"部分专门提出:积极延伸司法职能,在民商事、行政、执行过程中引导企业守法合规经营,强化防范法律风险、商业风险意识,推进民营企业在法治轨道上健康发展。基于深入推进企业

---

[59] 参见《最高法发布〈关于优化法治环境 促进民营经济发展壮大的指导意见〉》,载央广网,https://law.cnr.cn/gzsp/20231011/t20231011_526447418.shtml,最后访问日期:2024 年 4 月 26 日。

合规改革的要求,应当在民商事领域构建相应的企业合规制度。依托于《民法典》侵权责任编关于环境污染和生态破坏责任的规定,构建企业合规抗辩的制度通道,确保依法依规生产经营的企业的合法经济利益得到保障,是优化法治营商环境,促进民营经济发展壮大的应然选择。

(2)需要在企业合规的效力认定和法律适用规则上进一步优化,从审理规则层面完善环境合规抗辩的侵权法认定机制。结合2023年环境侵权司法实践中企业合规抗辩的整体情况,涉及企业合规抗辩的主要有三大情形。

第一种情形对应"不对合规抗辩进行认定"的审理情形,在此情形下,原告未完成初步证明责任,无须就企业环境合规抗辩进行实质判定,可驳回原告诉讼请求。

第二种情形对应"认定合规抗辩不成立"的审理情形,在此情形下,通过案件审理能够认定原告行为超过环境标准限值,则原告行为的合规性不成立。相应的企业合规抗辩主张也不成立,不应支持企业的合规抗辩主张。

第三种情形对应"肯定合规抗辩效力"和"否定合规抗辩效力"的审理情形,在此情形下,企业环境合规抗辩的侵权法效力需要进行实质判断。当出现第三种情形时,企业合规抗辩的侵权法效力认定的法律依据尚未完备,根本原因在于:环境立法设立了大量的管制性规范以将污染物的排放控制在一定的限度内,但并未明确管制性规范的保护目的,导致环境立法无法与私法原理进行对接[60]。真正意义上解决此问题,还需要通过进一步完善各类环境管制性规范的侵权法效力认定规则。在此,本报告结合2023年环境侵权司法实践的共性做法,尝试提出初步回应建议。综合分析"肯定合规抗辩效力的案件审理情况"和"否定合规抗辩效力的案件审理情况"可知,目前针对企业合规抗辩的侵权法认定出现分歧的根本因素,在于不同污染纠纷中对待环境标准的效力认定存在较大差异。噪声污染案件中企业能够以其环境标准合规抗辩对抗原告诉讼请求,水污染案件中则非如此。造成此差异的原因在于:就噪声污染等能量型污染而言,原告噪声侵害的事实需要经过测定其是否超过环境标准予以量化,就水污染等物质介质污染而言,原告遭受污染的损害事实能够较为直观地被感知,判断损害事实是否存在并不一定需要借助于环境标准进行。因此,在不同污染类型的企业合规抗辩侵权法效力认定中,可以根据污染种类的不同对环境标准合规抗辩采取不

---

[60] 参见车东晟:《环境污染侵权认定中合规抗辩的效力》,载《法律科学(西北政法大学学报)》2024年第2期。

同的侵权法认定思路。就噪声污染类企业合规抗辩而言,依据《噪声污染防治法》第2条的规定,将噪声污染定义为超过噪声排放标准或者未依法采取防控措施产生噪声,并干扰他人正常生活、工作和学习的现象。是否超过环境标准限值、是否尽到采取防控措施的义务,是认定是否支持企业合规抗辩主张的核心依据。就环境介质污染类企业合规抗辩而言,当能够从事实层面认定行为与损害事实之间关联性的情况下,不予认定支持被告的合规抗辩主张,同时,根据《民法典》第1173条的规定,在侵权责任承担上被侵权人对同一损害的发生或者扩大有过错的,可以减轻侵权人的责任。

环境行政案件的类型与司法审查

刘长兴　韩　印

在现代环境治理体系中，环境行政权力仍是关键因素，其规范化、有效运作关系着环境治理的质效。环境行政诉讼是环境行政争议解决的最终法律途径，因此透过环境行政案件的法律适用状况及行政争议本质，可以归纳环境治理中环境行政的多角度特征，以此指引环境行政行为类型化、规范化的方向，并为环境行政管理的改进和诉讼制度的完善提供指引。在前几年环境行政案件观察分析的基础上，对于2023年的环境行政诉讼情况，本报告继续以类型化思路进行分析和归纳，力图发现环境行政案件司法审查的基本特征和规律。

一、环境行政案件的概况与样本选择

（一）环境行政案件的基本情况

总体观察，2018年1月至2023年9月，全国各级法院共审结各类环境资源一审案件147万件，其中行政案件27.8万件。[1] 自2018年最高人民法院环境资源审判庭归口审理行政案件以来，环境行政案件数量达到15年以来高峰，而后除2021年、2022年数量断崖式下降外，其后逐年随着各地"二合一""三合一""四合一"等专门化审判模式和团队的探索，案件数量呈现阶梯式减少趋势，但二审案件数量占比进一步增加。具体而言，2018年以后环境行政案件办理呈现出五类特点：其一，环境行政审判职能进一步延伸。从局部治理向多效统一转变，如采砂案件、林木盗伐案件中的刑事审理与行政诉讼相衔接，由追求领域效果向最佳生态效果转变。其二，绿色发展理念的深入阐述。裁判文书业已在生态移民安置补偿、采矿区塌陷移民安置履职等案件中融入对行政机关不作为的效果评价和督促履职，在尊重行政权的基础上，通过行政裁判阐述绿色发展的理念，进而影响和推进行政机关的行政行为，尤其在环境行政强制案件中对相对人

---

[1] 参见《最高人民法院关于人民法院环境资源审判工作情况的报告——2023年10月21日在第十四届全国人民代表大会常务委员会第六次会议上》，载中国人大网，http://www.npc.gov.cn/c2/c30834/202310/t20231021_432326.html，最后访问日期：2024年5月5日。

的信赖利益保护更加侧重绿色原则和行政信赖利益保护相融合。其三,山水林田湖草沙一体化保护和系统治理的手段更加规范和有序。对污染排放、环评未申报等涉事企业,行政规制手段由一罚了之向惩处与预防相结合的复合手段进行转变,同时裁判中更加注重对行政行为和令状文书的依据审查。其四,强化最严法治理念。对于行政机关怠于履职或滥用行政行为不可诉标准予以严格界定和梳理。其五,持续推进协同治理。对于生态环境项目的引入或在政策落实的过程中,推进安置补偿标准与补偿款实际落实工作,积极与项目主管机关、地方政府及村集体组织协同推进舆情治理和矛盾疏导工作,在行政目的正当但行政程序违法案件中,司法机关需要在尊重行政机关职权的同时,明确行政机关违法行为和行政效力,对于超期办案、引用错误等瑕疵行为尊重继成结果,但指出瑕疵错误并阐明其行为影响,防微杜渐。

2023年1月1日至12月31日,全国31个省区市法院共计审理环境行政案件3793件,案件数量呈上升趋势。其中一审程序931件、二审程序728件,二审发回重审或改判案件占比9.5%。[2] 本报告对环境行政案件的观察从总体视角的诸多要素分别展开,其中基本数据主要来源于中国司法大数据研究院。以案例平台中环境行政诉讼案件为研究对象,除案件类型参照《环境资源案件类型与统计规范(试行)》统计外,其他统计案件筛选条件主要围绕行政主体和行政行为两部分展开限定。其中行政主体条件设置基础在于行政主体职权涉案中的环境要素,遂分为两部分展开:第一部分主体限定为"生态环境局(部、厅)""自然资源局(部、厅)"之一;第二部分主体限定为"能源局""海洋局""水利局(部、厅)""公园管理局""林业局""林草局""市场监管总局""城市管理局""政府(省、市、县、乡)"等,同时内容关键字出现"环境""生态""资源""气候""环境治理""环境服务"。而行政行为依据最高人民法院《关于行政案件案由的暂行规定》限定为除环境公益诉讼外的21类二级案由,关键字参照《环境资源案件类型与统计规范(试行)》限定为"环境""生态""资源""气候""环境治理""环境服务"。需要特别说明的是,本部分的限定条件受限于案件体量、平台算法、研究方法等因素,致使数据材料存在重复案件、群体性案件、关联性案件,以及涉案主体名称或行为内容间隔字符与关键字吻合等诸多误差情形,同时不同的数据检索平台亦存在数据库本身和人工检索的局限性,无法保障数据完全相

---

[2] 数据来源于中国司法大数据研究院。

同,但较大体量的案件数据之整体仍然按照人民法院上传的统一标准予以检录,在筛选条件中批量剔除诸如"社会保险""食品安全""价格""老年人""工伤""治安""交通""安全生产""工资"等非统计案件后,能够一定程度上客观反映环境行政案件的基本情况,遂本部分的数据检材仅用于视角展开的整体性分析,环境行政案件的样本梳理与分析以"北大法宝"平台限定条件检索后人工确定的样本典型案件为分析对象予以展开细化研究,确保审查要点与裁判规律的分析结论的实质性与客观性。

1. 案件审级

2023 年度环境行政一审案件 931 件,占比 24.55%;二审案件 728 件,占比 19.19%;再审案件 7 件,占比 0.18%。从数据比例上,二审案件数量占比与一审大致相当,但从起诉时间上分析,2023 年立案经由二审审结案件仅为 75 件,其余二审 653 件皆为 2023 年之前所立案件,侧面反映出环境行政案件的复杂性和专业性的实践特征(见图 3-1)。此外,通过近三年的数据比对,案件审级数量从占比波动逐步趋于审级比例的平衡。同时,非诉执行案件仍然保持案件数量的较大占比,也能够说明行政审查机制的完善和"裁执模式"转变为环境行政治理、行政行为规范化所发挥的实践作用。

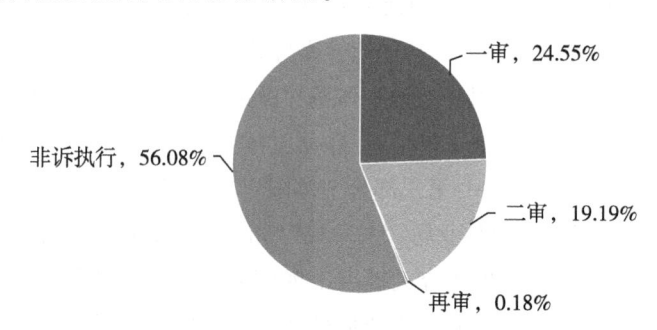

图 3-1 2023 年环境行政案件审级间的案件数量占比

2. 法院层级

近三年四级法院受理案件数量上,环境行政案件中的基层人民法院案件比例最高,以 2023 年为例,全年审理案件 3793 件,其中中级人民法院 699 件、高级人民法院 479 件、最高人民法院 16 件,剩余全部案件皆由基层人民法院办理(见图 3-2)。但案件数据统计中须综合考量环境行政案件中比例较大的非诉执行案件的裁定形式,由此应以判决书为筛选条件,能够较为准确反映环境行政案件实体争议审理的层级现实样态。近三年四级法院受理案件以判决形式结案的数量上,中级人民法院案件数量总体呈下降趋势,环境行政案件实体审理的重心向基层转移,一定程度上能够体现 2018 年环境行政案件归口到环境资源审判庭受理后,围绕环境资源审判专业化建设、审判职能"三合一"的推进取得进展,在基层治理的内部管辖上贯彻源头保护的理念。(见图 3-3)

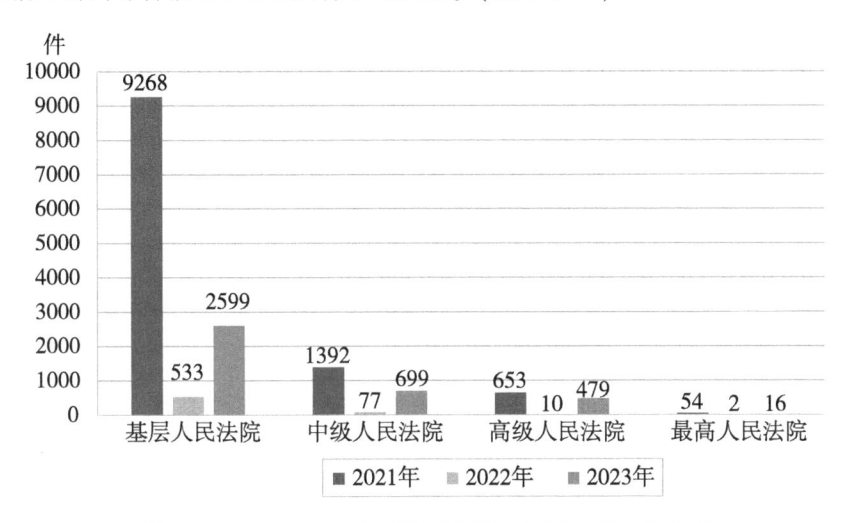

图 3-2　2021~2023 年四级法院受理环境行政案件数量

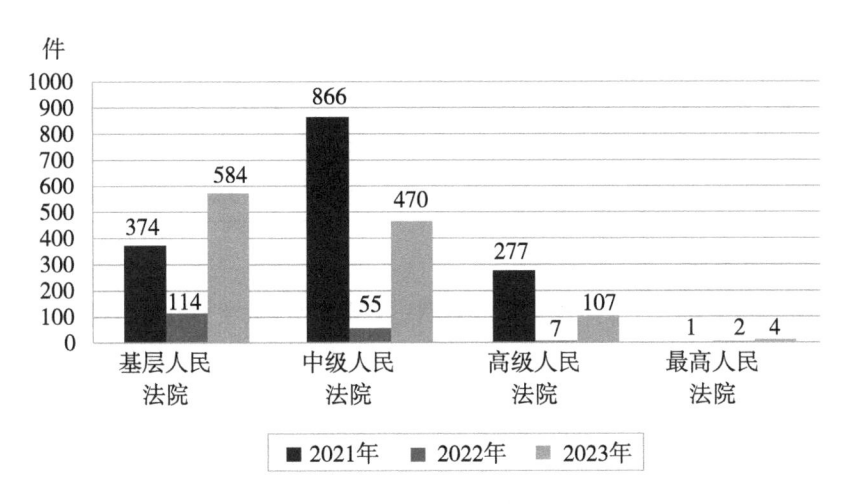

法院级别	2021年	2022年	2023年
基层人民法院	9268	533	2599
中级人民法院	1392	77	699
高级人民法院	653	10	479
最高人民法院	54	2	16

图 3-3　2021~2023 年四级法院受理环境行政案件判决书数量

法院级别	2021年	2022年	2023年
基层人民法院	374	114	584
中级人民法院	866	55	470
高级人民法院	277	7	107
最高人民法院	1	2	4

3. 案件类型

案件类型部分的数据统计以《环境资源案件类型与统计规范(试行)》中五类案件关键词予以统计,数据汇总后按照筛选条件批量筛除引用法条、争议焦点中含有"劳动""保险""安全生产""治安"等非统计案例,因按照五类案件的关键字部分所调取的数据杂质较多、案件重叠比例较高,即系统有效识别后会产生数据之间交叉,遂2023年环境污染防治类案件仅在批量筛除非统计案例、非识别案由后,汇总五类案件中与典型行政行为相关的处于前八位的案由分布(见表3-1)。总体观察,处于行政行为案由前列的五类案件分布较为集中,且在统计案例总数中占比五成以上,对五类案件的统计和分析具有较大影响,而两种统计方法之间又具有一定的紧密联系,如环境污染类案件主要集中在因排污行为致使利害关系人或相对人遭受权益损害的案件,又如在资源开发利用类案件中针对环境资源或环境要素中的权属及其权利流转等问题引发的行政处罚、行政登记、行政强制案件占比较大。另外,资源开发又与生态区域保护、开发行为可能致使生物要素不利改变或生态系统功能退化等,彼此之间在行政处罚、行政强制、行政赔偿上呈现一定的正相关性。

表3-1 2023年五类环境资源案件典型行政行为数量

类型	行政处罚	行政补偿	行政登记	行政给付	行政赔偿	行政强制	行政许可	行政征收
环境污染防治类	535	53	43	4	193	56	20	7
生态保护类	1236	120	101	61	392	168	48	36
资源开发利用类	385	38	54	37	135	42	8	17
气候变化应对类	1079	103	110	52	351	156	44	42
生态环境治理与服务类	2281	205	155	20	348	207	76	33

4. 文书类型

2023年度环境行政案件共计3793件,裁判文书中裁定书数量达到2613件,占比68.9%,其中涉行政处罚行为案件数量达到1790件,处罚内容中占比最大的责任种类是罚款,共计1153件。而判决书达到1161件,占比30.6%,就比例结构而言,其环比增长1.7个百分点,近三年处于逐年递增的趋势(见图3-4)。判决书案涉行政行为中行政处罚案件数量为303件,其他依次为行政补偿60件、行政强制53件、行政确认45件、行政许可18件等,处罚内容中占比最大的责任种类是罚款,共计235件。

环境行政案件的类型与司法审查 | 107

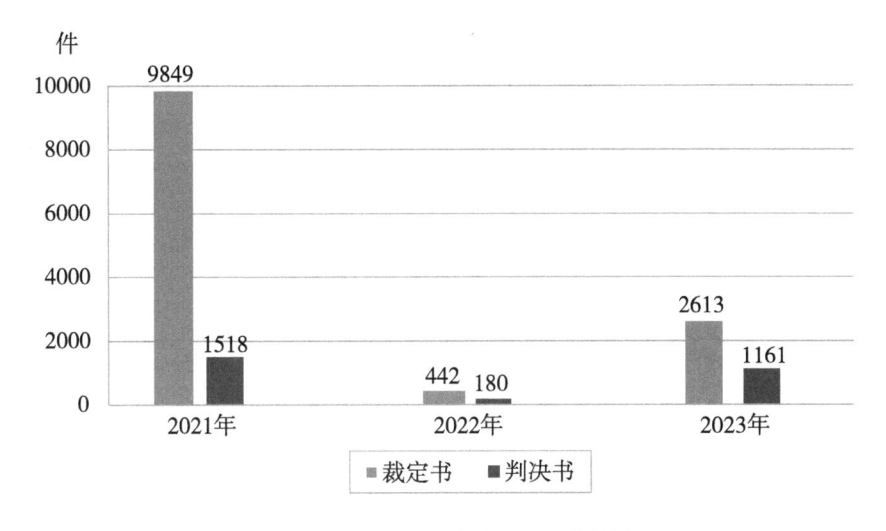

件

年份	裁定书	判决书
2021年	9849	1518
2022年	442	180
2023年	2613	1161

图 3-4　环境行政案件司法文书数量

(二) 环境行政案件的样本选择

环境行政案件无论是从管理领域还是行为类型的案由划分上,因其主体多元、职权边界不清、实体争议与程序争议交织、管理方式多样化等特点,导致案由的复杂性、多样性和交叉性,行为类型中依据最高人民法院《关于行政案件案由的暂行规定》的22类案由,数据库中排除其他案由外,共有16类案由涉及环境行政诉讼。而管理领域划分之中,33类管理领域在初步统计中涉及环境行政诉讼,但涉案数量相较于环境行政行为类型较少,仅为439件。由此,通过案由初步统计进而进行样本选择的方案在实践中是较为困难的,即无法保障数据的准确性和典型性。

因考虑样本选择须突出典型性和规律性,数据需求与案件概况的整体性和概括性需求存在较大不同,遂课题组将样本选择数据来源限定为北大法宝司法案例数据平台,一方面,数据平台中的具体判决主文便于归纳;另一方面,平台素材和样本杂质的局限性可通过个案筛选的方式确保样本案例的精确性,同时分析着眼于典型性和规律性的统一,遂对素材的广度或范围要求标准相对降低。通过在北大法宝数据平台司法案例高级检索,设定筛选条件:第一步内容关键字"满足以下任意",条件一(不限)"环境"或者"生态"(同篇)、条件二(不限)"环境"并且"资源"(同篇)、条件三(不限)"环境"并且"气候"(同篇)、条件四(不限)"环境治理"或者"环境服务"(同篇);第二步案由设定为一级案由"行政"、二级案由"行政行为";第三步审结日期"2023.01.01 至 2023.12.31";第四步将

1297 件案件通过列表形式汇总后按筛选条件的关键字筛除部分非统计案例(见表3-2、表3-3);第五步通过人工排除非统计案例后按照行政行为类别选取典型案件作为样本观察,样本案件选取标准综合考察"案件审级""审理程序""争议焦点""案件影响力""审判结果"等因素。

表3-2 按行政行为划分的环境行政案件的
一审、二审、再审、执行的数量

单位:件

序号	行政行为	一审	二审	再审	执行	总计
1	行政处罚	72	36	8	179	295
2	行政强制	41	98	13	4	156
3	行政裁决	9	23	1	0	33
4	行政确认	43	18	7	0	68
5	行政登记	18	10	3	0	31
6	行政许可	5	2	0	1	8
7	行政批准	0	7	2	0	9
8	行政命令	1	0	0	0	1
9	行政复议	32	62	5	0	99
10	行政撤销	14	6	1	0	21
11	行政合同	13	12	2	0	27
12	行政补偿	26	15	0	0	41
13	行政受理	0	3	0	0	3
14	行政给付	1	2	1	0	4
15	行政征收	25	16	2	0	43
16	行政监督	13	15	1	0	29
17	其他行政行为	130	121	32	97	380

数据说明:程序统计数量未单独显示北大法宝平台中简易程序和国家赔偿的案件,而是按照案件的审理程序一并划入一审、二审和再审统计之中。

表3-2 中所示数据为"行政行为+关键字"的筛选模式下的初步结果,与中国司法数据研究院提供的数据检索平台相比,数据总量、案件类型、裁判结果等方面存在量级上的差距,同时无法避免数据杂质充斥其中,一方面,个体数据

由于关键字的组合机制,因为当事人信息、政策性规范文件等致使如社会保障类案件、知识产权类案件、行政治安类案件等充斥其中;另一方面,即便通过筛选后的条件检索批量筛除,仍会存在诸如棚户区改造、易地扶贫搬迁、城市规划房屋拆迁、消防管理、市容市貌综合执法、食品卫生市场监管等要素涉行政诉讼。由此,课题组按照"行政行为 + 关键字 + 环境要素"的筛选模式,再进一步进行个案筛选得出表 3 - 3 中汇总 553 件样本数据,对样本筛选范围和标准的主要考虑如下:

第一,内容中出现关键字的案件检索范围要远大于标题关键字,课题组前期通过数据观察,试图从近三年的标题关键字搜索梳理样本数据[3],但最终 175 件初检案件与 1297 件内容关键字初检结果相比,相差较大,遂确定为内容关键字搜索,且不考虑设置关键字位置限定。

第二,从检索结果上观察,案件不仅覆盖了资源统计规范中的五类案由,亦包含了环境污染防治和自然资源保护的行政管理领域,兼顾考量其他检索模式或案件类型的结果。

第三,环境行政公益诉讼作为特殊案件类型,在诉讼目的、诉讼程序和诉讼结果上与普通环境行政诉讼案件有较大差异,遂并未在本组统计案件中予以分析。但环境公益诉讼中主要以行政机关不作为为主,遂在统计"其他行政行为"时,重点统计了行政机关不履职引发的普通环境行政案件,数据为 44 件,主要以"行政补偿履约""违法投诉举报""灾害防治"等案件情形为主。

第四,案例类型在现有数据平台中全部在检索和统计范围内,包括典型案例、指导性案例、法宝推荐案例和普通案例等。在相对意义上,可代表环境行政案件的全貌。审判程序受数据检索条件限制,并未细化审判程序的各个阶段统计,但严格按照审级和审执模式予以统计案例,在相对意义上,可以代表环境行政案件在本年度内的全貌。

---

[3] 如标题关键字设置:环境、生态、资源开发利用、气候变化、环境服务、环境治理[设置依据《环境资源案件类型与统计规范(试行)》中对环境资源案件的类型划分为环境污染防治类、生态保护类、资源开发利用类、气候变化应对类、生态环境治理与服务类],另,标题两个关键词之间系"或者"关系,标题词组之间系"满足以下任意";案由:行政;审判年份:2020.1.1~2023.12.31。最终得出:指导性案例 1 件、公报案例 1 件、典型案例 14 件、评析案例 1 件、优秀案例 11 件、经典案例 6 件、应用案例 4 件、法宝推荐 137 件。

表3-3 按行政行为划分的环境行政案件的一审、二审、再审、执行筛选后的数量

单位:件

序号	行政行为	一审	二审	再审	执行	总计
1	行政处罚	50	30	7	155*	242
2	行政强制	22	73	3	3	101
3	行政裁决	1	6	0	0	7
4	行政确认	6	5	1	0	12
5	行政登记	13	8	3	0	24
6	行政许可	5	2	0	0	7
7	行政批准	0	4	1	0	5
8	行政命令	1	0	0	0	1
9	行政复议	17	17	0	0	34
10	行政撤销	4	1	1	0	6
11	行政合同	5	3	1	0	9
12	行政补偿	11	9	0	0	20
13	行政受理	0	0	0	0	0
14	行政给付	1	1	0	0	2
15	行政征收	5	2	0	0	7
16	行政监督	11	11	0	0	22
17	其他行政行为	27	21	6	0	54
18	总计	179	193	23	158	553

数据说明:程序统计数量未单独显示北大法宝平台中简易程序和国家赔偿的案件,而是按照案件的审理程序一并划入一审、二审和再审统计之中。

*说明:申请执行审查案件统计中排除非统计案例后筛选出168件案例,但最终又进一步排除了(2023)内0104行审41号、(2023)川1781行审38号、(2023)内0826行审9号、(2023)桂0204行审42号、(2023)内0826行审4号等13件系列案,分别因共享单车及货品摆放、擅自张贴户外广告等情形违反市容和环境卫生辖区内的相关规范课以行政处罚并申请执行审查。系列案中的环境要素虽然属于广义上的生态环境保护领域,但实质并非行政权力运行的核心要义,而在于城市管理理念下的人文社会规范秩序的保障,遂为追求统计数据具有相当典型性,暂予以排除。

二、环境行政案件的基本类型

当前实践中就环境行政案件的类型划分上总体上存在三种划分标准：第一种以行政管理领域作为案件类型；第二种以行政行为作为案件类型，其确立的基础在于《关于行政案件案由的暂行规定》；第三种以案件与生态环境保护和自然资源可持续利用有密切关联作为案件类型划分的主要依据，进而按照《环境资源案件类型与统计规范（试行）》划分为环境污染防治、生态保护、资源开发利用、气候变化应对、生态环境治理与服务等五类案件。三种划分标准皆有一定侧重的实践研究意义，如行政管理领域可从行政主体职权范围出发，同时兼顾环境污染管理领域和自然资源管理领域的权力运行特点予以归纳，将传统环境污染种类列入管理领域的三级分类目录，自然资源管理领域按照土地、矿产等自然资源列入自然资源管理领域的三级分类目录，以行政行为类型划分，则将环境行政诉讼主要以行政处罚、行政许可、行政强制、行政登记等具体行政行为予以划分，同时亦允许当事人提起规范性文件的附带性审查，能够明确的依据特征要素识别不同的行政行为，进而为实践中案件司法审查提供较为清晰的界定基础。五类案由的划分类型系新形势下对不同部门法之间涉生态环境案件类型的体系化界定，强调统筹适用三大实体责任，最终形成"类型描述附加罪名案由的规范框架"。课题组通过样本案例的数据库筛选所运用到的"行政行为+环境要素"模式实际上综合了前述三种划分标准，即建立在行政行为统计的基础之上，以五类案由的关键字和环境管理领域内部要素作为进一步筛选案件实质性的标准，相较于前文所述标准分类，其能够进一步确保案件实体争议性质上属于环境行政案件的归纳范围，减少基于主体分类数据集中、行为分类数据杂质较多以及五类案由交叉相对模糊等问题的影响，即以行政征收、行政补偿统计数据为例，二者在初筛结果中的总数为84件，后筛除非环境行政统计案例2件[4]、统计案例撤诉案例6件[5]，剩余76件中有49件因案涉实体争议非环境因素被样本统计排除，排除案件占初筛结果比例约58.3%，而49件皆因城市建设规划、棚户区改造等形成的征收补偿案件，其中涉诉行政机关集中在区（县）、市两级政府及其自然资源和规划局。由此，下文将针对样本案件基本类型及情况作进一步说明。

---

[4] 删除非统计案例：(2023)甘0823行初6号王某某宏、灵台县人力资源和社会保障局行政补偿案一审行政判决书；(2022)苏1012行初236号高邮市某某电镀厂、高邮市送桥镇人民政府等行政补偿案一审行政判决书。

[5] 筛除撤诉统计案例：(2023)陕7102行初1601号、(2023)陕7102行初1602号、(2023)陕7102行初1606号、(2023)陕7102行初1607号、(2023)黔01行初143号、(2023)渝01行终556号。

（一）案件性质划分后的基本类型

样本案件按照环境行政案件性质划分需要从三个方面予以考量所涉环境行政行为。一是直接以污染防治与生态资源保护为主要目标。环境行政案件的实质目的在于保护环境，但实践中具体行政行为的直接目标并非如此，在筛除案件中亦存在间接实现保护生态环境的情形，诸如强制措施行政行为中的违建房屋或征收土地附着物拆除案件，156件初筛案例中有54件属于非环境争议强制拆除或清除附着物的案件，从案件的实体内容上看，行政强制行为所保护的直接目标在于行政管理秩序或城乡建设规范；从结果影响上看，行政强制行为的确从某种程度上促使了资源有序利用后的人居环境改善和生态协调发展。由此，不宜将生态环境保护作为间接目标的案件纳入环境行政案件的统计之中。二是以污染防治和生态资源保护为调整对象的法律法规作为案件争议及裁判的依据。司法实践中，以环境污染防治为调整对象的法律依据分为环境保护、环境污染防治两类，而以生态资源保护为调整对象的分类则较为复杂，一方面系基于如生物多样性、景观多样性、生态区域等要素专门性保护，另一方面则基于矿产开采、工程建设等自然资源的利用等情形的经济性保护，特别注意的是部分案件经济性保护只是过程性目标，而最终目标或宗旨系特定保护区域内的自然资源保护或生态恢复，如矿区企业关停及征收补偿案件、划定保护区内的青苗补偿案件，前者区别于集体组织内部宅基地征收、城市建设规划下的国有土地征收等案件。由此，单纯以经济发展为目标的土地权属登记、宅基地指标分配及征收补偿、国有土地房屋征收补偿等案件虽然涉及土地及经济附着物等自然资源，但不宜作为环境行政案件予以统计。三是案件核心争点系涉及环境行政权积极或消极行使的结果。环境行政权系行政行为合法性的渊源，而以行政行为作为类案的基础，必然要求行政行为所产生的行政法律关系源自环境行政权运行的直接结果，而非间接结果，如以行政监督为例，案涉向行政机关申请公开的征收地块编号[6]、全部征收补偿协议[7]等情形，虽然涉及自然资源征收补偿或棚户区人居环境改善的背景前提，但其并非行使环境行政权力运行的直接结果，遂不宜作为环境行政案件予以统计。由此依照前述三重考量，可结合样本案例进一步归纳属于生态环境领域内行政行为的类型。

一是环境行政处罚与环境行政强制案件。二者行为要件中的主体、职权、表

---

[6] 参见甘肃省高级人民法院二审行政判决书，(2023)甘行终315号。
[7] 参见江苏省泰州市中级人民法院二审行政判决书，(2023)苏12行终246号。

意及效果等要素具有影响相对人权利义务的本质属性,亦具有典型的外部性特征,因此二者属于环境行政案件中的典型类型,其样本案例中分别占比43.76%、18.26%,即553件案例中共有343件案例涉及行政处罚行为与行政强制行为。

二是环境行政许可类案件。在样本案例中,行政许可、行政登记、行政批准、行政撤销等行政行为皆围绕环境资源要素的利用开发予以实施规范行政。在样本案例中,以前述4类行政行为为例,行政许可7件案例中有3件涉及林木采伐许可;行政登记24件案例中除1例涉及环评登记外,其余23件均涉及土地使用权、土地承包经营权、矿业权、林权等四类自然资源行政登记案件;行政批准5件案例中全部为收回宅基地使用权批复案件;行政撤销6件案例中,除撤诉与移送管辖外,其余案件涉及林权证撤销案例1件和4件请求撤销案件[煤矿环评结论、搬迁表(花名册)、申请信息公开规划及环评的答复],4类行政行为案件从行政行为类别和特征上存在彼此差异,但实质上都是针对涉及土地、林地、宅基地、矿产等资源要素的权利属性予以行政规制或调整,由此在环境行政案件统计中可将其4类行政行为予以进一步观察。

三是环境行政征收及补偿类案件。行政征收与行政补偿在环境行政程序中具有一定的牵连关系,通过对样本案例中二者的数量统计,行政征收行为类别中的7件案例全部涉及行政征收补偿的范围与标准的实质争议,而行政补偿案件20件案例中,除4件案例涉及生态区域保护退出补偿和1件涉及风力发电噪声污染补偿的案例外,剩余15件全部涵盖行政征收行为。

四是环境行政确认案件。行政确认的行政法意义是行政机关对相对人的地位、法律关系、事实等予以认定,但是回归到环境行政案件中,根据统计样本,多与原告提起的诉请内容相关,例如确认强拆行为违法、确认不履职违法、确认安置补偿协议无效,当然也有个案针对"土地权属争议答复意见书"中确认权属事实不服涉诉。而按照行政行为类别角度出发则通常与行政补偿或安置结合在一起,例如确认附着物、土地权属、协议效力等状态,以备按照征收公告或其他标准补偿。遂因其统计信息点位要素不同,会产生不同的案件归类,且两种统计方式并未形成归类倾向性,遂当前仍予以单独作为一类案件予以统计。

五是环境行政协议类案件。为实现生态环境保护和有序治理目标而为的一定管理措施,其在样本案件中所涉及的类别为行政合同与行政给付,而二者在所涉环境要素上存在差异性,如环境行政合同既可以作为特定环境保护或治理目标实现的义务载体,又可以作为行政生态补偿的"权利凭证",在样本案件中多以征收补偿协议条款的履行或安置协议的履行为主，个别样本案例涉及垃圾回收政策性特许协议；行政给付在样本案件中全部涉及生态公益林和草场的补偿款给付。但二者基于相同的治理目标，在一定程度上行政给付行为已经因环境治理目标而突破了行政给付本身的单纯获益性，即在环境行政合同的样本案件中，同样可以争议焦点或案件性质评价为环境行政给付案件，二者仅在实现目标的给付利益等距或形态上存在直接与间接的差异性，而本质争议都是围绕着行政机关与相对人所建立的合同关系诉求履行一定的作为义务。

六是不履行环境行政管理职责类案件。此类案件实质上具有一定的兜底属性，即弥合环境行政行为发展与理论研究协调的差距，实质上属于一种对于行政主体环境职责范围内的不作为状态的分类，因此上述众多行政行为分类实际上都可以归结为行政机关职责上的不作为或对于相对人诉求而言的不作为，因此其归类存在的基础在于环境行政行为的类型受制于当前环境理论的发展阶段，不能是封闭式或例举式的，还须给其他环境行政行为的产生和发展留有必要的类型空间。回归到样本案例中，将其界定为不履行环境管理职责类案件，原因在于环境行政管理职责来源于两方面：一方面源于法定职责的积极作为义务，样本案例集中在举报或投诉查处类案件和部分须行政调查或审批的个案；另一方面源于先行政行为产生的后行为义务须予以履职，样本案例集中在涉生态环境保护目的的征收补偿或安置补偿程序履职案件，行政确认违法后的赔偿履职案件以及大部分行政监督案件，当然在环境行政案件的样本案例统计中，行政监督案件主要集中在涉环境要素的政府信息公开案件，但需要进一步明确其中的部分案件仅是将信息公开程序及结果作为另案依据或案外影响因素[8]，直接目的或涉案目的并非对环境行政行为的监督，但从不履职的归类角度出发，仍然属于先行政行为的"答复""回函""意见"以及未回复等产生的履职义务。

此外，环境行政管理中一些行政行为因非强制性、过程性或结果上评价为对相对人不具有利害关系等归属于不可诉的行政行为。至于行政复议、行政裁决等行政行为类别针对其涉案的实质争议和环境要素亦可评价为行政解决纠纷的方式或手段，相对人只是不服该行为所涉的处理结果，其并非实质意义上的环境行政行为类型。

---

[8] 参见江苏省泰州市中级人民法院二审行政判决书，(2023)苏12行终293号；江苏省盐城市中级人民法院二审行政判决书，(2023)苏09行终570号。

(二)样本案件分类后的基本情况

第一类案件,即环境行政处罚与环境行政强制案件。二者合计样本案例343件,一审案例72件、二审案例103件、再审案例10件、申请执行审查案例158件。样本案例中一审案例判决书34件,其中6件撤销行政行为、13件确认行政行为违法,其余15件案例全部为驳回原告诉请案件。而一审案例裁定书共计38件,其中案涉原告撤回起诉、已过行政诉讼时效和被告不适格三类,因裁定未涉实质争议且呈现明显类型化特征,遂具体案件类型并未予以细化统计。样本二审案件判决书中仅有4件案例涉及撤销原判,24件案例驳回起诉并维持原判,但值得注意的是,二审裁定中行政处罚案例5件,除1件撤诉外,其余4件全部维持原判,4件案例中除1件涉及已为生效裁判所羁束的情形外,其余3件仍涉及属于已过行政诉讼时效。而二审裁定中行政强制案件集中在对案涉不动产的拆除行为的审查,其中5件裁定撤销一审判决并指令重审,其余4件因涉诉不符合行政诉讼立案条件予以驳回上诉并维持原裁定。再审案件整体数量较少,涉案类型较复杂,对原审判决结果产生影响的有2件案例,一件是基于营商环境和信赖利益考量对政策型企业审批用地的保护;另一件是基于生态环境保护的目标强制拆除矿区洗煤机事实不清。

第二类案件,环境行政许可类案件。合计样本案例7件,其中一审5件、二审2件,行政许可行为涉及环境要素的样本案件并非完全、单独表征为许可行为本身,而是对资源开发、排污处置、土地规划、环评审批等事实违反许可与审批的法定义务,科以处罚或强制清除的违法责任[9],而样本案例中的统计仅针对环境行政许可行为,涉诉案件则相对较少,从案件实体争议性质上涉及资源开发利用(许可第三人工程规划建设侵害相邻权人环境权益)、生态保护(颁发林权证时未尽审查义务;颁发林权证程序;未予发放林木采伐许可证)、环境污染防治(撤销排污许可证、吊销生猪屠宰证)等三类案件。

第三类案件,环境行政征收及补偿类案件。合计样本数量27件,其中环境行政征收案件一审5件、二审2件,环境行政补偿案件一审11件、二审9件。但通过表3-2与表3-3比对观察,征收与补偿类案件的原始数据总体较多,但统计样本案例时从中主要排除了无法识别的撤诉案件(6件)、非环境因素的棚户

---

[9] 参见样本案例:(2023)陕7101行初316号(临时用地许可)、(2023)赣1002行初34号(采砂许可)、(2023)京0112行初624号(乡村建设规划许可)、(2022)新4003行初28号(城市房屋建设工程规划许可)等。

区改造案件（12 件）和房屋征收补偿案件（16 件）、非环境因素的征收补偿标准案件（6 件）等数据。因此，环境行政征收及补偿类案件的统计应考虑资源开发过程中对涉案标的物及其法律关系与环境要素的关联性作为筛选标准。所谓的环境要素关联性在样本案例中主要体现为生态项目或生态工程建设型征收、特定生态资源及区域保护的退出补偿、污染防治中特定区域内企业的退出补偿等案件。

第四类案件，环境行政确认案件。行政诉讼案件中涉及行政确认行为的争议数量较多，但样本杂质集中在工伤保险资格或者待遇认定的非统计案件中。样本案例中一审案件 6 例、二审案件 5 例、再审案件 1 例，合计 12 件样本案例。如上文所述，样本案例在数据平台的分类上体现在诉请与行政行为种类交叉的状态，单纯按照行政行为去认定行政确认除样本数量极少外，又与相对人在诉请中的意思表示不相匹配，因此样本案例呈现出一定的交叉复杂性，当然亦可分别从统计方式的视角分别观察，一类为对地上附着物清除的违法事实和协议无效的确认，另一类为确认资源权属案件，后者因行政复议、行政裁决等救济解决的前置程序的原因，案件数量较少，前者从争议的实质化解决上，仅为启动行政赔偿或补偿的过程性案件。

第五类案件，环境行政协议类案件。环境行政合同与环境行政给付的样本案例数量较少，其中一审案件 6 例，二审案件 4 例，再审案件 1 例。其中行政给付案件都集中在权属主体的争议上，1 例为草牧场权属主体涉他案判决遂予以驳回本案生态补助奖励金的给付请求，另 1 例为生态公益林补偿款的发放对象限定为在承包期限内的主体。而环境行政合同案件的争议问题多数为因生态环境政策、城市规划政策的变化而致使投资协议、排污设计协议、征收补偿协议等履行障碍，甚至无法继续履行而面临的约定补偿义务、违约损失计算等。

第六类案件，不履行环境行政管理职责类案件。该类案件样本案例数量较多，但存在归类交叉上的争议，其中一审案件 38 例、二审案件 32 例、再审案件 6 例，案件以行政机关不作为的方式予以在行为类型上归类，在样本数据平台中体现为其他案件和行政监督案件两类，从实质争议的角度观察，总体上可分为三种类型：其一，投诉举报类督促履职；其二，申请政府信息公开类监督履职；其三，法定职权内诉请履职。第三种类型严格意义上并非行政不履职类，而是主要与行政补偿类相交叉的案件，二者的区别在于补偿的前置程序是否已经启动，如环境行政征收、环境行政合同违约等，而暂列入第三类案件的环境行政补偿并未实质开展,仅是通过诉请对项目承建主体、征收职责主体等申请履行补偿职责,至于补偿标准、补偿范围等具体补偿内容则不在第三类统计范围内。

三、环境行政案件的审查要点

基于环境行政的风险性、技术性等特征,行政行为裁量过程中需要考量更多的技术判断和风险预测等因素,这决定了实现环境目标需要在归纳类案和结合类案呈现特点的基础之上,从类案程序和实体的合法性与合理性两个主要方面展开司法审查,但程序合理性仅在不履行环境行政管理职责类案中的政府信息公开中有所涉及,即申请公开后的答复方式和信息载体的争议,其并未作为司法审查普适性的要点,遂仅从实体的合法性与合理性、程序的合法性对类案审查要点予以分析。

(一)环境行政处罚与环境行政强制案件

环境行政处罚与环境行政强制案件都具有具象行政行为的典型外观,类案所呈现的特质在于规制领域较为集中,主要在环境污染防治和资源开发利用两个领域,其中环境污染防治具体集中在介质污染和有毒有害物质污染方面,资源开发利用具体集中在资源许可与环评配套建设、违法占用土地、违法建筑、政策型拆迁等方面。

从环境行政行为合法性审查的角度观察,实体合法性审查在环境污染防治领域整体上侧重于违法事实的综合认定,即违法行为主体、行为性质和行为对象等事实要素予以综合认定,大气污染、水污染、固体废物污染等样本案例裁判中以时间或主体为逻辑线索对事实要素予以翔实阐述[10],如污染源形成时间、管理义务主体、污染状态及损害结果等,而在资源开发利用类案件中除违法事实外,增加对违法占用土地、违法建筑、政策型拆迁等 101 件样本案例中行政主体职权的合法性认定,如具有典型性[11]的环境行政强制一审案件判决书中,一审法院无一例外对行政主体的职权合法性优先予以认定,认定方式具体可分为两类:一类为直接以《城乡规划法》《行政强制法》等法律规范为主要依据,但仅有 1 例案件[12]继而援引了涉主体职权的地方性法规。另一类则以市县以上地方政

---

[10] 参见郑州铁路运输法院一审行政判决书,(2022)豫 7101 行初 567 号。行政主体对涉案非法采矿数额认定与刑事判决事实中数额认定不一致,法院判决对处罚决定中涉及数额和价值的部分予以撤销。
[11] 22 例样本案件,除程序性裁定外,实体判决中共有 16 件确认行政强制行为违法,14 件行政主体为乡镇政府或区政府,2 件行政主体为市水库调度中心和区规划局。
[12] 参见上海市静安区人民法院一审行政判决书,(2023)沪 0106 行初 135 号。

府下发的政策性通知为审查依据[13]。程序合法性以环境行政处罚案件为例，通过对样本案例观察，一审、二审案件审查相对严格，但侧重点不同，一审13例样本案件[14]侧重于行政处罚程序自调查立案至文书送达的节点是否予以严格执行，审查要点的差异在于节点式的阶段性审查或者"证据确凿、法规适用正确"中加入"符合法定程序"的概括式审查。二审除撤诉或诉讼标的已为生效裁判所羁束的案例外，22件样本案例[15]中仅有9件案例侧重于程序合法性实质性调查，其中6件以程序节点作为审查要点、3件重点围绕行政诉讼时效展开程序合法性审查。而剩余13件样本案例中涉及程序合法性审查的案件仅作了概括式的形式审查。再审案件仍然侧重关注的是实体合法性的内容，仅有1件样本案例[16]以"听证后未集体讨论侵害当事人合法权益"为由予以驳回再审申请。除环境行政处罚的个案观察外，环境行政强制相较于环境行政处罚案件则更加关注程序合法性的审查，156件样本案例中共有79件案例侧重于程序合法性审查，79件样本案例中同样存在节点式的环节审查和概括式审查两类，为更好地突出审查要点的典型性，以行政行为确认违法案件作为样本中的筛选条件，一审16件案例中4件[17]进行了概括式审查，二审6件案例中除2件[18]针对行政机关主体适格案件外，与再审案件同样，并无概括式审查。由此可见，概括式审查方式在强制措施中集中在政策性拆迁引发的强制行为违法案件中，行为本身因主体职权和不具有违法事实等因素而科以确认违法后，对其实质违法下的程序违法仅作概括式审查，而强制措施的节点式的环节审查则集中在两种情形之中：其一，法定环节的程序性缺失或无法证明程序性事实；其二，送达、催告、听证通知、处罚决定等文书中缺乏依据、理由或未列明救济性权利。

---

[13] 参见广西壮族自治区贺州市八步区人民法院一审行政判决书，(2023)桂1102行初108号。
[14] 参见样本案例：(2023)浙0802行初204号、(2023)鄂2823行初76号、(2023)陕7101行初316号、(2023)豫7101行初102号、(2023)鲁1502行初257号、(2023)皖0207行初73号、(2023)粤1803行初294号、(2023)赣1002行初34号以及(2023)内2530行初1号系列案。
[15] 参见样本案例：(2023)琼96行终215号、(2023)苏01行终122号、(2023)苏01行终121号、(2023)冀行终1371号、(2023)桂11行终134号、(2023)藏01行终19号、(2023)甘95行终64号、(2023)桂04行终138号、(2023)晋07行终152号、(2023)粤13行终515号、(2023)粤13行终291号、(2023)粤13行终443号、(2023)粤13行终442号、(2023)鄂07行终59号、(2023)甘95行终13号、(2023)晋06行终10号、(2023)内25行终35号、(2023)粤07行终189号、(2023)粤13行终190号、(2023)沪03行终70号、(2023)沪03行终71号、(2023)豫16行终47号。
[16] 参见黑龙江省哈尔滨市中级人民法院再审审查行政裁定书，(2023)黑01行申8号。
[17] 参见样本案例：(2023)晋1124行初20号、(2023)晋1124行初22号、(2023)晋1124行初21号、(2023)晋1124行初23号。
[18] 参见样本案例：(2022)冀行终1088号、(2023)甘95行终3号。

从环境行政行为合理性审查的角度观察,实体合理性审查侧重于对行政处罚数额和行政强制抗辩事由的认定,其中行政处罚合理性认定时分为处罚额度和处罚从轻、减轻情形两类,处罚额度在不同区域亦存在法规量化和概括适用法律规范的审查情形,而从轻、减轻情形集中在违法次数与违法持续期间、违法程度、整改进度等事由审查。环境行政强制的合理性审查集中体现在裁判文书中对非法定抗辩事由的逻辑说理上,如省、市两级政府间土地审批政策的衔接作为违法占地的历史原因、行政强制拆除中对相邻建筑物的注意义务、违建所有者的推定和违建材料价值的认定等。

(二)环境行政许可类案件

环境行政许可类案件的审查要点集中在环境行政许可事实的认定,其表征上并非像环境行政处罚与环境行政强制类案件那样的典型性或外部性,其对于合法性的审查重点围绕许可凭证的事实材料和必要程序,其他如林权证申请笔迹、登记或告知等程序性事宜不作重点审查,在样本案例观察中可从许可自颁发至撤销或吊销的过程的三方面归纳:颁发前许可条件的实现状态、颁发许可所涉第三人利益、颁发后许可要求的履行情况。而程序合法性审查集中在许可程序中对许可事项材料和实际情况的行政审查,以及涉利害关系人重大利益的告知。此外,合法性审查的依据主要集中在《行政许可法》《城乡规划法》等法律规范,对于林木资源领域还涉及央地的规范性文件。而合理性审查在环境行政许可样本案件中并未有较为明确的体现,这与行政许可作为一种意在协调和保护的事前综合管控手段的性质相关。因此,案例中对于环境行政许可涉及的实施成本、管理范围以及管理结果等因素,合理性审查一定程度上尊重行政机关综合决策的结果,同时在个案合理性审查中的事实关系和法律适用逻辑上有所体现,如相邻权人的环境权益在工程规划建设中相邻构筑物的法定距离规范适用争议[19],然从整体视角出发并未呈现一定的规律性特点。

(三)环境行政征收及补偿类案件

环境行政征收及补偿类案件的审查要点因征收与补偿在涉环境要素案件的高度牵连关系,遂从实质争议的视角观察,二者的合法性审查整体上过于集中在补偿标准上,而对于行政征收的实体合法性审查重点关注的补偿对象、补偿范围亦属于广义上的行政补偿标准。进一步来看,对于行政补偿标准的实体合法性

---

[19] 参见湖北省崇阳县人民法院一审行政判决书,(2023)鄂1223行初17号。

审查集中在补偿标准的规范性依据上,重点关注三个层次:其一,征收补偿公告中补偿标准的规范性依据;其二,规范性依据与案涉环境资源的性质的匹配关系;其三,规范性依据缺失的情况下补偿标准的参考。通过样本案例观察,程序合法性审查的要点需从两个角度观察:其一为法院对受案条件或请求权基础的程序性审查,案例中多体现为诉讼时效届满、单一确认征收及拆迁行为违法的诉请不明确(案涉自征收公告至强制拆迁的各个阶段)、涉诉被告非征收补偿职权主体、涉诉被告已向村委会支付补偿款而案件实际为村集体内部的补偿款分配争议等情形;其二为环境行政行为本身的程序合法性角度,即因未履行调查核实的法定程序,致使公告及补偿标准缺乏对征收补偿对象实际情况的适应,如政策性退出的养殖场的清场时间未核实致使多份公告文件无法适用[20]、行政补偿决定未尽调查程序致使其中的林木归属与林地指界不明[21]。

环境行政征收及补偿类案件的合理性审查要点的方向上与合法性审查趋同,且围绕其征收补偿的履行方式,对补偿对象、补偿范围、补偿期限等补偿标准的因素亦存在行政机关认定的空间幅度,因此存在合理性审查适用的必要,样本案例中对于不存在规范性依据或现行补偿标准的情况下,合理性审查启动前法院会核定征收补偿主体适格、补偿款领取事实以及涉案征收补偿的自然资源事实是否调查明确,事实界定明确后,以承包地征收补偿为例,在对于《监利县洪湖国家级自然保护区退垸还湖(还湿)实施方案》中补助标准第 1 项退垸补助"根据围垸面积,由相关乡镇及村(社区)合理区分围垸性质,按每亩最高不超过 2000 元标准确定集体和个人的退垸补助"的理解上双方存在分歧。法院综合考虑双方的"实际投入、承包期的年限长短、提前解除合同损失、相关文件规定的补偿范围及对象等因素"[22],进而在双方分别提出的 800 元/亩和 2000 元/亩的意见下,予以酌定 1400 元/亩的补偿标准。此类补偿标准的审查情形亦体现在公益林划定涉及非国有林地的合理补偿的适用标准[23]、采矿证逾期后征收补偿中其他权益的补偿标准[24]、土地征收补偿中核发的奖励金的性质解释[25]、

---

[20] 参见北京市通州区人民法院一审行政裁定书,(2023)京 0112 行初 699 号。
[21] 参见河南省郑州市中级人民法院一审行政判决书,(2022)豫 01 行初 305 号。
[22] 参见湖北省荆州市中级人民法院二审行政判决书,(2023)鄂 10 行终 145 号。
[23] 参见黑龙江省黑河市中级人民法院二审行政判决书,(2023)黑 11 行终 43 号。
[24] 参见南昌铁路运输中级法院二审行政判决书,(2023)赣 71 行终 104 号。
[25] 参见河南省高级人民法院二审行政判决书,(2022)豫行终 964 号。

依据实际林种类和密度还是权益凭证数量认定经济林性质[26]等。

(四)环境行政确认案件

环境行政确认行为不具有较强的裁量性,加之样本案例的统计上存在诉请内容和行政行为的交叉统计方式,因此,环境行政确认行为审查的重点集中在合法性的审查,在案件类型上呈现出确认违法与权属确认两类,在确认违法案件中法院审查的要点在于行政行为的合法性的依据上,即确认行政行为违法在合法性审查时重点关注行为评价的规范依据,其中依据包括法律规范依据和行政协议,如依据《土地管理法》《土地管理法实施条例》等法律规范土地征收补偿的法定主体和程序,反向确认载有"征收补偿收条"字样的补偿协议的民事补偿性质[27],又如在行政确认补偿安置对象时,严格按照《广东省人口与计划生育条例》的生育政策排除超生子女的安置份额[28]。而在权属确认中则更加关注程序合法性的审查,如车库违建强制拆除前确认违建的调查程序[29],又如对土地权属争议的镇政府作出答复意见书不服,认定镇政府侵犯其土地承包权的涉诉案件,法院重点围绕涉诉案件的复议前置程序展开核查[30]。

(五)环境行政协议类案件

环境行政协议类案件因其案件类型较为单一、案件特征较为明显,且环境行政合同与环境行政给付在样本案例统计中的争议焦点亦较为集中,遂样本案例的审查要点主要集中在合法性审查层面,而合理性审查部分环境行政合同的违约损失金额和履行可能性认定上,法院一般会对行政合同行为,包括解约行为作综合考量后予以认定份额比例和损失补偿范围。样本案例的合法性审查则重点集中在实体合法性层面,一定程度上与合同行为的意思自治相关,不便宜严格适用强制性的程序介入柔性的环境行政管理领域,当然部分案件亦在实体审查前认定诉讼时效。而实体合法性审查透过全部样本案例,其审查要点可进一步总结为协议主体的适格性、协议性质认定、协议效力。而环境行政协议类案件因涉环境要素的单一性,以及协议审查的要素特定性,实质上可进一步探究构建整体的审查要点体系。

---

[26] 参见河南省高级人民法院二审行政判决书,(2022)豫行终 922 号。
[27] 参见江苏省宿迁市宿城区人民法院一审行政判决书,(2023)苏 1302 行初 366 号。
[28] 参见广州铁路运输中级法院二审行政判决书,(2023)粤 71 行终 1306 号。
[29] 参见湖北省随州市中级人民法院再审审查行政判决书,(2023)鄂 13 行再 1 号。
[30] 参见陕西省商洛市商州区人民法院一审行政裁定书,(2023)陕 1002 行初 84 号。

（六）不履行环境行政管理职责类案件

不履行环境行政管理职责类案件，如上文所述，其主要涉及三类案件，三者在审查时的要点因实质争议不同而有所侧重。首先，针对投诉举报类案件，样本案例中侧重于程序合法性审查，即通过案件事实识别原告主体的适格条件，确立标准为法律上的利害关系[31]。其次，针对申请政府信息公开案件，样本案例中有17例且集中在行政监督行为类别中，样本案例通过对申请政府信息公开的种类和目的作为程序性审查原告主体适格的要点，同时对信息公开的申请请求内容和信息公开程序作实质合法性审查，重点在于区分政策咨询、加工整理信息、过程性信息、信息名称不明确、信息查询无果等情形，对信息公开行为的合理性亦针对信息存储的介质、平台、告知形式以及送达方式作合理性审查。最后，对第三类诉请履职类案件重点围绕主体职权作实质合法性审查，即对于原告所提出的诉请，实质性审查其中所涉噪声监测、光污染、违法占地等案件的被告主体职权是否具有相应的法律依据和履职事实，另外，样本中亦出现垃圾焚烧建设安置项目[32]、水库移民安置项目[33]等请求政府履职案件，其审查重点除主体补偿安置职责，还会进一步核实在征收程序启动时原告提出的安置补偿要求是否符合规范依据和职责范围，但安置要求的内容通常涉及补偿安置标准，遂本部分涉及补偿标准、安置待遇等内容的审查仍然按照环境行政征收补偿类案件的审查标准予以执行。

四、环境行政案件的裁判规律

（一）过罚相当的裁判认定模式

所谓的过罚相当是基于行政裁量权行使中的合理性评价标准，除传统的违法事实、违法行为性质、酌定情节以及社会危害程度等考量要素或认定要件外[34]，在裁判文书中亦增加了环境行政处罚案件所特有的考量要素，如预防性原则、信赖利益原则等，但在裁判认定中针对个案的认定受到裁判文书篇幅和体例的影响并非按照要点一一展开，而是将涉及该原则的核心要点予以概述，并由此下定过罚是否相当的合理性审查结论。通过上文针对环境行政处罚样本案例中裁判文书的梳理，法院基于过罚相当原则进行合理性审查的案件实质上有27例，进

---

[31] 参见最高人民法院《关于适用〈中华人民共和国行政诉讼法〉的解释》第12条第5项规定。
[32] 参见样本案例：（2023）湘01行初130号、（2023）湘01行初125号、（2023）湘01行初126号、（2023）湘01行初101号、（2023）湘01行初136号、（2023）湘01行初97号、（2023）湘01行初119号、（2023）湘01行初110号。
[33] 参见样本案例：（2023）云06行初34号、（2023）云06行初49号、（2023）云06行初47号。
[34] 参见刘权：《过罚相当原则的规范构造与适用》，载《中国法学》2023年第2期。

行的合理性审查所形成的认定模式总体上可归纳为以下三类：

第一，最低标准处罚模式。法院在认定过罚相当时，若处罚结果在规范的裁量幅度中处于最低的基准点，则予以认定结果的合理性。审查中除传统要件外，因此类案件多涉及环境污染防治类案件，集中在污染治理和预防领域，相对违法事实和行为性质较为明确，遂法院主要审查行政机关裁量的法定依据，而贯彻过罚相当原则的方式则主要以幅度区间的结果进行倒查，无法定豁免或首违不罚等情节轻微、影响不大的情形外，合理性逻辑在于最低基准的处罚即已表明裁量谦抑、审慎和全面性。典型案例如（2023）赣1002行初34号环境行政案件，行为人未经许可非法开采河道砂石的行为，违反了《江西省河道采砂管理条例》第17条第1款规定的河道采砂实行许可制度，被当地水利局科以10万元罚款，受诉法院依据《江西省河道采砂管理条例》第41条第2款规定[35]，认定"处罚适当"。同类案例如：（2023）皖0207行初73号认定行政机关依照《固体废物污染环境防治法》第112条第2款[36]对被告贮存液压油桶的违法行为科以10万元罚款"结果适当"；（2023）内2530行初1号系列案认定相对人违法占用林地并改变林地用途违反了《森林法实施条例》第43条规定科以10元/平方米的标准处罚"适用法律正确"；（2023）粤13行终291号系列案认定相对人违法倾倒垃圾11.86立方米违反《城市建筑垃圾管理规定》第25条[37]科以118600元处罚"过罚适当"等。

第二，处罚额度在法定幅度内的模式。同样是在区间模式下，但此种裁判认定模式在样本案例中，通常将在处罚幅度区间内的处罚结果，尤其是幅度中心线附近处罚的结果认定为过罚相当。合理性逻辑在于幅度区间的中心线为一般违法事实的评价基础，而情节严重或轻微则在中心线区域内上下浮动，如（2023）粤1803行

---

[35]《江西省河道采砂管理条例》第41条第2款规定："违反本条例规定，在禁采区、禁采期内采砂的，由县级以上人民政府水行政主管部门责令停止违法行为，查封、扣押采砂船舶（机具），没收违法所得和非法财物，没收采砂船舶（机具），并处十万元以上三十万元以下罚款。"

[36]《固体废物污染环境防治法》第112条第2款规定："有前款第一项、第二项、第五项、第六项、第七项、第八项、第九项、第十二项、第十三项行为之一，处十万元以上一百万元以下的罚款；有前款第三项、第四项、第十项、第十一项行为之一，处所需处置费用三倍以上五倍以下的罚款，所需处置费用不足二十万元的，按二十万元计算。"

[37]《城市建筑垃圾管理规定》第25条规定："违反本规定，有下列情形之一的，由城市人民政府市容环境卫生主管部门责令限期改正，给予警告，对施工单位处1万元以上10万元以下罚款，对建设单位、运输建筑垃圾的单位处5000元以上3万元以下罚款：（一）未经核准擅自处置建筑垃圾的；（二）处置超出核准范围的建筑垃圾的。"

初294号罐车软管偷排超标碱液,行政机关依据《水污染防治法》第85条[38]和《广东省生态环境行政处罚自由裁量权规定》附件1《广东省生态环境违法行为行政处罚罚款金额裁量表》第2章"水污染防治类"第12条"向水体排放油类、酸液、碱液§2.12裁量标准"科以26万元罚款,而按照地方裁量性规定,细化后的裁量处罚区间为20万元至30万元,已采取措施消除或减轻违法后果的处罚区间为10万元至20万元。由此,按照一般违法情形,即便细化从轻、减轻情形和幅度后,在一般违法区间内的中心线幅度可认定为"处罚幅度恰当",同类案件如(2023)沪03行终70号案、(2023)沪03行终71号案涉及楼盘模型加工厂将喷漆产生的废气通过一台风机直接排放外环境的大气污染案件,依据《大气污染防治法》第108条[39]的规定,拟科以9万元处罚,后结合听证意见减轻至5万元处罚,样本案例同样存在幅度中心线的处罚基准,出现法定或酌定从轻、减轻事由再另行按照幅度中心线的方式或量化细则规范的规定予以处置。

第三,处罚金额符合规范依据的计算结果。此类案件过罚相当的处置方式认定逻辑在于,我国部分地区已经就自由裁量权细化或资源执法处罚幅度予以制定量化标准,通常以幅度区间和浮动比例作为执法裁量的规范性依据,个别地区如浙江等省份,在《浙江省生态环境行政处罚裁量基准规定》(已失效)中附加《浙江省生态环境违法行为行政处罚罚款金额裁量表》,将裁量事项分为专用裁量表和通用裁量表,以法律规定的处罚上限为基准,按照12类污染的专用裁量表与通用裁量表的结合计算出最终处罚的结果。[40]

(二)环境行政行为违法与瑕疵的区分标准

环境行政案件的样本案例中,针对行政行为的错误类型实质上可分为两种类型:其一为环境行政行为违法,集中在环境行政补偿和环境行政强制案件中违反负责人讨论、听证程序、告知、送达等法定程序的必要环节中[41];其二为环境

---

[38] 《水污染防治法》第85条第2款规定:"有前款第三项、第四项、第六项、第七项、第八项行为之一的,处二万元以上二十万元以下的罚款。有前款第一项、第二项、第五项、第九项行为之一的,处十万元以上一百万元以下的罚款;情节严重的,报经有批准权的人民政府批准,责令停业、关闭。"

[39] 《大气污染防治法》第108条规定:"违反本法规定,有下列行为之一的,由县级以上人民政府生态环境主管部门责令改正,处二万元以上二十万元以下的罚款;拒不改正的,责令停产整治……"

[40] 参见浙江省衢州市柯城区人民法院一审行政判决书,(2023)浙0802行初204号;四川省高级人民法院再审审查行政裁定书,(2023)川行申1282号。

[41] 参见样本案例:(2023)苏0508行初311号、(2023)宁0422行初57号、(2023)鲁0591行初32号、(2023)京0114行初179号、(2023)沪0106行初135号、(2023)琼9025行初35号、(2023)宁04行终50号、(2022)青行申26号等。

行政行为瑕疵,样本案例裁判文书中表述为"程序瑕疵",从争议内容上可界定为期限瑕疵[42]、文书瑕疵[43]、顺序瑕疵[44]和法律适用瑕疵[45]。环境行政案件的行政行为瑕疵与违法在裁判文书中呈现的类型化较为明显,二者相对集中在行政强制、行政处罚和行政补偿三种行政行为类别案件中,综合二者在案例中的裁判认定,区别在于以下两点:

---

[42] 参见样本案例:(2023)桂04行终143号、(2023)桂04行终130号、(2023)桂04行终131号、(2023)桂04行终94号、(2022)粤71行终3703号行政判决书,其中皆涉及行政处罚等行政行为超期,但不影响实体案件的处理。

[43] 参见样本案例:(2023)豫1526行初7号、(2023)豫1526行初8号行政判决书,"《土地预征收协议》中首部村民组名称未填写,尾部也无村民组代表签字,其形式上存在瑕疵"。参见样本案例:(2023)津72行审11号行政裁定书、(2023)豫1526行初9号行政判决书,"天津市农业农村委员会加盖印章的津渔政船1罚(2021)56号《渔业行政处罚决定书》虽经(2022)津72行初3号行政判决确认违法,但判决书并未撤销该行政处罚决定。天津市农业农村委员会作出的渔业行政处罚决定书仅是对原处罚决定书印章的补正,并不是重新作出新的处罚,行政处罚决定书印章上的瑕疵,并未影响魏某军的实体权利"。

[44] 山东省菏泽市牡丹区人民法院(2023)鲁1702行审5号行政判决书,"按照法律规定,其应在法定的听证期限过后,再进行行政处罚处理审批和集体讨论,但申请执行人却于告知被执行人陈述、申辩和听证权的当日,进行了行政处罚处理审批和集体讨论,属程序瑕疵"。

[45] 广西壮族自治区贺州市八步区人民法院(2023)桂1102行初92号行政判决书,至于原告提出被告错误适用"《城市管理执法办法》第八条"的问题,系被告在适用《城市管理执法办法》时发生的文字笔误,该笔误属于瑕疵问题,且被告作出贺平城执决字[2023]3号强制执行决定的依据是《行政强制法》第37条第1款和《城乡规划法》第68条的规定,处理的结果正确。甘肃省高级人民法院(2023)甘行终339号行政判决书,"华亭市人民政府在组织采矿塌陷区搬迁安置工作中,发布了案涉《征收补偿公告》。其在法律及政策依据中引用《中华人民共和国土地管理法》《中华人民共和国土地管理法实施条例》《甘肃省实施〈中华人民共和国土地管理法〉办法》《甘肃省实施〈国有土地上房屋征收与补偿条例〉若干规定》,但因本案不涉及国有土地上房屋征收或集体土地征收,故其引用上述规定属于适用法律错误。华亭市人民政府以'房屋征收补偿'的名义作出案涉公告,明显属于法律概念不清,且对公众造成误导,实属错误……本案如果判决撤销上诉人诉请的《征收补偿公告》,将会对社会公共利益造成重大损害,故应予确认违法"。甘肃矿区人民法院(2023)甘95行终69号行政判决书,"案涉注销公告显示注销所依据的法律法规及规范性文件为《中华人民共和国矿产资源法》《矿产资源开采登记管理办法》《甘肃省采矿权管理暂行办法》《关于做好矿业权有形市场出让转让信息公示公开有关工作的通知》等,但援引的法律、法规及规范性文件并未列明具体的条款项目,故案涉注销公告存在适用法律错误的情形……镇政府作出的注销公告认定事实错误,程序违法,适用法律错误,依法应予撤销"。甘肃矿区人民法院(2023)甘95行终64号行政判决书,"康乐县水务局在庭审中陈述被诉行政处罚决定所适用的法律依据为《中华人民共和国水法》第六十五条第一款、《中华人民共和国河道管理条例》第四十四条第(一)项,但其作出的行政处罚决定所认定的违法事实与援引的法律条款之间存在不相对应的情况。且被诉行政处罚决定认定某公司存在未申请领取取水许可证擅自在洮河河道取水的违法事实,但并未针对该项事实适用相关法律规定,故康乐县水务局作出的行政处罚决定存在适用法律错误的情形。综上,康乐县水务局作出的行政处罚决定认定事实不清、证据不足,适用法律错误,依法应予撤销"。甘肃矿区人民法院(2023)甘95行终13号行政判决书,本案行政机关将《水法》第37条第2款规定是法律禁止事项,与第38条第1款规定的是行政审批事项,二者予以混同,错误的将妨碍河道行洪行为适用为禁止性事项予以处罚,适用法律错误,依法确认违法。

其一,性质及范围的界定。体系框架上,环境行政行为确认违法是环境行政行为的实质性错误,隶属程序合法性审查,因行政主体在实施行政行为时未履行法定程序的必要环节,即为维护相对人以及利害关系人等实体权利和切身利益所创设的程序。而环境行政行为瑕疵是环境行政行为的形式性错误,是一种不构成程序违法的不规范状态[46],法律后果为"未影响实体权利",二者在程度上不存在递进关系,而是行政行为错误的两种形态,如样本案例中同样是行政文书错误,(2023)宁0422行初57号中的《限期拆除通知书》未写明事实、法律依据和未注明告知原告陈述权、申辩权以及申请行政复议或提起行政诉讼的权利,与(2023)桂1102行初92号中行政文书援引法律错误所产生的确认违法与程序瑕疵的结论,两种错误都同样包含公文书中法律适用错误,但后者是一种技术性错误,通过补正或合理解释可以实现手段与目的的平衡,而前者是法律适用缺失导致行政行为公示公信力缺乏一种实质保障,相对人无法据此获取其相对行为的平级和非难的正当性依据。(2023)甘95行终13号、(2023)甘95行终64号、(2023)甘95行终69号同样亦存在适用法律错误而非法律缺失的情形,此种情形亦非隶属瑕疵,原因在于(2023)桂1102行初92号中《城市管理执行办法》与《城市管理执法办法》的名称比对系文字的技术性错误,而非法律适用上的错误,因此即便同属于适用错误,但在(2023)甘95行终13号中同一部规范中的不同性质条款适用错误亦属于指向对象不同,因此需要明确审查正确规范与适用错误规范之间的性质关系,二者指向同一对象或性质相同即为技术性笔误,隶属程序瑕疵,而法律规范缺失、适用他种法律(非指向同一对象)、适用他种规范(非指向同一对象)即为程序违法。

其二,实质性界定。司法实践中,裁判文书并非对单一识别点进行评价,而通常是综合事实认定、法律适用、程序合法等多要素予以评价是否撤销违法行为,还是基于既成事实、公共利益等确认违法,所以基于行政行为错误中的文书笔误、期限届满等显著性错误较好予以区分和适用,但实践中并非所有案件都泾渭分明,如为保护土地资源和生态环境,积极稳妥推进某砖瓦轮窑专项整治工作

---

[46] 参见王玉刚:《行政程序瑕疵司法审查标准的厘清与构建——基于最高人民法院80份行政裁定的实证考察》,载刘贵祥主编:《审判体系和审判能力现代化与行政法律适用问题研究——全国法院第32届学术讨论会获奖论文集》(下),人民法院出版社2021年版。

所涉（2023）甘95行终12号系列案[47]中，基于生态环境保护的紧迫性和预防性，具体个案中亦有针对行政行为整体性目标和政策落实的全盘考量下作出程序瑕疵的认定，针对单个程序或环节的审查或评价需要作出一定程度的妥协，当然裁判论证的前提一定是未涉及行政案件法益保护的实质性，即生态环境的基本行政权益。此外，实践中涉及过程性行政行为中法律适用错误，结果性文书中并未援引该法律规范或适用正确规范，即通过结果或其他程序予以纠正未对实体权利产生实质性损害的违法行为，亦可评价为程序瑕疵。

（三）规范性依据缺失情形下裁判依据的选定

透过样本案例的观察，以环境行政征收及补偿类案件为视角，其实质争议的标准集中在补偿标准上，而对法院裁判具有较大争议，甚至是行政行为评价为违法行为或其形成的征收补偿决定被予以撤销的案件，都存在一定的规范性依据缺失的问题。这一问题回归到个案实际上分为两类：一类为对上位法的规定存在地方性法规或规范性文件的解释，并且通过具体实施公告将相应标准予以公示，但在个案中存在补偿对象形成时间先于规范性文件的情形，如（2023）宁0402行初110号水库移民政策落实与当前补偿文件之间存在移入地与移民地较大的生存条件差异而导致11户移民返回进而印发补偿标准中对象范围和淹没地类型性质上的争议。同时，亦个案中亦存在所创设的补偿方式或标准不具有执行上的合理性或区间内的执行还需进一步综合考量，如（2023）鄂10行终145号黑嘴湖退垸补偿案件中"根据围垸面积，由相关乡镇及村（社区）合理区分围垸性质，按每亩最高不超过2000元标准确定集体和个人的退垸补助"。另一类则为，虽然存在上位法对行为性质和违法结果的评价，但具体到个案中则缺失补偿标准的规范性依据，导致个案缺乏客观的补偿标准，此类案件在实践中较常见，如《森林法》第21条、第48条以及《土地管理法》中针对林木、林地等征收给予合理的补偿，但2023年中存在较多因规范缺失，导致公益林政策落实中对当地林木补偿具体标准存在较大争议，（2023）黑11行终43号案件中缺失对划定公益林后导致承包人无法申请采伐许可的具体补偿标准；又如（2022）豫01行初305号国家公园建设导致原告的荒山林木无法予以采伐，当地创设的补偿方式

---

[47] 参见（2023）甘95行终12号等砖瓦轮窑专项整治系列案行政判决书，"砖瓦轮窑因政策性原因关闭，是多环节的综合过程，涉及不同主体不同行为，历经不同程序不同阶段，不同于通常意义的生效行政许可的撤回，而是行政机关贯彻落实产业结构调整、满足社会公共利益的现实需要。因此，不应以个别程序瑕疵作为认定整个关闭退出行为违法的依据，应当对整个关闭行为的合法性予以肯定"。

为"协助原告原承包荒山上的林木申请办理林木采伐许可证,采伐后的林地更新工作由政府相关部门承担"。

司法实践中针对规范性依据缺失的情况下,样本案例中存在一定的裁判规律:

首先,须总体把握案件事实基本情况,衡量作出环境行政征收及补偿类案件的裁判时机是否成熟,即在案涉项目性质、补偿内容及数量等基本事实尚未由行政机关查明的情况下,不宜替代行政机关作出补偿数额和方式的具化裁量,在尊重行政机关首次判断权的基础上判决由行政机关予以对具体事实履职。

其次,在补偿事实予以调查清楚的基础之上,缺乏依据选择的规范,即存在规范选择或幅度区间的情况下,综合考量承包年限、实际投入以及解除损失等因素依据公平原则作出裁判,如上文(2023)鄂10行终145号黑嘴湖退垸补偿案中,针对《监利县洪湖国家级自然保护区退垸还湖(还湿)实施方案》补偿标准第一项中的"按每亩最高不超过2000元标准确定集体和个人的退垸补助"与《朱河镇黑鱼嘴养殖承包合同书》第8条"800元/亩的标准补偿"的差额,其裁判的补偿标准在综合考虑因素的基础之上界定为1400元/亩,同类案件如(2023)赣71行终104号矿区生态修复关停红石厂的补偿标准综合其他矿市场的因素予以认定标准等。因此,案件事实查明的情况下,通过裁判文书的形式建议行政机关参考同类情形或近似标准及规范,如公益林补偿参照建设用地征收林地补偿标准、违建构筑物材料补偿参照合法建筑物补偿标准的一定比例,然后再综合衡量差异以及兼顾其他补偿人权益等诸多因素,进而作出补偿决定或标准,而针对行政机关无法查明的事实,则作出有利于相对人及利害关系人的酌定补偿。

最后,针对行政机关或村集体组织在规范依据缺失的情况下,已经基于个案现实情况作出补偿方式或补偿标准,除衡量方式或具体数额的合理性外,仍须考虑该方式或数额给付过程中的可行性问题,如(2022)豫01行初305号林木资源采伐补偿案件中法院重点衡量了在业已划定的国家森林公园为原告协助办理采伐许可的复杂流程和实现难度。但样本中仍有个案涉及违法强拆违建构筑物的补偿权益、因划定水源保护地而不具备继续生产条件导致不予支持预期利益的逻辑等情形,在达到归纳同类数量的基础之上有待进一步观察。

(四)不可诉环境行政行为的识别与判断

通过对样本案例裁判梳理,环境行政案件中除准予撤诉的裁定外,因环境行政行为性质属于不可诉的行政行为进而予以裁定驳回起诉的案件相对较多,主要集中在行政监督和行政不作为的案件中,具体表现形式为:信息公开式咨询中的行政答复行为、环境行政征收或环境行政强制等征求或听取意见阶段的过程性行政行为、非利害关系中的投诉与举报行为等。行政行为可诉性的判定理论中行政行为要见说、利害关系说、保护规范说等对样本案例环境行政行为的可诉性仍然提供较为充分的判断依据,如(2023)京行终8795号案中行为人向水利部发文要求公开南水北调52号文不予遵守《水法》第53条和第71条的依据,再如(2023)沪03行终504号行为要求公开自然资源督察局的机关职能和流程信息等。但环境行政行为因涉及环境权益本身的广泛性在前述表现情形中亦对部分学说有所突破,实务裁判中行为人对于环境权益的保护本身,即客观包含了对公益和私益的双重属性,如样本案例(2023)晋1102行初85号中对于统一耕种且统一分红发包方式的承包主体具有的是共益权利,而非自益权利,因此其投诉并要求查处侵占土地的行为因其不具有自益性而不予以支持,但投诉或举报本身的期待利益和环境权益的广泛性中具有一定的私益性。类案中亦存在针对违法占地投诉举报的案件公益性的判定,如(2023)豫13行终465号、(2023)陕71行终1807号等案。因此,样本裁判的共性并非单一学说或要件的判定,而实质是通过主观公权利与反射利益的标准来区分自益与公益行为的可诉性问题。

五、环境行政诉讼发展展望

环境行政的广泛性和特殊性是对环境行政诉讼案件据以界分的前提,而环境司法的专门化又产生环境行政案件的客观需求,立足于环境行政法律理论和环境司法实践,2023年度环境行政案件总体在数量上趋于平稳,案件办理质效稳步提升,环境行政诉讼裁判的专业性、理论性和体系性进一步明确和凸显。

具体来看,环境行政诉讼呈现出一定法律关系的复杂性和法益交叉性,这在类别上对既有的环境行政案件的领域划分、主体划分等产生了一定的影响,而行为类别系司法实践案由确立的主要依据,但在样本案例中亦存在彼此交叉、相对模糊的情形,如部分环境行政补偿案件内同时涉及行政合同行为、行政强制行为、行政不履职等诸多实质争议,尤以生态区域恢复移民安置、环境工程项目移民安置、棚户区人居环境改造、关停高耗能和高污染企业、水患流域河道清理等政策型案件为代表,一方面单独统计行政行为案件可能导致上述案件被排除在统计之外,另一方面亦可能导致其行政行为无法归类,遂在未来司法专门化背景下统计案件的思路上,可进一步考量以"环境行政行为+实质要素"的方式确立环境行政案件的范围,即对传统行政行为按照环境案件的特点予以分类,可考量牵连关系、环境行政程序、行为对象及范围等要素，进一步整合行政行为类别，对不具有典型性的环境行政案件将其按照争议的实质要素对应的类别予以划分，如环境行政复议、环境行政裁决等。此外，对司法实践中所出现的大量的行政征收及补偿类案件，严格按照实质要素涉及生态环境保护为区分统计标准，即重点体现在：一是生态退出补偿所引发的行政案件；二是以自然保护区域主管部门为被告的行政案件；三是以落实生态环境目标或政策实施所引发的行政案件。

环境行政案件的审查方式总体上可围绕案件行为类型予以展开，通过类型整合观察，能够较为集中体现不同类型下案件审查的要点，从审查方式上，亦围绕要点的特征予以展开合法性、合理性和多重法律关系的并案审查，但个案中针对信息公开的方式、行政履职程序的形式等存在争议，并未将其单独划定为程序的合理性审查。围绕审查要点展开的司法审查还须进一步围绕环境行政案件的类型和特点构建环境审查的专业方式，尤其是在级别、区域以及行政机关类型上可尝试构建专业化审查模式，如进一步界定一审与二审就环境行政案件不同类型的审查要点，又如针对流域综合保护、水库建设移民安置、公益林划定补偿等区域性高发案件的审查标准和集中审查制度进行构建，再如可将行政机关作为统计主体归纳涉案类型和数量，探索建立以自然资源局、生态环境局、林业和草原局等环境职权较为集中的主体涉案的审查模式。此外，亦存在当前环境治理下的涉案较为集中的行政机关，如乡（镇）政府，其涉案数量占比达到行政主体案件统计的65.3%，侧面也在一定程度上反映了环境行政治理政策压实的同时，大到城乡人居环境建设、招商引资土地配套政策、环境资源基建工程项目开展，小到乡村垃圾清运、乡村企业排污治理、违法侵占土地等，最终传到乡镇机关处所形成的较为集中的行政矛盾和环境风险，就审查方式而言，而来也需进一步关注基层组织和职权机构在治理压力上所面临的现实性问题，如执法期限、瑕疵行为、职权交叉、告知方式、信息答复等问题。

环境行政处罚、环境行政强制、环境行政征收、环境行政补偿等具有较强外部典型性的行政行为可结合其类型的特点，并梳理实质争议的集中领域，进一步在裁判文书中观察规律。但因受其类型特点的影响，部分环境行政案件的类型特点因其调整的法律关系多样或特点分散等原因，无法进一步梳理出较为集中的裁判规律，遂围绕相对具有典型性和其他案件所共有的特点进而展开归纳。从梳理出的裁判规律上看：其一，行政裁量权基准制度构建中结合个案各地的实践做法，可探索裁量认定模式在合理性层面的适度统一。其二，针对错误行政行为的种类和责任,实践中仍存在一定的争议,各地对不影响相对人权益的错误予以确认违法或在事实查明时予以指出,对其行政结果不作否定性评价,但实质性认定的标准相对模糊,仅从确认违法和行为瑕疵上确立裁定分类不足以从根本上解决错误行政行为的问题,或者部分实务学者所界定的广义"瑕疵行政行为"的统一认定标准问题,遂可以进一步从行政行为的要件着手,结合环境领域行政案件行政行为类型的特点予以探究。其三,规范性文件缺失系案件争议形成中较常见的情形,虽然可以从选择裁量介入的时机、参照规范的方式以及参照后的合理性评价三部分着手构建标准性规范缺失的裁判模式,但从长远来看,问题的解决不能仅依靠实务经验或规律的总结,更应在立法进程中关注环境行政案件在环境行政征收案件与环境行政补偿案件对客观补偿标准和补偿数额计算的实践需求。诚然,通过立法可能并不能完整解决此类问题,或者在一定程度上不适宜立法过度介入行政裁量权领域,因此,可在适度总结引起环境行政补偿的事实原因上予以归类,并据此探索构建补偿标准准据选择的法律制度,或立法调整环境行政领域参照规范性依据或类案标准的方式方法。其四,不可诉行政行为的界定上,理论中仍存在类型划分、行为要件论证和主观公权利与客观法等模式适用上的争议,实践中从利害关系或实际影响、主观公权利侵犯以及要件缺失等皆存在相应裁判逻辑予以印证,遂短期来看,仍应探索围绕环境领域不可诉类案的特点,如督促履职的共益性与自益性、政府信息公开的目的与要求、过程行政行为的直接影响范围等,长远来看需要进一步依赖环境行政法律体系的构建,进而明确诉权理论中行政行为可诉性的基础与实务标准,方可予以推进理论进程和实质解决此类争议。

2023 年全国生态环境刑事司法与犯罪惩治述评

焦艳鹏

2023 年是全面贯彻党的二十大精神的开局之年。生态环境犯罪的刑事司法与惩治和经济与社会发展所处阶段、生态文明建设顶层设计、生态环境政策供给等密切相关。本文将从 2023 年我国经济与社会发展的宏观背景出发，以国家生态文明政策等的制定与落实为方向，观察与分析主要省区、代表性城市的生态环境犯罪惩治情况，并对国家生态环境刑事政策的供给及主要司法政策所具有的最新特点进行分析，在此基础上对我国生态环境刑事司法与犯罪惩治情况进行概要评价。

一、2023 年全国生态环境刑事案件办理情况述评

我们可通过最高司法机关以及与生态环境犯罪案件惩治相关的公安机关、生态环境行政管理机关的案件办理情况来基本了解 2023 年全国生态环境刑事案件的办理情况。

国务院 2024 年 4 月在第十四届全国人民代表大会常务委员会第九次会议上所作的《国务院关于 2023 年度环境状况和环境保护目标完成情况的报告》显示："2023 年，全国各级生态环境部门共下达环境行政处罚决定书 7.96 万份，罚没款金额 62.7 亿元。各级公安机关共立案侦办破坏环境资源保护刑事案件 6.6 万起，破案 5.6 万起。各级检察机关共对破坏环境资源类犯罪案件提起公诉 2.1 万件，立案办理生态环境和资源保护领域公益诉讼案件 8.4 万件。"[1]

通过上述数据可知，在全国范围内，生态环境行政违法与刑事司法衔接是基本顺畅的，生态环境行政处罚的数量与公安机关办理、检察机关审查起诉、审判

---

[1] 本文系国家社科基金重大项目"污染环境犯罪多元治理机制研究"（19ZDA161）和国家社科基金重点项目"面向生态文明建设的我国污染环境犯罪治理机制研究"（19AFX008）的阶段性成果。《国务院关于 2023 年度环境状况和环境保护目标完成情况的报告》，载中国人大网，http://www.npc.gov.cn/npc/c2/c30834/202404/t20240424_436701.html，最后访问日期：2024 年 5 月 15 日。

机关审理的生态环境刑事案件的数量均呈现出递减趋势,表明在生态环境犯罪惩治条线上工作的各部门均依据其工作职责与职能进行了相应有效的工作。

根据最高人民检察院于2024年3月发布的《刑事检察工作白皮书(2023)》可知,全国检察机关2023年依法从严惩处破坏环境资源保护犯罪,"共办理破坏环境资源保护犯罪审查起诉案件84251人,同比上升7.7%。检察机关坚持依法严惩破坏环境资源保护犯罪,守护绿水青山蓝天净土,自2020年以来受理审查起诉人数基本保持在年均7万人以上"[2]。

以上数据表明,检察机关审查起诉的犯罪嫌疑人的数量几倍于前述检察机关办理的生态环境犯罪案件数量。这说明在生态环境犯罪领域,存在较为明显的"一案多人"情况,即一个案件中存在多个犯罪嫌疑人的情况。另外,通过上述数据可知,全国生态环境犯罪被提起公诉的人的数量处于上升态势。这在一定程度上表明,生态环境犯罪的发案数量与经济与社会发展所处阶段即经济与社会发展较为依赖自然资源的开发与利用有直接关系。

根据最高人民法院在2024年全国"两会"上对2023年工作的总结报告,2023年度全国法院系统共"审结环境资源案件23.2万件,同比下降5.8%,其中涉环境污染案件5386件,同比下降11.5%"[3]。由以上数据并结合前述生态环境部以及最高人民检察院公布的数据可知,从全国范围内而言,生态环境刑事案件的数量要远低于生态环境民事案件的数量,这可从2023年度提起公诉的生态环境刑事案件数量为2.1万件,而本年度审结的环境资源全部案件数量为23.2万件中可见一斑。另外,从上述数据中亦可知,污染环境类案件比破坏生态类案件的数量要少得多,可见在当前阶段,以非法开发与利用各类自然资源为特征的破坏生态类案件是生态环境刑事案件的主要形式。

由以上对国务院生态环境主管部门、最高人民检察院、最高人民法院等机关公布的相关数据可知,2023年度全国生态环境刑事司法工作保持了较为稳步的推进,司法机关依法及时惩治了各类生态环境犯罪,较为有力地保障了国家生态文明建设。

二、重点省份生态环境刑事案件办理情况述评

我们还可通过部分重点省区的生态环境刑事案件的办理情况来大致了解我

---

[2]《刑事检察工作白皮书(2023)》,载中华人民共和国最高人民检察院网,https://www.spp.gov.cn/xwfbh/wsfbh/202403/t20240309_648173.shtml,最后访问日期:2024年5月15日。

[3] 张军:《最高人民法院工作报告——2024年3月8日在第十四届全国人民代表大会第二次会议上》,载中国新闻网,https://www.chinanews.com.cn/gn/2024/03-08/10176866.shtml,最后访问日期:2024年5月15日。

国省级区域内该类案件的分布与办理情况。

(一)江苏、浙江两省的数据及其对比分析

根据江苏省高级人民法院发布的《江苏环境资源审判白皮书(2022年6月—2023年5月)》可知,江苏省法院系统在2022年6月至2023年5月一年内"共审结环境资源一审案件6025件,其中,江阴法院长江流域环境资源第一法庭严厉打击长江流域重点水域涉渔违法犯罪,非法捕捞案件数量较长江十年禁捕专项行动实施以前下降56%"[4]。上述环境资源类案件中"共审结污染环境、破坏生态资源的刑事案件866件,2028人被判处刑罚,其中判处3年以上有期徒刑215人"[5]。

根据浙江省高级人民法院发布的《浙江环境资源审判绿皮书》可知,2018年1月至2023年5月,浙江"全省法院共审结各类环境资源案件3.3万件,判处罪犯9736人,判处罚金9708万元"。上述绿皮书中相关表格中的数据表明:2018年1月至2023年5月,浙江省法院系统判处一审环境资源类刑事案件5015件,其中非法捕捞水产品罪1855件、污染环境罪1017件、非法狩猎罪715件、非法采矿罪594件、滥伐林木罪279件、危害珍贵、濒危野生动物罪184件、非法占用农用地罪183件、盗伐林木罪120件、非法猎捕、收购、运输、出售陆生野生动物罪25件、危害国家重点保护植物罪24件、非法收购、运输盗伐、滥伐的林木罪10件、其他环境资源类刑事案件9件。[6]

由上述两省发布的相关数据可知,浙江省在2018年1月至2023年5月内平均每年环境资源类刑事案件为1003件,江苏省2023年度则为866件。上述两省皆为我国的经济大省,环境资源类案件的数量较多,办理水平较高,具有一定的代表性。另外,根据上述数据可知,江苏省2023年办理的866件环境资源类刑事案件在全部办理的6025件环境资源类案件中其比例约为14.4%,而2023年之前的五年浙江省办理的5053件环境资源类刑事案件在其全部办理的3.3万件环境资源类案件约占15.3%。两省的比例数据十分接近,在一定程度

---

[4] 虞启忠:《审结案件6025件2028人被判刑!江苏高院发布环境资源审判白皮书》,载江苏法院网,http://www.jsfy.gov.cn/article/95691.html,最后访问日期:2024年5月15日。

[5] 王锡斐:《江苏环境资源审判白皮书发布》,载江苏法院网,http://www.jsfy.gov.cn/article/95689.html,最后访问日期:2024年5月15日。

[6] 参见杨烁:《五年审结案件3.3万件 浙江发布环境资源审判绿皮书及典型案例》,载浙江在线网,https://zjnews.zjol.com.cn/yc/qmt/202305/t20230529_25795749.shtml,最后访问日期:2024年5月16日。

上表明,环境资源类刑事案件与环境资源民事案件、行政案件相比,其数量是相对较小的,这既是当前我国环境资源审判工作的特点,也是符合环境资源类案件的发案机理与特征的。

(二)广东省环境资源刑事案件的数据分析

根据广东省高级人民法院发布的《广东环境资源审判白皮书》,"2018年至2023年6月,全省法院共受理各类一审生态环境资源案件64004件,审结62186件。其中,一审环境资源刑事案件收案14255件,审结13977件;一审民事案件收案29533件,审结28745件;一审行政案件收案20216件,审结19464件"。上述五年超过6万件的环境资源类案件中,包括刑事案件14255件。在具体罪名上,其中"污染环境罪2229件,放火罪、失火罪2174件,滥伐林木罪、盗伐林木罪、非法收购、运输盗伐、滥伐的林木罪1725件,非法采矿罪1364件,非法捕捞水产品罪1038件,危害珍贵、濒危野生动物罪、走私珍贵动物、珍贵动物制品罪、非法猎捕、收购、运输、出售陆生野生动物罪912件,非法占用农用地罪877件,非法狩猎罪522件,走私废物罪、非法处置进口的固体废物罪、擅自进口固体废物罪556件,危害国家重点保护植物罪23件,盗掘古文化遗址、古墓葬罪、倒卖文物罪、走私文物罪10件,环境监管失职罪2件等"[7]。

上述数据表明,广东省在2023年之前的五年环境资源类案件的绝对数量是很大的,其五年超过6万件的总量是浙江省的2倍左右,应是全国环境资源类案件数量最多的省份。同样,广东省法院五年时间受理14255件环境资源刑事案件,其数量也可能是全国省级行政区域内最多的。广东省环境资源案件总量以及刑事案件数量巨大,与广东省经济发达、产业类型丰富、生态要素齐全、人口众多、经济活跃度高等具有密切关系。

另对上述广东省高级人民法院发布的相关数据进行对比分析可知,在上述五年内的64004件环境资源类案件中,14255件刑事案件在上述总量中占比约为22.3%;而在14255件环境资源刑事案件中,污染环境罪的2229件约占全部环境资源类刑事案件的15.6%。将上述两个比例数据与江苏、浙江两省的相比数据进行比较可知,广东省的环境资源刑事案件在全部环境资源类刑事案件中的比例要明显大于江苏、浙江两省,而污染环境罪的案件数量在全部环境资源类刑事案件中的比例要小于浙江省的这个数据(通过计算可知,浙江省2023年5月

---

[7] 《广东环境资源审判白皮书》,载广东法院网,https://www.gdcourts.gov.cn/gsxx/quanweifabu/baipishu/content/post_1363950.html,最后访问日期:2024年5月16日。

之前五年的此数据为20.3%)。产生上述差异的原因可能是复杂的,也值得深入分析。

(三)其他重点省份案件数量情况的概要分析

1. 对河北省相关数据的概要述评

河北是我国经济大省、人口大省。根据河北省高级人民法院发布的《2022年度河北环境资源审判白皮书》可知,2022年1月1日至2023年6月30日,河北"全省法院共审结环境资源刑事一审案件1054件,判处罪犯2276人"。依据上述白皮书,河北全省法院在上述区间内共审结环境资源民事一审案件7968件、环境资源一审行政案件3865件。上述三类案件合计12887件。考虑到上述时间周期为19个月的统计数据。进行比例换算后可知,河北省2022年1月1日至2023年6月30日,年平均环境资源一审案件数量以及刑事一审案件数量分别约为8139件与666件。对比上述广东省、浙江省、江苏省的年度环境资源刑事案件数量,河北省的数量均低于上述三省的年度平均数量(其中广东省2018~2023年的年平均数量约为2592件、浙江省为1003件、江苏省2022年6月~2023年6月为866件)。

2. 对四川省相关数据的概要述评

四川是我国人口大省、经济大省、国土资源大省。根据四川省高级人民法院发布的《四川环境资源审判》白皮书,2019年7月至2022年9月,"四川法院共受理各类环境资源一审案件25085件。其中,刑事案件4863件,民事案件8435件、行政及非诉执行案件3650件,分别占19.39%、33.63%、14.55%"[8]。上述统计区间共计38个月,通过比例计算可知,在上述统计区间内,四川省年均环境资源类案件数量为7922件。此数量与广东省在大致上述区间内的年均11637件、江苏省2022年6月至2023年5月的6025件、浙江省2018年1月至2023年5月平均每年6092件相比可知,四川省近年来的环境资源案件的办理数量处于全国前列。

但需注意的是,上述统计区间共计38个月。通过比例计算可知,四川省年均办理环境资源类刑事案件的数量为1535件。与广东省在与上述统计大致平行的区间内的年均2560件、江苏省的年均866件、浙江省的1003件相比,其绝

---

[8] 章玲:《四川发布环境资源审判白皮书:严打生态环境犯罪,三年共受案25085件》,载百度网,https://baijiahao.baidu.com/s?id=1747664735445001655&wfr=spider&for=pc,最后访问日期:2024年5月16日。

对数量相对来说处于全国前位。之所以出现以上事实,与四川省总面积较大,山区与山地较多,森林、矿产、野生动植物资源禀赋好等有直接关系,故该省环境资源类刑事案件数量较大,且破坏自然资源型生态环境犯罪数量较多。

3. 对河南省相关数据的概要述评

河南是我国人口大省、经济大省、农业大省。根据河南省高级人民法院发布的《2018－2022年河南环境资源审判白皮书》,河南"全省法院5年内共审结一审环境资源案件63337件,其中刑事案件12346件、民事案件31392件、行政案件19599件(非诉执行案件1436件)、公益诉讼案件886件、生态损害赔偿案件3件"[9]。通过计算可知,上述五年内河南省环境资源刑事案件的数量占全部环境资源案件的比例为19.5%,基本与广东省持平,比江苏省、浙江省的15%左右略高一些。而五年12346件的总数分布在每年约为年均2470件,其数量在全国各省区中仅次于广东省的年均2673件,比江苏省、浙江省的800～1000件以及四川省的1535件相比均要大一个量级。

相关资料显示,河南省法院系统2018年"受理环境资源刑事一审案件2526件(其中,盗伐林木1198件,非法占用农用地333件,非法狩猎317件,污染环境205件,非法采矿182件,妨害文物管理如盗掘古文化遗址、古墓葬等162件,非法收购、运输、出售珍贵、濒危野生动物、珍贵、濒危野生动物制品54件,非法捕捞水产品31件,非法收购、运输、盗伐的林木21件,非法猎捕、杀害珍贵、濒危野生动物19件,非法采伐、毁坏国家重点保护植物3件,破坏性采矿1件),审结2258件;判处犯罪分子2310人"[10]。由上述2018年度的河南省环境资源刑事案件的分罪名数据统计可知,河南省的污染环境犯罪案件数量在全部环境资源类犯罪案件数量中占比较少(仅占8.1%),而盗伐林木犯罪案件数量巨大,非法占用农用地犯罪、非法狩猎犯罪案件数量也较大,这与河南省作为人口大省、农业大省、资源大省的客观情况具有直接关系。

4. 对广西壮族自治区相关数据的概要述评

广西壮族自治区是我国的边疆自治区,森林资源、野生动植物资源等自然资源丰富。根据广西壮族自治区人民法院发布的《广西法院环境资源审判白皮书

---

[9] 潘志贤:《河南全省法院5年审结一审环境资源案件63337件》,载中青在线网,http://news.cyol.com/gb/articles/2023-06/12/content_lbj3m2FWRO.html,最后访问日期:2024年5月17日。

[10] 王韶卿:《为美丽河南建设提供司法保障! 2018年河南法院共受理环境资源一审案件9679件》,载百度网,https://baijiahao.baidu.com/s? id=1635387193981213921&wfr=spider&for=pc,最后访问日期:2024年5月17日。

(2021)》可知,2021年,"全区法院受理环境资源刑事案件3169件,审结2910件。受理环境资源民事案件6224件,审结5534件。受理环境资源行政案件2343件,审结1979件。受理环境公益诉讼案件100件,审结96件,受理并审结生态环境损害赔偿诉讼1件"[11]。将上述数据进行计算后可知,2021年度,广西壮族自治区共受理环境资源类案件11837件。2021年度受理的3169件刑事案件在全部生态环境案件总数中占比达26.8%,这一比例大大超过该类别数据中的江苏省的14.4%、浙江省的15.3%、四川省的19.39%、河南省的19.5%、广东省的22.3%,并且可能是全国环境资源类刑事案件在全部环境资源类案件中占比数量最多的,个中原因值得深入研究。

三、部分市区生态环境刑事案件办理情况述评

城市是经济与社会活动的重要载体。通过分析不同区域、不同类型的城市的生态环境犯罪的发案情况,并总结其发案特征,有助于深入了解生态环境犯罪的发案机理,对预防和惩治生态环境犯罪具有积极意义。

1.广州市环境资源刑事案件审理情况概要分析

广州市是我国超大城市。根据广州市中级人民法院发布的《广州市中级人民法院环境资源审判白皮书暨典型案例(2015.02—2020.05)》可知,"2015年2月至2020年5月,广州中院共新收环境资源类案件761件,刑事218件,民事543件;共审结环境资源类案件696件,刑事191件,民事505件"[12]。在上述案件中,其中环境资源刑事案件方面,"2015年2月至2020年5月共计受理案件218件,审结191件。其中,污染环境罪收案43件,审结39件;盗伐、滥伐林木罪15件,审结14件;非法收购、运输、出售珍贵、濒危野生动物、珍贵、濒危野生动物制品罪40件,审结39件;非法占用农用地罪、非法转让、倒卖土地使用权罪4件,审结4件;非法采矿罪10件,审结10件;走私废物罪、走私国家禁止进出口的货物罪78件,审结61件;走私珍贵动物罪、走私珍贵动物制品罪26件,审结

---

[11] 蒋尧:《广西高院发布白皮书:为守护广西绿水青山提供有力司法保障》,载百度网,https://baijiahao.baidu.com/s?id=1734846694833327649&wfr=spider&for=pc,最后访问日期:2024年5月17日。

[12] 《广州市中级人民法院环境资源审判白皮书暨典型案例(2015.02-2020.05)》,载广州审判网,https://www.gzcourt.gov.cn/xwzx/bps/2020/11/26100358421.html,最后访问日期:2024年5月17日。

22件;环境监管失职罪1件,审结1件;滥用职权罪1件,审结1件"[13]。

结合广州市的市情以及上述基本数据,本课题组认为广州市的环境资源刑事案件呈现出如下基本特点:第一,环境资源类案件数量整体偏小。这与城市区域特别是人口密集的超大城市以建成区为主,自然生态资源有限具有直接关联。第二,民事案件数量多倍于刑事案件,这与前述省区所呈现出的民刑案件数量特征一致,即环境资源领域的民事纠纷数量是多于刑事案件的。第三,污染环境类刑事案件数量有限,这可能与广东省或者广州市的工业布局有关,即广州市区以服务业等第三产业的业态为主,而广州周边的一些区域则具有较大规模的制造业分布。第四,走私废物罪、走私国家禁止进出口的货物罪数量较多,则与广州作为中国最重要的外贸口岸以及华南地区的国际物流通道有直接关系。由上可知,经济越发达、制造业在经济中的比重越小,城市建成区越大,自然资源要素越少,则生态环境犯罪的发生数量越少,因此在一定意义上,生态环境犯罪与城市化是呈相逆倾向的。

2. 成都市环境资源刑事案件审理情况概要分析

成都市是我国西部的超大城市。截至2023年年末,成都全市常住人口两千余万。根据成都市中级人民法院发布的《成都法院环境资源审判白皮书(2018—2022年)》可知,"2018—2022年,成都法院共受理环境资源案件5034件、审结4941件,结案率达98.15%"。在上述案件中,成都法院"依法办理环境资源刑事案件381件,判处罪犯742人、罚金2965万余元。办理环境资源民事案件2080件,妥善处置噪声、固体废物等环境污染责任纠纷和水、电、气、热力等自然资源开发利用纠纷。办理环境资源行政案件2573件,坚持对环保行政执法行为的合法性审查,依法支持职能部门申请对水、大气、固体废物污染行为的强制执行。办理民事公益诉讼49件、刑事附带民事公益诉讼84件、行政公益诉讼10件,坚持践行恢复性司法理念,全力修复受损生态环境"[14]。

根据上述成都市中级人民法院发布的相关数据可知,成都市的环境资源案件类型多元、各类案件数量较大,呈现出鲜明的西部城市特征。这些特征主要包

---

[13] 《广州市中级人民法院环境资源审判白皮书暨典型案例(2015.02—2020.05)》,载广州审判网,https://www.gzcourt.gov.cn/xwzx/bps/2020/11/26100358421.html,最后访问日期:2024年5月17日。
[14] 张颖:《受理环境资源案件5000多件成都中院发布白皮书及2022年度典型案例》,载百度网,https://baijiahao.baidu.com/s?id=1767595597050016996&wfr=spider&for=pc,最后访问日期:2024年5月29日。

括：第一，环境资源行政案件与民事案件数量多于刑事案件，体现出在经济与社会发展过程中，企业及各类民事主体或商事主体基于自然资源开发与利用而产生的环境资源纠纷的多发；第二，环境资源类刑事案件数量相对有限，这既与成都市整体以城市建成区为主有关，也可能与其工业布局有关。当然，基于既往研究所得出的结论，可能也与西部一些地区在执行环境与资源刑事政策方面较为关注环境刑事政策的地方适应性有一定关联。

3. 青岛市环境资源刑事案件审理情况概要分析

青岛市是我国北方重要的经济发达城市。青岛市中级人民法院发布的《青岛环境资源审判白皮书（2016—2020）》显示：2016～2020年，青岛两级法院系统"审结环境资源刑事、民事、行政案件共6671件，包括环境类案件526件，资源类案件6145件"，在"全市两级法院环境类案件526件中：刑事案件219件，占全部环境类案件的42%，涉及污染环境罪、走私废物罪、非法狩猎罪、盗伐林木罪等，其中最多的是污染环境罪140件，占环境类刑事案件的64%"；在6145件资源类案件中，"刑事案件99件，涉及非法采矿罪、非法占用农用地罪、盗伐林木罪、非法捕捞水产品罪等"[15]。

上述资料显示，青岛市2016～2020年五年间环境资源刑事案件审结总数量为318件，在该统计期间内占全部环境资源类案件总数量6671件的比例为4.8%，远低于江苏省、浙江省、广东省环境资源类刑事案件占环境资源案件数量的总数的15%～20%的比例。同样在该统计区间内总计318件环境资源刑事案件的总数量中，污染环境罪案件数量达140件，占比达44%，而其他环境资源类刑事案件特别是生态破坏型环境资源类案件的数量，无论是绝对数量还是相对比例都较小。

归纳以上数据，所反映的基本事实可能包括：(1)城市地区或主要以城市为空间载体的地区，环境资源类刑事案件的发案率要远低于在地理空间上以非城市形式存在的乡村或者其他具有生态要素的地理空间。(2)城市地区因在空间布局上主要以居住或工业、商业活动为主，自然生态要素有限，缺乏破坏生态型环境资源犯罪的对象（如森林、矿产、渔业资源、野生动植物资源等），而具有相对较多的工业生产布局，因此污染型环境犯罪的数量要大于生态环境型环境资

---

[15]《青岛环境资源审判白皮书2026—2020》，载青岛市中级人民法院网，http://qdhdqfy.sdcourt.gov.cn/eportal/fileDir/qdzy/resource/cms/article/5768021/7233549/2021070516573253084.pdf，最后访问日期：2024年5月16日。

源犯罪的数量。以上基本事实表明,城市是污染环境型环境资源犯罪的防控重点,而乡村则为破坏生态型环境资源犯罪的重点。

4. 温州市环境资源刑事案件审理情况概要分析

温州市是我国东部地区经济发达的地级市,其重要特征是民营经济发达。根据温州市中级人民法院发布的《2022年环境资源审判白皮书》可知,2022年,温州全市"共审结各类环境资源诉讼案件735件,其中刑事案件135件、民事案件142件、行政案件458件;共判处罪犯262人,判处罚金240人,其中被告人自愿缴纳生态损害赔偿金及修复费用共计479.41万元"[16]。

根据上述数据可知,温州市的环境资源类案件呈现出较为显著的特征,即:第一,与广州市、成都市等人口数量巨大的超大城市相比,温州市的环境资源类案件的数量明显较少,这在一定程度上表明温州市的经济发展形态主要不是以自然资源开发与利用为主的产业形态,对土地资源、矿产资源、森林资源、野生动植物资源等的开发力度较小。第二,刑事案件在温州市的环境资源类案件中的占比中相对较大。通过进一步研究可知,温州市的环境资源刑事案件主要集中在污染环境犯罪上,而这与温州市以小型企业为主的加工制造业的业态具有直接关系。而既往研究表明,小型加工制造业企业容易产生重金属超标型污染环境犯罪,而这与温州市的产业结构与经济形态具有较为紧密关联。

四、2023年涉生态环境刑事政策供给情况述评

近年来,党和国家高度重视生态环境政策的供给。关于惩治生态环境犯罪的政策是党和国家生态环境政策以及刑事政策的重要组成部分。考察党和国家生态环境刑事政策,有利于更好理解生态环境犯罪特点,有利于更好认识当前我国生态环境刑事司法工作。

(一)顶层设计与环境刑事司法政策供应充足

2023年7月,习近平总书记出席全国生态环境保护大会并发表重要讲话,强调"要始终坚持用最严格制度最严密法治保护生态环境,保持常态化外部压力,同时要激发起全社会共同呵护生态环境的内生动力"[17]。2023年12月,中共中央、国务院印发了《关于全面推进美丽中国建设的意见》,强调"强化美丽中

---

[16] 赵小娴:《温州中院发布环境资源审判白皮书》,载百度网,https://baijiahao.baidu.com/s?id=1767910462058877729,最后访问日期:2024年5月16日。
[17]《习近平在全国生态环境保护大会上强调:全面推进美丽中国建设 加快推进人与自然和谐共生的现代化》,载中国政府网,https://www.gov.cn/yaowen/liebiao/202307/content_6892793.htm,最后访问日期:2024年5月15日。

国建设法治保障,推动生态环境、资源能源等领域相关法律制定修订,推进生态环境法典编纂,完善公益诉讼,加强生态环境领域司法保护,统筹推进生态环境损害赔偿。加强行政执法与司法协同合作,强化在信息通报、形势会商、证据调取、纠纷化解、生态修复等方面衔接配合"。上述顶层设计为司法机关、生态环境管理机关进一步完善生态环境司法政策提供了强大的理念支撑。

(二)2023年涉生态环境犯罪司法政策的概要解读

2023年,最高人民法院、最高人民检察院、公安部等国家机关在生态环境犯罪惩治领域发布了一批司法文件,进一步丰富和完善了我国的生态环境司法政策体系。现对三件典型司法政策文件进行概要述评。

1.《依法打击涉海砂违法犯罪座谈会纪要》述评

2023年6月,最高人民法院、最高人民检察院、中国海警局联合下发了《依法打击涉海砂违法犯罪座谈会纪要》。该会议纪要是继最高人民法院、最高人民检察院《关于办理非法采矿、破坏性采矿刑事案件适用法律若干问题的解释》与最高人民法院《关于充分发挥环境资源审判职能作用依法惩处盗采矿产资源犯罪的意见》等规定之外,涉及海砂犯罪的重要司法政策文件。对于相关司法机关与行政管理机关进一步准确理解和适用相关法律,依法惩治涉海砂犯罪具有重要意义。

该会议纪要主要涉及海砂犯罪惩治的7项内容,即:关于罪名适用;关于主观故意认定;关于下游行为的处理;关于劳务人员的责任认定;关于涉案海砂价格的认定;关于涉案船舶、财物的处置;关于加强协作配合与监督制约。下面择其要点进行介绍与分析:

第一,关于罪名适用。此部分主要对涉海砂犯罪的多种行为的定罪问题进行了规定。其中最为关注的行为是"对过驳和运输海砂的船主或者船长"的相关行为的定性问题,即依据行为的不同性质,分别以非法采矿罪与掩饰、隐瞒犯罪所得罪两个罪名定罪。由于上述两罪名的犯罪构成存在较大差异,在矿产物数量相同情形下的量刑也存在较大差异,因此在实践中准确区分两类行为具有重要的司法意义。

第二,关于主观故意的认定。由于非法采矿罪与掩饰、隐瞒犯罪所得罪在犯罪构成要件上均为故意,但在实践中由于"过驳和运输海砂的船主或者船长"参与非法采矿罪的形式较为复杂,因此上述会议纪要将某些行为且"行为人不能作出合理解释的,一般可以认定其'明知系非法采挖的海砂',但有相反证据的除外"。这些情形表明虽然"过驳和运输海砂的船主或者船长"没有直接开采海砂,但其过驳与运输海砂的行为为非法开采的海砂销售与流转提供了条件,是非法采矿罪的共同犯罪人。

第三,关于劳务人员的认定。由于关于非法采矿的相关司法解释中规定,"对受雇佣提供劳务的人员,除参与利润分成或者领取高额固定工资的以外,一般不以犯罪论处,但曾因非法采矿、破坏性采矿受过处罚的除外"。但在海砂类犯罪中提供劳务的人员与在地面上开采矿产具有较为显著的差别,因此上述会议纪要将"领取或者约定领取上一年度本省(自治区、直辖市)同种类采矿、运输等行业提供劳务人员平均工资二倍以上固定财产性收益的,包括工资、奖金、补贴、物质奖励等认定为'高额固定工资'"。另外,上述会议纪要也将三种情形下的提供劳务人员认为可以作为犯罪处理,这些情形中劳务人员对非法开采行为是具有主观认知且在共同犯罪中具有一定的犯罪目的实现功能。

第四,关于涉案船舶、财物的认定。由于船舶价值巨大,有的船舶的价值甚至以亿为单位,因此对涉案船舶如何处置是犯罪嫌疑人、犯罪参与人以及犯罪嫌疑人家属极为关注的事项。该会议纪要依据不同情况,对涉案船舶的处置问题进行了相应规定。其中对明显属于"用于犯罪的专门工具"的船舶规定了"应当依法及时查封、扣押,扣押后一般由海警机构自行保管,特殊情况下,也可以交由船主或者船长暂时保管"。但由于船舶价值巨大,该会议纪要亦规定"涉案船舶的价值与涉案金额过于悬殊,且涉案船舶证件真实有效、权属明确、船证一致的,一般不予没收"。

2.《关于办理环境污染刑事案件适用法律若干问题的解释》述评

2023年8月,最高人民法院、最高人民检察院发布了《关于办理环境污染刑事案件适用法律若干问题的解释》,这是自1997年版《刑法》颁行以来最高司法机关发布的第4个版本的污染环境犯罪司法解释。通读该司法解释,可以发现,其在规定与规范上具有如下主要变化:

第一,对污染环境犯罪的入罪标准进行了进一步优化。前3版司法解释对《刑法》第338条中规定的"严重污染环境的"的该犯罪的核心构成要素进行了相应规定,但根据对司法实践中该类犯罪构成要件特别是客观构成要件认知的变化,新版司法解释又进行了相应优化,主要体现在:(1)强调了对饮用水水源一级保护区、自然保护地核心保护区等依法确定的重点保护区域中非法排污行为的保护,以实现与其他环境法律规范的协同与统一;(2)将"二年内曾因在重污染天气预警期间,违反国家规定,超标排放二氧化硫、氮氧化物等实行排放总量控制的大气污染物受过二次以上行政处罚,又实施此类行为的"确定为了入罪行为;(3)除重点排污单位外,将"实行排污许可重点管理的单位篡改、伪造自动监测数据或者干扰自动监测设施,排放化学需氧量、氨氮、二氧化硫、氮氧化物等污染物的"也列入了入罪范围。经由上述修改的污染环境犯罪的入罪标准,类型更加多元,更加有利于实践中对污染环境行为的刑法惩治。

第二,调整了污染环境犯罪的罪刑结构。其突出表现是,将一些原来在污染环境犯罪第一档刑期(三年以下)的污染环境行为调整到了第二档刑期(三年以上七年以下)范畴之内,典型的情形是:最高人民法院、最高人民检察院《关于办理环境污染刑事案件适用法律若干问题的解释》(法释〔2016〕29号)规定的第一档刑期的"致使永久基本农田、公益林地五亩以上,其他农用地十亩以上,其他土地二十亩以上基本功能丧失或者遭受永久性破坏的"标准调高后转入了第二档刑期之中,即"致使永久基本农田、公益林地十亩以上,其他农用地二十亩以上,其他土地五十亩以上基本功能丧失或者遭受永久性破坏的"。同时将经《刑法修正案(十一)》所确立的第三档刑期(七年以上有期徒刑)中的情形中的经改造后合理配置在了第二档刑期(三年以上七年以下)的范畴之内,同时将上述情形中的严重情形以明确的数量标准形式规定在了第三档刑期之中。最高人民法院、最高人民检察院《关于办理环境污染刑事案件适用法律若干问题的解释》(法释〔2023〕7号)将《刑法修正案(十一)》所确立的第三档刑期的内容进行了相应的具体化并单独设置为了处刑达7年以上的该解释的第3条。上述设置使污染环境犯罪的罪刑配置更加均衡,有利于实践中更好地惩治污染环境犯罪。

3.《关于审理破坏森林资源刑事案件适用法律若干问题的解释》述评

2023年8月,最高人民法院发布了《关于审理破坏森林资源刑事案件适用法律若干问题的解释》。该解释对2000年发布的最高人民法院《关于审理破坏森林资源刑事案件具体应用法律若干问题的解释》、2005年发布的最高人民法院《关于审理破坏林地资源刑事案件具体应用法律若干问题的解释》等进行了大幅修正,其主要特征表现在:

第一,进一步实现了刑法规范与森林法律规范的衔接。最高人民法院相关负责同志说明,2002年《刑法修正案(四)》对《刑法》第344条规定的非法采伐、毁坏国家重点保护植物罪和第345条规定的非法收购盗伐、滥伐的林木罪作了修改完善。2019年修订的《森林法》对森林权属、森林分类、林木采伐等方面的规定作出重要调整。法律修改后，司法解释需要作相应调整。与此同时，实践反映，涉森林资源刑事案件具有多样性、复杂性，已有司法解释在有的方面不完全适应此类案件特点，也需要作出修改完善。鉴于此，为进一步强化森林资源司法保护，同时，有效解决司法实践问题，最高人民法院在全国人大常委会法工委、最高人民检察院、公安部、农业农村部、国家林业和草原局等有关部门的大力支持下，经深入调查研究、广泛征求意见、反复论证完善，制定了《关于审理破坏森林资源刑事案件适用法律若干问题的解释》[18]。这表明，上述司法解释在制定过程中充分考虑了森林资源领域相关行政法律规范、环境法律规范的变迁与优化，并结合司法实践中的案件办理情况进行了相应的调整与优化，使得该领域的司法解释更具有了连接性与适应性。

第二，《关于审理破坏森林资源刑事案件适用法律若干问题的解释》对涉森林犯罪相关问题进行的主要规定。研读该解释并结合最高人民法院研究室负责同志对上述司法文件的相关介绍可知，该解释主要在以下几个方面进行了规定，即：(1)进一步明确了涉森林犯罪中的非法占用林地犯罪、危害国家重点保护植物罪、盗伐林木罪、滥伐林木罪、非法收购、运输盗伐、滥伐的林木罪的定罪量刑标准。(2)进一步明确了涉林业证件、文件犯罪的处理规则。(3)进一步明确了盗伐林木罪与盗窃罪的区分，明确规定："盗窃国家、集体或者他人所有并已经伐倒的树木的；偷砍他人在自留地或者房前屋后种植的零星树木的"符合《刑法》第264条盗窃罪犯罪构成的，按照盗窃罪进行处理；同时规定非法实施采种、采脂、掘根、剥树皮等行为，符合《刑法》第264条规定的，以盗窃罪论处。(4)进一步明确了破坏森林资源犯罪的其他法律适用规则以及办理破坏森林资源刑事案件宽严相济的政策要求及行政与刑事双向衔接规则。

上述包括海砂犯罪、污染环境犯罪、涉森林犯罪等有关生态环境刑事审判工作的司法文件与司法解释的供给，为进一步准确理解与适用相关法律，依法惩治生态环境犯罪提供了有力的司法政策支撑，对提升生态环境犯罪惩治功能、完善生态环境法治建设具有重要意义。

五、结语

2023年，各级生态环境行政执法机关与司法机关积极践行习近平生态文明

---

[18] 参见《〈最高人民法院关于审理破坏森林资源刑事案件适用法律若干问题的解释〉新闻发布会》，载中华人民共和国最高人民法院网，https://www.court.gov.cn/zixun/xiangqing/408832.html，最后访问日期：2024年5月29日。

思想与习近平法治思想,依法履职,较高质量地办理了一大批生态环境刑事案件。在案例办理过程中,相关机关积极服务和保障党和国家重点工作与中心工作,获得了有益经验,取得了突出成果。如,检察机关对生态环境领域"中央关注、群众关切"的重点突出生态环境犯罪问题进行了集中整治,特别是对"盗采锂矿乱象、盗采海砂犯罪问题、长江支流非法采砂、黄河流域非法采砂、未批先建违法占地、南海非法捕捞等生态环境资源保护和开发利用问题,最高检会同相关部门开展8个专项行动,挂牌督办江西锂矿系列案件3批22件。会同公安部、中国海警局印发《办理海上涉砂刑事案件证据指引》,发布典型案例5批22件,不断强化指导"[19]。近年来,全国检察机关、公安机关、生态环境执法机关联合行动,积极助力深入打好污染防治攻坚战,连续四年联合开展严厉打击危险废物环境违法犯罪和重点排污单位自动监测数据弄虚作假违法犯罪专项行动,极大遏制了上述领域的犯罪,取得了良好的惩治效果。

生态环境领域的犯罪惩治是一项长期工作。严格执行生态环境刑事政策,努力进行源头治理,加强技术赋能,倡导多元主体参与,是生态环境犯罪惩治的应有之道。展望未来,我国生态环境犯罪刑法惩治工作必将继续跨越山海,奔向生态文明法治建设更远方!

---

[19]《刑事检察工作白皮书(2023)》,载中华人民共和国最高人民检察院网,https://www.spp.gov.cn/xwfbh/wsfbh/202403/t20240309_648173.shtml,最后访问日期:2024年5月15日。

环境公益诉讼的系统检视与重点剖析[*]

张 博 赵祖斌

2023年是全面贯彻党的二十大精神"完善公益诉讼制度"的开局之年。"检察公益诉讼法"("公益诉讼法"一并考虑)已经被写入《十四届全国人大常委会立法规划》一类项目,公益诉讼制度迎来新的发展机遇。自2012年《民事诉讼法》第55条首次创设公益诉讼制度以来,我国公益诉讼的规则体系历经十余年发展,公益诉讼体系已经颇显规模。公益诉讼的适用范围由最初的环境公益诉讼与消费公益诉讼领域扩展至个人信息保护、英雄烈士保护、未成年人保护、反电信网络诈骗以及安全生产等多个领域。[1] 在公益诉讼适用范围不断扩大的两三年里,公益诉讼的制度发展之路基本以司法解释占据主导进程,公益诉讼规则呈现零散化、片段化趋势,公益诉讼立法的体系化重要性日益凸显。

在十余年演化变革进程中,环境公益诉讼较之于其他种类的公益诉讼而言,乃最早纳入我国公益诉讼制度体系的一环。十年以来,环境公益诉讼制度从顶层设计到基层实践,从局部试点到全面扩展,形成了公共利益司法保护的"中国方案"。环境公益诉讼的涉案范围由民事纠纷逐步延展至刑事、民事、行政纠纷并行的局面。环境公益诉讼的原告主体资格由检察机关逐步放宽至环境保护组织、环境保护行政机关、地市级以上人民政府等"法律规定的机关和有关组织"。环境公益诉讼的程序规则由传统诉讼程序流程逐步过渡至相对独立的诉讼程序流程。毋庸讳言,顶层设计者在"摸着石头过河"的进程中逐步勾勒出较为完整的环境公益诉讼制度框架,并可将其作为引领公益诉讼体系性立法的先锋。

然而,作为先锋的环境公益诉讼制度体系庞杂,其3个分支环境民事公益诉

---

[*] 感谢中南财经政法大学法学院硕士研究生时毅参与资料整理工作。
[1] 参见2021年《个人信息保护法》第70条、2018年《英雄烈士保护法》第25条、2020年《未成年人保护法》第106条、2022年《反电信网络诈骗法》第47条、2021年《安全生产法》第74条。

讼、环境行政公益诉讼以及刑事附带民事公益诉讼各有不同特点,难以形成统一的公益诉讼规则,以至于司法实践的相关问题慢慢浮出水面,且呈现出集中化的趋势。为了全面揭露司法实践中的相关问题,并提出有针对性的完善方案,本研究将着眼于最高人民法院中国司法大数据研究院创新研究部所记载的 2023 年各类环境公益诉讼案件。结合前十年的相关统计数据,考察我国环境公益诉讼多年来的司法运行状况,通过深入分析环境公益诉讼的裁判文书,明晰我国环境司法的发展现状和问题,并以此为基础探索具有可行性的完善建议,以期为公益诉讼体系性立法提供有益经验。

一、环境公益诉讼研究样本的选定及获取方式

在过去一年,环境公益诉讼制度并未较大规模地进行规则层面的创制,若一味围绕中国裁判文书网、北大法宝案例库等数据库进行分析,2023 年我国环境公益诉讼制度的运行现状较之于 2022 年将无太大差异,不免难以摆脱既有研究的束缚。因此,本次研究关于 2023 年度环境公益诉讼裁判文书的研究数据将从案件数据更加庞大、类型更加全面、检索更加精准的最高人民法院中国司法大数据研究院创新研究部获取,结合 2015 年以来的环境公益诉讼历年数据进行对比分析,预期通过对 2023 年的环境公益诉讼的裁判文书进行定量分析,以系统梳理 2023 年我国环境公益诉讼制度的实施现状。在最高人民法院中国司法大数据研究院创新研究部的数据库中,将检索的案件结案时间选定为 2023 年,以"2023 年 1 月 1 日~2023 年 12 月 31 日"为检索关键词,将检索的条件选定为全文,以"环境"为检索关键词,将检索的案由选定为公益诉讼,通过中国司法大数据研究院的智能检索系统自动筛选,最终共获得我国 2023 年度环境公益诉讼裁判文书 602 份。

二、2023 年度环境公益诉讼案件的系统检视

在最高人民法院中国司法大数据研究院创新研究部的数据库中,依照前述检索关键词、检索时间、检索类型等检索方式,本课题组共获取了 2023 年度环境公益裁判文书共计 602 份。以下将从整体情况、案由分布、地域分布、审级分别、适用程序、裁判文书类型等多个方面对我国 2023 年度的环境公益诉讼现状作出全面、整体性的描述和分析。需要说明的是,由于 2023 年案件来源的数据库不同于往年的中国裁判文书网站、北大法宝案例库、威科先行数据库等日常学术研究常用的检索网站,本年度提出的研究结论仅能在现有条件下反映我国环境公益诉讼制定的基本现状及存在问题。

(一)环境公益诉讼的类型、地域及审级的总体分布

1. 2015~2023年环境公益诉讼年际对比

剖析2023年度环境公益诉讼案件基本情况之前,有必要回顾《中国环境司法发展报告(2019年)》《中国环境司法发展报告(2020年)》《中国环境司法发展报告(2021年)》《中国环境司法发展报告(2022年)》中提供的2015年至2022年环境公益诉讼一审案件的相关数据。将2015~2022年环境公益诉讼一审案件数量相关数据与2023年数据相结合,可以依据历年环境公益诉讼一审案件总量数据变化描绘出一个总括性的折线图。

图5-1为2016~2023年环境公益诉讼一审案件数量分布图。其中,2016年至2017年环境公益诉讼一审案件总量的数据源于《中国环境司法发展报告(2019年)》,2018年至2020年环境公益诉讼一审案件总量的数据源于《中国环境司法发展报告(2020年)》,2021年环境公益诉讼一审案件总量的数据源于《中国环境司法发展报告(2021年)》,2022年环境公益诉讼一审案件总量的数据源于《中国环境司法发展报告(2022年)》,2023年环境公益诉讼一审案件总量的数据源于课题组通过最高人民法院中国司法大数据研究院创新研究部数据库对所公开的裁判文书的统计。

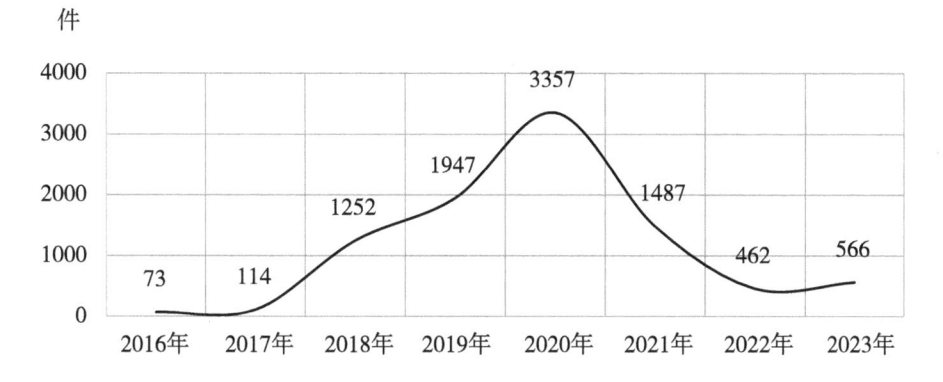

图5-1 2016~2023年环境公益诉讼一审案件数量情况

综观历年数据不难发现,2016年环境公益诉讼一审案件数量为73件,2017年为114件,2018年为1252件,2019年为1947件,2020年为3357件,2021年为1487件,2022年为462件,2023年为566件。从历年数据来看,环境公益诉讼案件数量在2020年达到顶峰,随后逐步回落,并在近两年呈现出较为稳定的现状。由此可以看出,2021年环境公益诉讼案件数量下降并非偶然现象,而是我国环

境公益诉讼案件数量逐步趋于稳定的表现。这从一定程度上反映出我国生态环境保护工作稳中向好的发展态势。

2. 2023年度各类环境公益诉讼占比

通过对已收集的2023年环境民事公益诉讼裁判文书的判决理由部分进行分析,司法实践中,法院、检察院等实务部门较难将生态环境损害赔偿诉讼与环境民事公益诉讼划分出壁垒分明的界限,两类诉讼常被混淆。故本文未将生态环境损害赔偿诉讼与环境民事公益诉讼相区分。[2] 按照环境民事公益诉讼、环境刑事附带民事公益诉讼以及环境行政公益诉讼3种类型划分环境公益诉讼,不难发现,环境行政公益诉讼案件数量为96件,环境民事公益诉讼案件数量为148件,环境刑事附带民事公益诉讼案件数量为358件(见图5-2)。从整体上看,环境刑事附带民事公益诉讼案件"一支独大"的状况持续多年未曾改变。这也是环境公益诉讼的提起主体以检察机关占主导的根本原因。加之,理论上普遍认为环境刑事附带民事公益诉讼案件归属于环境民事公益诉讼,这也就表明,与环境民事公益诉讼有关的裁判文书有506件。相较于环境行政公益诉讼案件数量96件而言,环境民事公益诉讼案件数量占据绝对优势地位,这种现象早已存在多年且呈现愈演愈烈的趋势。

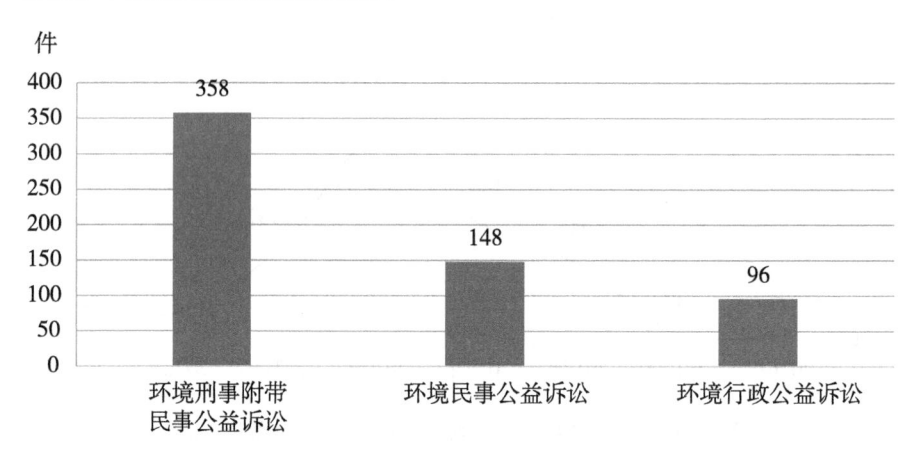

图 5-2　2023年各类环境公益诉讼案件数量情况

---

[2]《中国环境司法发展报告(2022年)》将生态环境损害赔偿诉讼案件数量单独统计,本年度不再区分生态环境损害赔偿诉讼与环境民事公益诉讼。参见吕忠梅等:《中国环境司法发展报告(2022年)》,法律出版社2023年版,第200页。

3. 环境公益诉讼案件的省际分布

以最高人民法院中国司法大数据研究院创新研究部数据库收集的环境公益诉讼裁判文书为分析样本,从省际分布来看,2023 年环境公益诉讼案件数量与前几年相比情况稍显不同,主要在于 2023 年环境公益诉讼案件数量较为均衡地分配于 31 个省、自治区、直辖市,且不存在没有分布的区域。2023 年环境公益诉讼案件数量达到 20 件以上的省区市多达 13 个,按照案件数量依次排序分别为甘肃省(58 件)、陕西省(46 件)、湖南省(43 件)、辽宁省(41 件)、湖北省(38 件)、贵州省(30 件)、安徽省(29 件)、云南省(26 件)、内蒙古自治区(25 件)、黑龙江省(24 件)、四川省(21 件)、上海市(21 件)、重庆市(20 件)。甘肃省、湖南省、辽宁省、陕西省、湖北省、贵州省、安徽省、云南省、内蒙古自治区、黑龙江省、四川省、上海市、重庆市 13 个省区市环境公益诉讼案件数量共计 422 件,约占全国环境公益诉讼案件总量的 70.10%(见图 5-3)。当然,囿于各地方法院对于裁判文书上网的数量要求不一,上述裁判文书省区市分布图显示的结果仅能在一定程度上反映各地域环境公益诉讼工作的情况。

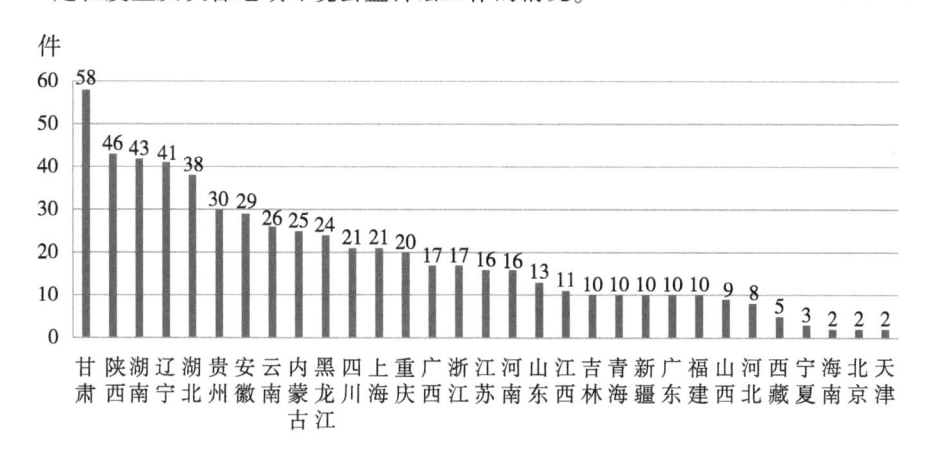

图 5-3 2023 年环境公益诉讼案件省际分布

4. 环境公益诉讼审理法院以及审理程序分布

2023 年环境公益诉讼案件有 444 件由基层人民法院审理,占比 73.75%;有 140 件由中级人民法院审理,占比 23.26%,其中有 7 件环境公益诉讼案件是由专门法院审理,占比1.16%;[3]有11件由高级人民法院审理,占比1.83%;有7件由最高人民法院审理,占比1.16%(见图5-4)。2023年环境公益诉讼案件中,简易程序审理的案件62件,占比10.30%,其中有54件为环境刑事附带民事公益诉讼案件,占比8.97%;一审普通程序审理的案件453件,占比75.25%;二审程序审理的案件80件,占比13.29%;再审程序审理的案件有5件,占比0.83%;特别程序审理的案件有1件,为环境民事公益诉讼案件;速裁程序审理的案件有1件,为环境刑事附带民事公益诉讼案件。(见图5-5)

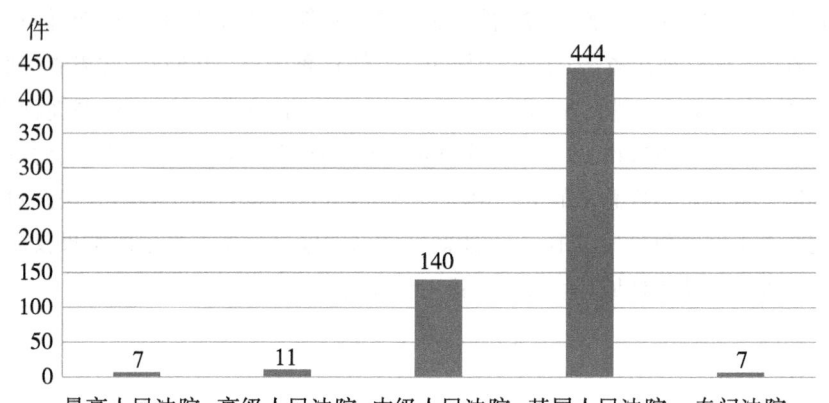

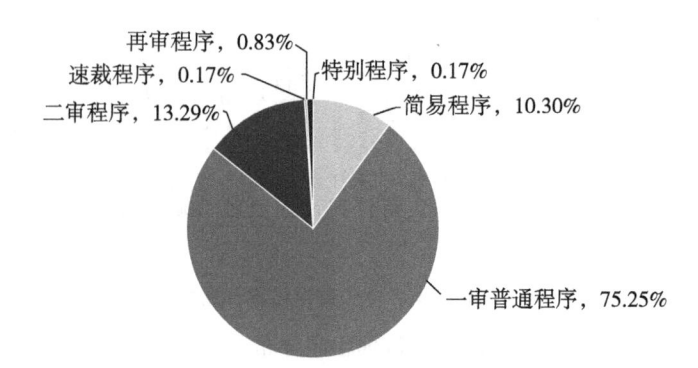

图5-4 2023年环境公益诉讼审理法院分布情况

图5-5 2023年环境公益诉讼审理程序分布

---

[3] 7件专门法院审理的案件,上海海事法院审理了4件,武汉海事法院、宁波海事法院、海南海事法院分别审理了1件。案号分别为:(2022)沪72民初1472号、(2023)沪72民初1624号、(2022)沪72民初1471号、(2022)沪72民初1645号、(2022)鄂72民初17号、(2022)浙72民初2317号、(2023)琼72民初241号。

(二) 环境民事公益诉讼案件的基本情况

本部分的研究样本源自最高人民法院中国司法大数据研究院创新研究部数据库裁判文书，以最高人民法院颁布的《民事案件案由规定》限定的民事案件案由的类型为具体检索选项，检索审结时间限定为"2023年1月1日~2023年12月31日"，检索关键词设定为"公益诉讼""生态环境"，检索范围乃各级人民法院审结的环境民事公益诉讼案件的裁判文书。通过前述方法，据不完全统计，截至2023年4月底，环境民事公益诉讼案件达到148件。本部分将主要从整体情况、案由分布、地域分布、审级分布、适用程序等方面对2023年度环境民事公益诉讼进行梳理分析。

1. 环境民事公益诉讼案件数及省际分布

2023年环境民事公益诉讼和民事公益诉讼裁判文书情况统计如表5-1所示。全国环境民事公益诉讼裁判文书共148份。横向对比2016年至2022年环境民事公益诉讼案件的数量可知，2023年度相较2022年度环境民事公益诉讼案件整体数量保持相对稳定的状态。通过表5-1的数据统计可以发现，我国环境民事公益诉讼案件在各省、自治区、直辖市之间数量分布不均衡的现象大为改观，仅有黑龙江省与吉林省两个省份没有环境民事公益诉讼的审结案件。2023年法院审结的环境民事公益诉讼案件超过5件的省、自治区、直辖市多达13个，分别为甘肃省(24件)、浙江省(12件)、安徽省(10件)、湖南省(8件)、辽宁省(7件)、北京市(7件)、湖北省(6件)、广东省(6件)、云南省(6件)、新疆维吾尔自治区(6件)、上海市(6件)、重庆市(6件)、河南省(5件)；甘肃省、浙江省、安徽省、湖南省、辽宁省、北京市、湖北省、广东省、云南省、新疆维吾尔自治区、上海市、重庆市、河南省13个省、自治区、直辖市环境民事公益诉讼案件数量共计109件，约占全国环境民事公益诉讼案件总量的73.65%。另外16个省、自治区、直辖市的案件数量共计39件，约占全国环境民事公益诉讼案件总量的26.35%。

表5-1 2023年环境民事公益诉讼案件省际分布

单位：件

省区市	数量
甘肃省	24
浙江省	12
安徽省	10

续表

省区市	数量
湖南省	8
辽宁省	7
北京市	7
湖北省	6
广东省	6
云南省	6
新疆维吾尔自治区	6
上海市	6
重庆市	6
河南省	5
青海省	4
山东省	4
西藏自治区	3
宁夏回族自治区	3
贵州省	3
陕西省	3
江苏省	3
福建省	3
河北省	2
山西省	2
海南省	2
四川省	2
江西省	2
内蒙古自治区	1
广西壮族自治区	1
天津市	1

2. 环境民事公益诉讼案件案由分布

环境民事公益诉讼的案由类型较为广泛,涵盖了财产损害赔偿、土地租赁合同、滥用市场支配地位等多个实体法领域的事由。相较于2022年之前的环境民事公益诉讼的案件类型而言,2023年环境民事公益诉讼的案件类型的较大变化之处在于环境民事公益诉讼的案由绝大多数以"公益诉讼"概括而论,有91件案件的案由为"公益诉讼",占整个环境民事公益诉讼案由的61.49%。除此之外,比重较大的案件类型为"生态环境保护公益诉讼",有11件,占比7.43%。以"生态破坏公益诉讼""生态环境损害赔偿诉讼""环境污染公益诉讼"为案由的案件各5件,分别占比3.38%(见图5-6)。另外的案件案由均少于5件,占比较小,但案由分布十分广泛,如"损害商业信誉、商品声誉""股东出资纠纷""追偿权纠纷""土壤污染责任纠纷""返还原物纠纷""侵权责任纠纷""建设工程施工合同纠纷"等多达22种不同种类的案件案由。

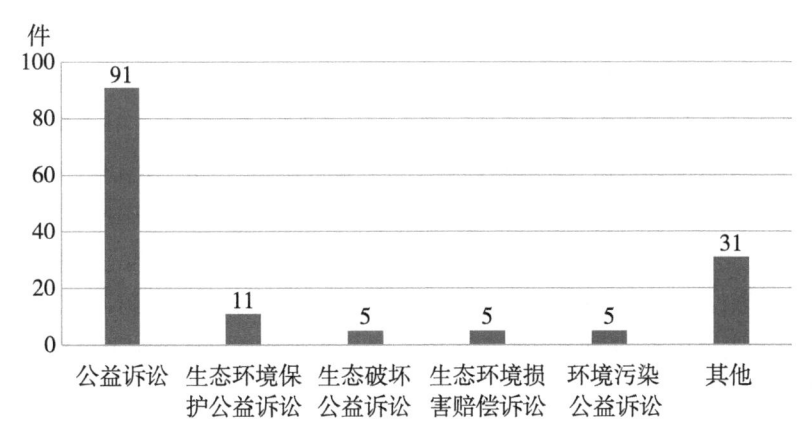

图 5-6　环境民事公益诉讼的案件类型

3. 环境民事公益诉讼提起主体分布

首先,2023年度环境民事公益诉讼案件中最多的起诉主体为检察机关,多达123件案件是由检察机关提起的环境民事公益诉讼,占比达到83.11%。其次,政府部门作为起诉主体提起的环境民事公益诉讼案件有5件,占比为3.38%。再次,社会组织作为起诉主体提起的环境民事公益诉讼案件有18件,占比为12.16%。最后,其他主体、个人作为起诉主体提起的环境民事公益诉讼案件有2件,占比1.35%。(见图5-7)

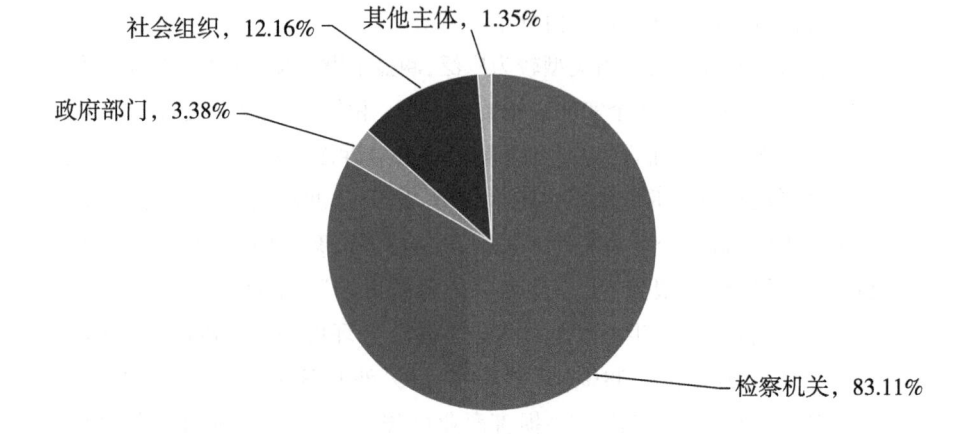

图 5-7 环境民事公益诉讼提起主体分布

2023 年环境民事公益诉讼提起主体分布的最大变化在于非检察机关提起的环境民事公益诉讼案件中存在支持起诉人的案件数量有所提高。2022 年环境民事公益诉讼中非检察机关提起的环境民事公益诉讼案件有 25 件，其中有 4 件案件存在支持起诉人，值得关注。在这 4 个案件中，重庆市某矿业有限公司与北京市昌平区某环境研究所环境污染民事公益诉讼案[(2022)渝民终 848 号]、重庆市万州区林业局与重庆某公司生态环境损害赔偿诉讼案[(2023)渝 02 民初 27 号]、湖南省生态保护志愿服务联合会与李某红、余某辉等生态环境保护民事公益诉讼案[(2023)湘 09 民初 6 号]均是以检察机关作为支持起诉人，但武汉某公益发展中心、十堰某环保服务中心等与湖北某公司环境污染民事公益诉讼案[(2022)鄂 72 民初 17 号]是以中国政法大学某法研究和服务中心作为支持起诉人。

4. 环境民事公益诉讼法院级别和审理程序

在统计的 2023 年度环境民事公益诉讼案例中，中级人民法院审理的案件有 74 件，占比最大，达到 50.00%；基层人民法院审理的案件有 50 件，占比约 33.78%；高级人民法院审理的案件有 10 件，占比约 6.76%；最高人民法院审理的案件有 7 件，占比约 4.73%；另有 7 件案件是由海事法院专门管辖，级别等同于中级人民法院，占比约 4.73%，其中上海海事法院 4 件，武汉海事法院、海口海事法院、宁波海事法院各 1 件（见图 5-8）。从统计数据不难发现，审理环境民事公益诉讼的法院主要集中在中级人民法院，但基层人民法院审理环境民事公益诉讼的案件数量具有显著提升。

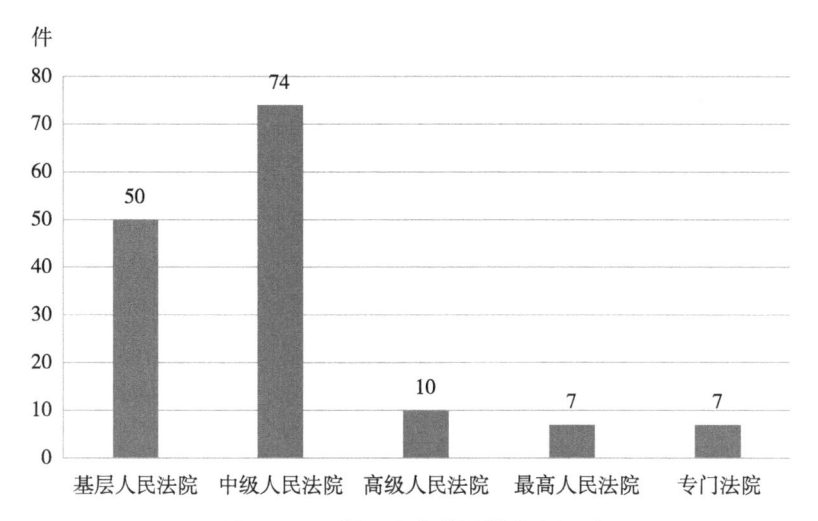

图 5-8　环境民事公益诉讼法院级别

在 2023 年的环境民事公益诉讼案件中,适用一审普通程序审理的案件共计 115 件,占比高达 77.70%;适用简易程序审理的案件仅有 8 件,占比约 5.41%;适用二审程序审理的案件仅有 20 件,占比约 13.51%;适用审判监督程序审理的案件仅有 4 件,占比约 2.70%;适用特别程序审理的案件有 1 件,[4]占比约 0.68%(见图 5-9)。由此可以看出,一审环境民事公益诉讼案件中适用简易程序审理的占比较小,这与传统民事诉讼程序注重繁简分流,普遍适用简易程序的情况存在较大差别。

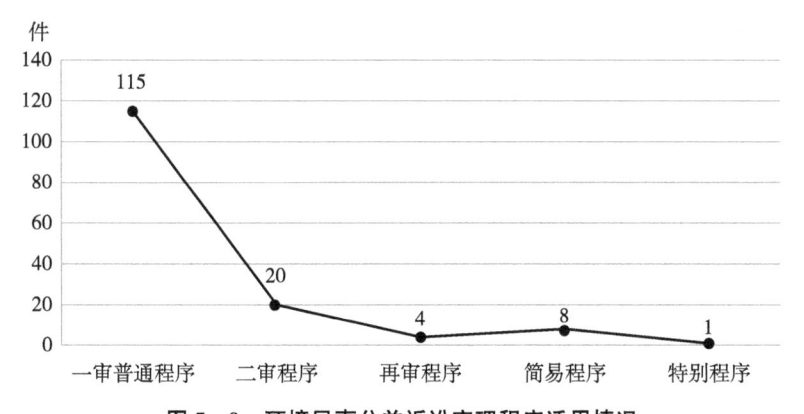

图 5-9　环境民事公益诉讼审理程序适用情况

---

[4] 适用特别程序审理的案件为上海市金山区农业农村委员会等申请司法确认调解协议特别程序案[(2023)沪 0116 民特 126 号]。

5. 环境民事公益诉讼文书类型分布

2023年度环境民事公益诉讼案件审结148件,结案方式中,以判决书结案66件,占比约44.60%;以裁定书结案34件,占比约22.97%;以调解书结案48件,占比约32.43%。从中国裁判文书网检索2023年民事案件共审结3276840件,以调解书结案22882件,占比约0.70%。(见图5-10)

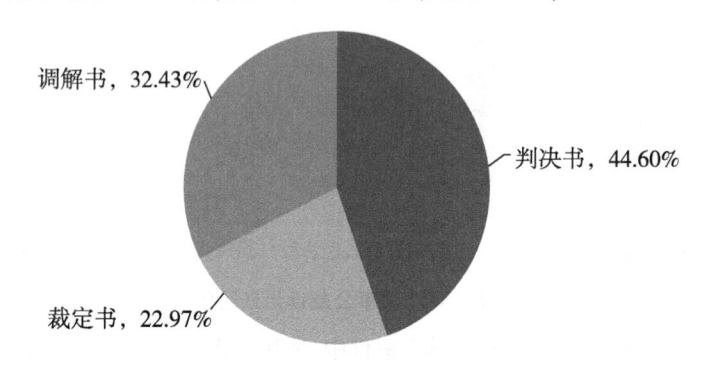

图5-10 环境民事公益诉讼文书类型分布

(三)环境行政公益诉讼案件的基本情况

本部分的研究样本源自最高人民法院中国司法大数据研究院创新研究部数据库裁判文书,以最高人民法院《关于行政案件案由的暂行规定》限定的行政案件案由的类型为具体检索选项,检索审结时间限定为"2023年1月1日~2023年12月31日",检索关键词设定为"公益诉讼""生态环境",检索范围乃各级人民法院审结的环境行政公益诉讼案件的裁判文书。通过前述方法,据不完全统计,截至2023年4月底,环境行政公益诉讼案件达到96件。本部分将主要从整体情况、案由分布、地域分布、审级分布、适用程序等方面对2023年度环境行政公益诉讼进行梳理分析。

1. 省域分布统计及其数据说明

梳理检索到的96份环境行政公益诉讼裁判文书,得到2023年审结的环境行政公益诉讼案件各省、自治区、直辖市分布情况。各省、自治区、直辖市审结环境行政公益诉讼案件的数量从多到少依次排序为(见图5-11):湖北省(18件)、安徽省(10件)、甘肃省(10件)、河南省(10件)、内蒙古自治区(9件)、重庆市(9件)、陕西省(6件)、四川省(5件)、湖南省(4件)、云南省(3件)、河北省(2件)、新疆维吾尔自治区(2件)、贵州省(1件)、黑龙江省(1件)、吉林省(1件)、江苏省(1件)、江西省(1件)、辽宁省(1件)、山西省(1件)、天津市

(1件)。不难发现,环境行政公益诉讼的案件在全国各省、自治区、直辖市分布极不均衡。其中,多达11个省、自治区、直辖市没有环境行政公益诉讼案件,8个省、自治区、直辖市仅存1件环境行政公益诉讼案件。环境行政公益诉讼案件数量排名靠前的7个省、自治区、直辖市共计审理72件,占比为75%。

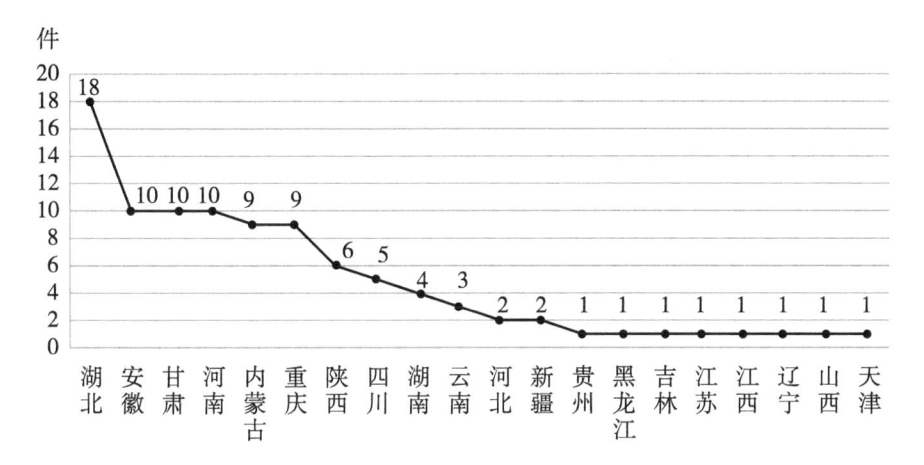

图 5-11 2023 年环境行政公益诉讼案件省际分布

2. 环境行政公益诉讼裁判文书类型分布

本部分检索到的96份环境行政公益诉讼裁判文书中,判决书为55份,裁定书为41份。其中,92件环境行政公益诉讼案件是以一审普通程序审理,1件环境行政公益诉讼案件是以二审程序审理,还有3件环境行政公益诉讼案件为再审案件。统计数据显示,2023年我国审结的92件(包括通知书1件)一审环境行政公益诉讼案件的结案方式主要有裁定准予撤诉、裁定终结诉讼和判决结案三种。从不同结案方式的数据来看,撤回起诉案件15件,裁定终结案件22件,判决结案54件。15件案件撤回起诉的原因与22件案件裁定终结的原因一致,均为被告对具体行政行为或者不作为进行整改,履行职责,行政公益诉讼的目的已经实现,因而撤回起诉、裁定终结。由此可以看出,撤回起诉与裁定终结案件的事由并无明显区分。对其中54份一审环境行政公益诉讼案件判决文书的审理结果作进一步梳理即可发现,判决结果支持原告诉讼请求的案件有51件,占比约94.44%;驳回原告诉讼请求的案件仅有3件,占比约5.56%。总体而言,2023年审结的环境行政公益诉讼案件基本上都是行政不作为类型的案件。

3. 被诉主体类型统计

对2023年审结的96件环境行政公益诉讼案件的被告类型进行分类统计,

即可发现,环境行政公益诉讼案件的被诉主体均为基层行政机关,集中于基层人民政府以及基层人民政府的工作部门。

涉及的被诉行政主体类型多样,不仅有基层人民政府,还有规划和自然资源局(自然资源局)、住房和城乡建设局、文化和旅游局、林业局、水利局、水务局、城市管理局(城市管理行政执法局)、街道办事处、科学技术和经济信息化局、生态环境局(环境保护局)、交通运输局、民政局、农业农村局、公安局交通警察大队、文物局等多达15个行政部门。其中以基层人民政府和自然资源局涉案件量最多,分别有34件和18件。两者占比高达约54.17%。这说明,在环境行政公益诉讼实践中,不履行监管职责的行政机关主体多样,但主要集中于自然资源局和基层人民政府。(见表5-2)

表5-2 环境行政公益诉讼案件被诉主体类型

单位:件

被告类型	案件数量
人民政府	34
自然资源局	18
水务局	3
水利局	5
文物局	1
住房和城乡建设局	5
生态环境局	2
文化和旅游局	3
林业局	5
城市管理局	5
街道办事处	5
科学技术和经济信息化局	1
交通运输局	3
民政局	1
农业农村局	5

4.案由分布情况

统计分析环境行政公益诉讼案件的具体类型,可以揭示不同类型案件的发生情况,了解现实中环境问题多发的领域,也可将其与相履职的行政主体结合起来观察。梳理搜集到的96份环境行政公益诉讼裁判文书,即可发现,行政机关不履行职责的领域存在较大差异,具体涵盖了污染防治、资源保护、文物保护等多个领域。在2023年审结的96件环境行政公益诉讼案件中,以污染防治类的环境行政公益诉讼案件和资源保护类的环境行政公益诉讼案件数量最多,分别为37件和49件。其中,污染防治类案件可以细分为"水污染""固体废物污染""生活垃圾污染""养殖污染"等,资源保护类可以细分为"土地资源保护""水资源保护""林业资源保护"等,由此可以看出,两种案件类型或许在某些案件会出现重合。文物保护类案件为4件,剩余其他类型案件共6件。(见图5-12)

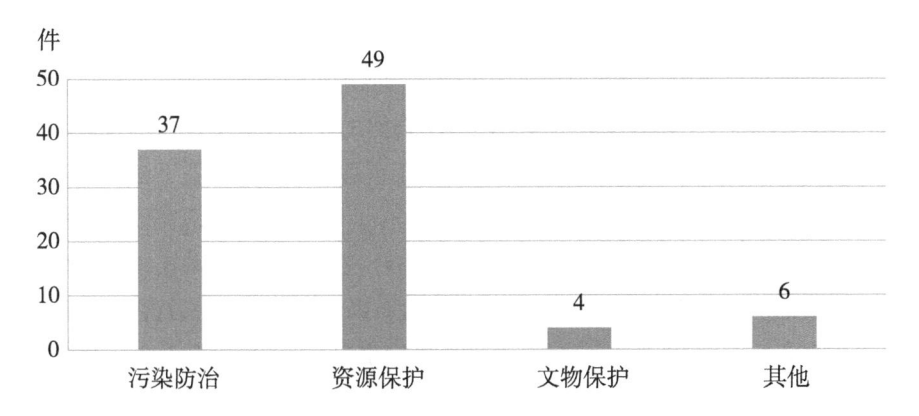

图5-12 环境行政公益诉讼案件类型

三、实践中环境公益诉讼的重点剖析

前文对2023年度有关环境公益诉讼的裁判文书数据进行整理,对2023年度我国环境公益诉讼基本情况进行客观描述,并在此基础上对关键领域的数据进行实证解析,总结现阶段我国环境公益诉讼的整体发展样态。故本课题组在此基础上,结合我国现行相关法律规定,发掘我国环境公益诉讼的现存问题。

(一)环境民事公益诉讼起诉主体比例失衡

2012年,《民事诉讼法》修正之前,环境公益诉讼相关规定阙如,在司法实践中,贵州清镇、云南昆明、江苏无锡等地法院对环境民事公益诉讼持较大的包容度,个人、社会组织、环境保护行政主管部门、检察机关作为原告独立或者共同提起诉讼皆予以受理,原告类型呈现多样化趋势,数量亦随着增长。甚至存在个人和社会组织作为原告提起环境行政公益诉讼的现象。社会组织在一段时间内是环境民事公益诉讼的绝对主力。我国于2012年修正的《民事诉讼法》[5]确立了环境民事公益诉讼制度,法律规定的机关和有关组织可以向人民法院提起诉讼。2013年《民事诉讼法》施行以后,环境民事公益诉讼有了程序性法律依据,但是"法律规定的机关和有关组织"在立法或司法解释中并未明确规定,具体哪些机关和组织享有环境公益诉讼诉权不甚明确。司法实践中,各地方法院多以法律未明确规定"法律规定的机关和有关组织"所指为由,判定中华环保联合会等组织作为环境公益诉讼原告"主体不适格"。2014年修订的《环境保护法》[6]第58条对社会组织的要求作出了规定。2015年《环境保护法》施行,赋予了社会组织环境公益诉讼诉权,扫除了诉讼主体资格立法规定阙如的障碍,非政府环保组织作为原告起诉环境污染、生态破坏者得到实体法承认,至此民间力量可以参与到环境治理机制中。对法律规定的组织进行明确界定有助于改变环境公益诉讼"坎坷"的局面,中华环保联合会、绿发会、自然之友等社会组织积极行使环境公益诉权。2015年实施的最高人民法院《关于审理环境民事公益诉讼案件适用法律若干问题的解释》[7]中也对社会组织进行了规定,社会组织需依法在设区的市级以上人民政府民政部门登记、专门从事环境保护公益活动连续5年以上且无违法记录。除此之外,法律也鼓励社会组织提起环境民事公益诉讼,由检察机关发挥兜底作用,最高人民法院、最高人民检察院《关于检察公益诉讼案件适用法律若干问题的解释》(2020修正)[8]中规定人民检察院发现破坏社会公共利益的行为拟提起公益诉讼的,应当依法公告,公告期届满未有符合规定的机关和社会组织提起诉讼时由人民检察院提起公益诉讼,该条款实际上明确了环境民事公益诉讼的提起主体顺位。

截至2017年,全国范围内有700余家环保社会组织是环境民事公益诉讼原

---

[5] 《民事诉讼法》(2012修正)第55条规定:"对污染环境、侵害众多消费者合法权益等损害社会公共利益的行为,法律规定的机关和有关组织可以向人民法院提起诉讼。"
[6] 《环境保护法》(2014修订)第58条规定:"对污染环境、破坏生态,损害社会公共利益的行为,符合下列条件的社会组织可以向人民法院提起诉讼:(一)依法在设区的市级以上人民政府民政部门登记;(二)专门从事环境保护公益活动连续五年以上且无违法记录。符合前款规定的社会组织向人民法院提起诉讼,人民法院应当依法受理。提起诉讼的社会组织不得通过诉讼牟取经济利益。"
[7] 参见最高人民法院《关于审理环境民事公益诉讼案件适用法律若干问题的解释》第2~5条。
[8] 最高人民法院、最高人民检察院《关于检察公益诉讼案件适用法律若干问题的解释》(2020修正)第13条规定:"人民检察院在履行职责中发现破坏生态环境和资源保护,食品药品安全领域侵害众多消费者合法权益,侵害英雄烈士等的姓名、肖像、名誉、荣誉等损害社会公共利益的行为,拟提起公益诉讼的,应当依法公告,公告期间为三十日。公告期满,法律规定的机关和有关组织、英雄烈士等的近亲属不提起诉讼的,人民检察院可以向人民法院提起诉讼……"

告适格主体,其中仅以绿发会、自然之友、中华环保联合会和中华环境保护基金会等为主的15家机构提起过环境民事公益诉讼。[9] 最高人民法院旨在鼓励符合条件的社会组织更加积极地行使环境民事公益诉权,制定司法解释时对社会组织资格条件限制要素作了扩大解释,但是依然未能进一步激活环境公益诉讼。在环境检察公益诉讼试点实行前,贵州、云南、苏州等地的个别检察机关尝试提起环境公益诉讼,其他多数检察机关则通过支持起诉或督促起诉参与环境公益诉讼。2015年7月至2016年12月,检察机关提起环境公益诉讼案件数量达到74件,案件数量增长势头较迅猛。分析2016年各地方法院受理的环境公益诉讼案件数量可以发现,检察机关提起的案件数量正在赶超社会组织提起的案件数量,检察环境公益诉讼成为主导的趋势初现。2017年,检察公益诉讼制度确立,检察机关作为原告就各类侵害公共利益行为提起公益诉讼热情高涨,检察机关作为环境公益诉讼原告主力尘埃落定。据最高人民法院历年发布的《中国环境资源审判》白皮书统计,各地法院受理的环境民事公益诉讼案件数量呈上升状态,2015年1月至2016年6月共有114件(社会组织作为原告的有93件,检察机关作为原告的有21件),2016年7月至2017年6月共有224件(社会组织作为原告的有153件,检察机关作为原告的有71件),2018年共有1802件(社会组织作为原告的有65件,检察机关作为原告的有1737件),2019年共有2488件(社会组织作为原告的有179件,检察机关作为原告的2309件)。(见图5-13)

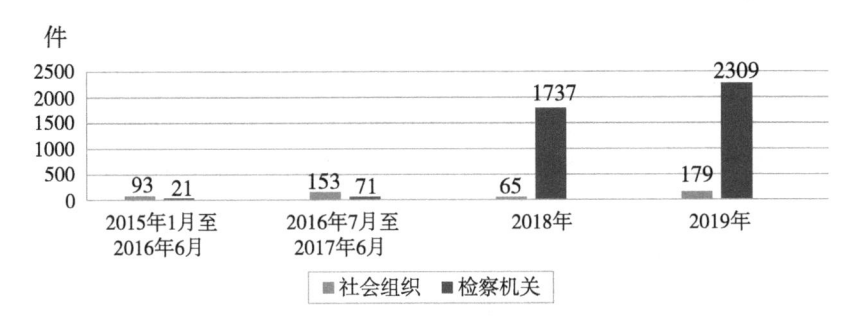

图5-13 2015年至2019年环境民事公益诉讼提起主体数量分布

从环境民事公益诉讼的提起主体来看,社会组织占比微小,呈现以检察机关为主导的局面。《中国环境司法发展报告(2020年)》指出检察机关提起的环境

---

[9] 参见王旭光、王展飞:《中国环境公益诉讼的新进展》,载《法律适用(司法案例)》2017年第6期。

民事公益诉讼占环境公益诉讼案件数量的近90%。[10]《中国环境司法发展报告(2021年)》指出在环境公益诉讼案件中,由社会组织提起的占比不到3%。[11]《中国环境司法发展报告(2022年)》指出检察机关提起的环境民事公益诉讼占比达到70%,社会组织作为起诉主体提起的环境民事公益诉讼案件占比为10%。[12] 2023年检察机关提起环境民事公益诉讼占比达到92%,社会组织作为起诉主体提起的环境民事公益诉讼案件占比为4.8%。从数据来看,社会组织提起的环境民事公益案件数量虽有增长,但整体格局稳定,检察机关仍占据环境民事公益诉讼起诉主体的首位。

(二)环境民事公益诉讼责任承担方式有待完善

环境公益诉讼不以解决原告、被告之间的权益纠纷为主旨,其根本目的是运用司法手段修复受到损害的生态环境以使其回到未受到损害的状态,最终保护或者修复社会公共利益和国家利益。充分贯彻恢复性司法理念,被告承担环境公益诉讼的核心责任方式是环境恢复责任,以此为要应该尽可能要求被告采取恢复原状措施将受到损害的环境修复到保持原有功能或未受到损害的状态。对于无法完全恢复到原来状态的,可以判决被告通过替代性措施予以修复。《侵权责任法》未出台时,法院主要依据《环境保护法》的规定,判决造成环境污染危害的侵权人承担排除危害,赔偿单位或个人损失的责任。2014年《环境保护法》修改了之前《环境保护法》的"排除危害"表述,第64条规定,依据《侵权责任法》(已失效)承担污染环境和破坏生态造成损害的侵权责任。目前,实行双轨式修复责任,可以要求被告承担生态环境修复责任的同时支付具有保障履行修复责任性质的生态环境修复费用,或者根据生态修复不能情况要求其直接支付修复费用。实践中,绝大多数案件判决皆采用这种双轨式修复责任,既判决被告修复生态环境又严明消极履行修复义务时需承担修复费用。生态环境修复可以视为侵权责任履行方式恢复原状运用于环境公益诉讼的集中体现,在整个损害救济体系中处于中心位置,是原告提出的核心诉讼请求之一。为了保障生态环境修复请求执行率,各地方法院不断创新修复方式方法,有的法院在裁判文书中以附件的方式列明生态环境修复方案,有的法院允许被告分期支付生态环境修复费用。

---

[10] 参见吕忠梅等:《中国环境司法发展报告(2020年)》,法律出版社2021年版,第157页。
[11] 参见吕忠梅等:《中国环境司法发展报告(2021年)》,法律出版社2022年版,第256页。
[12] 参见吕忠梅等:《中国环境司法发展报告(2022年)》,法律出版社2023年版,第177页。

当生态环境完全修复难以实现时,探索采用替代性修复方式恢复环境容量或者生态功能,使生态系统结构和总量恢复到受损前的状态。环境公益诉讼案件核心责任承担方式是环境修复,损害赔偿责任方式适用范围仅限于赔偿服务功能损失。替代性修复是指广义上一切可以用另一种方式修复受损的生态环境,无法替代性修复的情形不存在,替代性修复措施认定也较为宽松,所有能够起到恢复环境受损状态或者修复受损功能等客观效果的措施皆可以视为替代性修复措施。比如在失火烧毁森林后,原地无法种植树木,可择地种植树木;再如跨地区、跨流域的大气和水资源污染后,局部地区的大气或水恢复正常后,该修复金可用于修复其他地区的水、大气。以上择地种植树木复绿、修复金灵活使用就属于替代性修复。

除修复责任外,停止侵害、排除妨碍、消除危险三种预防性责任方式也被广泛适用于司法实践。其中,停止侵害运用比例在三者中最高,充分彰显了预防为主,恢复性司法理念。新近,"赔礼道歉"也成为一种责任承担方式,不乏原告在提起环境民事公益诉讼时将其作为一项诉讼请求,多数法院认为环境公益诉讼尽管不解决双方当事人之间的人身权、财产权争议问题,但是破坏生态、污染环境行为会损害生态环境服务功能,侵害不特定社会公众依法享有的美好生活环境精神利益,故而可以将适用于解决特定对象精神利益损失的赔礼道歉作为污染环境、破坏生态的主体承担责任的方式之一,因此大多数法院支持原告有关赔礼道歉的诉讼请求,让违法排污的企业通过在市级、省级、国家级等有影响力的媒体上以发布公开的道歉信的方式承担公开赔礼道歉的责任。实践中,部分法院考虑被告经济履行能力弱,为了诉讼判决能够顺利执行而判决被告从事公益劳动,这种方式充分考量了被告的经济赔偿能力和判决执行的契合度,可以借助被告从事公益劳动通过劳动力等价抵偿其污染环境、破坏生态带来的损害,相较于忽视被告经济能力,单纯赔偿损失而言更有利于修复受损的环境。

总之,经过实践中的积极探索,以修复环境为核心的责任体系形成且日益发展,但是也存在不足。比如,说替代性责任承担方式的法定化不足,劳务代偿等替代性责任承担方式的性质亟须立法明确等。下面就现阶段赔礼道歉责任承担方式以及生态环境修复费用计算两个较为突出的问题展开论述。

1. 赔礼道歉作为责任承担方式的适用

在2023年的环境民事公益诉讼案件判决中,赔礼道歉作为责任承担方式的适用率较高。即便原告未在诉讼请求中要求被告承担赔礼道歉的责任,法院也将此项责任判令被告承担,但法院的说理并不充分,有关赔礼道歉的责任承担方式仍需细化。各地法院对赔礼道歉责任方式的认定随意,在实际损害、主观过错、豁免条件等方面存在矛盾冲突,[13]执行效果欠佳。

从各地法院的判决来看,关于赔礼道歉责任承担方式的裁判缺乏统一适用的标准与依据,各地法院的判决间存在矛盾与冲突,致使赔礼道歉责任承担方式的判决结果略显随意。首先,关于被告是否应当承担赔礼道歉责任的裁判理由各不相同,部分法院直接援引最高人民法院《关于审理环境民事公益诉讼案件适用法律若干问题的解释》的规定,认为赔礼道歉属于环境民事公益诉讼责任承担方式的一种,但是并未作进一步说明,也疏于论证说理,直接判令被告承担此项责任;部分法院认为应当结合被告的主观过错来判断被告是否应当承担赔礼道歉责任;部分法院认为应当参考被告行为是否对公民所享有的享受美好生活的权益造成了精神损害;部分法院认为应当综合以上因素,结合被告所施环境侵害行为造成的损害后果与社会影响,综合考虑被告的主观因素与公民是否遭受精神损害等依据,予以整体衡量。其次,赔礼道歉的具体承担方式不同,执行效果不明。法院根据案件情况判令被告在市级以上、省级以上或全国性媒体发布赔礼道歉内容,但该责任承担方式的层级划分依据不明确,法院是以何为判断依据认定案件具有不同层次的社会影响力亟须补充说明。此外,赔礼道歉责任承担方式的执行效果不明确,在媒体刊登赔礼道歉内容对生态环境受损情况并无恢复作用,仅限于对被告有批评教育意义,社会关注度不够,赔礼道歉能否令公众受损的精神权益得到恢复尚不可知。最后,环境公益诉讼中适用赔礼道歉的理论基础亟待明确。赔礼道歉的指向对象不明,适用逻辑欠缺。根据民法通说理论,赔礼道歉一般适用于侵害受害人人格权益或者其他具有精神利益的权利的侵权案件。[14] 环境公益诉讼中被告实施侵害生态环境的行为对生态环境有实质性损害,该侵害如何体现为公众精神权益方面的损害、环境权如何延伸至环境精神利益有待逻辑上的梳理与释明。纵然赔礼道歉具有社会意义层面的警示作用,但其适用仍需规范。(见表5-3)

---

[13] 参见孙佑海、杨帆:《赔礼道歉:如何在环境民事公益诉讼裁判中正确适用?——基于对112份判决书的实证分析》,载《中国政法大学学报》2023年第5期。

[14] 参见王利明:《侵权责任法研究》(上卷),中国人民大学出版社2010年版,第648页。

表 5-3 部分同意被告承担赔礼道歉责任的案件结案情况

案号	裁判理由	承担方式
(2022)渝民终 848 号	在环境民事公益诉讼案件中应否适用赔礼道歉责任承担方式,应结合责任人所实施环境侵权行为造成的损害后果与社会影响大小、侵权行为人主观过错程度及该环境侵权行为对社会公众享有美好生态环境的权益是否造成精神损害等进行综合考量	在全国性媒体上向社会公众赔礼道歉
(2023)黔民终 481 号	根据最高人民法院《关于审理环境民事公益诉讼案件适用法律若干问题的解释》第18条之规定,一审法院判决某某公司承担赔礼道歉的民事责任并无不当,本院予以支持	维持原判,被告于六盘水市市级媒体公开发表经一审法院审核认可的赔礼道歉声明
(2023)湘09民初7号	被告行为破坏生态环境,应按照最高人民法院《关于审理环境民事公益诉讼案件适用法律若干问题的解释》第18条、第20条规定,承担赔礼道歉、赔偿损失、修复生态环境等责任	由被告在湖南省益阳市市级以上媒体向社会公开赔礼道歉(内容应经法院审定)
(2023)鲁71民初23号	被告存在违法排放大气污染物的环境侵权行为,其主观上存在过错,客观上对环境造成了损害,该行为在破坏自然环境本身的同时,也侵犯了公众精神性环境权益,被告应就其侵害环境的行为赔礼道歉。综合考虑被告的过错程度,其污染环境行为的影响范围、后果等,被告应就其违法排放含挥发性有机废气的行为在山东省级媒体上向社会公众公开赔礼道歉,赔礼道歉的内容需提请本院审核	被告于本判决生效之日起15日内就其违法排放含挥发性有机物废气损害环境的行为在山东省省级媒体上赔礼道歉

2. 生态环境修复费用的计算

最高人民法院《关于审理环境民事公益诉讼案件适用法律若干问题的解释》第 20 条[15]规定在生态环境无法修复的情形下法院可以准许被告采用替代性修复方式;第 23 条[16]规定在生态环境损害费用难以确定的情况下法院可以结合多重因素并参考环境资源保护监督管理职责部门的意见和专家意见等予以

---

[15] 最高人民法院《关于审理环境民事公益诉讼案件适用法律若干问题的解释》第 20 条规定:"原告请求修复生态环境的,人民法院可以依法判决被告将生态环境修复到损害发生之前的状态和功能。无法完全修复的,可以准许采用替代性修复方式。……生态环境修复费用包括制定、实施修复方案的费用,修复期间的监测、监管费用,以及修复完成后的验收费用、修复效果后评估费用等。"

[16] 最高人民法院《关于审理环境民事公益诉讼案件适用法律若干问题的解释》第 23 条规定:"生态环境修复费用难以确定或者确定具体数额所需鉴定费用明显过高的,人民法院可以结合污染环境、破坏生态的范围和程度,生态环境的稀缺性,生态环境恢复的难易程度,防治污染设备的运行成本,被告因侵害行为所获得的利益以及过错程度等因素,并可以参考负有环境资源保护监督管理职责的部门的意见、专家意见等,予以合理确定。"

综合考量。《民法典》第1234条[17]规定国家规定的机关和法律规定的组织有权请求侵权人承担修复责任,侵权人在期限内未修复的,国家规定的机关和法律规定的组织可以自行或委托他人修复,费用由侵权人承担;第1235条[18]规定侵权人可承担的损失与费用范围。虽然法律对环境公益诉讼中替代性修复责任进行了规定,但在具体案件中,替代性修复费用的参考标准并不明晰,替代性修复机制运行不畅。首先,生态环境修复费用的计算依据不明确。生态环境修复费用的计算需要借助专家意见及鉴定意见,要求具备一定的技术性与专业性,目前生态环境修复费用的鉴定需依照《环境损害鉴定评估推荐方法(第Ⅱ版)》与《突发环境事件应急处置阶段环境损害评估推荐方法》等进行,然而技术性标准与《民法典》或最高人民法院《关于审理环境民事公益诉讼案件适用法律若干问题的解释》间存在衔接空缺,关于生态环境修复费用的计算缺乏统一的衡量标准。技术规范的专业性较强,且缺乏统一的计算方法,各地法院实践认定标准不一,使实际操作中修复费用的计算存在困难。其次,关于生态环境修复费用的量化缺乏统一的标准。当前环境损害评估主要依赖于替代等值分析方法和环境价值评估方法,但环境损害评估存在一定程度的"风险性"与"未知性",不同量化方法的选择会导致量化结果的不同。替代等值分析方法与环境价值评估方法的侧重点不同,替代等值分析方法强调"修复",环境价值评估方法强调"损失"。其中虚拟治理成本法作为环境价值评估方法中的一种,虽然被广泛应用,但其计算结果的准确性受到多种因素的影响,如污染物排放量、单位治理成本和环境功能区敏感系数等,有关虚拟治理成本的适用方法仍需细化。不同类型的量化方法会导致生态环境修复费用的计算结果差异,有必要对多种计算方法的适用范围进行辨析,明确不同计算方法的适用规则,以保证生态环境修复费用计算的准确度。最后,《民事诉讼法》暂未规定环境公益诉讼案件中生态环境修复费用的监管主体,实践中对于修复费用的管理和监督方式多样,呈现监管主体乱象。[19]

---

[17] 《民法典》第1234条规定:"违反国家规定造成生态环境损害,生态环境能够修复的,国家规定的机关或者法律规定的组织有权请求侵权人在合理期限内承担修复责任。侵权人在期限内未修复的,国家规定的机关或者法律规定的组织可以自行或者委托他人进行修复,所需费用由侵权人负担。"

[18] 《民法典》第1235条规定:"违反国家规定造成生态环境损害的,国家规定的机关或者法律规定的组织有权请求侵权人赔偿下列损失和费用:(一)生态环境受到损害至修复完成期间服务功能丧失导致的损失;(二)生态环境功能永久性损害造成的损失;(三)生态环境损害调查、鉴定评估等费用;(四)清除污染、修复生态环境费用;(五)防止损害的发生和扩大所支出的合理费用。"

[19] 参见胡淑珠:《从制裁到治理:环境公益诉讼案件生态环境修复执行机制研究》,载《中国应用法学》2023年第1期。

生态环境修复费用的法律规定不足,各地法院在司法判决中做法不一,生态环境修复费用可能被纳入地方财政、设立专项账户、基金账户等。然而,生态环境修复费用的交纳并不能保证资金的有效管理和使用,如何监督修复资金的使用、监督修复工作的实施与验收是目前实践中亟待解决的问题之一。

(三)预防性环境公益诉讼裁判规则有待健全

环境公益诉讼制度十年来从无到有并不断得到完善,包含民事、行政、刑事附带民事公益诉讼等类型的生态环境公益诉讼保护规则体系业已形成:《民法典》《民事诉讼法》《行政诉讼法》《环境保护法》为环境公益诉讼提供了基础性法律依据,司法解释细化了环境公益诉讼裁判规则。《民事诉讼法》和《行政诉讼法》为检察机关、社会组织提起环境民事、行政公益诉讼提供程序法依据,《环境保护法》为环境公益诉讼提供强有力的实体性法支撑。《民法典》不仅成为环境民事公益诉讼的实体法依据,而且设定了生态环境公益侵权责任制度,第1234 条和第 1235 条对生态环境损害修复及赔偿作了概括性规定。最高人民法院联合最高人民检察院或者单独先后发布环境民事公益诉讼、生态环境损害赔偿、生态环境侵权禁止令、惩罚性赔偿等司法解释 21 部,发布环境公益诉讼指导性案例 25 件和典型案例 116 件。生态环境损害后果认定、修复责任承担、专家证人、集中管辖、替代性修复、证据保全等规则不断细化完善。比如,2015 年 1月,最高人民法院《关于审理环境民事公益诉讼案件适用法律若干问题的解释》细化了环境民事公益诉讼审判规则,有效地指导了审判实践。2018 年 3 月,最高人民法院、最高人民检察院《关于检察公益诉讼案件适用法律若干问题的解释》明确规定检察机关提起公益诉讼案件的审判规则,依法及时受理检察机关提起的环境民事、行政公益诉讼案件。2019 年 6 月,最高人民法院《关于审理生态环境损害赔偿案件的若干规定(试行)》发布,以"试行"的方式规定了生态环境损害赔偿诉讼受理条件、证据规则、责任范围、诉讼衔接、赔偿协议司法确认、强制执行等问题。2021 年 12 月,最高人民法院发布《关于生态环境侵权案件适用禁止令保全措施的若干规定》,规定可以适用禁止令保全措施制止损害的发生或继续扩大,避免申请人合法权益或生态环境受到难以弥补的损害等。但是目前,环境公益诉讼规则仍然有待完善,其中现阶段较为突出的预防性环境公益诉讼裁判规则有待健全。

2015 年我国在最高人民法院《关于审理环境民事公益诉讼案件适用法律若

干问题的解释》[20]中提出预防性环境民事公益诉讼制度,预防性环境民事公益诉讼打破"无损害、无救济"的诉讼理念,即便缺乏既存损害,也可以在具有"损害社会公共利益重大风险"的情况下提起公益诉讼。然预防性环境民事公益诉讼运行至今,仍存在"重大风险"意涵不明、举证责任分配不清的司法适用问题。由于法律规范的阙如,"重大风险"的内涵与边界不清,司法裁判中关于"重大风险"的认定缺乏统一、明确的裁判规则。从内涵上看,学者将发生损害的可能性划分为"危险、风险、潜在风险"[21]而"重大风险"的阈值不明,学者观点莫衷一是。在司法实践中,多以具有紧迫性、现实性、不可逆转性的损害结果严重性为依据来认定是否具有"损害社会公共利益的重大风险"[22]但"重大风险"的司法判断总体呈现出认定规则不清、标准不明的现状,并未凸显对"风险"的重要性把握。预防性环境民事公益诉讼的建立初衷便为预防"风险",避免不可逆的损害结果发生,若不厘清"风险"的范围,则将错失对"风险"的针对性预防措施,湮没预防性环境民事公益诉讼制度的风险预防作用,背离制度的设计意图。实践中,存在以"行政违法性"为前提的判定标准,若被告经多次行政处罚仍未整改,则认定案件存在"重大风险"[23]诸如此类的认定标准实则忽略了预防性的制度核心,仍以"已知"为判断依据,忽视科学不确定背景下的风险预防原则之特殊性。"重大风险"内涵的厘定不仅影响法官的裁判标准,同时决定了预防性环境民事公益诉讼制度的预防性功能效果。

除"重大风险"的判断难题外,预防性环境民事公益诉讼的举证责任分配规则不明,原、被告举证责任分配不均。《侵权责任法》(已失效)[24]及现行《民法典》[25]中关于环境侵权案件均采用举证责任倒置的规定,原告需承担初步证明责任,由被告来举证其污染行为与侵害结果之间不存在因果关系。最高人民法

---

[20] 最高人民法院《关于审理环境民事公益诉讼案件适用法律若干问题的解释》第1条规定:"法律规定的机关和有关组织依民事诉讼法第五十五条、环境保护法第五十八条等法律的规定,对已经损害社会公共利益或者具有损害社会公共利益重大风险的污染环境、破坏生态的行为提起诉讼,符合民事诉讼法第一百一十九条第二项、第三项、第四项规定的,人民法院应予受理。"
[21] 参见刘刚编译:《风险规制:德国的理论与实践》,法律出版社2012年版,第180-182页。
[22] 参见韩康宁、冷罗生:《论预防性环境民事公益诉讼中"重大风险"的司法认定》,载《中国人口·资源与环境》2023年第7期。
[23] 如指导性案例131号:中华环保联合会诉德州晶华集团振华有限公司大气污染责任民事公益诉讼案。
[24] 《侵权责任法》(已失效)第66条规定:"因污染环境发生纠纷,污染者应就法律规定的不承担责任或者减轻责任的情形及其行为与损害之间不存在因果关系承担举证责任。"
[25] 《民法典》第1230条规定:"因污染环境、破坏生态发生纠纷,行为人应当就法律规定的不承担责任或者减轻责任的情形及其行为与损害之间不存在因果关系承担举证责任。"

院《关于审理环境侵权责任纠纷案件适用法律若干问题的解释》(已失效)第6条[26]提出原告需承担被告行为与环境侵害结果间存在"关联性"的证明责任。然而实际上"关联性"证明责任与"因果关系"举证责任倒置规则下原告需承担的初步证明责任存在差异,"关联性"的证明标准较低,若抬高"关联性"的证明标准则失去"关联性"证明规则的意义。[27]法律规定中并未对"关联性"与"因果关系"的差异进行梳理,法院在裁判过程中所采用的认定逻辑也不相同。举证责任倒置规则在预防性环境民事公益诉讼中存在普适性缺憾,仍需结合环境公益诉讼的特殊性对不同类型案件中的举证责任规则加以区别规定。若照搬举证责任倒置规定,原告需要对存在"重大风险"进行举证,以初步证明被告行为存在"重大风险",再由被告进行反驳。但由于法律并未对原告所需要提交的初步证明材料或原告所需要承担的"关联性"证明义务予以细化规定,原告的初步举证实则是为达到法官的内心确信,再由被告举证推翻法官的内心确信,实际更偏向于"因果关系推定过程",该判断轨迹存在一定的主观性与不确定性。在预防性环境民事公益诉讼案件中,科学不确定性特征显著,证据的提取以及诉讼材料的整理需要双方当事人具备一定的科学素养。与被告相比,原告在诉讼证据收集方面处于弱势地位,因此过于严苛的举证责任分配规则可能导致证明责任分配失衡,丧失诉讼灵活性,不利于诉讼目的实现。预防性环境民事公益诉讼案件中通常需要鉴定机构以及专家辅助人的介入,而鉴定过程存在鉴定难、鉴定贵的现实因素,社会组织作为原告在诉讼中的诉讼负担甚重。原告出于保护社会公共利益的目的提起诉讼,担负着证据收集压力与诉讼成本压力,若举证责任规则欠妥,不仅打击适格原告主体提起诉讼的热情,同时可能因诉讼规则的适用缺憾导致预防措施实施的延滞,致使损害结果发生,背离风险预防的制度设立初衷。

(四)环境行政公益诉讼诉前程序有待规范

各方需要互相衔接协作共同参与环境治理这一项复杂且系统性的工程。十年来,审判机关、检察机关、公安机关、政府部门、社会组织、社会公众等主体在环境公益诉讼中的参与度不断加深并初步形成协助体系,不断加强环境情报信息

---

[26] 最高人民法院《关于审理环境侵权责任纠纷案件适用法律若干问题的解释》(已失效)第6条规定:"被侵权人根据侵权责任法第六十五条规定请求赔偿的,应当提供证明以下事实的证据材料:(一)污染者排放了污染物;(二)被侵权人的损害;(三)污染者排放的污染物或者其次生污染物与损害之间具有关联性。"
[27] 参见包冰锋:《环境民事公益诉讼中初步证明的理论澄清与规则构建》,载《行政法学研究》2023年第3期。

融合共享,配合证据事实调取,依据管辖移交案件线索,协助执行涉及环境损害修复判决、裁定、决定等法律文书,建立健全环境公益诉讼与环境行政处罚、刑事司法、非诉处理衔接机制,实现环境司法、执法与非诉解决机制有机配合。根据实际需求,建立健全公益诉讼跨区域、部门的互相协同机制,公益诉讼案件办理过程中一体化推进降碳、减污、扩绿、增长,统一考虑产业结构调整、污染治理、生态保护、气候变化应对,将环境公益保护司法协作推向新的高度。各地方政府机关是环境治理的主要责任主体,其履行职责情况与环境治理效果密切相关。一方面,行政机关依法履行生态环境保护职责;另一方面,其积极配合法院审理案件,协助或执行法律判决。检察机关是法律监督者,不仅作为原告提起环境公益诉讼,而且支持起诉,还监督法院裁判,能够确保案件审理公平公正。考虑到二者性质定位及权力分工不同,为了努力实现二者权能最大化释放,力求使二者权力协调统一而加强协作,从而真正地为生态环境保护保驾护航,设置了环境行政公益诉讼诉前程序,但是从目前该诉的实践运行状况而言,有待进一步完善、规范。

《行政诉讼法》第 25 条[28]规定检察机关应当向违法行使职权或不作为导致国家利益或社会公共利益受损的行政机关提出检察建议,对于不依法履行职责的行政机关,人民检察院依法提起诉讼。最高人民法院、最高人民检察院《关于检察公益诉讼案件适用法律若干问题的解释》(2020 修正)第 21 条[29]规定行政机关不依法履行职责的,人民检察院依法向人民法院提起诉讼。《人民检察院公益诉讼办案规则》第 81 条[30]规定人民检察院对经检察建议督促后未履行法定职责的行政机关应当提起行政公益诉讼。法律条文规定检察机关有权在行政机关未履职、社会公共利益受损的情况下对行政机关提起行政公益诉讼,但行政机关是否履职的判断标准尚缺乏统一明确的法律规定。在法院判决中,即便被告已采取立案、发送责令停止违法行为等行政手段,法院仍以被告行为未消除社会公共利益受侵害状态为由认定被告未依法履职。学界关于行政机关履职

---

[28] 《行政诉讼法》第 25 条第 4 款规定:"人民检察院在履行职责中发现生态环境和资源保护、食品药品安全、国有财产保护、国有土地使用权出让等领域负有监督管理职责的行政机关违法行使职权或者不作为,致使国家利益或者社会公共利益受到侵害的,应当向行政机关提出检察建议,督促其依法履行职责。行政机关不依法履行职责的,人民检察院依法向人民法院提起诉讼。"

[29] 最高人民法院、最高人民检察院《关于检察公益诉讼案件适用法律若干问题的解释》(2020 修正)第 21 条第 3 款规定:"行政机关不依法履行职责的,人民检察院依法向人民法院提起诉讼。"

[30] 《人民检察院公益诉讼办案规则》第 81 条规定:"行政机关经检察建议督促仍然没有依法履行职责,国家利益或者社会公共利益处于受侵害状态的,人民检察院应当依法提起行政公益诉讼。"

标准问题存在多种观点,有学者认为应当以行政机关是否穷尽法定监管手段为依据,判断行政机关是否实际履职。若行政机关已经穷尽行政管理手段,主观方面无故意不履行或怠于履行的恶意,即便环境资源受损状况未得到恢复,也不应认定行政机关存在违法不作为。[31] 有学者认为应当以行政机关实施行政手段后的环境公益保护效果为判断依据,考察环境公益是否仍处于侵害状态。[32] 综合来看,学界关于行政机关履职标准的判断存在行为标准、结果标准和综合标准的争议,[33] 其中行为标准与结果标准的争论最盛。实践中法院多以结果为导向判断行政机关是否存在违法不作为,即以社会公共利益受损情况是否得到恢复为判断依据。天水市麦积区人民检察院诉天水市麦积区三岔镇人民政府行政公益诉讼案中,法院认为被告是否履行了上述职责、职责履行是否合法并到位,要以河道环境状况不对河流行洪安全造成隐患为判断标准。[34] 在庭审过程中,法院多以结果为导向衡量被告履职情况,而行政机关多适用行为标准举证已采取的行政管理手段,以证明自身不存在违法履职行为,二者关于是否履职的判定标准存在理解差异。例如,包头市白云鄂博矿区人民检察院诉包头市白云鄂博矿区自然资源局不履行查处环境违法行为职责行政公益诉讼案中,被告列举其发出的关于限期履行矿山地质环境恢复治理和土地复垦义务的告知书、关于限期履行矿山地质环境恢复治理和土地复垦义务的催告书以及关于限期履行报废矿井封井回填义务的决定书以证明被告一直在履行法定的工作职责。法院最终认为被告虽履行了部分监管职责,但案涉破坏的地质环境仍未得到实质性治理,社会公共利益仍在持续受到侵害,被告辩解理由缺乏法律依据,不予采信。[35] 关于社会公共利益受损状态是否得到消除的判断过程存在一定的鉴别难度,判断过程缺乏统一客观的明确标准,虽然被告举证自身履职行为,但诸多案件中法院在进行裁判时将社会公共利益受损是否恢复与被告是否进行实质性治理相关联,从而判定被告是否依法履职。法院与原、被告间缺乏统一的衡量依据,多方对于是否怠于履行职责的证明视角不同,被告难免受制于法院的裁判压力与检察机关的公益诉讼数量指标而增加行政管理压力。"行为标准"与"结果标准"

---

[31] 参见刘卫先、张帆:《环境行政公益诉讼中行政主管机关不作为违法及其裁判的实证研究》,载《苏州大学学报(法学版)》2020 年第 2 期。
[32] 参见王万华:《完善检察机关提起行政公益诉讼制度的若干问题》,载《法学杂志》2018 年第 1 期。
[33] 参见赵俊:《环境行政公益诉讼中行政机关履职的判断标准》,载《法学》2023 年第 10 期。
[34] 参见甘肃省天水市秦州区人民法院行政判决书,(2023)甘 0502 行初 89 号。
[35] 参见内蒙古自治区达尔罕茂明安联合旗人民法院行政判决书,(2023)内 0223 行初 3 号。

的关注点不同，法院采纳不同观点时的裁判影响因素也不同，学界部分观点支持将"行为标准"作为认定行政机关是否履职的判断标准，但于司法实践而言，仍需明确的法律规定予以规范。

在环境行政公益诉讼的诉前程序问题中，检察建议的成效甚微。我国《行政诉讼法》第 25 条及最高人民法院、最高人民检察院《关于检察公益诉讼案件适用法律若干问题的解释》第 21 条[36]对检察建议进行了规定，检察机关在履职过程中发现有损害社会公益行为的，应当向负有监督管理职责的行政机关发送检察建议，行政机关应当在 2 个月内予以书面答复，不依法履行职责的，检察机关可以提起诉讼。由此可知，发送检察建议是环境行政公益诉讼必经的诉前程序。然而实践中，检察建议的作用不显著，未能充分发挥其监督整改作用。在环境行政公益诉讼中，部分行政机关忽视检察机关提出的检察建议，责任意识欠缺，未及时对检察建议予以回复，也未进行整改，检察建议的实施乏力。若能发挥检察建议的作用，既可以有效遏制环境公益诉讼的侵害情形，又能减少诉讼数量，节约司法成本。[37] 由于司法资源有限，目前缺乏完善的监督效果评估机制，难以对检察建议的执行情况进行有效的跟踪和监督，从而影响了检察建议的实际效果。为保障实现环境行政公益诉讼诉前程序的"督促整改"作用，检察机关应当追踪行政机关的履职情况，督促其依法履职，必要时，可以与行政机关就整改细节进行诉前磋商。[38] 此外，检察建议的内容应当明确具体，不能笼统宽泛，检察建议书内容中应载明检察机关认为行政机关不依法履行职责的理由，促使行政机关改正，发挥检察建议的监督功能。如前文所述，环境行政公益诉讼在判断行政机关"是否依法履职"时存在行为标准与结果标准混用的情形，实际上检察建议的发出要求行政机关做到停止或阻碍环境公益受损的结果，但行政机关在规定时限内进行整改存在一定难度，原因在于行政机关完全履职受到自然条件限制，环境侵害本身具有潜伏性、不确定性；行政机关履职需要多部门之间协

---

[36] 最高人民法院、最高人民检察院《关于检察公益诉讼案件适用法律若干问题的解释(2020 修正)》第 21 条第 1 款、第 2 款规定："人民检察院在履行职责中发现生态环境和资源保护、食品药品安全、国有财产保护、国有土地使用权出让等领域负有监督管理职责的行政机关违法行使职权或者不作为，致使国家利益或者社会公共利益受到侵害的，应当向行政机关提出检察建议，督促其依法履行职责。行政机关应当在收到检察建议书之日起两个月内依法履行职责，并书面回复人民检察院。出现国家利益或者社会公共利益损害继续扩大等紧急情形的，行政机关应当在十五日内书面回复。"

[37] 参见孙海涛、宋欣然：《司法能动视角下环境行政公益诉讼制度运行的风险与对策》，载《河海大学学报(哲学社会科学版)》2022 年第 5 期。

[38] 参见杨雅妮：《行政公益诉讼诉前检察建议与诉讼请求关系研究》，载《河北法学》2024 年第 7 期。

调配合,各部门间环境行政权力交织;行政机关履职需要经历一定的法定程序。[39] 虽然发布检察建议后的整改期限由一个月延长至两个月,但在情况稍复杂的环境公益诉讼案件中,要求行政机关在两个月内完全履职仍略有失宜,因此出现了检察建议成效甚微的尴尬处境,大多数行政机关即便经过检察建议的督促,也将进入环境行政公益诉讼程序,导致两个月的建议期"空转",作用虚化。

(五)生态环境损害赔偿诉讼与环境民事公益诉讼的衔接有待优化

十余年来,环境公益诉讼从无到有且体系业已形成。贵阳、无锡、昆明等地自2007年11月以来,借助设立专门审理环境保护法庭的际遇,规定检察机关、环保局等政府职能部门,以及环保组织等机构可提起环境保护公益诉讼,由此开始探索环境公益诉讼制度。2012年,通过修改《民事诉讼法》的方式对这场探索予以了肯定,解决了环境民事公益诉讼无法可依之问题。2015年实施的《环境保护法》明晰了社会组织充当公益诉讼原告的条件,有助于环境公益诉讼"破冰"。中共中央办公厅和国务院办公厅于2015年联合印发的《生态环境损害赔偿制度改革试点方案》(以下简称《生态环境损害赔偿试点方案》,已失效)确立了生态环境损害赔偿诉讼制度。2017年6月,修正的《民事诉讼法》和《行政诉讼法》规定检察机关享有民事公益诉讼和行政公益诉讼诉权,我国检察公益诉讼制度正式确立。2021年1月1日起实施的《民法典》也为环境民事公益诉讼提供了实体法上的依据。

"10年来,人民法院审结环境资源案件约192.9万件;检察机关起诉破坏生态环境资源犯罪20.9万人,办理相关公益诉讼案件35.2万件。"[40] 2023年6月5日,最高人民检察院发布《生态环境和资源保护检察白皮书(2018—2022)》时,时任最高人民检察院第八检察厅厅长的胡卫列介绍,2017年至2022年年底,全国检察机关共办理生态环境和资源保护公益诉讼案件40余万件,占全部公益诉讼总数的52%,2018年至2022年生态环境和资源保护领域公益诉讼案件数量分别为59312件、69236件、83744件、87679件、94923件。[41] 2023年,最高人民法院工作报告显示,五年来,人民法院审结1.7万件环境公益诉讼案件。[42]

统计表明,环境公益诉讼案件数量虽有波动,但一直处于逐年上升状态。

---

[39] 参见刘超:《环境行政公益诉讼诉前程序省思》,载《法学》2018年第1期。
[40] 吕忠梅:《迈向中国环境法治建设新征程》,载《地方立法研究》2023年第1期。
[41] 参见行海洋:《去年全国法院受理环境公益案件5885件》,载《新京报》2023年6月6日,第A11版。
[42] 参见行海洋:《去年全国法院受理环境公益案件5885件》,载《新京报》2023年6月6日,第A11版。

2007年至2013年,各地法院受理环境公益诉讼案件数量共计76件(其中2007年1件,2008年10件,2009年16件,2010年14件,2011年16件,2012年15件,2013年4件)。[43] 颇令人意外的是,2013年环境公益诉讼进入"倒春寒",2014年环境公益诉讼案件数量据报道统计约有9件。[44] 据《中国环境司法发展报告(2019年)》《中国环境司法发展报告(2020年)》《中国环境司法发展报告(2021年)》《中国环境司法发展报告(2022)》统计[45],2015~2016年环境公益诉讼案件为73件,2017年为114件,2018年为1252件,2019年为1947件,2020年为3357件,2021年为1487件,2022年为462件(见图5-14)。[46] 从各年度统计的环境公益诉讼案件数量来看,2015~2020年度整体呈现攀升趋势,并于2020年达到顶峰,2021年、2022年案件数量大幅回落。[47]

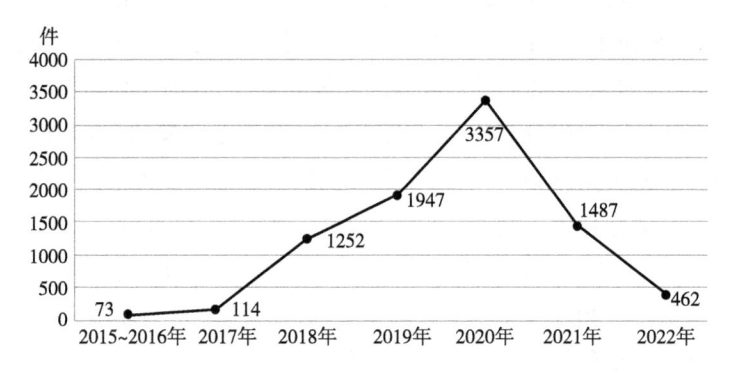

图5-14 2015~2022年环境公益诉讼案件数量分布

经过前期各地在法律依据不充足的情况下的试验性探索,以及立法确立环境公益诉讼后的十余年实践,互相独立但衔接的,由环境民事公益诉讼、环境行政公益诉讼、生态环境损害赔偿诉讼构成的环境公益诉讼体系形成。三类公益诉讼内部因原告不同而又可以分为社会组织提起的环境民事公益诉讼,检察机关提起的环境民事、行政、刑事附带民事公益诉讼,省级、市级地方政府提起的生

---

[43] 参见自然之友编,刘鉴强主编:《中国环境发展报告(2014)》,社会科学文献出版社2014年版,第146页。
[44] 有学者通过检索中国裁判文书网、Lexis、CCH、无讼、北大法宝、OpenLaw,统计了2013年1月至2015年5月各地法院受理的环境公益诉讼案件得到案例21件,其中2015年1月1日后,各地法院受理的环境公益诉讼为8例。减去2013年环境公益诉讼案件4例,可推测2014年环境公益诉讼案件为9例。
[45] 《中国环境司法发展报告(2022)》已经于2023年6月5日在北京发布。
[46] 《中国环境司法发展报告》统计数量来源为中国裁判文书网和北大法宝裁判文书,尽管统计结果可能受裁判文书公布数量影响,但是总体而言环境公益诉讼案件数量相差不大,表明环境公益诉讼案件数量逐年上升。
[47] 参见吕忠梅等:《中国环境司法发展报告(2021年)》,法律出版社2022年版,第234页。

态环境损害赔偿诉讼等不同类型的环境公益诉讼。尽管各类案件数量不均匀，但是皆占一定比例，形成了具有中国特色的环境公益诉讼体系。但是在衔接方面有待优化，其中生态环境损害赔偿诉讼与环境民事公益诉讼的衔接问题值得关注。

最高人民法院《关于审理生态环境损害赔偿案件的若干规定（试行）》（2020修正）第16条[48]规定了在审理生态环境损害赔偿案件过程中，就同一损害生态环境行为又被提起环境民事公益诉讼的，由审理生态环境损害赔偿案件的法院受理并由同一审判组织审理；第17条[49]规定人民法院审理由同一损害生态环境行为提起的两诉时，应当中止环境民事公益诉讼的审理，优先审理生态环境损害赔偿诉讼。生态环境损害赔偿诉讼与环境民事公益诉讼在功能面向、诉讼对象与责任承担方式方面具有高度重合性。[50] 法律虽然对生态环境损害赔偿诉讼与环境民事公益诉讼间的审理顺序作出规定，认为生态环境损害赔偿案件具有优先性，但该立法不足以支撑两诉间的顶层制度逻辑，立法仍存在空隙。其一，最高人民法院《关于审理生态环境损害赔偿案件的若干规定（试行）》（2020修正）第16条仅规定了生态环境损害赔偿诉讼审理在先的情况，并未规定环境民事公益诉讼审理在先的情形。关于环境民事公益诉讼审理在先时，如何处理因同一损害行为提起的生态环境损害赔偿诉讼尚缺乏规定。其二，从最高人民法院《关于审理生态环境损害赔偿案件的若干规定（试行）》（2020修正）第17条来看，生态环境损害赔偿诉讼具有审理方面的优先性，当人民法院受理因同一损害生态环境行为提起的生态环境损害赔偿诉讼案件和民事公益诉讼案件时，应先中止民事公益诉讼案件的审理，该中止规定缺乏正当性基础。环境民事公益诉讼与生态环境损害赔偿诉讼可能存在损害生态环境行为同一、诉讼目的一致、诉讼请求重合等共同之处，两诉间不必然存在"先决"关系，且贸然停止环境民事公益诉讼的审理无疑是司法资源的浪费。两诉既因共同的生态环境侵害行

---

[48] 最高人民法院《关于审理生态环境损害赔偿案件的若干规定（试行）》（2020修正）第16条规定："在生态环境损害赔偿诉讼案件审理过程中，同一损害生态环境行为又被提起民事公益诉讼，符合起诉条件的，应当由受理生态环境损害赔偿诉讼案件的人民法院受理并由同一审判组织审理。"

[49] 最高人民法院《关于审理生态环境损害赔偿案件的若干规定（试行）》（2020修正）第17条规定："人民法院受理因同一损害生态环境行为提起的生态环境损害赔偿诉讼案件和民事公益诉讼案件，应先中止民事公益诉讼案件的审理，待生态环境损害赔偿诉讼案件审理完毕后，就民事公益诉讼案件未被涵盖的诉讼请求依法作出裁判。"

[50] 参见于文轩、孙昭宇：《生态环境损害司法救济体系的优化路径》，载《吉首大学学报（社会科学版）》2022年第4期。

为而产生衔接问题,那么中止环境民事公益诉讼的审理使之让位于生态环境损害赔偿诉讼就需要更完善的阐释说明。此外,在具体的生态环境损害赔偿制度运行之中,生态环境损害赔偿诉讼存在磋商程序不完善的困境,制度运行中忽略了磋商环节的重要性。[51] 磋商制度的告知功能未得到良好发挥,当生态环境损害赔偿诉讼已经进入磋商程序时,环境民事公益诉讼原告不知道磋商事宜,向人民法院提起环境民事公益诉讼,又因生态环境损害赔偿诉讼已经启动而被迫停滞,若生态环境损害赔偿诉讼磋商程序顺利,达成磋商协议,环境民事公益诉讼原告又需撤诉,该过程浪费了不必要的诉讼成本以及司法资源。最高人民法院《关于审理生态环境损害赔偿案件的若干规定(试行)》(2020 修正)第 17 条只规定了两诉审理的优位,并未规定当生态环境损害赔偿诉讼进入磋商程序时环境民事公益诉讼的处置方式,且磋商制度只要求达成磋商协议时进行告知,忽略了磋商协议启动时的告知必要性与重要性。关于两诉间的审理规则与诉讼衔接规定仍需关注现实困境,出台更灵活适用的法律规定。

四、环境公益诉讼制度的未来面向

(一)持续大力优化环境民事公益诉讼起诉主体结构

法律设计多种环境公益诉讼的目的在于多方位维护环境公益,提供多种主体参与社会公益治理的途径。法律规定赋予除检察机关外的主体以提起环境民事公益诉讼的权利,意在建立在国家权力体系的内部监督之外的主体参与治理路径。检察机关的公益诉权源于其法律监督职能,由检察机关提起的环境公益诉讼仍旧呈现国家权力内部结构的互动。社会组织参与环境民事公益诉讼呈现出社会力量与国家公益治理的互动。从该角度来看,社会组织参与社会公益诉讼能够筑造多维主体参与生态环境保护的治理格局,促进社会公益治理的社会合力,而起诉主体失衡的局面一定程度上不利于多维共治的生态环境治理局面构筑,抑制社会主体参与社会公益诉讼的积极性。正常情况而言,要实现起诉主体间的良性互动,应将环境民事公益诉讼以社会组织为主,检察机关为辅的格局确立下来,以实现环境民事公益诉讼良性发展。

然而,现环境民事公益诉讼起诉主体结构仍然呈现以检察机关为主导,社会组织为辅。一方面,由于诸多现实因素,社会组织在诉讼过程中面临多重阻碍,社会组织作为起诉主体的比例较小。其一,《环境保护法》对社会组织的规定予

---

[51] 参见孙洪坤、范雅莉:《生态环境损害赔偿诉讼与环境民事公益诉讼衔接困境及其破解》,载《南京工业大学学报(社会科学版)》2023 年第 5 期。

以明确,须符合三项要求,实际上符合要求的社会组织数量较少,法院对社会组织的资格审查较严。诉讼争议焦点多集中于对原告主体资格的质疑,在由社会组织提起的环境民事公益诉讼中原、被告的争议焦点往往包含原告是不是适格主体这一问题。我国社会组织的总体数量虽多,但符合法律规定要求的社会组织数量较少,主体范围有限。因此,有必要适当降低社会组织参与环境民事公益诉讼的门槛。"在承袭《环境保护法》第58条的基础上,对社会组织参加环境污染事故的调查和处理的期限作出调整。不仅要把社会组织'专门从事实环境保护公益诉讼连续五年以上且无违法记录'的'五年'期限缩短到'三年',还要删去'提起诉讼的社会组织不得通过诉讼牟取经济利益'的规定,以更好发挥社会组织对环境民事公益诉讼的监管作用,推进民事公益诉讼制度的发展。"[52]其二,改变社会组织在因果关系证据收集方面处于弱势地位的情况。环境公益诉讼案件证据收集难度大,部分环境案件中环境侵害具有科学不确定性,原告所掌握的数据甚微,且环境公益诉讼案件因果关系的证明难度高,因此应该采取有力举措,提高社会组织作为原告的证据收集能力及诉讼应对能力。其三,提高社会组织热情。增加财政扶持力度,减少社会组织面临公益目的起诉,面临高昂鉴定费、律师费及差旅费等诉讼压力,切实提高社会组织诉讼热情。在中国生物多样性保护与绿色发展基金会诉合浦县白沙镇独山泰盛石场生态环境保护民事公益诉讼案中[53],原告提出申请对泰盛石场造成的生态环境损害进行全面的鉴定,但鉴定机构收费预估100万元至180万元,原告明确表示无法交纳该费用,故取消了对该鉴定机构的委托。社会组织无力应对冗长繁杂的诉讼过程,欠缺费用承担能力与诉讼专业应对能力,致使社会组织起诉意愿降低。[54]除环境民事公益诉讼中对社会组织审查严格、诉讼成本高昂等客观因素,刑事附带民事公益诉讼的发展也使环境民事公益诉讼起诉主体失衡。社会组织目前只能作为提起环境民事公益诉讼的主体,而刑事附带民事公益诉讼中检察机关可以不经公告程序直接提起诉讼。刑事附带民事公益诉讼证据收集较为完全,检察机关提起刑事附带民事公益诉讼有"搭便车"之利,能够提高诉讼效率,因此刑事附带民事公益诉讼案件数量较多。要扭转这种局面,还是要从政策支持,费用资助,程序

---

[52] 刘娉:《环境法典中生态环境纠纷解决的逻辑框架与困境纾解》,载《社会科学论坛》2024年第3期。
[53] 参见中国生物多样性保护与绿色发展基金会与合浦县白沙镇独山泰盛石场生态环境保护民事公益诉讼上诉案,广西壮族自治区高级人民法院(2020)桂民终14号民事判决书。
[54] 参见杨赵颖:《社会组织参与海洋公益诉讼的反思与重构》,载《产业与科技论坛》2023年第2期。

变通等方面入手,切实解决社会组织提起诉讼时面临的费用困境,诉讼热情不高等问题。

另一方面,要明确符合法律规定的机关具体要求。由于符合法律规定的机关具体要求不详,该主体提起环境民事公益诉讼的占比微小。《民事诉讼法》规定法律规定的机关和有关组织可以提起环境公益诉讼,《环境保护法》对社会组织予以细化规定,但《环境保护法》及最高人民法院《关于审理环境民事公益诉讼案件适用法律若干问题的解释》均并未规定何为法律规定的机关,该诉讼主体范围模糊。目前,关于环保行政主管部门能否认定为法律规定的机关也尚未定论。在环境民事公益诉讼中环保行政主管部门相较于社会组织仍具有证据收集优势,且环保行政主管部门也具有公益性与环境问题治理方面的专业性,其作为环境民事公益诉讼的原告具有合理性。但关于环保主管部门能够作为民事公益诉讼的提起主体以及环保主管部门与社会组织的原告顺位关系还需出台相关司法解释加以规范,以完善环保主管部门提起民事公益诉讼的程序规范,明确环保主管部门的诉权。

(二)完善以修复环境为核心的责任体系

完备的法律规范体系是生态环境修复责任得以落实的前提,从此角度而言,目前相关法律规范供给不足。目前我国法律规范中涉及生态修复的内容较少,且过于分析,内容模糊。《矿产资源法》《水土保持法》《环境保护法》《民法典》等法律规范中皆对生态环境修复责任有所涉及,但是皆过于笼统,仅是原则性规定。即使2014年《环境保护法》修订后有效地遏制了环境污染行为,但是生态环境修复条款并未调整,对于执法和司法的指引性不强。虽然2021年《民法典》施行后,生态环境修复责任问题得到了相应的法律支持,但是从更为微观的角度和具体效果而言,生态环境修复还是需要更为详细的法律规范支撑,确保生态环境修复责任得以严格执行。所以,可以制定"生态环境修复责任法",对生态环境修复责任进行专门规定,明确生态环境修复责任的具体内容。

对于替代性修复责任方式应该在完善立法规范的基础上再予以细化具体适用程式。《民法典》、最高人民法院《关于审理环境民事公益诉讼案件适用法律若干问题的解释》、最高人民法院《关于审理生态环境损害赔偿案件的若干规定(试行)》等法律规范未明确规定替代性修复责任方式。只是最高人民法院《关于审理环境公益诉讼案件的工作规范(试行)》第33条规定,基于污染大气、水等具有自净功能的环境介质,人民法院可以判决被告人缴纳生态环境修复费用并采用区域环境治理、劳务代偿和从事环境宣传等替代性修复责任方式。为了适应碳达峰、碳中和,最高人民法院《关于审理森林资源民事纠纷案件适用法律若干问题的解释》第 20 条明确规定:"当事人请求以认购经核证的林业碳汇方式替代履行森林生态环境损害赔偿责任的,人民法院可以综合考虑各方当事人意见、不同责任方式的合理性等因素,依法予以准许。"司法解释等相关规范肯定了替代性修复责任方式的适用,但是具体适用细则有待细化,以致司法实践中,替代性修复责任方式适用较为随意,呈现出多样化的趋势,包括认购碳汇、补植复绿、种植净化水质草本类植物、异地补植、增殖放流、护林护鸟等。当然,基于生态环境损害类型,结合当地情况采取替代性修复责任方式具有一定的合理性,但是具体适用标准及情形法定化不足带来的问题也是显而易见的,比如个别地区忽视环境容量,缺乏科学评估,盲目适用增殖放流,湖泊流域水生物饱和,大量水生物死亡,导致原生态环境进一步破坏。因此,首先需要明确地界定替代性修复的内涵和外延,以此明确替代性修复的适用范围,规定替代性修复方式适用的具体情形,科学评估适用的可行性。其次是要明确替代性修复方式的具体类型及种类,将替代性修复责任方式细化为金钱支付类、行为实施类和劳务代偿类,再将这三类进行细化。金钱支付类包括直接支付替代性修复费用、认购碳汇等,行为实施类细化为异地补植复绿、增殖放流,劳务代偿类细化为担任护林员、巡河员、护鸟员、护鱼员。还要结合受损生态环境的种类、实施替代修复义务人的金钱履行能力等情形综合明确替代性修复责任方式的具体适用条件。[55]

  从发挥预防性威慑力,对环境损害违法行为进行法治教育,通过具有内省性的方式宣扬正确价值观及纠正不法行为角度而言,在环境民事公益诉讼裁判中适用赔礼道歉责任方式具有必要性和可行性。但是,目前这种责任方式的适用有待进一步规范化。首先需要明确赔礼道歉责任方式适用标准。在实践中,对于赔礼道歉的适用标准不统一,一些法院认为污染环境行为具有损害社会公共利益风险,便支持了赔礼道歉的诉讼请求,有些法院以潜在危险因素没有对环境造成实际污染为由驳回了赔礼道歉请求。[56] 如果不存在实际危害行为,仅存在风险,在这种情况下适用赔礼道歉可能难以发挥赔礼道歉的威慑作用和警示教

---

[55] 参见王莉、常茜茜:《生态环境损害替代性修复的法律性质厘清及规则再造》,载《江西理工大学学报》2023 年第 6 期。
[56] 参见孙佑海、杨帆:《赔礼道歉:如何在环境民事公益诉讼裁判中正确适用?——基于对 112 份判决书的实证分析》,载《中国政法大学学报》2023 年第 5 期。

育功能。而且赔礼道歉可能会对被告声誉造成影响，故而其适用应该以存在实际损害为前提。主观过错不是环境民事公益诉讼对环境公共利益损害救济的必要条件，但是在适用赔礼道歉时需要考虑是否存在主观过错。因为，通常意义上的赔礼道歉是借助道德对过错行为的谴责，如果没有过错，赔礼道歉的预防和教育功能无法发挥出来，即使勉强让被告赔礼道歉也毫无意义。因此，要结合主观过错程度决定赔礼道歉的具体适用。当然，也允许被告采取弥补措施替代赔礼道歉。赔礼道歉的本质还是让被告受到惩罚，这种惩罚包含声誉的影响，以及公开赔礼道歉的费用，其只是手段，目的还是预防和修复生态环境。因此，如果被告提出采取替代性措施承担责任，比如承诺整改并规范经营，赔偿损失，那么可以根据被告主观态度决定是否适用赔礼道歉。另外，赔礼道歉具体如何实施也有待细化，实践中多通过报刊等方式公开赔礼道歉。但是对于报刊级别没有规定，赔礼道歉发布于过低级别的报刊无法达到警示效果，因此应该规定报刊级别，以及赔礼道歉的具体内容。同时，可以借助微信公众号、抖音号、视频号、微博等平台提升赔礼道歉的受众面，提升赔礼道歉的社会效果。[57] 甚至，最高人民法院可以发布赔礼道歉责任方式的典型案例，进一步规范赔礼道歉责任方式的适用。为了保证赔礼道歉责任方式适用真正发挥效果，还可以畅通投诉渠道，让民众监督被告整改情况，以真正发挥赔礼道歉责任方式的功用，避免流于形式。

生态环境破坏程度及修复费用的评估具有主观性和不确定性，因地而异会有较大的差距，因此有必要健全生态损害评估机制和生态修复资金监管机制。首先需要对受损地的实际情况进行充分调研，为修复方案的制订提供科学依据，在具体讨论时要综合周边环境综合因素进行全方位论证。其次是要聘请专业人士进行充分论证，确保生态修复费用的计算有理有据。除此之外还要健全生态修复资金管理机制，这是落实生态修复责任的重要保障。2021 年最高人民法院发布的《关于新时代加强和创新环境资源审判工作为建设人与自然和谐共生的现代化提供司法服务和保障的意见》第 18 条规定，要"完善异地执行委托衔接、生态环境修复效果评估、环境修复资金管理制度等配套措施，建立全国环境资源审判信息平台"。根据上述规定，可以依托环境修复资金管理制度，保障生态修复责任的落实。

---

[57] 参见孙佑海、杨帆：《赔礼道歉：如何在环境民事公益诉讼裁判中正确适用？——基于对 112 份判决书的实证分析》，载《中国政法大学学报》2023 年第 5 期。

（三）完善预防性环境公益诉讼裁判规则

预防性环境公益诉讼裁判规则不完善之问题主要集中在"重大风险"和"举证责任分配"两个方面，因此首先要解决"重大风险"不明确及认定标准模糊问题，然后就是平衡举证责任分配。有待进一步明确"重大风险"是什么，以及"重大风险"如何认定。从司法实践中各地同类案件不同判决的现象观之，法院在认定时采取了不同的进路，一种是以环保机构的环保意见为依据，另一种是以超污染物排放标准及可能造成的经济和人身损害的综合标准作为衡量标准。无论采取哪种标准，始终脱离不了对"风险""重大"的理解。就"风险"角度而言，其不等同于实际损害，只是一种潜在的可能带来损害的状态。因此，"风险"实际上是介入"损害"和"危害"之间的"中间带"。"风险"是否会发生并带来实际损害具有或然性，涉及概率问题，其认定应该是主观与客观的结合。如果认为风险演变为现实具有高度盖然性，那么就可以认定风险存在。比如大坝的修建，极有可能导致部分鱼种无法回流产卵。加之，预防性环境公益诉讼的特性，实际上这种"风险"的认定并不要求具有高度盖然性。"重大"可谓是对"风险"的限定，意味着"风险"的存在，并不必然引致损害的发生，也并不必然启动诉讼，而是必须"无限"接近损害发生。"重大"在这里实际上扮演着"平衡"角色，其对原告、被告主体间的关系进行协调，对公共利益与私人利益进行平衡，对诉讼成本与收益进行权衡，力求在生态环境保护与生态环境利用，经济发展与生态环境保护等方面达到统筹，实现社会效果、经济效果、政治效果的有机统一。因此，对于"重大"的认定必须进行利益衡量，不能只看"量"，而是要基于平衡逻辑，以及预防性环境公益诉讼的特质，进行"善"和"正义"的实质性判断。在具体操作时，可以构建"指标"体系，对"风险"进行分级，以此确定"重大"的标准。在建构、参照具体标准时可以对行为可能造成的损害程度，所处周围环境的特征（包括脆弱性、可修复性、自身承载性等），行为客体的价值进行综合考量。

另外，就是明确举证责任的分配。预防性环境公益诉讼与其他环境公益诉讼的重大区别就是，其是针对可能发生的环境损害提起诉讼，传统的"谁主张，谁举证"的证明方式与该诉的特征并不十分契合。然而，侵权诉讼适用的举证责任倒置也与预防性诉讼请求适配度不高。如果依据"谁主张，谁举证"由原告承担举证责任，那么原告不仅要具备较高的专业知识能力，而且需要耗费大量的人力、物力，如此会导致权利与义务适配的"畸形"；反之，则又会致使案件急剧增多，原告滥用诉权，引发司法资源挤兑，甚至是损害被告利益。因此，预防性环境公益诉讼的举证责任规则不同于传统的举证责任规则理应是一项不争的共识。在具体设置时要充分考量预防性环境公益诉讼的特点,以及原告、被告的诉讼能力,司法资源配置等综合因素。不妨以因果关系作为切入口分配举证责任,原告对于其主张提供基本的证据材料,法院根据证据裁判能够判定其主张成立,那么被告承担原告主张的重大风险与其行为不存在因果关系的主观证明责任;如果原告提供的证据无法证明其主张的"重大风险"存在,法院证据不足无法推定原告主张的"重大风险"与被告的行为存在因果关系,那么被告承担客观上的证明责任即可。同时,被告承担证明妨碍责任。也就是说,当被告持有能够证明原告主张,而损害其利益的证据材料,如污染物排放方式、排放浓度等材料,原告主张被告提交以证明其行为与"重大风险"无关,被告无明显正当理由而拒不提交给法庭时,被告应承担不利后果,法官据此可以判定原告的主张成立。

(四)规范环境行政公益诉讼诉前程序

环境行政公益诉讼诉前程序中亟须解决的关键性问题之一便是环境行政机关履职判定规范化。实践中采行为标准或者结果标准,二者的逻辑不同。行为标准将环境行政机关的行政行为过程是否达到履职要求作为判断的依据,而结果标准则考察环境行政机关的行政行为是否满足了检察机关要求达到的结果,过程性因素不是考察重点。如果仅持结果标准,那么可能出现以结果为导向而忽视过程的情况,未免过于功利和严苛。反之,则可能出现迎合检察机关要求,缺乏客观依据而实质质效全无,但却顺利通过判定的情况。因此,应该兼采行为标准和结果标准,将二者整合起来形成复合性标准共同作为判定环境行政机关是否达到履职要求的依据。在具体适用时可以分阶段适用行为标准和结果标准,在检察机关第一次判断行政机关不履行职责时以效率为导向,基于快速救济受损的环境利益采结果标准;在发出检察建议后查验整改效果时采行为标准,运用综合手段考察环境行政机关的整改是否达到了尽善尽美、竭尽所能、"黔驴技穷"的程度。

除确定采用何种标准判定环境行政机关是否履行了职责外,还要明确法定职责范围,这也是一个基准。笼统地讲法定职责是指环境保护监管职责,但是这里的"法"某种程度上决定了职责范围。法律法规规定环境行政机关职责毫无疑问是"法定职责"的依据,如果规章没有违反上位法,那么可以作为确定"法定职责"的依据。在实践中《国务院关于加强和规范事中事后监管的指导意见》确定的"三定"方案作为判定法定职责的补充依据已经成为一种行政惯例而存在。

还有依据上级或本级行政机关命令、指示产生的相应义务,比如作为行政机关常用公文的会议纪要也作为行政公益诉讼中确定"法律职责"的来源范围。行政允诺、行政协议等约定义务也可作为法定职责的来源范围,最高人民法院办公厅《关于印发〈行政审判办案指南(一)〉的通知》指出"行政机关在职权范围内以公告、允诺等形式为自己设定的义务,可以作为人民法院判断其是否对原告负有法定职责的依据"。

根据实践中的情况,不依法履行职责的行为包括拒绝履职、不予回复、不当履职、不完全履职、延迟履职、推诿履职等六种典型情况。在具体认定过程中,不宜单纯地以一种情况作为判断是否履职的标准,尤其是不能以是否对检察建议作出了回复为单一依据判定是否履行了职责,而应该着眼于是否切实进行了整改。比如"未整改+未/及时/超期回复"皆属于未履行职责,"一般/有效整改+未/及时/超期回复"皆应认为履行了职责。另外,回复的期限限制应该根据具体情况在法定的 2 个月基础上进行适当增加,比如受自然规律限制,补种树木等需要特定季节,此种情况下宜延长期限;再如履行职责需要部门协作,客观耗费时间应适当排除期限;再如案件较为复杂调查取证耗时甚多,宜将调查取证期限排除。就整改后的效果角度而言,还需要审查行政机关在作出行政行为后是否达到了及时制止危害行为扩大化并消除危害结果的效果。环境行政机关实施了有效行政行为及时消除了环境污染行为,此时毫无疑问行政机关已履行了职责。然而,现实情况远比想象的复杂,不排除存在环境行政机关履行了职责,但是因客观因素而导致效果不佳的情况,这种情况下应当进行实质性解释,不可"一刀切"。一般而言,受自然客观规律或者难以克服因素的影响,受行政机关履职协作配合机制、时限之限制,受行政相对人配合之限制等情况下,应该将这些客观因素作为介入因素,阻却未履行职责成立。

环境行政公益诉讼诉前程序中亟须解决的关键性问题之二是检察建议效能发挥。检察建议能否发挥成效首先得考察检察建议内容是否明确、规范,为此应该确保检察建议书具有针对性和可操作性,二者实际上高度关联,具有针对性,才能具有可操作性。针对性要求检察建议必须简单明了地载明案件线索来源、公共利益受损情况、行政机关履职范围及违法行使职权或怠于履行职责的事实及法律依据。可操作性要求检察建议内容可以具体实施,而非"强人所难"或者不切实际。尤其需要注意检察建议的核心在于功能上的监督性和内容上的释法性,也就是着重强调发出检察建议的法律根据及理由,以及具体改进的宏观指向性方向，而具体如何实施则不是重点，也不应成为重点，因为这是行政机关职责之事项，其更具有专业性，不可越俎代庖，以免加大检察权与行政权之间的张力。除此之外，影响检察建议成效的因素还有涉及多个对象时检察建议发放问题，比如涉案地区属于"飞地"，以及牵涉多个行政部门时，检察建议的内容及发放直接影响其成效。此时，可以通过圆桌会议或听证的方式，将涉案行政召集到一起，就具体职责划分、履职情况、环境受损情况等进行解释说明，从而明确主体，并根据主体，具体拟定检察建议内容，分别发之。同时，要完善监督、沟通机制，确保检察建议落到实处。实践中，检察机关多采取"回头看"专项行动、发送调查函、定期实地查看、开展行政磋商等多种形式监督检察建议实施情况，此外还可以建立约谈机制，对于行政机关未及时回复和整改的，约谈相关负责人等。

（五）优化生态环境损害赔偿诉讼与环境民事公益诉讼的衔接

实现二者的有序衔接，需要先明确生态环境损害赔偿诉讼的性质。生态环境损害赔偿诉讼的诉讼请求主要包括国家财政补偿费用、环境污染事故处理费用、生态损害赔偿金等，立法应当明确规定生态环境损害赔偿是由省级、市地级人民政府及其指定的相关部门、机构起诉的诉讼类型，具体适用以生态环境损害程度为参考依据。在具体衔接过程中，可以进行并案审理。生态环境损害赔偿诉讼与环境民事公益诉讼制度在性质上相同，皆是救济环境权，只是所涉具体目的不同。如果赔偿权利人没有就生态环境损害赔偿达成磋商协议，但是又针对同一环境损害行为的同一被告提起了环境民事公益诉讼，基于两诉的起诉主体、对象及内容高度一致，合并审理"两诉"有助于既节省司法资源又快速地解决生态环境纠纷，生态环境损害赔偿诉讼和环境民事公益诉讼可以同时提起，法院将二者合并审理。如果对同一环境损害事实，相关主体提起了生态环境损害赔偿诉讼或者磋商程序后又发现了先前未被发现的损害行为，那么相关主体应该享有补充性环境民事公益诉权，不必秉持生态环境损害赔偿诉讼优先原则，可以针对新发现的损害行为提起环境民事公益诉讼，不用因为生态环境损害赔偿诉讼主体再次启动磋商程序而中止审理，以免滥用磋商程序，导致生态环境纠纷久拖不决。如果环境民事公益诉讼审理完成后，相关主体又发现关于同一损害事实新的损害行为，需要追加新的赔偿诉求，应依据生态环境损害赔偿诉讼程序处理，可以先行磋商，当磋商程序难以救济权益时，可以再提起诉讼以解决纠纷。[58]

---

[58] 参见刘婍:《环境法典中生态环境纠纷解决的逻辑框架与困境纾解》，载《社会科学论坛》2024年第3期。

特别关注篇

公安机关在环境资源犯罪治理机制中的职能定位与司法效能[*]

冀鹏飞　桂　凡

一、问题限定及数据样本来源

（一）环境资源犯罪治理机制中的"公安"力量

党的十八大以来，党中央把生态文明建设作为统筹推进"五位一体"总体布局和协调推进"四个全面"战略布局的重要内容。在生态文明建设过程中，公安机关承担着打击生态环境和资源保护领域犯罪（以下简称环境资源犯罪）、支持生态环境部门行政执法等重要职责。近年来，公安部及各地公安机关贯彻落实习近平生态文明思想，依法严厉打击环境资源犯罪的力度明显加大，这是充分发挥公安机关职能作用的生动体现，是推动生态文明建设的重要举措，也是保护生态环境的最后一道防线。然而环境资源犯罪案件相较于其他刑事案件而言，涉及环境保护领域的专业知识，对侦办技术和能力的专业化要求较高，公安机关在打击环境资源犯罪方面取得成效的同时，仍面临诸多难题与挑战。

2019年年初，根据中央关于深化党和国家机构改革的总体部署和中央批准的机构改革方案，公安部整合多个业务局相关职责，专门组建了食品药品犯罪侦查局，明确由食品药品犯罪侦查局承担打击生态环境领域犯罪职责。公安部食品药品犯罪侦查局自2019年至2023年组建5周年以来，始终坚持用最严格制度、最严密法治保护生态环境，对环境资源犯罪坚持重拳出击、露头就打，有力推动了全国公安机关打击环境资源犯罪队伍建设，提升了打击环境资源犯罪的专业化水平，延拓了生态环境治理的多元化格局。基于此，本篇将以公安部食品药品犯罪侦查局组建元年即2019年为观察时间起点，选取2019年至2023年的相关规范性文件及案例数据为研究对象展开分析，以体现食品药品犯罪侦查局近五年来打击环境资源犯罪的客观情况。

---

[*] 感谢中南财经政法大学法学院硕士研究生王宇、包爱妮参与资料整理工作。

2023年10月21日,在第十四届全国人民代表大会常务委员会第六次会议上,国务委员兼公安部部长王小洪代表国务院报告了2018年以来公安机关会同有关部门和检察、审判机关依法打击环境资源犯罪的工作情况。国务院《关于打击生态环境和资源保护领域犯罪工作情况的报告》中显示:"2018年1月至2023年6月,全国公安机关共立案侦办破坏环境资源保护类犯罪案件26万起,抓获犯罪嫌疑人33万名,2022年比2018年分别上升58.8%、30.3%,2023年上半年同比分别上升9%、18.9%。公安部共挂牌督办重大案件1624起,发起集群打击118次,对环境资源犯罪实施'全环节、全要素、全链条'打击。"这些数据客观展示了公安机关打击环境资源犯罪的成效,充分彰显了公安机关为推进生态文明建设、促进生态环境治理、建成美丽中国保驾护航所贡献的坚实力量。

(二)问题指向与研究思路

本报告着眼环境司法整体性发展历程与阶段性建设成果,既往研析更偏重于检察机关与审判机关视角,主要围绕审判阶段的诉讼程序展开,而对前端侦查阶段的整体观照与具象审视显有阙略,对公安机关在打击环境资源犯罪领域的有益探索与特色经验亟待提炼。

基于前述,课题组在本篇中将聚焦公安机关在环境资源犯罪治理机制中的职能定位与司法效能,以近年来我国环境资源犯罪发生的年度变化趋势为大数据背景,重点梳理、分析2019年至2023年公安部单独及联合其他部门发布的打击环境资源犯罪相关的规范性文件与典型案例,并以公安机关内部能动、行刑衔接部门联动、警民联合群众发动3个视角展开,呈现、归纳公安机关以打击环境资源犯罪促进生态环境治理的显著成效与典型做法,以期为推进全面深化公安改革、推进生态环境治理体系和治理能力现代化提供支撑。

(三)数据样本来源概述

本篇所涉规范性文件与案例数据样本来源于公安部提供的数据支持、中国司法大数据研究院提供的数据支持、公安部及地方公安机关官网、最高人民检察院官网、最高人民法院官网、生态环境部及地方生态环境部门官网、自然资源部及地方自然资源主管部门官网、"中国裁判文书网"、"威科先行"、"北大法宝"、"Alpha系统"等其他公开法律数据库。具体数据来源将在下文对应部分详述之。

需要说明的是,出于数据样本选择的典型性及规律性考虑,基于公开数据的局限性及人工审查的局限性等原因,本篇分析的数据样本存在部分不完全的可能性,尽管课题组在数据收集与梳理过程中已通过多渠道检索、复核等方式尽量避免此类错漏情况的发生,但依赖不完全样本的分析结果与实际情况难免存在合理偏差。

二、打击环境资源犯罪的实证观察

(一)2019～2023年我国环境资源犯罪案件整体情况分析

1. 数据样本来源说明

本部分数据样本来源于中国司法大数据研究院提供的数据支持以及"中国裁判文书网"等其他公开法律数据库。在数据检索及提取过程中做了如下限定:一是在时间上采用"结案时间"的限定方式,明确为"2019～2023年"5年时间内;二是案件类型限定为"刑事案件",审理程序包括"一审""二审""再审""复核";三是在犯罪类型上,具体案由限定于我国《刑法》第六章"妨害社会管理秩序罪"第六节"破坏环境资源保护罪"的下设罪名。根据上述方式最终共提取到91968份裁判文书样本,由于文书数量较为庞大,且文书筛选、整理和汇总过程系人工处理,数据结果不排除合理偏差的可能性。

2. 数据样本多维观察

(1)2019～2023年我国环境资源犯罪的年度趋势

通过对上述案例样本中"结案时间"的分年度统计,2019～2023年各年度环境资源犯罪案件数量分别为38341件、34590件、13013件、2288件和3736件。从样本数据来看,尽管2022年至2023年我国的环境资源犯罪案件数量有小幅回升,但5年期间内整体上呈下降趋势,尤其在2020年至2022年下降幅度最为明显(见图6-1)。此种变化趋势的可能原因有:其一,2019年公安部食品药品犯罪侦查局正式组建后,集中力量加强了对环境资源犯罪的打击力度;其二,新冠疫情期间,社会活动受到影响,破坏生态环境等行为随之减少;其三,国家和地方进一步加强生态环境保护政策的落实,环境资源犯罪的违法成本增加,公众的环保意识提升。

中国环境司法发展报告(2023年)

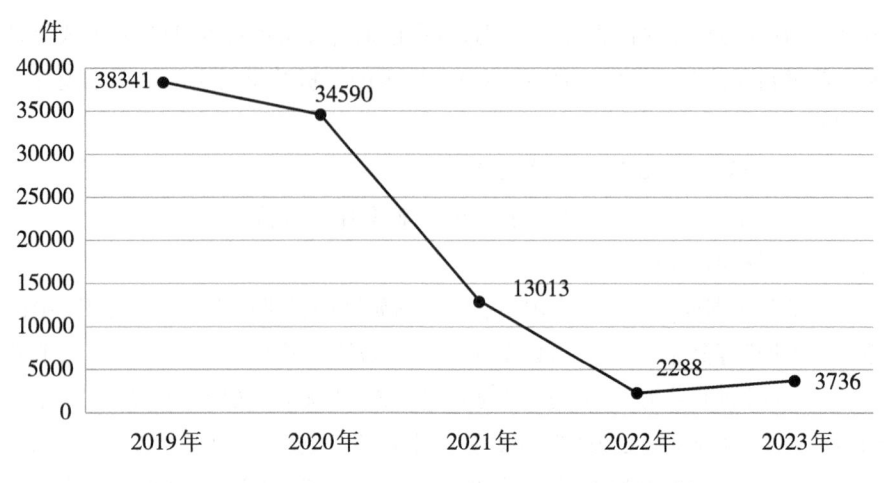

图 6-1 2019~2023 年我国环境资源犯罪案件数量变化趋势

(2)2019~2023 年我国环境资源犯罪的类型分布

上述样本数据中共涉及 17 种环境资源犯罪类型，犯罪数量位居前五的分别是滥伐林木罪、非法捕捞水产品罪、非法采矿罪、非法占用农用地罪和污染环境罪，总量占比分别达到 19.06%、14.87%、14.81%、12.20% 和 11.79%，也是唯五占比超过 10% 的犯罪类型(见表 6-1)。此等犯罪类型既是传统意义上的环境资源犯罪，又是国家提出"双碳"目标、长江十年禁渔以及守住耕地"红线"政策后的重点打击犯罪类型。

表 6-1 2019~2023 年我国环境资源犯罪各类型数量及占比

序号	罪　　名	数量(件)	占比(%)
1	滥伐林木罪	17529	19.06
2	非法捕捞水产品罪	13678	14.87
3	非法采矿罪	13617	14.81
4	非法占用农用地罪	11218	12.20
5	污染环境罪	10844	11.79
6	非法狩猎罪	7958	8.65
7	危害珍贵、濒危野生动物罪	6730	7.32
8	盗伐林木罪	5479	5.96

续表

序号	罪　名	数量(件)	占比(%)
9	危害国家重点保护植物罪	2309	2.51
10	走私废物罪	870	0.95
11	非法收购、运输盗伐、滥伐的林木罪	758	0.82
12	走私珍贵动物、珍贵动物制品罪	456	0.50
13	非法收购、运输、加工、出售国家重点保护植物、国家重点保护植物制品罪	447	0.49
14	非法猎捕、收购、运输、出售陆生野生动物罪	68	0.07
15	破坏性采矿罪	3	0.00
16	非法处置进口的固体废物罪	2	0.00
17	破坏自然保护地罪	2	0.00
	合计	91968	100.00

(3)2019~2023年我国环境资源犯罪的地域分布

2019~2023年我国环境资源犯罪在地域分布范围上涵盖了中国的全部省级行政区,其中犯罪数量较多的省区市分别是河南省、广西壮族自治区、湖南省、云南省和江苏省,占比分别达到8.23%、6.84%、6.28%、5.85%和5.82%。(见表6-2)

表6-2　2019~2023年我国环境资源犯罪的地域分布数量及占比

序号	地　域	数量(件)	占比(%)
1	河南省	7573	8.23
2	广西壮族自治区	6293	6.84
3	湖南省	5771	6.28
4	云南省	5378	5.85
5	江苏省	5353	5.82
6	广东省	5322	5.79
7	江西省	4551	4.95
8	湖北省	4376	4.76
9	吉林省	4018	4.37

续表

序号	地域	数量(件)	占比(%)
10	浙江省	3998	4.35
11	山东省	3958	4.30
12	安徽省	3815	4.15
13	河北省	3786	4.12
14	福建省	3400	3.70
15	重庆市	3285	3.57
16	四川省	3148	3.42
17	辽宁省	3023	3.29
18	内蒙古自治区	2740	2.98
19	黑龙江省	2721	2.96
20	贵州省	2556	2.78
21	陕西省	1471	1.60
22	上海市	1142	1.24
23	山西省	992	1.08
24	甘肃省	616	0.67
25	天津市	607	0.66
26	北京市	521	0.57
27	新疆维吾尔自治区	490	0.53
28	海南省	427	0.46
29	青海省	301	0.33
30	宁夏回族自治区	141	0.15
31	新疆维吾尔自治区生产建设兵团分院	98	0.11
32	西藏自治区	97	0.11
	合计	91968	100.02

通过上文对2019年至2023年我国环境资源犯罪案件的整体情况分析可知:第一,近五年来,我国环境资源犯罪案件数量整体上呈现大幅下降并逐渐趋稳的态势,体现出我国环境资源犯罪治理整体向好的特征;第二,从犯罪类型上

看,环境资源犯罪多集中于滥伐林木罪、非法捕捞水产品罪、非法采矿罪、非法占用农用地罪等,一方面体现出传统环境资源犯罪占比较高的特征,另一方面也反映出在国家"双碳"目标、长江十年禁渔等政策指引下,环境资源犯罪打击的侧重指向;第三,环境资源犯罪在地域分布上涵盖了各个省份,但各省犯罪数量和占比区别明显,公安机关及其工作人员作为环境资源犯罪的前端打击主力,对比各省的犯罪数量也可为后续的全国警力分配提供一定的数据参照。

(二)公安机关打击环境资源犯罪相关的规范性文件分析

1. 数据样本来源说明

公安部是全国公安工作的最高领导机关和指挥机关,其统筹着整个国家公安系统的运行,在环境资源犯罪打击领域发挥着领导与示范作用。出于数据样本选择的典型性及规律性考虑,本部分将聚焦于公安部单独或者联合发布的打击环境资源犯罪相关的规范性文件(以下简称公安部打击环境资源犯罪相关的规范性文件)。

本部分数据样本来源于公安部及地方公安机关官网、最高人民检察院官网、最高人民法院官网、生态环境部及地方生态环境部门官网、自然资源部及地方自然资源主管部门官网、"威科先行"、"北大法宝"、"Alpha 系统"等其他公开法律数据库,以"环境资源犯罪""公安部"等关键词进行检索,并经过人工筛选,最终获得 2019 年至 2023 年公安部打击环境资源犯罪相关的规范性文件(见表 6-3)。需要说明的是,典型案例相关的规范性文件将在下文专门梳理,为避免重复分析,本部分未对典型案例文件进行统计。

表 6-3 2019~2023 年公安部打击环境资源犯罪相关的规范性文件汇总

序号	文件标题	发文年份	发文机关	效力级别
1	《安全生产行政执法与刑事司法衔接工作办法》	2019 年	应急管理部、公安部、最高人民法院、最高人民检察院	部门规范性文件
2	《危险货物道路运输安全管理办法》	2019 年	交通运输部、工业和信息化部、公安部、生态环境部、应急管理部、国家市场监督管理总局	部门规章
3	《易制爆危险化学品治安管理办法》	2019 年	公安部	部门规章

续表

序号	文件标题	发文年份	发文机关	效力级别
4	《汾渭平原2019—2020年秋冬季大气污染综合治理攻坚行动方案》	2019年	生态环境部、国家发展和改革委员会、工业和信息化部、公安部、财政部、住房和城乡建设部、交通运输部、商务部、国家市场监督管理总局、国家能源局、山西省人民政府、河南省人民政府、陕西省人民政府	部门工作文件
5	《京津冀及周边地区2019—2020年秋冬季大气污染综合治理攻坚行动方案》	2019年	生态环境部、国家发展和改革委员会、工业和信息化部、公安部、财政部、住房和城乡建设部、交通运输部、商务部、国家市场监督管理总局、国家能源局、北京市人民政府、天津市人民政府、河北省人民政府、山西省人民政府、山东省人民政府、河南省人民政府	部门工作文件
6	《长三角地区2019—2020年秋冬季大气污染综合治理攻坚行动方案》	2019年	生态环境部、国家发展和改革委员会、工业和信息化部、公安部、财政部、住房和城乡建设部、交通运输部、商务部、国家市场监督管理总局、国家能源局、上海市人民政府、江苏省人民政府、浙江省人民政府、安徽省人民政府	部门工作文件
7	《关于办理环境污染刑事案件有关问题座谈会纪要》	2019年	最高人民法院、最高人民检察院、公安部、司法部、生态环境部	司法解释性质文件
8	《公安机关办理行政案件程序规定（2020修正）》	2020年	公安部	部门规章
9	《违反公安行政管理行为的名称及其适用意见》	2020年	公安部	部门规范性文件
10	《公安机关办理刑事案件程序规定（2020修正）》	2020年	公安部	部门规章

续表

序号	文件标题	发文年份	发文机关	效力级别
11	《关于加强和规范补充侦查工作的指导意见》	2020年	最高人民检察院、公安部	司法解释性质文件
12	《公安部刑事案件管辖分工规定》	2020年	公安部	部门规范性文件
13	《关于建立长江河道采砂管理合作机制的通知》	2020年	水利部、公安部、交通运输部	部门工作文件
14	《依法惩治长江流域非法捕捞等违法犯罪的意见》	2020年	最高人民法院、最高人民检察院、公安部、农业农村部	部门规范性文件
15	《关于促进砂石行业健康有序发展的指导意见》	2020年	国家发展和改革委员会、工业和信息化部、公安部、财政部、自然资源部、生态环境部、住房和城乡建设部、交通运输部、水利部、商务部、应急管理部、国家市场监督管理总局、国家统计局、中国海警局、中国国家铁路集团有限公司	部门规范性文件
16	《关于依法惩治非法野生动物交易犯罪的指导意见》	2020年	最高人民法院、最高人民检察院、公安部、司法部	部门规范性文件
17	《关于联合开展打击野生动物违规交易专项执法行动的通知》	2020年	国家市场监督管理总局、公安部、农业农村部、海关总署、国家林业和草原局	部门规范性文件
18	《国家危险废物名录（2021年版）》	2020年	生态环境部、国家发展和改革委员会、公安部、交通运输部、国家卫生健康委员会	部门规章
19	《京津冀及周边地区、汾渭平原2020—2021年秋冬季大气污染综合治理攻坚行动方案》	2020年	生态环境部、国家发展和改革委员会、工业和信息化部、公安部、财政部、住房和城乡建设部、交通运输部、商务部、国家市场监督管理总局、国家能源局、北京市人民政府、天津市人民政府、河北省人民政府、山西省人民政府、山东省人民政府、河南省人民政府、陕西省人民政府	部门工作文件

续表

序号	文件标题	发文年份	发文机关	效力级别
20	《长三角地区2020－2021年秋冬季大气污染综合治理攻坚行动方案》	2020年	生态环境部、国家发展和改革委员会、工业和信息化部、公安部、财政部、住房和城乡建设部、交通运输部、商务部、国家市场监督管理总局、国家能源局、上海市人民政府、江苏省人民政府、浙江省人民政府、安徽省人民政府	部门工作文件
21	《关于完善长江流域禁捕执法长效管理机制的意见》	2021年	农业农村部、国家发展和改革委员会、公安部、财政部、交通运输部、国家市场监督管理总局	部门规范性文件
22	《关于贯彻实施行政处罚法的通知》	2021年	公安部	部门工作文件
23	《关于健全完善侦查监督与协作配合机制的意见》	2021年	最高人民检察院、公安部	司法解释性质文件
24	《公安机关国家赔偿案由规定》	2021年	公安部	部门规范性文件
25	《关于印发长江河道采砂管理合作机制2021年度工作要点的通知》	2021年	水利部、公安部、交通运输部长江河道采砂管理合作机制领导小组办公室	部门工作文件
26	《关于进一步明确长江河道采砂综合整治有关事项的通知》	2021年	水利部、公安部、交通运输部、工业和信息化部、国家市场监督管理总局	部门规范性文件
27	《关于开展长江河道采砂综合整治行动的通知》	2021年	水利部、公安部、交通运输部	部门工作文件
28	《危险废物转移管理办法》	2021年	生态环境部、公安部、交通运输部	部门规章

续表

序号	文件标题	发文年份	发文机关	效力级别
29	《2021－2022年秋冬季大气污染综合治理攻坚方案》	2021年	生态环境部、国家发展和改革委员会、工业和信息化部、公安部、财政部、住房和城乡建设部、交通运输部、商务部、国家市场监督管理总局、国家能源局、北京市人民政府、天津市人民政府、河北省人民政府、山西省人民政府、山东省人民政府、河南省人民政府、陕西省人民政府	部门工作文件
30	《关于公安机关管辖的刑事案件立案追诉标准的规定(二)》	2022年	最高人民检察院、公安部	部门规范性文件
31	《生态环境损害赔偿管理规定》	2022年	生态环境部、最高人民法院、最高人民检察院、科学技术部、公安部、司法部、财政部、自然资源部、住房和城乡建设部、水利部、农业农村部、国家卫生健康委员会、国家市场监督管理总局、国家林业和草原局	部门规范性文件
32	《关于推动职能部门做好生态环境保护工作的意见》	2022年	生态环境部、国家发展和改革委员会、工业和信息化部、公安部、司法部、财政部、自然资源部、住房和城乡建设部、交通运输部、水利部、农业农村部、商务部、审计署、国家市场监督管理总局、国家能源局、国家林业和草原局、最高人民法院、最高人民检察院	部门规范性文件
33	《关于加强河湖安全保护工作的意见》	2022年	水利部、公安部	部门规范性文件
34	《关于印发长江河道采砂管理合作机制2022年度工作要点的通知》	2022年	水利部、公安部、交通运输部长江河道采砂管理合作机制领导小组办公室	部门工作文件

续表

序号	文件标题	发文年份	发文机关	效力级别
35	《深入打好长江保护修复攻坚战行动方案》	2022年	生态环境部、国家发展和改革委员会、最高人民法院、最高人民检察院、科学技术部、工业和信息化部、公安部、财政部、人力资源和社会保障部、自然资源部、住房和城乡建设部、交通运输部、水利部、农业农村部、应急管理部、国家林业和草原局、国家矿山安全监察局	部门工作文件
36	《打击"洗洞"盗采金矿专项整治行动工作方案》	2022年	自然资源部、生态环境部、公安部、应急管理部、国家市场监督管理总局、国家能源局、国家矿山安全监察局	部门工作文件
37	《黄河生态保护治理攻坚战行动方案》	2022年	生态环境部、最高人民法院、最高人民检察院、国家发展和改革委员会、工业和信息化部、公安部、自然资源部、住房和城乡建设部、水利部、农业农村部、中国气象局、国家林业和草原局	部门工作文件
38	《深入打好重污染天气消除、臭氧污染防治和柴油货车污染治理攻坚战行动方案》	2022年	生态环境部、国家发展和改革委员会、科学技术部、工业和信息化部、公安部、财政部、住房和城乡建设部、交通运输部、农业农村部、商务部、海关总署、国家市场监督管理总局、中国气象局、国家能源局、中国民用航空局	部门工作文件
39	《关于加强协作配合强化自然资源领域行刑衔接工作的意见》	2023年	自然资源部、公安部	部门规范性文件
40	《关于印发长江河道采砂管理合作机制2023年度工作要点的通知》	2023年	水利部、公安部、交通运输部长江河道采砂管理合作机制领导小组办公室	部门工作文件
41	《办理海上涉砂刑事案件证据指引》	2023年	最高人民检察院办公厅、公安部办公厅、中国海警局执法部	司法解释性质文件

续表

序号	文件标题	发文年份	发文机关	效力级别
42	《关于开展2023年黄河禁渔专项执法行动的通知》	2023年	农业农村部、公安部	部门工作文件
43	《关于开展2023年度海洋伏季休渔专项执法行动的通知》	2023年	农业农村部、公安部、中国海警局	部门工作文件
44	《河湖安全保护专项执法行动工作方案》	2023年	水利部办公厅、最高人民法院办公厅、最高人民检察院办公厅、公安部办公厅、司法部办公厅	部门工作文件
45	《"十四五"噪声污染防治行动计划》	2023年	生态环境部、中央精神文明建设指导委员会办公室、国家发展和改革委员会、教育部、科学技术部、工业和信息化部、公安部、民政部、自然资源部、住房和城乡建设部、交通运输部、文化和旅游部、国家市场监督管理总局、国家铁路局、中国民用航空局、中国国家铁路集团有限公司	部门工作文件
46	《京津冀及周边地区、汾渭平原2023-2024年秋冬季大气污染综合治理攻坚方案》	2023年	生态环境部、国家发展和改革委员会、工业和信息化部、公安部、财政部、住房和城乡建设部、交通运输部、农业农村部、商务部、国家市场监督管理总局、国家能源局、北京市人民政府、天津市人民政府、河北省人民政府、山西省人民政府、山东省人民政府、河南省人民政府、陕西省人民政府	部门规范性文件

2. 数据样本多维观察

本部分将结合上述数据样本,从公安部打击环境资源犯罪相关的规范性文件的发布年度、发布机关、效力级别、涉罪类型等角度进行多维观察,以为后续分析公安部打击环境资源犯罪的重点领域、行为模式以及未来趋势等提供必要的研究基础和参考。

(1)公安部打击环境资源犯罪相关规范性文件发布的年度趋势。上述2019年至2023年公安部打击环境资源犯罪相关的规范性文件中,2019年发布7件文件,2020年发布13件文件,2021年发布9件文件,2022年发布9件文件,2023年发布8件文件。各年度发布的规范性文件数量呈现波动状态,2020年发布的规范性文件数量较多,2021年和2022年发布的规范性文件数量持平。规范性文件的发布数量在2020年达到最高峰值,随后有所下降。(见图6-2)

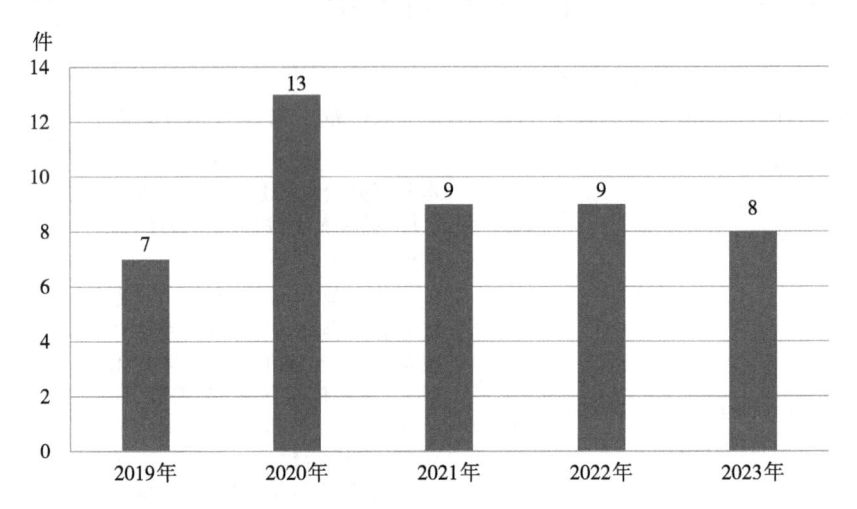

图6-2 2019~2023年公安部打击环境资源犯罪相关规范性文件的各年度发文数量

(2)公安部打击环境资源犯罪相关规范性文件的发布机关分析。对环境资源犯罪的有效打击需要各部门的通力协作。联合发文方式有助于明确各部门的职责和合作方式,推动不同部门间的协调联动,形成统一的工作标准和流程。上述数据样本中,公安部单独发布打击环境资源犯罪相关的规范性文件为7件,公安部与其他机关联合发布打击环境资源犯罪相关的规范性文件为39件。(见图6-3)

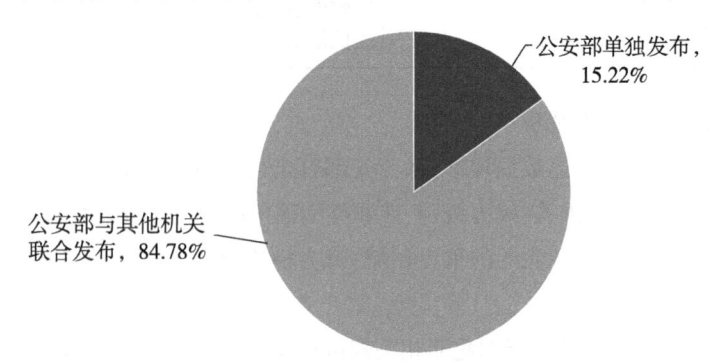

图6-3 2019~2023年公安部打击环境资源犯罪相关规范性文件的发文机关情况

(3)公安部打击环境资源犯罪相关规范性文件的效力级别分析。2019年至2023年公安部打击环境资源犯罪相关规范性文件中,司法解释共1件、司法文件共4件、部门规章共6件、部门规范性文件共35件(见图6-4)。由此可见,样本数据的效力级别集中于司法解释、司法文件、部门规章、部门规范性文件,整体效力位阶偏低,缺乏具体的法律条文支撑,难以充分体现法律的强制力和权威性,可能导致打击环境资源犯罪领域相关工作开展的明确性及可操作性不足,从而产生执法不严与标准不一等问题。

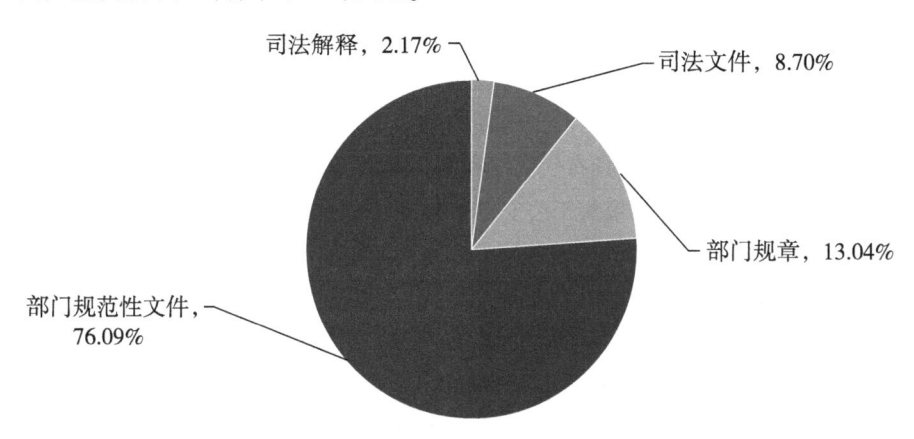

图6-4 2019~2023年公安部打击环境资源犯罪
相关规范性文件的效力级别分布

(4)公安部打击环境资源犯罪相关规范性文件所涉领域分析。2019年至2023年公安部打击环境资源犯罪相关规范性文件中,既有对环境资源犯罪治理体制进行系统性、原则性规定的文件,又有针对某一领域环境资源犯罪进行具象化、明确化说明的文件。

第一,在对环境资源犯罪治理机制进行系统性、原则性规定的文件中,涉及行政案件程序规定的规范性文件有3件,涉及行刑衔接的有2件,涉及刑事案件程序规定的规范性文件有5件,其他类型的有3件。

第二,在针对某一领域环境资源犯罪进行具象化、明确化说明的文件中,涉及环境污染治理的有14件,涉及流域综合治理的有14件,涉及野生动物违规交易的有2件,其他类型的有3件。其中,环境污染治理的有关规范性文件中,涉及大气污染治理的规范性文件数量最多,要求大气污染综合治理各项工作力争做到时间、区域、对象、问题、措施等方面的精准落实,旨在打赢蓝天保卫战。此外,流域综合治理的有关规范性文件中,涉及长江流域非法捕捞、非法采砂犯罪保护的规范性文件数量最多,侧重于对长江河道采砂管理合作机制、惩治长江流域非法捕捞等违法犯罪、长江保护修复作出规定。野生动物违规交易的有关规范性文件集中于惩治非法野生动物交易犯罪,旨在切断非法野生动物交易的利益链条,严厉打击非法猎捕、杀害野生动物的犯罪行为。

(三)公安机关打击环境资源犯罪相关的典型案例分析

1. 数据样本来源说明

公安部是全国公安工作的最高领导机关和指挥机关,其统筹着整个国家公安系统的运行,在环境资源犯罪打击领域发挥着领导与示范作用。公安部单独或者联合发布的典型案例,是对全国各地有典型意义的打击环境资源犯罪案例进行的汇总、提炼和公布,具有代表性和指导意义。出于数据样本选择的典型性及规律性考虑,本部分将聚焦于公安部单独或者联合发布的打击环境资源犯罪相关的典型案例(以下简称公安部打击环境资源犯罪相关的典型案例)。

本部分数据样本来源于公安部提供的数据支持、公安部及地方公安机关官网、生态环境部及地方生态环境部门官网、"威科先行"、"北大法宝"等其他公开法律数据库。在具体检索路径上,主要以"公安部""环境资源犯罪""典型案例"等关键词进行检索,并经过人工筛选,最终将2019年至2023年公安部打击环境资源犯罪相关的典型案例梳理、汇总及拆解如下,详见表6-4、表6-5。为方便后续的数据分析,不同年份发布典型案例中的具体个案采用"年份+序号"的标注方式(如"2019-1")进行排列。

表6-4 2019~2023年公安部打击环境资源犯罪相关的典型案例发文汇总

序号	发文日期	文件名称	发文部门
1	2019年2月20日	依法严惩危险废物污染环境资源犯罪典型案例	最高人民检察院、最高人民法院、公安部、司法部、生态环境部
2	2020年10月16日	打击危害粮食生产安全犯罪10起典型案例	公安部
3	2022年5月20日	依法严打破坏生物多样性犯罪取得积极成效——公安部公布10起打击破坏生物多样性犯罪典型案例	公安部

续表

序号	发文日期	文件名称	发文部门
4	2022年6月20日	严打非法采矿犯罪10起典型案例	公安部
5	2023年4月13日	依法打击破坏生态环境资源犯罪10起典型案例	公安部
6	2023年6月25日	依法严厉打击非法占用耕地犯罪坚决守住耕地"红线"全力保障粮食安全——公安部公布6起典型案例	公安部
7	2023年5月29日	依法严惩危险废物污染环境资源犯罪典型案例	最高人民检察院、公安部、生态环境部
8	2023年10月19日	依法严惩重点排污单位自动监测数据弄虚作假犯罪典型案例	最高人民检察院、公安部、生态环境部

表6-5 2019~2023年公安部打击环境资源犯罪相关的典型案例拆解

序号	编号	案件名称	罪名	地区	线索来源
1	2019-1	宝勋精密螺丝(浙江)有限公司及被告人黄某某等12人污染环境案	污染环境罪	安徽省	—
2	2019-2	上海印达金属制品有限公司及被告人应某某等5人污染环境案	污染环境罪	上海市	—
3	2019-3	上海云瀛复合材料有限公司及被告人贡某某等3人污染环境案	污染环境罪	江苏省	—
4	2019-4	贵州宏泰化工有限责任公司及被告人张某某、赵某污染环境案	污染环境罪	贵州省	—
5	2019-5	刘某某、黄某某、韦某某等17人污染环境系列案	污染环境罪	广西壮族自治区	—
6	2020-1	黑龙江双鸭山刘某某等人制售假玉米种子案	销售假冒、伪劣产品罪	黑龙江省	—
7	2020-2	辽宁锦州李某某等人制售假大豆种子案	销售假冒、伪劣产品罪	辽宁省	—

续表

序号	编号	案件名称	罪名	地区	线索来源
8	2020-3	浙江台州刘某某等人制售伪劣农药案	销售假冒、伪劣产品罪	浙江省	—
9	2020-4	重庆忠县谢某某等人制售伪劣化肥案	销售假冒、伪劣产品罪	重庆市	—
10	2020-5	山西大同渠某某、陈某某非法占用农用地案	非法占用农用地罪；非法采矿罪	山西省	—
11	2020-6	江苏常州郑某某等人非法占用农用地案	非法占用农用地罪	江苏省	—
12	2020-7	湖北襄阳某磷制品公司非法占用农用地案	非法占用农用地罪；污染环境罪	湖北省	—
13	2020-8	陕西咸阳李某某等人非法占用农用地案	非法占用农用地罪	陕西省	—
14	2020-9	吉林白城李某等人盗窃黑土案	非法采矿罪	吉林省	—
15	2020-10	江苏宿迁"6·1"污染环境案	污染环境罪	江苏省	—
16	2022-1	山西沁水张某岭等人危害珍贵、濒危野生动物案	危害珍贵、濒危野生动物罪	山西省	—
17	2022-2	山东青岛费某超等人危害珍贵、濒危野生动物案	危害珍贵、濒危野生动物罪	山东省	其他机关移送
18	2022-3	甘肃洮河"6·21"危害珍贵、濒危野生动物案	危害珍贵、濒危野生动物罪	甘肃省	群众举报
19	2022-4	河北临西王某虎等人非法狩猎、掩饰隐瞒犯罪所得案	非法狩猎罪；非法猎捕、收购、运输、出售陆生野生动物罪	河北省	自行发现
20	2022-5	浙江舟山顾某其等人非法捕捞水产品案	非法捕捞水产品罪	浙江省	其他机关移送
21	2022-6	安徽黄山"5·28"非法占用农用地案	非法占用农用地罪；滥伐林木罪	安徽省	其他机关移送
22	2022-7	江西上饶"3·15"盗伐、滥伐林木、非法收购、运输木材案	盗伐林木罪；滥伐林木罪；非法收购、运输盗伐、滥伐的林木罪	江西省	群众举报

续表

序号	编号	案件名称	罪名	地区	线索来源
23	2022-8	黑龙江海林伊某学滥伐林木案	滥伐林木罪	黑龙江省	其他机关移送
24	2022-9	重庆南岸向某燕等人非法倾倒危险废物案	污染环境罪	重庆市	自行发现
25	2022-10	内蒙古土右旗某水务有限公司污染环境案	污染环境罪	内蒙古自治区	其他机关移送
26	2022-11	内蒙古巴彦淖尔某矿业开发有限公司非法采矿案	非法采矿罪	内蒙古自治区	其他机关移送
27	2022-12	吉林敦化周某鑫等人非法采矿案	非法采矿罪	吉林省	自行发现
28	2022-13	黑龙江东宁某煤矿非法采矿案	非法采矿罪	黑龙江省	自行发现
29	2022-14	浙江新昌俞某华等人非法采矿案	非法采矿罪	浙江省	自行发现
30	2022-15	福建上杭陈某辉等人非法采矿案	非法采矿罪	福建省	其他机关移送
31	2022-16	山东济南阚某某等人非法采矿案	非法采矿罪	山东省	其他机关移送
32	2022-17	河南淇县马某杰等人非法采矿案	非法采矿罪	河南省	其他机关移送
33	2022-18	宁夏青铜峡某农业开发有限公司非法采矿案	非法采矿罪	宁夏回族自治区	其他机关移送
34	2022-19	广西兴业刘某雨等人非法采矿案	非法采矿罪	广西壮族自治区	群众举报
35	2022-20	四川凉山金某伟等人非法采矿案	非法采矿罪	四川省	其他机关移送
36	2023-1	吉林延边公安机关侦破高某娟等人非法采矿案	非法采矿罪	吉林省	群众举报
37	2023-2	辽宁辽阳公安机关侦破何某杰等人系列非法采矿案	非法采矿罪	辽宁省	群众举报

续表

序号	编号	案件名称	罪名	地区	线索来源
38	2023-3	山东淄博公安机关侦破袁某成等人非法采矿案	非法采矿罪	山东省	自行发现
39	2023-4	广西靖西公安机关侦破林某茂等人非法采矿案	非法采矿罪	广西壮族自治区	群众举报
40	2023-5	陕西宝鸡公安机关侦破曹某等人非法采矿案	非法采矿罪	陕西省	群众举报
41	2023-6	河南洛阳公安机关侦破翟某来等人非法捕捞水产品案	非法捕捞水产品罪	河南省	自行发现
42	2023-7	云南昭通公安机关侦破周某银等人非法捕捞水产品案	非法捕捞水产品罪	云南省	自行发现
43	2023-8	江西吉安公安机关侦破李某志等人盗伐林木案	盗伐林木罪	江西省	其他机关移送
44	2023-9	湖北黄冈公安机关侦破夏某财等人系列非法狩猎案	非法狩猎罪	湖北省	群众举报
45	2023-10	四川广安公安机关侦破某养猪场污染环境案	污染环境罪	四川省	其他机关移送
46	2023-11	湖北宜昌某旅游开发公司非法占用农用地案	非法占用农用地罪	湖北省	自行发现
47	2023-12	江西峡江廖某凤等人非法占用农用地案	非法占用农用地罪	江西省	其他机关移送
48	2023-13	陕西西安郭某航等人非法占用农用地案	非法占用农用地罪	陕西省	其他机关移送
49	2023-14	四川内江奉某国等人非法占用农用地案	非法占用农用地罪	四川省	其他机关移送
50	2023-15	浙江绍兴陈某华等人非法占用农用地案	非法占用农用地罪	浙江省	其他机关移送
51	2023-16	辽宁大连朱某昌非法占用农用地案	非法占用农用地罪	辽宁省	其他机关移送
52	2023-17	浙江省台州市蔡某喜等49人利用网络平台跨省处置铝灰污染环境案	污染环境罪	浙江省	群众举报

续表

序号	编号	案件名称	罪名	地区	线索来源
53	2023-18	山东省青州市刘某刚等44人非法处置废铁桶污染环境案	污染环境罪	山东省	其他机关移送
54	2023-19	北京市密云区夏某江等5人洗洞污染环境案	污染环境罪	北京市	群众举报
55	2023-20	天津市武清区李某文等26人跨省处置废铅蓄电池污染环境案	污染环境罪	天津市	群众举报
56	2023-21	上海市青浦区谢某华等3人非法处置废料桶污染环境案	污染环境罪	上海市	其他机关移送
57	2023-22	江西省南昌市戴某兵等3人非法处置"副产盐"污染环境案	污染环境罪	江西省	其他机关移送
58	2023-23	重庆市永川区邬某渐等8人非法处置含油泥浆污染环境案	污染环境罪	重庆市	群众举报
59	2023-24	浙江省湖州市长兴新某地环保科技有限公司、夏某频等4人使用试剂干扰自动监测设施污染环境案	污染环境罪	浙江省	自行发现
60	2023-25	江苏省常熟市神某针织有限公司被告人周某兴等2人稀释污水干扰自动监测设施污染环境刑事附带民事公益诉讼案	污染环境罪	江苏省	群众举报
61	2023-26	山东省滕州市索某某等4人安装干扰装置干扰自动监测设施破坏计算机信息系统案	破坏计算机信息系统罪	山东省	其他机关移送
62	2023-27	四川省攀枝花市钛某化工有限公司钱某广等3人篡改自动监测设备参数破坏计算机信息系统案	破坏计算机信息系统罪	四川省	其他机关移送

2. 数据样本多维观察

本部分将结合表6-4和表6-5,从公安部打击环境资源犯罪相关典型案例的发布时间、发文机关、涉罪类型、地域分布以及违法线索来源等角度进行多维检视,以为后续分析公安机关打击环境资源犯罪的重点倾向、特征表现以及趋势发展做必要铺垫。

(1) 公安部打击环境资源犯罪相关典型案例的发布年份分析

从上述典型案例发布文件来看,2019年、2020年和2022年各发布1次,2021年未单独发文,2023年发布4次。可见,公安机关打击环境资源犯罪的整体力度在专门化和专业性上逐渐强化,通过发布典型案例的方式,统筹指导公安机关在打击类案方面的工作开展。从典型案例发布的具体数量来看,2019年至2023年各年份发布数量分别为5件、10件、0件、20件和27件。(见图6-5)

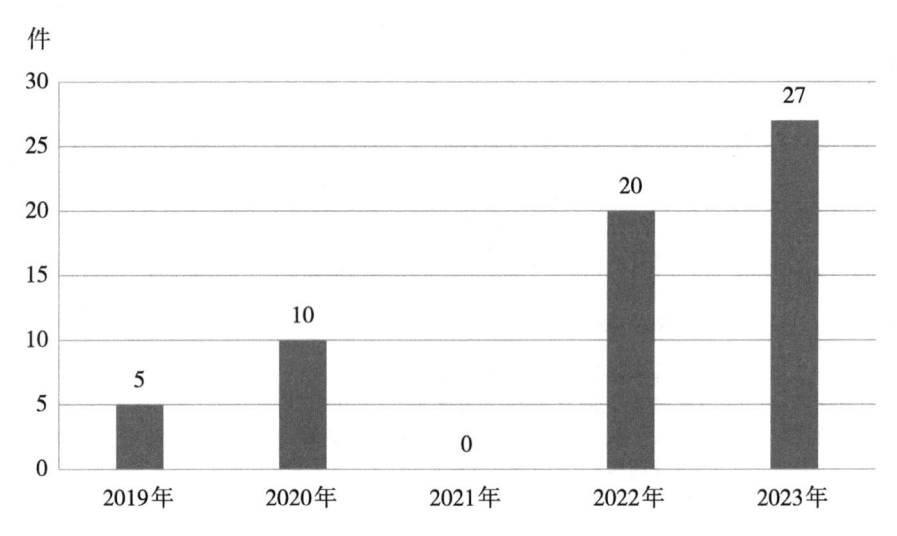

图6-5 2019~2023年公安部打击环境资源犯罪相关典型案例具体数量

(2) 公安部打击环境资源犯罪相关典型案例的发文机关分析

公安机关处于打击环境资源犯罪的前端环节,既与生态环境保护部门等其他行政机关存在联动、衔接,又与检察机关、审判机关相互监督、相互制约,在打击环境资源犯罪典型案例的发布主体上便直接反映了这一特点。在典型案例样本数据中,就公安部打击环境资源犯罪相关典型案例的发文机关而言,存在公安部单独发布(5次)、公安部与最高人民检察院、生态环境部联合发布(2次),以及公安部与最高人民检察院、最高人民法院、生态环境部、司法部联合发布（1次）3种情形（见图6-6）。联合发布之情形，更直观地体现了各部门在打击环境资源犯罪方面的分工配合、紧密合作。

公安部、最高人民法院、最高人民检察院、生态环境部、司法部联合发布，12.50%

公安部、最高人民检察院、生态环境部联合发布，25.00%

公安部单独发布，62.50%

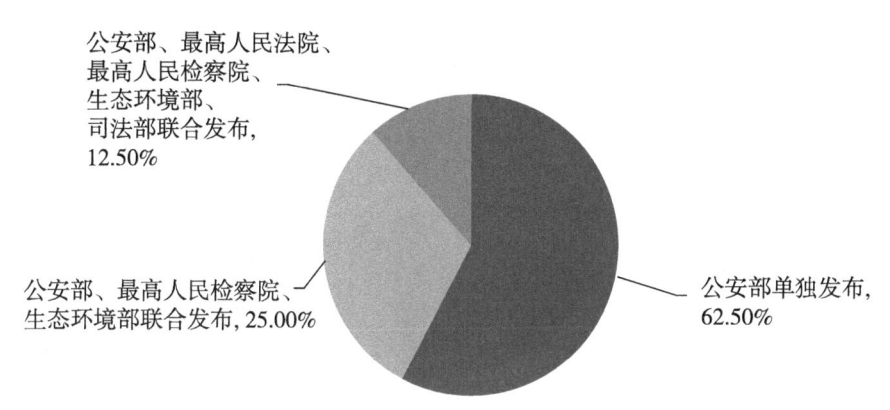

图6-6　2019~2023年公安部打击环境资源犯罪相关典型案例发文机关情况

(3) 公安部打击环境资源犯罪相关典型案例所涉罪名分析

在上述的典型案例数据样本中，所涉罪名大多属于《刑法》第六章"妨害社会管理秩序罪"第六节"破坏环境资源保护罪"的下设罪名，但也出现了其他与污染或破坏环境案情相关的罪名，如"销售假冒、伪劣产品罪""破坏计算机信息系统罪"。同时由于个别案例所涉不止一项罪名，如将每一罪名的数量计为1个，则上述62个统计典型案例罪名数量为68个、罪名类型共12种（见图6-7）。所涉罪名与罪数的客观数据，从侧面反映出环境资源犯罪的复杂性、多样性和多变性，公安机关在办案过程中往往面临取证及固定困难、受损情况难以量化等难点问题，这也对公安机关打击环境资源犯罪的广度和深度提出了更高要求。

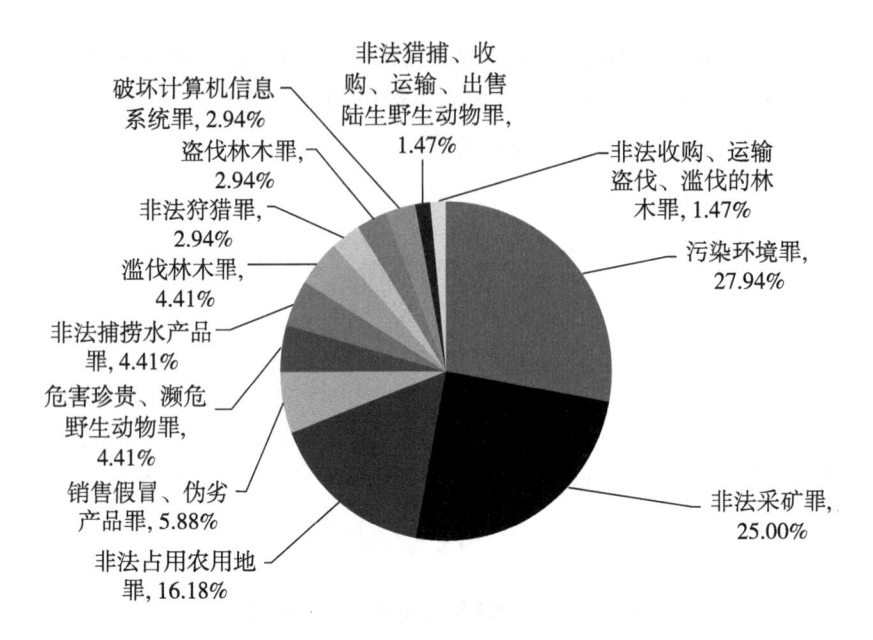

图 6-7 2019~2023 年公安部打击环境资源犯罪
相关典型案例罪名数量占比

（4）公安部打击环境资源犯罪相关典型案例的地域分布情况

上述典型案例数据样本的犯罪发生地域共涉及 25 个省级行政区，浙江省数量最多，共有 6 件，占比 9.68%；山东省次之，共有 5 件，占比 8.06%；江苏省、江西省和四川省各有 4 件，分别占比 6.45%（见表 6-6）。从公安机关打击环境资源犯罪的地域分布来看，东南沿海省份占比相对较高，其次是东北地区，一定程度上展现出环境资源犯罪打击与经济发展水平、地区能源储备等要素的联系。

表 6-6 2019~2023 年公安部打击环境资源犯罪相关典型案例地域分布情况

序号	省区市	件数（件）	占比（%）
1	浙江省	6	9.68
2	山东省	5	8.06
3	江苏省	4	6.45
4	江西省	4	6.45
5	四川省	4	6.45
6	广西壮族自治区	3	4.84

续表

序号	省区市	件数(件)	占比(%)
7	黑龙江省	3	4.84
8	辽宁省	3	4.84
9	重庆市	3	4.84
10	湖北省	3	4.84
11	陕西省	3	4.84
12	吉林省	3	4.84
13	安徽省	2	3.23
14	上海市	2	3.23
15	山西省	2	3.23
16	内蒙古自治区	2	3.23
17	河南省	2	3.23
18	贵州省	1	1.61
19	甘肃省	1	1.61
20	河北省	1	1.61
21	福建省	1	1.61
22	宁夏回族自治区	1	1.61
23	云南省	1	1.61
24	北京市	1	1.61
25	天津市	1	1.61
	合计	62	100

三、公安机关内部能动：展环境司法新担当

(一)公安机关内部能动概述

2023年,全国公安机关根据公安部党委统一部署要求,强化责任担当,深入推进"昆仑2023"等专项行动,以"零容忍"态度持续加大对污染环境犯罪的打击力度。公安部2024年1月14日公布的数据显示,2023年前11个月,共立案侦办刑事案件2900余起,抓获犯罪嫌疑人5900余名,打击质效明显提升,有力守护绿水青山,积极助力美丽中国建设。国务院《关于打击生态环境和资源保护

领域犯罪工作情况的报告》也从打击污染环境、破坏土地和矿产资源、破坏动植物资源等犯罪职责承担等方面总结了公安机关打击环境资源犯罪的主要成效，又从"突出专业带动，不断增强侦查打击能力""突出全警行动，不断提升整体打击效能"两个方面精炼、总结了公安机关打击环境资源犯罪过程中充分发挥内部能动性的主要做法。

具言之，面对环境资源犯罪日益严峻的形势，公安机关不仅强化了职责担当，还通过优化和创新内部机制，积极发挥自身能动性，与环境司法紧密衔接，展现出在打击环境资源犯罪方面的新担当。其一，强调专业带动。通过加强专业力量建设、强化技术支持、探索专业侦查打击模式以及培养专业人才，公安机关大幅提升了环境资源犯罪的侦查打击能力。为明确公安机关在刑事诉讼中保证准确、及时地查明犯罪事实的任务，完善以证据为核心的刑事指控体系，加强和规范侦查及补充侦查工作，切实提高办案质效，《刑事诉讼法》，最高人民检察院、公安部《关于加强和规范补充侦查工作的指导意见》对公安机关侦查及补充侦查的相关内容作了规定。最高人民检察院、公安部《关于健全完善侦查监督与协作配合机制的意见》进一步明确了公安机关、检察机关在依法规范开展侦查活动和侦查监督工作方面的责任分工，以期健全完善侦查监督与协作配合机制，推动提升公安执法和检察监督规范化水平，确保依法履行刑事诉讼职能。其二，推进全警行动。公安机关构建了警种合成作战机制、建立区域警务协作机制并探索生态警务机制，进一步提升了环境资源犯罪的整体打击效能。其三，公安机关的内部能动性与环境司法发展互助。公安机关的内部能动性为环境司法提供了坚实的执法保障和侦办支持。通过专业带动和全警行动，公安机关不仅提升了自身打击环境犯罪的技术和能力，也为环境司法提供了丰富的办案实践经验。而环境司法的深入推进，也为公安机关的工作开展提供了明确的方向指引和后备保障。这种相辅相成、互相补足的良性关系，使公安机关在打击环境资源犯罪方面的工作更高效、更精准，也为环境司法工作注入了新活力。

(二)公安机关内部能动在规范性文件中的体现

根据前文所述，公安部打击环境资源犯罪相关的规范性文件所涉领域包括环境污染类犯罪、流域综合治理、野生动物违规交易以及其他类型等。以该等领域区分为视角，梳理公安机关内部能动在规范性文件中的体现如下。

1. 围绕守牢环境质量底线，依法严厉打击环境污染类犯罪

依法严厉打击环境污染类犯罪对于保护环境、实现可持续发展、推进法治建

设和保障民生具有重要意义。公安机关和相关部门认真履行职责,加大打击力度,为环境保护和法治建设做出了积极贡献。具言之,"十四五"噪声污染防治行动注重加强噪声与振动污染防治,加强噪声监测站点管理,加强噪声污染防治领域的执法监管,强化噪声污染防治的宣传引导,以实现到2025年,全国声环境功能区夜间达标率达到85%的目标。[1] 大气污染综合治理攻坚行动系以地区为区分标准,针对不同地区的不同特点,采取特定方案,分别开展京津冀及周边地区、汾渭平原秋冬季大气污染综合治理攻坚行动,长三角地区秋冬季大气污染综合治理攻坚行动,以保证各地大气污染综合治理攻坚行动发挥出实效,满足各地区的实际情况和需求。(见图6-8)

此外,公安部坚持精准科学、依法治污,坚持优化结构、标本兼治,坚持系统观念、协同增效,坚持部门协作、压实责任。深入开展重污染天气消除、臭氧污染防治和柴油货车污染治理3个重点行动,争取到2025年,全国重度及以上污染天气基本消除;$PM_{2.5}$和臭氧协同控制取得积极成效,臭氧浓度增长趋势得到有效遏制;柴油货车污染治理水平显著提高,移动源大气主要污染物排放总量明显下降。[2]

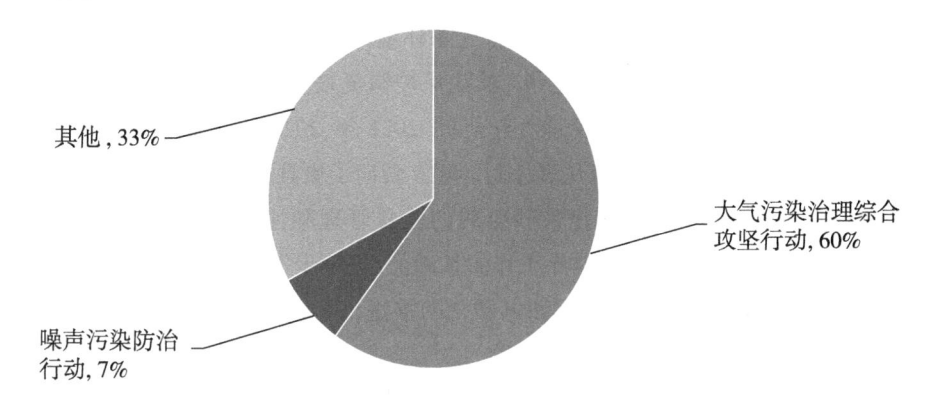

图6-8 环境污染类犯罪领域不同专项行动规范性文件占比

2. 围绕服务长江经济带高质量发展,依法严厉打击长江流域非法捕捞、非法采砂犯罪

依法严厉打击长江流域非法捕捞、非法采砂犯罪有助于保护长江生态环境、促进长江经济带高质量发展以及维护社会稳定和公平正义。流域综合治理的有

---

[1] 参见《"十四五"噪声污染防治行动计划》。
[2] 参见《深入打好重污染天气消除、臭氧污染防治和柴油货车污染治理攻坚战行动方案》。

关规范性文件中,涉及长江流域非法捕捞、非法采砂犯罪治理的规范性文件数量最多,这些文件侧重于对长江河道采砂管理合作机制、惩治长江流域非法捕捞等违法犯罪、长江保护修复作出规定。其中,水利部、公安部、交通运输部《关于建立长江河道采砂管理合作机制的通知》提出建立长江河道采砂管理合作机制,实现共建共享、深度融合,提升监管力度,确保长江河势和航道稳定,保障安全。水利部、公安部、交通运输部长江河道采砂管理合作机制领导小组办公室《关于印发长江河道采砂管理合作机制2023年度工作要点的通知》提出落实采砂管理责任制、强化监督检查和执法打击、加强采砂船舶监督管理、合理利用河道砂石,规范长江采砂管理。水利部、公安部、交通运输部《关于开展长江河道采砂综合整治行动的通知》对长江河道采砂综合整治行动作出规定,行动范围涵盖长江干流河道及通江支流、湖泊。针对惩治长江流域非法捕捞,《依法惩治长江流域非法捕捞等违法犯罪的意见》提出要准确适用法律,严惩非法捕捞等违法犯罪行为,依法严惩违法行为。《深入打好长江保护修复攻坚战行动方案》从指导思想、工作原则和主要目标入手,强调生态优先、绿色发展,以及综合治理、系统治理、源头治理。

在流域综合治理领域,公安部联合生态环境部、水利部、交通运输部等相关部门开展了长江河道采砂管理合作、长江保护修复攻坚战等行动。2020年,各部门提出建立长江河道采砂管理合作机制,2021年、2022年、2023年分别发布年度工作要点,工作重点逐渐从责任制的建立转向了更具体的监督检查、执法打击和信息共享,同时不断强化采砂船舶的监督管理和河道砂石的合理利用。2023年的工作要点在继承前两年工作的基础上,进一步强化了责任制的落实和考核问责,突出了"四联单"管理和电子化的推进,以及对非法改造船舶的源头管控。

3. 围绕守牢生态保护红线,依法严厉打击破坏动植物资源类犯罪

在野生动物违规交易领域,公安部联合相关部门开展打击野生动物违规交易专项执法行动,严厉打击非法行为,从源头上防控非法野生动物交易,严格落实市场关闭措施,严禁对外扩散和转运贩卖野生动物,旨在保护野生动物资源、维护生态安全。

(三)公安机关内部能动在典型案例中的体现

从典型案例来看,公安机关打击环境资源犯罪的内部能动主要体现为警务协作,具体又表现为省内警务协作和跨省警务协作。

其一,省内警务协作主要通过上级公安机关进行警力的统一抽调。典型案例如"2023-18 山东省青州市刘某刚等44人非法处置废铁桶污染环境案",山东省潍坊市生态环境局青州分局在牵头开展危险废物大排查、大整治活动中,发现辖区内一家小作坊对废铁桶进行劈割、轧板作业,导致油污满地,涉嫌污染环境罪,遂将该案移送至青州市公安局。由于案件背后涉及"危废桶流出企业、'劈桶'作业、司机运输、清洗毛板"的犯罪黑色链条,并且其辐射网络已经超出了青州市而至整个潍坊市甚至山东省,仅依靠青州市公安局的警力难以实现有效的犯罪侦查,潍坊市公安局通过内部能动抽调市内200余名警力,采取协同作战、多点出击方式,明确和统一侦查思路,逐步摸清犯罪链条,对证据进行全方位固定,最终将犯罪主犯及骨干成员全部抓获归案。

其二,跨省警务协作是在环境资源犯罪链条存在于多个省份之间时,公安机关为彻底打击犯罪行为而开展的跨省协作。典型案例如"2023-23 重庆市永川区邬某渐等8人非法处置含油泥浆污染环境案",重庆市永川区公安局在侦查公路边山沟里的大量含油废弃物犯罪时,通过现场勘验、收集物证等方式确定为跨川渝作案。因案情重大,专案组随即根据《川渝联手打击破坏环境资源保护犯罪协作机制》,商请四川公安机关配合开展现场勘验、危险废物溯源固证、犯罪嫌疑人抓捕审讯等侦查工作,同步开展涉案钻井企业走访调查工作。在川渝公安机关的协同配合下,相关犯罪嫌疑人全部归案,并通过调取嫌疑人专业背景、任职经历、岗位职责、培训经历等客观证据,印证钻井平台及居间委托嫌疑人的主观故意,为综合认定相关嫌疑人"明知"含油泥浆的危害性打下基础。[3]

四、行刑衔接部门联动:聚打击犯罪新合力

(一)行刑衔接部门联动概述

国务院《关于打击生态环境和资源保护领域犯罪工作情况的报告》在公安机关会同有关部门加强依法打击环境资源犯罪能力建设的主要做法中提到"突出部门联动,不断凝聚协同治理合力"。环境资源犯罪呈现传统与新型、网上与网下交织态势,多层级、长链条、跨区域作案的特点更加突出。加强部门联动首先是健全行刑衔接机制,公安部、生态环境部会同最高人民检察院制定环境保护行政执法与刑事司法衔接意见,并推动各地建立一系列相应的行刑衔接制度,健全和完善信息共享、案件移送、技术支持、联席会议等协作机制,实现优势互补。

---

[3] 选自《最高人民检察院、公安部、生态环境部发布7件依法严惩危险废物污染环境犯罪典型案例》。

多元共治已成为全面生态保护的时代要求,建立环境司法与行政执法的协作机制是构建现代环境治理体系的重要组成部分。在推动行政执法与环境司法的联动协作过程中,需要尊重行政执法的初级职权,发挥环境司法的监督效用,以及整合各机关的立体多维保护功能。[4] 如何精准认定环境治理领域的不法行为性质,并有效衔接环境行政违法行为与犯罪行为,是探索环境治理现代化过程中必须面对的重要命题。完善行刑衔接机制,必须充分考虑治理现代化这一总体目标所带来的新要求,尤其强调各权力主体之间的相互配合与共同规制。此外,还需贯彻审慎与精准的理念,从实体和程序两个层面优化衔接机制,并重塑检察监督制度,从而在应对和处置环境问题时,提高我国环境治理的水平与现代化程度。[5] 在持续深化生态环境保护行政执法与刑事司法衔接的过程中,基本工作体系虽已初步形成,但完善配套工作机制、固化行刑衔接成果仍需健全,通过行刑衔接实现切实提升打击生态环境违法犯罪合力的目标依旧任重道远。

(二)行刑衔接部门联动在规范性文件中的体现

通过行刑衔接部门联动,生态环境领域的违法犯罪行为能够得到及时、有效的打击。生态环境部门在发现涉嫌环境犯罪的案件后,可以根据相应规定和程序要求移送至公安机关处理,从而提高了打击环境犯罪的力度和效率。此外,行刑衔接也促进了生态环境部门、公安机关、检察机关等部门之间的协作和配合。通过信息共享、案情分析、联合办理等方式,各部门可以共同打击环境犯罪行为,形成打击环境违法犯罪的合力。行刑衔接在生态环境领域"加大执法力度、保障法律权威、促进部门协作、提升办案效率"等多方面作用的充分发挥要依靠相关规范性文件的积极探索。

近年来,公安机关始终关注行刑衔接对于打击环境资源犯罪的重要意义,响应各部门出台行刑衔接相关文件,强化环境资源犯罪的预防和打击力度。课题组通过在公安部及省级公安机关官网、生态环境部及省级生态环境部门官网、自然资源部及省级自然资源主管部门官网、"威科先行"、"北大法宝"等其他公开法律数据库以"环境违法""衔接""移送"为关键词进行检索,梳理出行刑衔接

---

[4] 参见王雅琪、张忠民:《现代环境治理体系中环境司法与行政执法协作机制的构建》,载《中国矿业大学学报(社会科学版)》2021年第3期。
[5] 参见周全:《环境治理中行刑衔接机制的现实困境与完善路径》,载《湖北大学学报(哲学社会科学版)》2023年第2期。

相关的规范性文件,分布于法律、行政法规、党内法规、部门规范性文件、司法解释、地方规范性文件、地方司法文件之中(见表6-7)。这些文件的出台,不仅为行政执法和刑事司法提供了更加明确、具体的衔接指导,还促进了各部门之间的信息共享和协同作战。通过建立健全的衔接机制,公安机关能够在发现环境资源犯罪线索后,迅速启动刑事司法程序,确保案件得到及时、有效的处理。

表6-7 行刑衔接相关的中央规范性文件汇总

序号	发文年份	文件标题
1	2023年	最高人民法院、最高人民检察院《关于办理环境污染刑事案件适用法律若干问题的解释(2023)》
2	2023年	《生态环境行政处罚办法》
3	2023年	自然资源部、公安部《关于加强协作配合强化自然资源领域行刑衔接工作的意见》
4	2021年	《行政处罚法(2021修订)》
5	2021年	最高人民检察院《关于印发〈最高人民检察院关于推进行政执法与刑事司法衔接工作的规定〉的通知》
6	2021年	生态环境部《关于深化生态环境领域依法行政 持续强化依法治污的指导意见》
7	2021年	生态环境部《关于优化生态环境保护执法方式提高执法效能的指导意见》
8	2020年	《行政执法机关移送涉嫌犯罪案件的规定(2020修订)》
9	2019年	应急管理部、公安部、最高人民法院、最高人民检察院《关于印发〈安全生产行政执法与刑事司法衔接工作办法〉的通知》
10	2018年	《刑事诉讼法(2018修正)》
11	2017年	环境保护部、公安部、最高人民检察院《关于印发〈环境保护行政执法与刑事司法衔接工作办法〉的通知》
12	2014年	公安部、工业和信息化部、环境保护部、农业部、国家质量监督检验检疫总局《关于印发〈行政主管部门移送适用行政拘留环境违法案件暂行办法〉的通知》
13	2013年	环境保护部、公安部《关于加强环境保护与公安部门执法衔接配合工作的意见》
14	2011年	《中共中央办公厅、国务院办公厅转发国务院法制办等部门〈关于加强行政执法与刑事司法衔接工作的意见〉的通知》

生态环境领域涉及的问题往往复杂且专业性强，需要多个部门共同协作才能有效应对。加强行刑衔接部门联动可以确保行政机关和司法机关在认定违法事实和适用法律上保持一致性，减少部门之间理解差异导致的法律适用偏差。

2021 年修订的《行政处罚法》第 27 条规定了行政机关将案件移送司法机关、司法机关将案件移送行政机关的情形，并提出行政执法与刑事司法衔接的有关运行机制。2018 年修正的《刑事诉讼法》第 54 条针对行政执法与刑事司法衔接过程中的收集、调取证据环节作出具体规定。《生态环境行政处罚办法》第 53 条明确规定，违法行为涉嫌犯罪的，生态环境主管部门应当移送司法机关。《环境保护行政执法与刑事司法衔接工作办法》第 5 条规定向公安机关移送的涉嫌环境犯罪案件，应当符合"实施行政执法的主体与程序合法，有合法证据证明有涉嫌环境犯罪的事实发生"两项条件。最高人民检察院《关于推进行政执法与刑事司法衔接工作的规定》明确公安机关、司法行政机关、行政执法机关和监察机关要积极协调配合，确保行政执法与刑事司法有效衔接。

自然资源部、公安部《关于加强协作配合强化自然资源领域行刑衔接工作的意见》第 4 条对公安机关与自然资源主管部门之间可展开的勘验、检验、鉴定、认定方面的协助作出规定。生态环境部《关于深化生态环境领域依法行政　持续强化依法治污的指导意见》健全了生态环境领域行政执法与刑事司法衔接机制，要求完善信息共享、案情通报、案件移送工作制度，对重大、疑难案件加强沟通会商，开展联合督导督办，实现行政处罚与刑事处罚依法对接。生态环境部《关于优化生态环境保护执法方式提高执法效能的指导意见》要求建立健全生态环境部门、公安机关、检察机关、审判机关联席会议制度，完善信息共享、案情通报、证据衔接、案件移送等机制，联合制定线索通报、提前介入、涉案物品保管和委托鉴定等程序。《关于加强行政执法与刑事司法衔接工作的意见》第 14 条对行刑衔接中的证据收集、证据证明力作出规定。最高人民法院、最高人民检察院《关于办理环境污染刑事案件适用法律若干问题的解释》第 15 条、第 16 条对行刑衔接中行政机关收集到的证据的效力作出规定。

各地出台的地方规范性文件和地方司法文件结合地方实际，对上位文件中的衔接情形、部门协作、工作机制等进一步细化。各地出台的文件在案件移送条件和程序、证据的收集和使用方面都有详细的规定，但各地文件的侧重点有所不同。具言之,云南省对应当移送的环境犯罪案件罪名进行了限定,[6]将移送的环境犯罪限定为走私废物罪、污染环境罪、非法处置进口的固体废物罪、擅自进口固体废物罪四类;辽宁省将案件移送详细分为涉嫌犯罪案件移送、行政拘留案件移送、行政违法案件移送3类,并对其进行有针对性的规定;[7]在证据的收集与使用方面,上海市对涉及危险废物认定的案件、涉及生态环境损害等专门性问题的案件,作出细致规定;[8]甘肃省对本地的联席会议、线索通报、案件移送、涉案物品处置、案件协商、信息共享、信息发布等工作机制作出详细规定,对各类案件证据的固定、故意实施环境污染犯罪的认定方面作出重点规定;[9]山东省出台的地方司法文件规定得较为原则化;[10]河北省则提出要持续加强制度创新,健全环境保护行政执法与刑事司法衔接的保障措施,研究建立适应打击环境犯罪需要的案件管辖制度、探索生态修复司法路径、建立联合培训机制、建立衔接工作激励机制、建立联合宣传发布机制。[11]

(三)行刑衔接部门联动在典型案例中的体现

从典型案例来看,环境资源犯罪由于侦察的专业性、技术性和即时性要求较高,一旦发现违法线索需要多个机关的及时响应并形成合力予以打击。在上述典型案例"2023-27 四川省攀枝花市钛某化工有限公司钱某广等3人篡改自动监测设备参数破坏计算机信息系统案"中,便生动体现了生态环境保护部门、公安机关和检察院之间跨部门合作下的有效行刑衔接。案件起因为钱某广作为钛某化工有限公司安全环保部长,为掩饰、隐瞒钛某化工有限公司生产过程中超标排放二氧化硫、烟尘等大气污染物,安排刘某、王某斌多次篡改尾气自动监测设备工控机软件系数。四川省生态环境保护综合行政执法总队、攀枝花市生态环境保护综合行政执法支队对该公司开展突击检查发现后,为及时准确固定犯罪证据,生态环境部门上下联动,在将案件移送公安机关的同时,同步将情况通报检察机关。检察机关第一时间与公安机关、生态环境部门对接,参加工作联席会议对案情进行分析,建议生态环境保护部门全面提供现场行政调查记录,及时

---

[6] 参见云南省环境保护厅、云南省公安厅《关于建立部门环境联动执法联勤制度的通知》。
[7] 参见《辽宁省环境保护行政执法与刑事司法衔接工作实施办法》。
[8] 参见《上海市生态环境保护行政执法与刑事司法衔接工作规定》。
[9] 参见《甘肃省生态环境行政执法与刑事司法衔接工作实施细则》。
[10] 参见山东省生态环境厅、山东省公安厅、山东省人民检察院、山东省高级人民法院《关于加强生态环境行政执法与刑事司法衔接工作机制的实施意见》。
[11] 参见《关于加强环境保护行政执法与刑事司法衔接工作的实施意见》。

提取自动监测设备分析仪数据,调取钛某化工有限公司监控室录像资料等;向公安机关提出对计算机数据进行分析、核实排污危害后果、及时固定涉案人员言词证据等意见引导侦查活动开展,促使行政执法调查工作与刑事立案侦查工作无缝衔接,保证了后续刑事诉讼的顺利进行。[12]

五、警民联合群众发动:显基层治理新优势

(一)警民联合群众发动概述

国务院《关于打击生态环境和资源保护领域犯罪工作情况的报告》在公安机关会同有关部门加强依法打击环境资源犯罪能力建设的主要做法中提到"突出群众发动,不断推进共建共治共享"。具言之,一是充分发动群众,公开举报途径,畅通警民沟通渠道,建立处理群众信访和网络舆情的机制,将社会公众对生态环境的关注转化为发现问题的"源头活水"。二是加强警企、警园合作,公安机关常态化开展"惠民利企"调研走访,及时推出惠企利民措施,助力企业复工复产。三是开展普法宣传,落实"谁执法、谁普法"责任,通过多种媒体形式,及时公布打击犯罪的成果,定期发布典型案例,以案释法,发挥警示教育作用。

2020年4月,生态环境部印发《关于实施生态环境违法行为举报奖励制度的指导意见》,要求各地建立实施生态环境违法行为举报奖励制度。生态环境违法行为举报奖励制度旨在通过经济奖励激励公众参与环境保护,弥补环境行政执法的不足,遏制生态环境违法行为的发生。[13] 环境违法举报奖励制度不再固守政府一元的治理机制,而是以平等、合作、对话的方式与公众展开沟通,弥补政府单一治理的短板。目前,我国环境违法举报奖励制度仍在持续地探索和尝试。[14] 环境资源犯罪多元治理机制的构建离不开群众支持,共建的力量来自群众,共治的智慧出自群众,共享的成果也是为了群众。警民联合、群众发动是在打击环境资源犯罪中彰显基层治理新优势的应有之义。

(二)警民联合群众发动在规范性文件中的体现

警民联合群众发动能够有效强化信息交流和共享、提升执法效能、推动制度完善、提升群众参与度和促进生态文明建设等,有助于形成全社会共同参与、共

---

[12] 参见《最高人民检察院、公安部、生态环境部联合发布4件依法严惩重点排污单位自动监测数据弄虚作假犯罪典型案例》。

[13] 参见阮丽娟、王志华:《生态环境违法行为举报奖励制度实施困境与突破》,载《常州大学学报(社会科学版)》2022年第5期。

[14] 参见方印、刘静潜:《环境违法举报奖励:法理诠释与规范续造》,载《贵州大学学报(社会科学版)》2021年第2期。

同治理的良好局面,为生态环境保护事业注入新的动力和活力。

生态环境部办公厅《关于实施生态环境违法行为举报奖励制度的指导意见》对生态环境领域警民联合、群众发动的规则作出系统性规定,指导各地建立实施生态环境违法行为举报奖励制度,要求各地拓宽网络、微博微信等举报渠道,明确奖励范围,加大奖励力度,规范奖励程序,完善对举报人的保护。具体包括生态环境违法行为举报奖励制度的总体要求与导向、举报奖励制度设计、组织保障与贯彻实施,要求各部门以助力打赢污染防治攻坚战、解决群众身边的突出环境问题为目标,建立并实施生态环境违法行为举报奖励制度。通过举报奖励机制,鼓励社会各界积极参与生态环境监督,增强公众对环保工作的关注度和参与度。

各地出台的地方规范性文件和地方司法文件结合地方实际,对上位文件中的制度设计、组织保障与贯彻实施等进一步细化。其中,内蒙古自治区详细规定了生态环境违法行为举报奖励的举报条件、奖励范围、奖励标准和举报方式,以及奖金的发放和管理。[15] 湖南省侧重于奖励举报湖南省内生态环境问题的线索,对监督管理和保密义务提出要求。[16] 江西省侧重于规范举报生态环境违法行为的奖励,明确了对举报人的保密和保护措施。同时,规定了不予奖励的情形。[17] 陕西省强调了生态环境领域违法行为举报奖励的等级和标准、奖金的领取程序,以及对举报人的保密和保护。[18]

从上述各地的具体举措中可以看出,通过制定和执行生态环境违法行为举报奖励制度,各地不仅积极响应了国家层面的指导意见,更结合当地实际,细化和丰富了制度内容,为警民联合、群众发动提供了具体的操作指南。这些举措的实施,将进一步激发公众参与生态环境保护的热情和积极性,形成全社会共同监督、共同治理的强大合力。同时,这也为我国的生态文明建设注入了新的动力和活力,有助于推动形成人与自然和谐共生的现代化新格局。

(三)警民联合群众发动在典型案例中的体现

公安机关打击环境资源犯罪的违法线索来源,主要集中于公安机关自行发现、群众举报和其他机关移送三种方式。前述表6－5"2019～2023年公安部打

---

[15] 参见《内蒙古自治区公安机关生态环境食品药品知识产权犯罪线索举报奖励办法》。
[16] 参见《湖南省生态环境问题线索举报奖励办法(试行)》。
[17] 参见《江西省生态环境违法行为举报奖励办法》。
[18] 参见《陕西省生态环境违法行为举报奖励实施办法》。

击环境资源犯罪相关的典型案例拆解"数据样本中,有46个案例具体说明了违法线索来源,违法线索源于公安机关自行发现的有10个,群众举报的有13个,其他机关移送的有23个(见图6-9)。其中,公安机关打击环境资源犯罪的违法线索来源中群众举报的情况占比近30%。实践中各地也会根据违法线索发现的难易程度、对生态环境的危害程度以及犯罪打击的社会效果等因素,设定不同等级的奖励标准,以此作为对群众举报违法犯罪行为的激励。

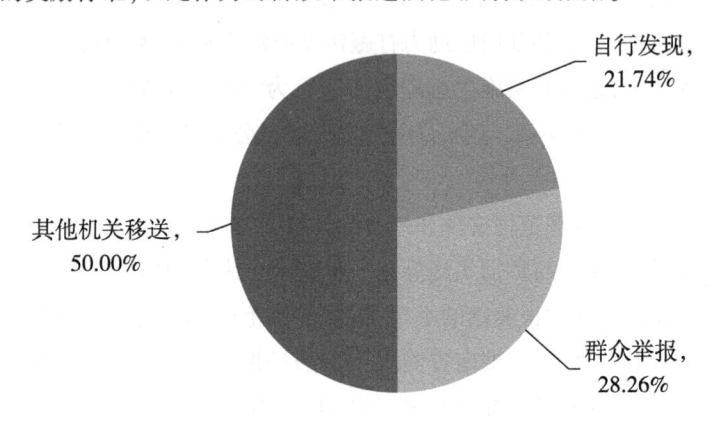

图6-9 2019~2023年公安部打击环境资源犯罪相关典型案例的违法线索来源情况

在典型案例"2023-20天津市武清区李某文等26人跨省处置废铅蓄电池污染环境案"中,群众举报反映天津市武清区一闲置院落周边长期有刺激性气味,影响生产生活。接报后市、区两级生态环境部门和公安机关联合成立专案组,迅速开展核查工作,锁定位于武清区的3处非法处置废铅蓄电池"黑窝点"和李某文等3名涉案人员。最终天津市生态环境局给予举报人重奖20万元,武清区生态环境局将李某文等人涉嫌刑事犯罪案件移送武清公安分局立案侦查。天津市通过有奖举报平台解决了多起群众反映突出的危险废物、大气污染等环境违法犯罪问题,推动形成全民支持、参与的生态环保新格局。此案天津市对举报人予以重奖,极大激发了广大群众参与环境保护监督的热情,2021年下半年该市环境问题信访举报数量同比增长39.3%,2022年该市举报奖励案件数量是2021年的8倍。[19]

---

[19] 参见《最高检、公安部、生态环境部发布7件依法严惩危险废物污染环境犯罪典型案例聚焦危险废物污染环境犯罪共性特点形成打击合力》,载中华人民共和国最高人民检察院网,https://www.spp.gov.cn/spp/xwfbh/wsfbt/202305/t20230529_615212.shtml#1。

整体而言，在当前社会治理体系中，公安机关作为维护社会秩序和公共利益的重要力量，其在打击环境资源犯罪方面发挥着不可替代的作用。群众举报作为公安机关获取违法线索的重要渠道，其价值和意义日益凸显。由于环境资源犯罪的隐蔽性、技术性、跨区域性等特点，单靠公安机关的力量很难全面掌握犯罪情况。群众的积极参与，使违法线索的收集更加广泛和及时，为公安机关提供了大量的第一手违法线索，极大地提高了打击犯罪的效率。此种警民联合打击环境资源犯罪的工作模式，也展现了基层治理的新优势，这种优势不仅体现在打击犯罪的效率和效果上，更体现在促进社会参与、增强社会凝聚力、提升治理能力等众多方面，也为构建安全、稳定、和谐的社会环境提供了有力保障。

检察机关提起环境行政公益诉讼的实证观察*

王雅琪　袁　明　王耀珑

一、问题限定及样本选择

(一)环境司法中检察机关工作的观察指向

在习近平法治思想和习近平生态文明思想的指引下,各级人民法院以环境资源审判专门化为抓手,充分发挥审判职能作用,环境司法专门化体系基本成熟、环境资源案件审判方式基本成型、环境司法覆盖领域日益拓展。[1] 为积极适应生态环境案件高度复合性和专业技术性的特点,作为与法院职能对接的检察机关,全面推进生态环境检察工作、努力提升环境司法水平也是应有之义。2021年党中央印发的《关于加强新时代检察机关法律监督工作的意见》中明确要求检察机关深入贯彻新发展理念,加强生态文明司法保护,依法从严惩治污染环境等犯罪,加大生态环境和资源保护公益诉讼案件办理力度,[2] 也表明人民检察院应当是持续深化生态文明司法保护、保障国家法律正确实施的重要力量。

检察机关的法律监督定位,意味着检察机关需要通过提示、督促、纠正错误等控制权力,[3] 保障环境司法的正确推进。最高人民检察院印发《2023—2027年检察改革工作规划》明确指出,要以加强检察机关法律监督工作为总抓手,深化刑事、民事、行政和公益诉讼"四大检察"协同履职。[4] 因此,在环境司法领域中,检察机关需要通过充分履行发挥刑事检察、民事检察、行政检察与公益诉讼检察之间的相互协调与助力,努力实现维护环境公益与促进社会发展的有机统一。同时,在"四大检察"不同的具体场域中,检察机关也需要接受与之相适

---

* 感谢中南财经政法大学法学院硕士研究生周宛央对裁判文书整理与报告撰写的支持工作。

[1] 参见吕忠梅等:《中国环境司法发展报告(2022年)》,法律出版社2023年版,第4、23、35页。

[2] 参见《中共中央关于加强新时代检察机关法律监督工作的意见》,载中华人民共和国最高人民检察院网,https://www.spp.gov.cn/spp/tt/202108/t20210802_525619.shtml,最后访问日期:2024年5月24日。

[3] 参见徐军:《检察监督与公诉职能关系论》,中国人民公安大学出版社2010年版,第1-3页。

[4] 参见《最高检印发〈2023—2027年检察改革工作规划〉》。

应的环境检察法治构造与运作模式。因此,锚定"四大检察"中的特定视角,对环境司法中的检察机关工作进行观测具有重要意义。本报告基于检察机关有依法行使检察权介入行政机关的日常活动、监督行政活动是否遵守宪法和法律、修复受到不法侵害的公共法益的义务,[5]以及中共中央《关于加强新时代检察机关法律监督工作的意见》提出"全面深化行政检察监督"的要求与党的二十大报告指出"加强检察机关法律监督工作。完善公益诉讼制度"[6]的战略启示,以环境行政公益诉讼的诉前程序为观察域,对检察机关的法律监督工作如何助力美丽中国建设进行观测。原因在于:

在重要性层面,环境行政公益诉讼通过科学严谨的检察规则和检察程序有效督促涉行政机关进行合法作为,具有保障合法行政的重要功能。近年来,在各地检察机关的积极探索与推动下,我国环境行政公益诉讼在环境司法中所承担的作用越来越强。而诉前程序是检察机关提起环境行政公益诉讼的必经程序,也是环境行政公益诉讼结案的重要方式。在可观察性层面,尽管立法对环境行政公益诉讼的司法机制构造在接续努力,但《行政诉讼法》第25条第4款及最高人民法院、最高人民检察院《关于检察公益诉讼案件适用法律若干问题的解释》第22条并未明确何为"诉前程序",《人民检察院公益诉讼办案规则》中关于检察建议的规定也存在一定的空白,并未具体明确检察建议与其他诉前程序之间的关系,这无疑具较大的讨论空间。

从已有的理论研究来看,对环境行政公益诉讼进行专门化观察的意识逐步凸显,主要从两个维度进行探析:一是从公益诉讼的规则进行思考;二是在环境行政公益诉讼的实证解读中对检察机关的定位与工作进行部分解读。现有研究缺乏对检察机关在诉前程序的工作实践样态进行专门化观察与司法总结。因此,本报告以2021~2023年的环境行政公益诉讼案件为研究样本开展实证研究,梳理环境行政公益诉讼诉前程序中检察机关工作的实践现状与制度成效,重点对诉前程序中的检察建议、诉前协商、对行政机关履职情况的评估的具象焦点进行观察,并结合学术界对这些实践问题的学理回应、研究程度和研究成果,对检察机关在环境行政公益诉讼的诉前程序中的法律监督工作进行一定的问题挖

---

[5] 参见段君尚:《论企业合规中检察机关与行政机关的协作——以自贸试验区为例》,载《云南大学学报(社会科学版)》2024年第1期。
[6] 参见习近平:《高举中国特色社会主义伟大旗帜 为全面建设社会主义现代化国家而团结奋斗——在中国共产党第二十次全国代表大会上的报告》,载《人民日报》2022年10月26日,第1版。

掘与发展预判,以期为公益诉讼立法提供一定的参考价值。

(二)裁判样本的选择路径与筛选标准

本部分以期通过实证分析的方法对环境行政公益诉讼进行具体回溯,系统梳理环境行政公益诉讼的现实状况,并在此基础上对环境行政公益诉讼的诉前程序中的检察建议、诉前协商、"不履行法定职责"判断等进行重点观察与微观分析,全面而侧重地观测检察机关在环境行政公益诉讼中的运行现状与发展进路。因此,本报告的数据来源分为两部分:(1)最高人民法院设立的中国司法大数据研究院的案例数据库为本报告提供了从2021年1月1日至2023年12月31日的环境行政公益诉讼案件的整体数量,以此保证本研究报告数据来源的权威性;(2)对环境行政公益诉讼诉前程序开展微观聚焦分析的裁判文书则全部来源于最高人民法院、最高人民检察院于2021~2023年发布的环境行政公益诉讼指导、典型案例,保证了本研究报告数据来源的典型性,通过洞悉蕴藏于文书背后的业务指导意义,可以在一定程度上形成对环境行政公益诉讼的诉前程序关键节点的解释说明。基于案件文书管理规范要求、观测点内容详细度要求等原因,本报告对最高人民法院、最高人民检察院于2021~2023年发布的环境行政公益诉讼指导、典型案例的裁判文书进行了逐一阅读,根据诉前检察建议、诉前协商与对行政机关履职状况评估的分析焦点,择取共180件典型案例作为分析样本,进行分门别类、归纳总结与实证研究,以期有侧重地观测检察机关的法律监督工作。

二、环境行政公益诉讼案件的整体观测

环境行政公益诉讼制度是生态文明法律制度的重要组成部分,亦是守护绿水青山和增进民生福祉的重要法治防线。[7] 根据课题组所收集到的数据,2021年至2023年,全国环境行政公益诉讼案件总量为131件,具体而言,2021年59件、2022年7件、2023年65件,整体呈先降后升的变化趋势。其中,2022年的案件数量与2021年、2023年的案件数量相比存在较大的差距,可能存在以下几个客观要素:第一,受2022年度新冠疫情的影响,我国人民的生产生活活动、行政机关的行政活动以及法官的审判活动都受到了较大影响,客观上降低了环境行政公益诉讼的发生率与结案率;第二,党的十八大以来,生态文明法治建设不断推进,既不断规范着环境行政活动的实施过程,也促进着人民环境保护素质的提

---

[7] 参见《全面加强生态环境公共利益司法保护——最高人民法院发布环境公益诉讼专题指导性案例》,载中华人民共和国最高人民法院网,https://www.court.gov.cn/zixun/xiangqing/386231.html,最后访问日期:2024年5月24日。

升。在上述因素的共同影响下,2022 年环境行政公益诉讼案件的数量大幅减少,[8]样本量的统计意义相对较弱,故在下文部分分析点中对其的分析有所弱化、转化。譬如在总量的趋势变化上,若除去该年份特殊情况,2023 年环境行政公益诉讼案件量较之 2021 年上涨 10.17%,一定程度上说明行政机关环境履职状况的规范性需要强化。

(一)环境行政公益诉讼的宏观回溯

1. 案件审级

近三年,环境行政公益诉讼的一审案件量占比最高,呈先升后降趋势。总体来看,全国环境行政公益诉讼一审案件数量最多,共计 125 件,占比 95.42%;而二审、再审案件数量较少,共 6 件,共占比 4.58%,这反映出环境行政公益诉讼案件上诉率低,诉讼纠纷解决机制行之有效。将视角聚焦一审案件,2021 年环境行政公益诉讼一审案件量占比 93.22%,2022 年占比 100.00%,2023 年占比 96.92%,呈先升后降趋势,且年均整体占比位居高位(见图 7-1)。而在少数的二审案件中,上诉人的诉讼请求主要为撤销原审法院判决,争议焦点集中于行政机关的履职情况,包括是否属于"怠于履职"、是否依法全面履行法定职责等。例如,在"绵阳市自然资源和规划局诉四川省绵阳高新技术产业开发区人民检察院环境行政公益上诉案"中,[9]绵阳市自然资源和规划局便主张其并不存在原审法院认定的"怠于履职"的情况。

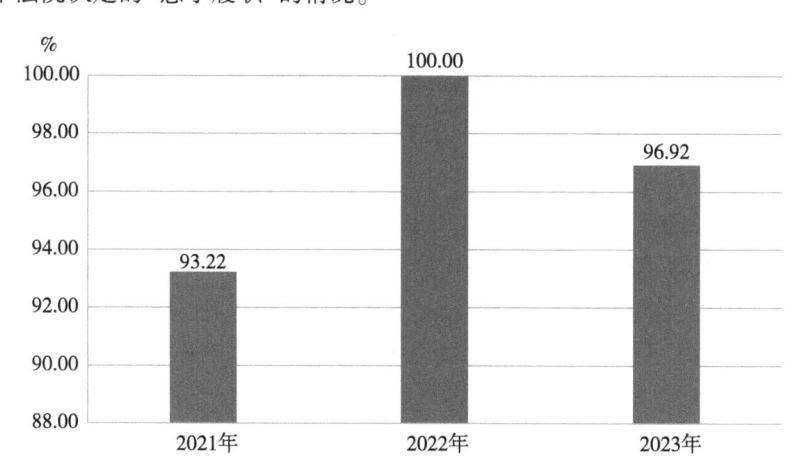

图 7-1 2021~2023 年环境行政公益诉讼一审案件数量占比分布

---

[8] 参见《中国环境司法发展报告(2022)》,法律出版社 2023 年版,第 96 页。
[9] 参见四川省绵阳市中级人民法院行政判决书,(2021)川 07 行终 15 号。

2. 案件主体

以涉案数量为统计标准,2021年至2023年环境行政公益诉讼案件被告类型数量排名前十五的分别为:人民政府、自然资源局、卫生健康委员会、水利局、自然资源和规划局、住房和城乡建设局、生态环境局、水务局、林业和草原局、林业局、综合行政执法局、城市管理局、城市管理执法局、街道办事处和农业农村局,其中,人民政府在环境行政公益诉讼中被诉最多,涉案38件,占比达29.01%。(见图7-2)

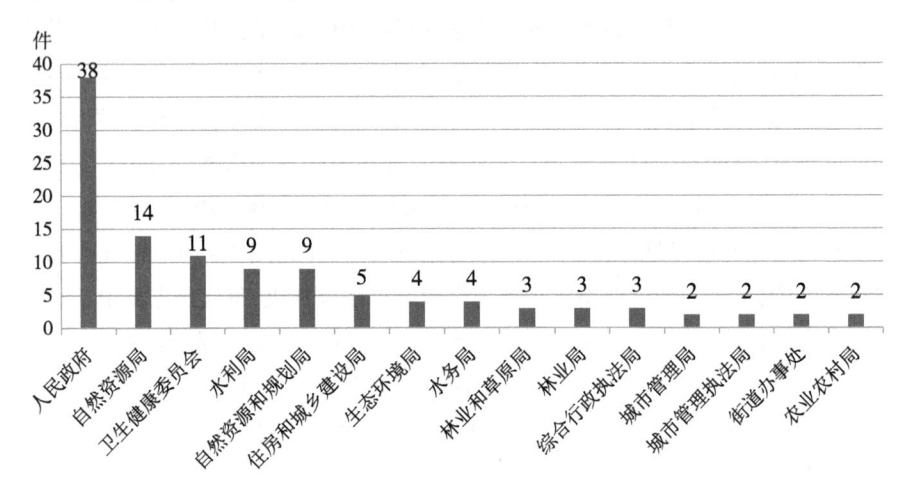

图7-2 2021~2023年环境行政公益诉讼案件
被告类型数量分布(排名前十五)

自2018年"大部制"改革之后,自然资源管理部门与生态环境管理部门承载了大多数的环境管理职能,从理论上看,较为宽泛的环境职权范围或将使两部门被诉的可能性高于其他行政机关。但数据显示,自然资源管理部门与生态环境管理部门在环境行政公益诉讼中的被诉综合占比整体低于其他行政机关,具体而言,2021年自然资源管理部门与生态环境管理部门被诉综合占比24.24%,2022年占比14.29%,2023年占比18.06%,总量呈逐年下降趋势(见图7-3)。可能的原因是,自然资源管理部门与生态环境管理部门作为专门的环境保护部门,其环境履职行为更加熟练、专业,且处于不断发展、完善的阶段,所以被诉占比较低。

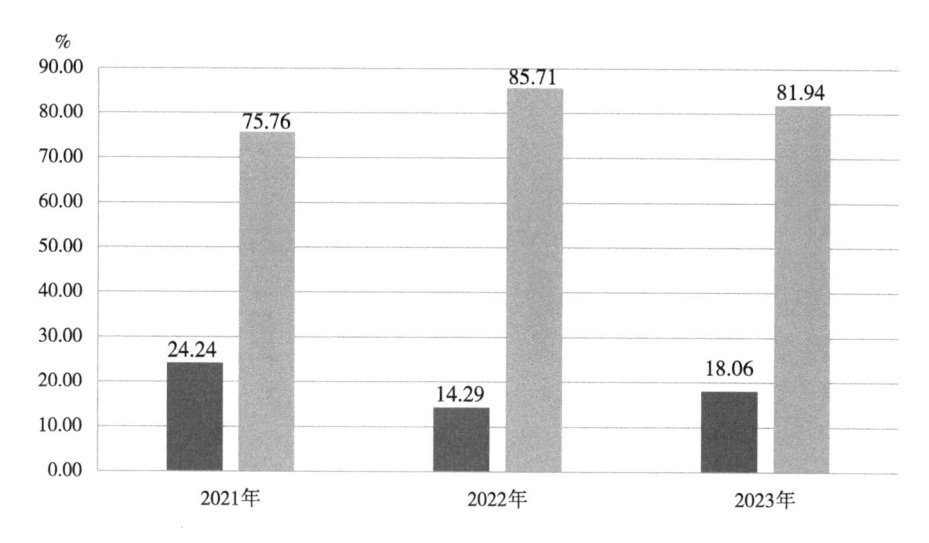

图 7 - 3　2021～2023 年环境行政公益诉讼案件自然资源管理部门、
生态环境管理部门与其他部门之间的被诉量占比分布

3. 案涉环境

参考生态环境部发布的《2022 中国生态环境状况公报》，可以将生态环境划分为大气环境、水环境、海洋生态环境、土地生态环境、废气、废水、固体废物等环境分支，[10]接着把 2021 年至 2023 年环境行政公益诉讼案件关涉的环境领域依照上述类目进行匹配归类，可以得到环境行政公益诉讼案件关涉环境领域数量分布情况（见图 7-4）。近三年环境行政公益诉讼案件关涉土地生态环境数量最多，共有 40 件案件，占比 30.53%。根据样本详情，行政机关常见的土地生态环境领域履职行为主要包括：针对非法占用农用地、非法占用国有土地、非法占用闲置土地、非法占用林地的行为进行监管，地质环境保护和土地复垦，水土保持监管以及收缴水土保持补偿费、土地出让金等。其他案涉环境数量与占比还包括：水环境案件 21 件，占比 16.03%；固体废物案件 17 件，占比 12.98%；废水案件 15 件，占比 11.45%；城市环境案件 13 件，占比 9.92%；文物保护案件 7 件，占比 5.34%；道路环境案件 4 件，占比 3.05%；大气环境案件 2 件，占比 1.53%。

---

[10] 参见《2022 年中国生态环境状况公报》，载生态环境部官网，https://www.mee.gov.cn/hjzl/sthjzk/zghjzkgb/202305/P020230529570623593284.pdf，最后访问日期：2024 年 5 月 24 日。

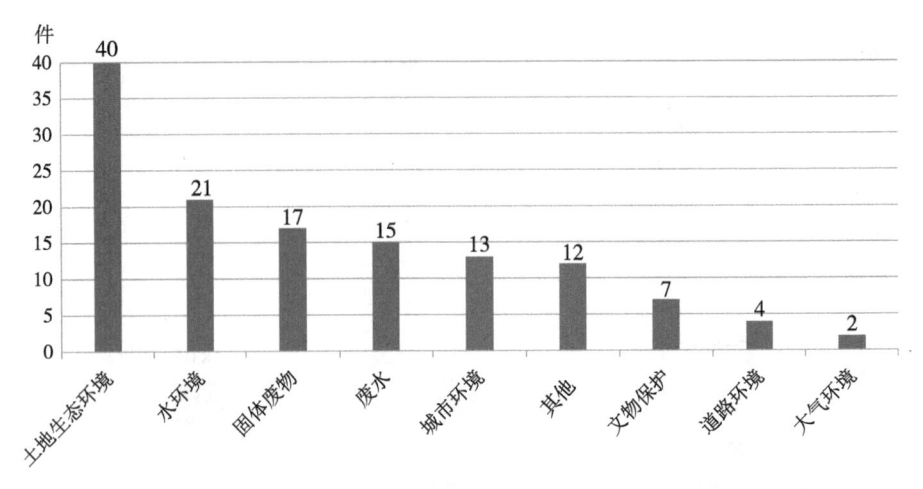

| 232 | 中国环境司法发展报告(2023年)

图7-4 2021~2023年环境行政公益诉讼案件关涉环境领域数量分布

土地生态环境 40
水环境 21
固体废物 17
废水 15
城市环境 13
其他 12
文物保护 7
道路环境 4
大气环境 2

4. 检察建议

行政机关是否按时、及时答复检察建议,是检察机关考虑提起环境行政公益诉讼的关键影响因素之一。从样本中行政机关答复检察建议的样态来看,2021年至2023年环境行政公益诉讼中被告按时答复检察建议的案件共计88件,占比67.18%(见图7-5)。而被告逾期答复检察建议的案件有7件,占比5.34%;被告逾期且不答复检察建议的案件有21件,占比16.03%。通过以上数据可知,环境行政公益诉讼中检察机关与行政机关之间的协调配合整体顺畅,但仍存在较大的协商合作空间。

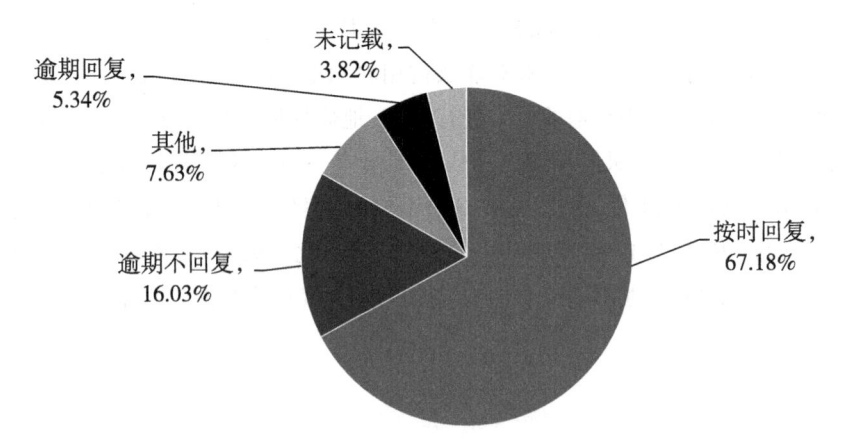

按时回复,67.18%
逾期不回复,16.03%
其他,7.63%
逾期回复,5.34%
未记载,3.82%

图7-5 2021~2023年环境行政公益诉讼案件被告答复检察建议情况占比分布

数据显示,2021年至2023年环境行政公益诉讼中行政机关消极答复检察建议的情况呈先升后降趋势,2021年占比18.64%,2022年占比28.57%,2023年占比23.08%,整体有所上涨;而按时答复的情况则先降后升,2021年占比81.36%,2022年占比71.43%,2023年占比76.92%,虽占到绝大多数,但整体却有所下降(见图7-6)。这说明,环境行政公益诉讼中行政机关与检察机关双方之间的沟通配合情况存在较大的提升空间。("消极答复"即行政机关逾期答复与逾期不答复检察建议情况的总和)

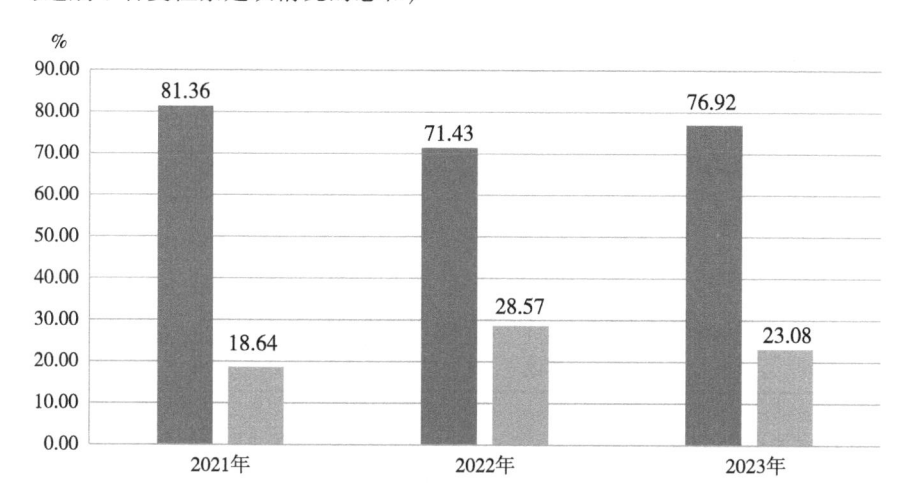

图7-6 2021~2023年环境行政公益诉讼案件被告按时答复与消极答复占比分布

(二)环境行政公益诉讼案件的争议剖析

1. 原告诉讼请求

2021年至2023年环境行政公益诉讼原告诉请法院判处被告依法履行职责的案件最多,共55件,如表7-1所示。其他原告诉讼请求样态包括:请求确认被告行为违法共15件;请求依法全面履行职责共14件;请求继续履行法定职责共11件。从诉讼请求的数量上看,原告提出单个诉讼请求的情况占绝大多数,共计95件,请求内容侧重于被告履职行为的性质、范畴以及实施程度;而提出多个诉讼请求的案件为23件,其中,诉讼请求数量最多为2件。在原告提出多个诉讼请求的案件中,请求确认被告行为违法并依法履行职责的案件有13件;请求确认被告行为违法并继续履行法定职责的案件有8件;请求确认被告行为违法并依法全面履行职责的案件有1件;请求被告提交证据并依法全面履行职责的案件有 1 件。另有 13 件案件裁判文书的诉讼请求部分或表述模糊或没有具体指向而不具备可分析性，故统一将其归类到"其他"类目之下。

表 7-1　2021~2023 年环境行政公益诉讼案件不同原告诉讼请求类型数量占比分布

原告诉讼请求	案件量(件)
请求依法履行职责	55
请求确认被告行为违法	15
请求依法全面履行职责	14
请求继续履行法定职责	11
(1)请求确认被告行为违法；(2)请求依法履行职责	13
(1)请求确认被告行为违法；(2)请求继续履行法定职责	8
(1)请求确认被告行为违法；(2)请求依法全面履行职责	1
(1)请求被告提交证据；(2)请求依法全面履行职责	1
其他	13

2. 被告诉讼辩称

表 7-2 呈现了近三年环境行政公益诉讼中被告辩称类型的分布样态。[11] 数据显示，环境行政公益诉讼中被告提出的抗辩理由主要包括：已按照建议整改、已履职到位、法益未受侵害、履职困难、第三方原因未履职、不具有法定职责、客观原因无法履职、正在履职、已部分履职、放弃答辩、被告主体不适格、并未违法、第三方原因未履职、诉请与客观事实不符、原告证据不足、建议送达不及时、建议不合理、起诉无法律依据、原告证据有误，涵盖了法定职责性质范畴、实际履职情况、案件事实以及证据问题，较之于原告诉请，被告辩称的内容更加丰富。其中，排名前三的被告辩称类型为已按照建议整改，共有案件 54 件，占比 30.17%；提出已履职到位的，共有案件 34 件，占比 18.99%；提出法益未受侵害的，共有案件 11 件，占比 6.15%；提出因第三方原因未履职的，共有案件 11 件，占比 6.15%。对比来看，被告诉讼辩称与原告诉请内容基本对应，例如，原告诉请被告依法履行职责

---

[11] 2021~2023 年环境行政公益诉讼案件不同被告辩称类型数量的数据加起来超过原样本总量 131 件，原因在于，部分案件的被告答辩过程中，会存在同时提出多个答辩意见的情况，涉及两种乃至多种辩称类型。故此，被告辩称类型统计时，其数量与占比均可能突破原样本总量 131 件。

的案件所占比重最大,而被告辩称则对应地提出已按照检察建议进行整改。

在所有的被告辩称类型中,因"客观原因无法履职"的案件有7件,占比3.91%。例如,道真仡佬族苗族自治县人民检察院诉道真仡佬族苗族自治县旧城镇人民政府不履行文化行政管理法定职责公益诉讼案,[12]被告便提出,涉案文物城垣距今有四百多年的历史,在之前只为求生计的年代,没有重视保护而损坏严重,土地放下户后,农户在城垣边进行耕种无意间也破坏了部分,虽目前大部分已经征收,但圈地保护措施因不具备专业知识,无法单独制定科学的保护方案和没有充裕资金仍未落到实处,在履职过程中确实存在客观困难。

表7-2 2021~2023年环境行政公益诉讼案件不同被告辩称类型数量占比分布

被告辩称类型	案件量(件)	占比(%)
已按照建议整改	54	30.17
已履职到位	34	18.99
法益未受侵害	11	6.15
第三方原因未履职	11	6.15
履职困难	9	5.03
不具有法定职责	7	3.91
客观原因无法履职	7	3.91
正在履职	5	2.79
已部分履职	5	2.79
放弃答辩	4	2.23
被告主体不适格	4	2.23
并未违法	4	2.23
第三方原因未履职	4	2.23
诉请与客观事实不符	4	2.23
原告证据不足	3	1.68
建议送达不及时	1	0.56
建议不合理	1	0.56
起诉无法律依据	1	0.56
原告证据有误	1	0.56
其他	13	7.26

[12] 参见贵州省正安县人民法院行政判决书,(2020)黔0324行初119号。

3. 争议行为样态

以履职的完备程度、达标情况为标准，可以将样本中行政机关的被诉环境履职行为划分为完全不履行法定职责与不充分履行法定职责两种样态。基于此，2021~2023年环境行政公益诉讼案件争议行为样态概况如图7-7所示，行政机关完全不履行法定职责是检察机关提起环境行政公益诉讼的主要原因，共有77件，占比达58.78%。而不充分履行法定职责的案件量为48件，占比36.64%。可见，在司法实践中，行政机关环境履职的完备程度是检察机关提起环境行政公益诉讼的核心考量要素。是故，行政机关在履行环境职责时可以着重考虑自身行为是否按照法律规定之要求实现完备履职。

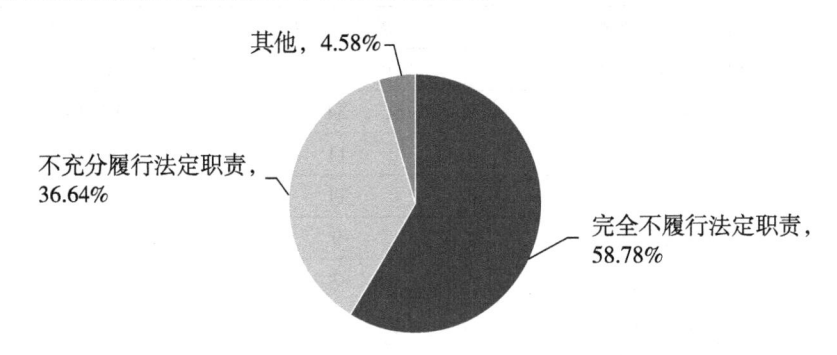

图7-7 2021~2023年环境行政公益诉讼案件不同被诉环境履职行为占比分布

4. 争议行为类型

审视2021~2023年我国环境行政公益诉讼争议行政行为类型的分布样态，可知，环境行政公益诉讼中行政机关的行政处理行为争议最多，共涉及71个案件，占比54.20%。例如，辽宁省抚顺市新抚区人民检察院诉被告抚顺市生态环境局不履行监督管理职责公益诉讼案，[13]起诉人向被告依法送达检察建议书，建议被告依法全面履行监管职责，采取有效措施，对污染大气环境的违法行为依法处理，消除对生态环境造成的损害。被告遂作出行政处理，向违法主体下达责令改正违法行为决定，但抚顺市新抚区人民检察院检察人员对环境污染现场进行跟踪监督，发现上述违法行为并未整改仍在生产作业，持续对生态环境造成污染，行政处理行为缺乏实效，故决定提起诉讼。

---

[13] 参见辽宁省抚顺市新抚区人民法院行政判决书,(2021)辽0402行初33号。

而其他争议行政行为类型主要还包括：行政强制执行，共涉及32个案件，占比24.43%；行政征缴，共涉及12个案件，占比9.16%；行政处罚，共涉及14个案件，占比10.69%；行政许可，共涉及2个案件，占比1.53%。根据最高人民法院2020年印发的《关于行政案件案由的暂行规定》可知，二级行政案由共有22个，但环境行政公益诉讼争议行政行为类型却集中于以上5种，仅占全部二级行政案由的22.73%，说明环境行政公益诉讼案件争议行政行为较为集中。（见图7-8）

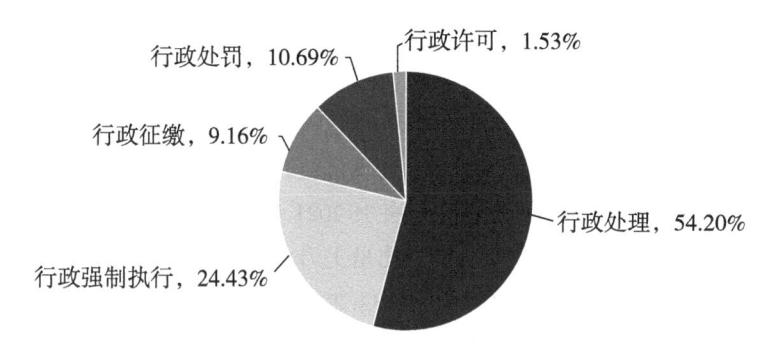

图7-8 2021~2023年环境行政公益诉讼案件不同前置争议行政行为类型占比分布

（三）环境行政公益诉讼案件的审判聚焦

1. 裁判文书类型

从文书类型的视角上看，2021年至2023年环境行政公益诉讼判决书占比最高，共93份，占比70.99%；其次为裁定书，共37份，占比28.24%（见图7-9）。可见，超过2/3的环境行政公益诉讼案件最终以判决形式告结，而裁定的情形主要为环境行政公益诉讼过程中被告积极按照检察机关的诉前建议，充分履行法定职责并实现其诉讼请求之后，检察机关向审理法院申请诉讼终结。例如，重庆市涪陵区人民检察院诉被告重庆市涪陵区林业局不履行监督管理职责公益诉讼案，[14]诉讼过程中涪陵区林业局按照检察建议积极采取有力措施，履行监督管理职责，对存在的问题进行全面督促整改。经调查，涉案地块已全部整改到位，并通过了相关部门的复绿验收，双方协商之后，涪陵区人民检察院提交了终结审查申请，法院最终裁定诉讼终结。

---

[14] 参见重庆市涪陵区人民法院行政裁定书，(2023)渝0102行初227号。

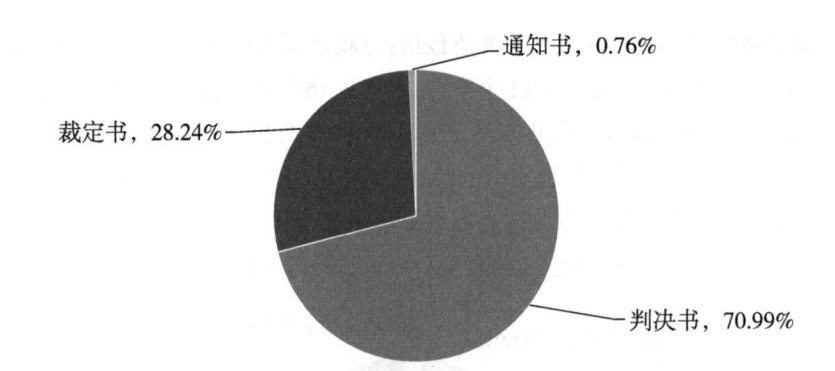

图 7-9 2021~2023 年环境行政公益诉讼案件裁判文书类型分布

从数量变化趋势来看,近三年环境行政公益诉讼案件判决书占比先降后升,具体而言,环境行政公益诉讼案件判决书 2021 年占比 67.80%,2022 年占比 42.86%,2023 年占比 76.92%,总体占比呈上升趋势。而环境行政公益诉讼案件裁定书占比则先升后降,2021 年占比 32.20%,2022 年占比 57.14%,2023 年占比 21.54%,总体占比有所下降(见图 7-10)。由此可见,前述检察机关向法院申请诉讼终结的情形有所减少,从侧面反映出环境行政公益诉讼原被告双方争议更为凸显、协商配合度降低。

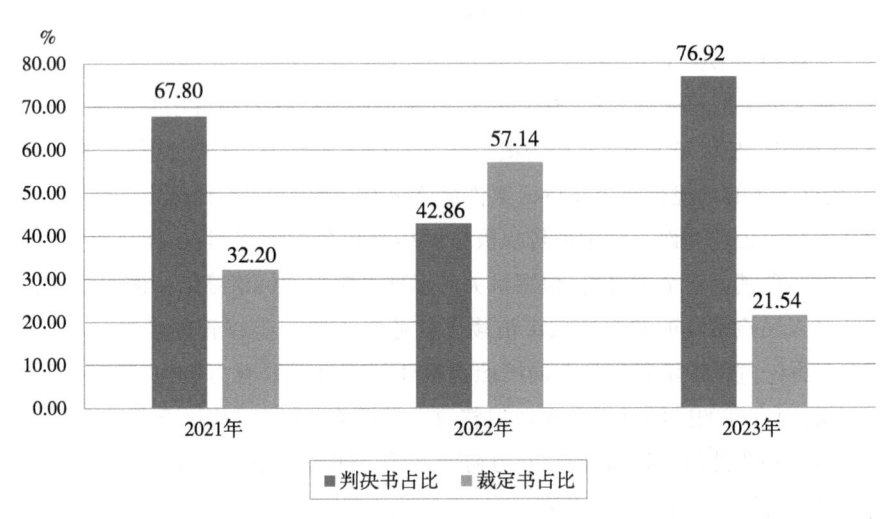

图 7-10 2021~2023 年环境行政公益诉讼案件判决书与裁定书占比分布

2. 审判依据梳理

2021 年至 2023 年法院在审理环境行政公益诉讼时,涉及引用法条的次数达到了 339 次,最常引用的法律依据为《行政诉讼法》第 72 条,[15] 累计引用 40 次(见表 7-3)。其他引用频次排名前五的规范文件依据包括:最高人民法院、最高人民检察院《关于检察公益诉讼案件适用法律若干问题的解释》第 25 条,[16] 累计引用 34 次;《行政诉讼法》第 25 条,[17] 累计引用 33 次;《行政诉讼法》第 74 条,[18] 累计引用 28 次;最高人民法院、最高人民检察院《关于检察公益诉讼案件适用法律若干问题的解释》第 24 条,[19] 累计引用 23 次。[20] 法院引用频次较高的法律依据内容主要是判决被告限期履行法定职责的情形、确认被告行政行为违法的情形、环境行政公益诉讼起诉资格、人民检察院撤回起诉与变更诉讼请求的情形。

---

[15]《行政诉讼法》第 72 条规定:"人民法院经过审理,查明被告不履行法定职责的,判决被告在一定期限内履行。"

[16] 最高人民法院、最高人民检察院《关于检察公益诉讼案件适用法律若干问题的解释》第 25 条规定:"人民法院区分下列情形作出行政公益诉讼判决:(一)被诉行政行为具有行政诉讼法第七十四条、第七十五条规定情形之一的,判决确认违法或者确认无效,并可以同时判决责令行政机关采取补救措施;(二)被诉行政行为具有行政诉讼法第七十条规定情形之一的,判决撤销或者部分撤销,并可以判决被诉行政机关重新作出行政行为;(三)被诉行政机关不履行法定职责的,判决在一定期限内履行;(四)被诉行政机关作出的行政处罚明显不当,或者其他行政行为涉及对款额的确定、认定确有错误的,可以判决予以变更;(五)被诉行政行为证据确凿,适用法律、法规正确,符合法定程序,未超越职权,未滥用职权,无明显不当,或者人民检察院请被诉行政机关履行法定职责理由不成立的,判决驳回诉讼请求。人民法院可以将判决结果告知被诉行政机关所属的人民政府或者其他相关的职能部门。"

[17]《行政诉讼法》第 25 条规定:"行政行为的相对人以及其他与行政行为有利害关系的公民、法人或者其他组织,有权提起诉讼。有权提起诉讼的公民死亡,其近亲属可以提起诉讼。有权提起诉讼的法人或者其他组织终止,承受其权利的法人或者其他组织可以提起诉讼。人民检察院在履行职责中发现生态环境和资源保护、食品药品安全、国有财产保护、国有土地使用权出让等领域负有监督管理职责的行政机关违法行使职权或者不作为,致使国家利益或者社会公共利益受到侵害的,应当向行政机关提出检察建议,督促其依法履行职责。行政机关不依法履行职责的,人民检察院依法向人民法院提起诉讼。"

[18]《行政诉讼法》第 74 条规定:"行政行为有下列情形之一的,人民法院判决确认违法,但不撤销行政行为:(一)行政行为依法应当撤销,但撤销会给国家利益、社会公共利益造成重大损害的;(二)行政行为程序轻微违法,但对原告权利不产生实际影响的。行政行为有下列情形之一,不需要撤销或者判决履行的,人民法院判决确认违法:(一)行政行为违法,但不具有可撤销内容的;(二)被告改变原违法行政行为,原告仍要求确认原行政行为违法的;(三)被告不履行或者拖延履行法定职责,判决履行没有意义的。"

[19] 最高人民法院、最高人民检察院《关于检察公益诉讼案件适用法律若干问题的解释》第 24 条规定:"在行政公益诉讼案件审理过程中,被告纠正违法行为或者依法履行职责而使人民检察院的诉讼请求全部实现,人民检察院撤回起诉的,人民法院应当裁定准许;人民检察院变更诉讼请求,请求确认原行政行为违法的,人民法院应当判决确认违法。"

[20] 由于法院在审理时常出现同时引用多个法律依据的情况,统计被引用法律依据时,其数量与占比均可能突破样本总量。

表 7-3 2021~2023 年环境行政公益诉讼案件法院引用规范文件内容、频次

序号	引用规范文件条文数	频次(次)
1	《行政诉讼法》第 72 条	40
2	最高人民法院、最高人民检察院《关于检察公益诉讼案件适用法律若干问题的解释》第 25 条	34
3	《行政诉讼法》第 25 条	33
4	《行政诉讼法》第 74 条	28
5	最高人民法院、最高人民检察院《关于检察公益诉讼案件适用法律若干问题的解释》第 24 条	23
6	最高人民法院、最高人民检察院《关于检察公益诉讼案件适用法律若干问题的解释》第 21 条	14
7	最高人民法院《关于适用〈中华人民共和国行政诉讼法〉的解释》第 101 条	13
8	最高人民法院、最高人民检察院《关于检察公益诉讼案件适用法律若干问题的解释》第 2 条	5
9	《环境保护法》第 6 条	4
10	《行政诉讼法》第 101 条	4
11	《矿山地质环境保护规定》第 18 条	3
12	《行政诉讼法》第 89 条	3
13	最高人民法院《关于适用〈中华人民共和国行政诉讼法〉的解释》第 91 条	3
14	《贵州省城市市容和环境卫生管理条例》第 3 条	2
15	《矿山地质环境保护规定》第 4 条	2
16	《闲置土地处置办法》第 14 条	2
17	《城乡规划法》第 65 条	2
18	《环境保护法》第 37 条	2
19	《民事诉讼法》第 154 条	2
20	《森林法》第 73 条	2
21	《水土保持法》第 57 条	2
22	《水土保持法》第 5 条	2

续表

序号	引用规范文件条文数	频次(次)
23	《土地管理法》第67条	2
24	《土地管理法》第37条	2
25	《土地管理法》第55条	2
26	《文物保护法》第8条	2
27	《文物保护法》第66条	2
28	《行政诉讼法》第24条	2
29	《行政诉讼法》第62条	2
30	《行政诉讼法》第69条	2
31	《行政诉讼法》第58条	2
32	《行政诉讼法》第102条	2
33	《长江保护法》第5条	2
34	最高人民法院、最高人民检察院《关于检察公益诉讼案件适用法律若干问题的解释》	2
35	最高人民法院、最高人民检察院《关于检察公益诉讼案件适用法律若干问题的解释》第7条	2
36	最高人民法院《关于适用〈中华人民共和国行政诉讼法〉的解释》第69条	2
37	《城市建筑垃圾管理规定》第20条	1
38	《城市建筑垃圾管理规定》第3条	1
39	《城市照明管理规定》第26条	1
40	《城市照明管理规定》第21条	1
41	《城市照明管理规定》第2条	1
42	《城市照明管理规定》第3条	1
43	《城市照明管理规定》第12条	1
44	《城市照明管理规定》第4条	1
45	《定西市河道生态环境保护条例》第6条	1
46	《甘肃省铁路安全管理规定》第14条	1
47	《贵州省城镇垃圾管理办法》第7条	1

续表

序号	引用规范文件条文数	频次(次)
48	《贵州省矿山地质环境治理恢复基金管理办法》第22条	1
49	《贵州省城市市容和环境卫生管理条例》第46条	1
50	《湖北省古树名木保护管理办法》第21条	1
51	《湖北省古树名木保护管理办法》第4条	1
52	《湖北省林地管理条例》第3条	1
53	《湖北省水库管理办法》第35条	1
54	《湖北省水库管理办法》第18条	1
55	《建筑工程施工许可管理办法》第2条	1
56	《建筑工程施工许可管理办法》第4条	1
57	《矿山地质环境保护规定》第27条	1
58	《矿山地质环境保护规定》第23条	1
59	《矿山地质环境保护规定》第32条	1
60	《矿山地质环境保护规定》第30条	1
61	《矿山地质环境保护规定》第12条	1
62	《矿山地质环境保护规定》第17条	1
63	《土地复垦条例实施办法》第18条	1
64	《土地复垦条例实施办法》第19条	1
65	《土地复垦条例实施办法》第16条	1
66	《土地复垦条例实施办法》第17条	1
67	《土地复垦条例实施办法》第50条	1
68	《土地复垦条例实施办法》第51条	1
69	《闲置土地处置办法》第12条	1
70	《闲置土地处置办法》第13条	1
71	《安全生产法》第3条	1
72	《残疾人保障法》	1
73	《残疾人保障法》第53条	1
74	《城市房地产管理法》第26条	1

续表

序号	引用规范文件条文数	频次(次)
75	《大气污染防治法》第69条	1
76	《大气污染防治法》第5条	1
77	《动物防疫法》第8条	1
78	《固体废物污染环境防治法》第20条	1
79	《固体废物污染环境防治法》第7条	1
80	《环境保护法》第10条	1
81	《建筑法》第7条	1
82	《矿产资源法》第3条	1
83	《民事诉讼法》第157条	1
84	《农村土地承包法》第38条	1
85	《农村土地承包法》第12条	1
86	《农村土地承包法》第11条	1
87	《侵权责任法》(已失效)第15条	1
88	《森林法》	1
89	《森林法》第9条	1
90	《森林法》第44条	1
91	《水法》第69条	1
92	《水法》第37条	1
93	《水法》第12条	1
94	《水土保持法》第26条	1
95	《水污染防治法》第9条	1
96	《水污染防治法》第4条	1
97	《水污染防治法》第5条	1
98	《土地管理法》第66条	1
99	《土地管理法》第35条	1
100	《土地管理法》第43条	1
101	《土地管理法》第44条	1

续表

序号	引用规范文件条文数	频次(次)
102	《土地管理法》第4条	1
103	《土地管理法》第53条	1
104	《土地管理法》第5条	1
105	《文物保护法》第67条	1
106	《无障碍环境建设法》	1
107	《无障碍环境建设法》第26条	1
108	《无障碍环境建设法》第23条	1
109	《无障碍环境建设法》第18条	1
110	《行政诉讼法》第2条	1
111	《行政诉讼法》第76条	1
112	《行政诉讼法》第49条	1
113	最高人民法院、最高人民检察院《关于检察公益诉讼案件适用法律若干问题的解释》第26条	1
114	最高人民法院、最高人民检察院《关于检察公益诉讼案件适用法律若干问题的解释》第4条	1
115	最高人民法院《关于审理环境民事公益诉讼案件适用法律若干问题的解释》第18条	1
116	最高人民法院《关于审理涉及国有土地使用权合同纠纷案件适用法律问题的解释》第1条	1
117	最高人民法院《关于适用〈中华人民共和国行政诉讼法〉的解释》第88条	1
118	最高人民法院《关于适用〈中华人民共和国行政诉讼法〉的解释》第81条	1
119	最高人民法院《关于适用〈中华人民共和国行政诉讼法〉的解释》第68条	1
120	最高人民法院《关于适用〈中华人民共和国行政诉讼法〉的解释》第12条	1

续表

序号	引用规范文件条文数	频次（次）
121	最高人民法院《关于适用〈中华人民共和国行政诉讼法〉的解释》第116条	1
122	最高人民法院《关于适用〈中华人民共和国行政诉讼法〉的解释》第113条	1

3. 依据数量梳理

法院援引法律依据的数量可以直观地反映出案件的复杂程度，根据图7-11所反映的信息来看，近三年环境行政公益诉讼中法院至少引用了1个法律依据，共14个案件，占比10.69%；最多同时引用了14个法律依据，共1个案件，占比0.76%；而法院引用3个法律依据的情况最为常见，共36个案件，占比27.48%；引用2个法律依据的案件共33个，占比25.19%。由此可见，环境行政公益诉讼中法院援引两个及以上法律依据的情况占绝大多数，折射出环境行政公益诉讼案件案情一般较为复杂，同时说明，相关法律规范尚有进一步整合、完善的空间。（见图7-11）

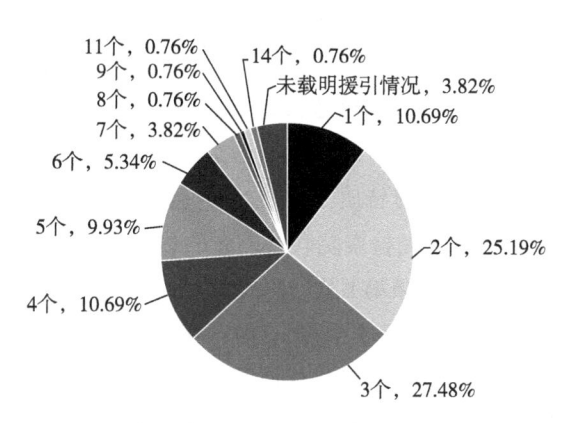

图7-11 2021~2023年环境行政公益诉讼案件法院引用法条数量占比分布

4. 依据类型总结

审视2021年至2023年环境行政公益诉讼中法院审查依据类型可知，全国人大及其常委会制定的法律是环境行政公益诉讼中法院最常引用的审查依据类型，在所有样本中累计出现297次，占比87.10%。其他审查依据类型主要还包括行政法规、部门规章、地方政府规章与地方规范性文件，分别占比5.57%、

3.52%、3.23%、0.59%,整体相对较少(见图7-12)。这体现出法律在环境行政公益诉讼中的重要地位,以及不同层级法律规范进行协调配合的必要性,但能够体现地方特色的法律规范尚有待进一步开发运用。例如,在"甘肃省定西市岷县人民检察院诉岷县寺沟镇人民政府未依法履行河道生态环境监管职责公益诉讼案"中,[21] 法院便援引了地方政府规章《定西市河道生态环境保护条例》第6条,作为被告履行河道生态环境监管职责的法律依据之一,凸显了地方特色。

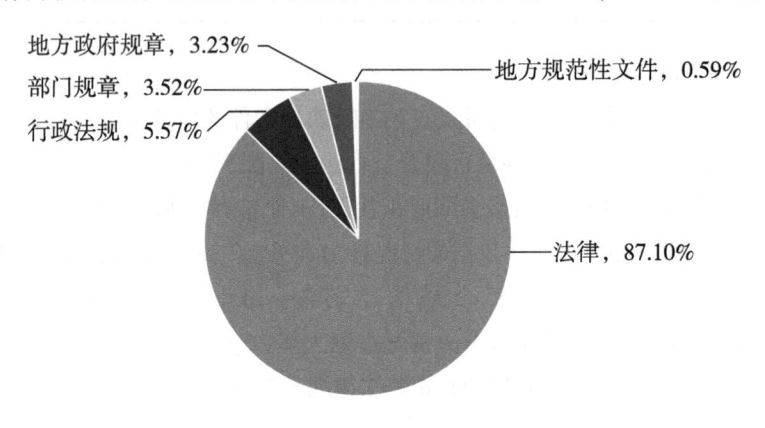

图7-12 2021~2023年环境行政公益诉讼案件
法院审查依据类型占比分布

三、检察机关在诉前提起检察建议的实践样态

制发诉前检察建议是环境行政公益诉讼案件办理过程中的重要节点,具有过渡性、前置性、总结性的明显特质,发挥着承前启后的关键作用。2018年3月1日,最高人民法院、最高人民检察院联合发布的《关于检察公益诉讼案件适用法律若干问题的解释》第21条第1款明确规定:"人民检察院在履行职责中发现生态环境和资源保护、食品药品安全、国有财产保护、国有土地使用权出让等领域负有监督管理职责的行政机关违法行使职权或者不作为,致使国家利益或者社会公共利益受到侵害的,应当向行政机关提出检察建议,督促其依法履行职责。"由此观之,诉前检察建议的制发目的在于督促行政机关依法主动履职,及时消除损害,通过穷尽行政救济以尽可能节约司法资源,将案件终结于诉前,进而提升环境行政公益诉讼案件的整体实效,达到"司法最佳状态"。

诉前检察建议作为诉讼程序的前置缓冲机制,既体现了检察机关作为法律

---

[21] 参见定西市安定区人民法院行政判决书,(2023)甘1102行初76号。

监督机关的功能定位,又彰显着修复受损公共利益的核心要求,在制发对象确定、违法事实明确、证据调查核实、具体法律适用等方面对于依法性、针对性与实效性拥有更高的标准。因此,本部分自制发时间节点、制发对象类型、制发建议起因及制发前置环节等多维度入手,对检察机关制发诉前检察建议的实践样态予以多维检视,并侧重关注制发诉前检察建议具体的对象考量、检察机关在制发建议前的裁量空间两项实务重点与争议焦点,整体考察其制发起因、制发标准、制发类型等问题,以期综合呈现诉前检察建议的功能定位及发展趋向。

(一)制发诉前检察建议的整体观瞻

本部分累计收集 2021～2023 年发布的环境行政公益诉讼指导性案例和典型案例 180 件。[22] 经整体分析,发现下述特性与数据指征需予以重点关注。

1. 制发诉前检察建议主体层级分布相对集中

2021～2023 年环境行政公益诉讼案例检察机关层级类型及占比的分布情况如下:整体而言,大多数案件相对集中分布于基层法院,案件数量随检察机关层级上升而呈现"金字塔"样态式分布。其中区(县)级检察机关出现频次为 115 次,占比最多,占环境行政公益诉讼案例总数的 63.89%;其次为市级检察机关,出现频次为 53 次,占环境行政公益诉讼案例总数的 29.44%;再次为省级检察机关,出现频次为 11 次,占比为 6.11%;最后为最高人民检察院,出现频次为 1 次,占比为 0.56%。(见图 7-13、图 7-14)

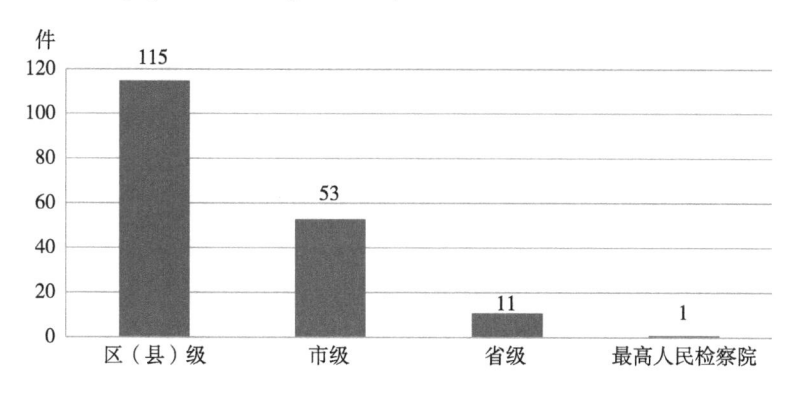

图 7-13 环境行政公益诉讼案例检察机关层级分布

---

[22] 本文根据最高人民法院官网发布的案例内容收集、整理所得,原始数据为 181 件,存在 2 件重复性案例予以删减。

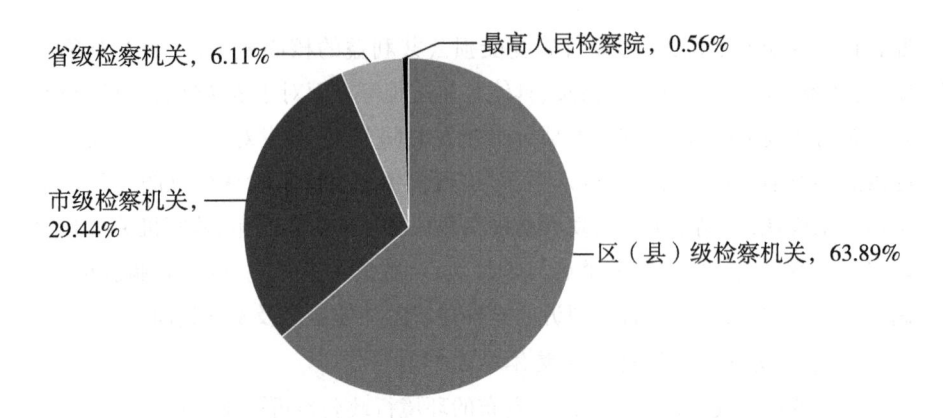

图 7-14 环境行政公益诉讼案例检察机关层级占比

2.重案、难案办理启动提级审理较为主动

2021~2023 年环境行政公益诉讼案例提级办理情形的分布情况如下：未提级办理案件仍占据多数，具体数量为 169 件，占环境行政公益诉讼案例总数的 93.89%，提级办理案件数量相对较少，具体数量为 11 件，占环境行政公益诉讼案例总数的 6.11%，虽然提级审理总体适用率较低，但对具有指导意义、案情重大复杂、属新兴特殊类型的重案、难案等提级审理的主动启动率较高。（见图 7-15、图 7-16）

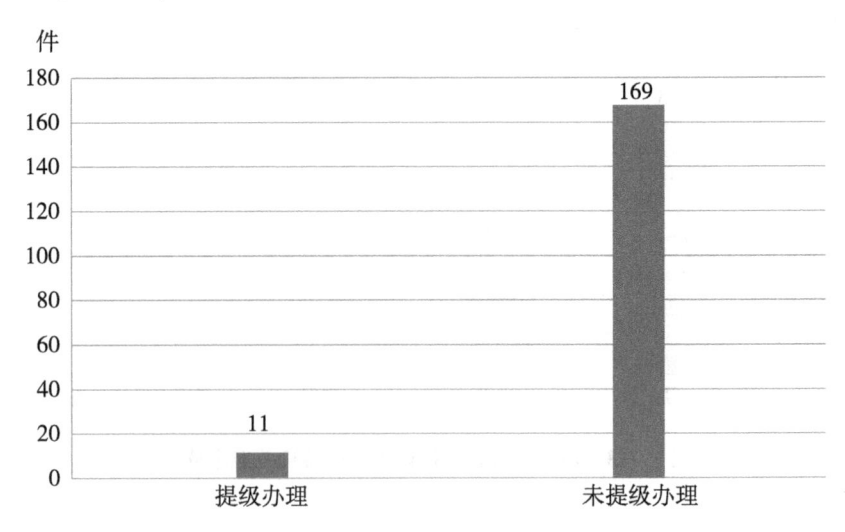

图 7-15 环境行政公益诉讼案例提级办理情形分布

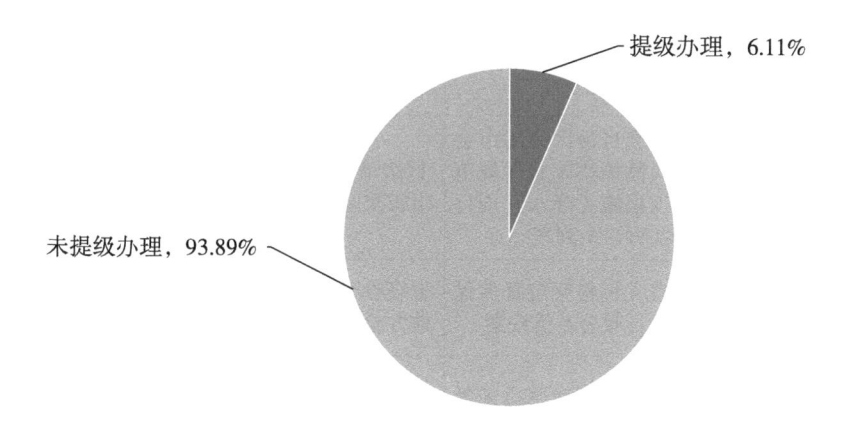

检察机关提起环境行政公益诉讼的实证观察 | 249

图 7-16 环境行政公益诉讼案例提级办理情形占比

以下集中统计了 2021~2023 年环境行政公益诉讼案例提级审理的相关情况,并针对性梳理了提级审理可能存在的主要原因:(1)案情重大疑难复杂,专业性较强;(2)存在历史遗留问题,难以孤立处理;(3)存在跨区域、跨层级等综合性问题,需充分发挥协同优势,推进案件审理和裁判统一;(4)群众关注度高,出于响应社会呼吁,维护公信力需求;(5)贯彻"审理一件,指导一片"的理念目标要求。(见表 7-4)

表 7-4 2021~2023 环境行政公益诉讼案例提级审理梳理

序号	年份	案件名称	提级办理情形	提级办理原因
1	2021	吉林省松原市乾安县人民检察院督促整治黄花刺茄保护生物多样性行政公益诉讼案	县级到市级	黄花刺茄具有蔓延扩散的紧迫性及危害性,部署开展全市专项监督
2	2022	山东检察机关督促保护大河东湿地生态环境行政公益诉讼案	省级挂牌督办	涉案土地原始属性是否为湿地存在争议,属重大疑难案件
3	2022	吉林省检察机关督促履行环境保护监管职责行政公益诉讼案	市级到省级	公益诉讼二审驳回市级检察机关上诉,省级检察机关提出抗诉
4	2023	重庆市人民检察院第一分院诉长寿区水利局、长寿区农业农村委员会行政公益诉讼案	区级到市级	涉及历史遗留问题

续表

序号	年份	案件名称	提级办理情形	提级办理原因
5	2023	宁夏回族自治区银川市金凤区人民检察院督促规范建筑工程施工降水管理行政公益诉讼系列案	区级请示市级，市级交区级办理	涉及多个市辖区
6	2023	甘肃省人民检察院督促保护长城行政公益诉讼案	省级检察院指导地方检察院办理	案件跨区域管辖
7	2023	江西省萍乡市检察机关督促整治非法采矿行政公益诉讼案	县级到市级	案涉矿山企业多、金额大，可能涉及黑恶势力、保护伞问题，且辖区群众对非法采矿问题反映强烈

3. 制发的线索来源呈现多元化样态

以下统计了2021～2023年环境行政公益诉讼案例检察建议制发起因类型及占比的分布情况。整体观之，检察建议制发起因来源渠道广泛，包括日常履职、督察监督、专项工作、办案发现、巡查走访、群众举报、上级交办等情形，其中日常履职类线索出现频次为55次，占比最多，占整体制发起因数量的30.22%，其次为督察监督类，出现频次为26次，占整体制发起因数量的14.29%，随后依次为专项工作类（出现频次为20次，占比10.99%）、办案发现类（出现频次为17次，占比9.34%）、巡查走访类（出现频次为16次，占比8.79%）、群众举报（出现频次为12次，占比6.59%）、上级交办（出现频次为9次，占比4.95%）及其他（出现频次为27次，占比14.84%）。（见图7-17、图7-18）

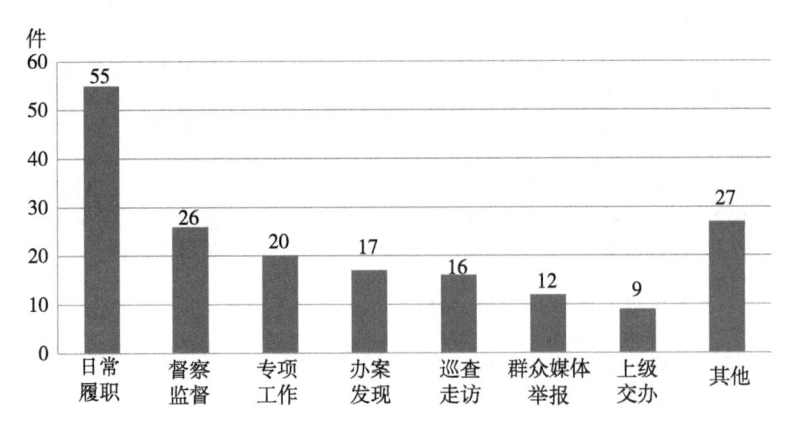

图 7-17 环境行政公益诉讼案例检察建议制发起因类型分布

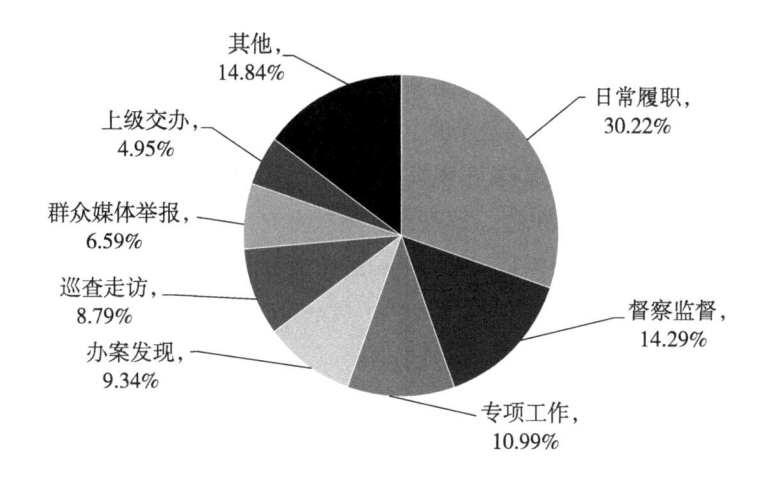

图 7-18　环境行政公益诉讼案例检察建议制发起因类型占比

结合上述环境行政公益诉讼案例检察建议制发起因类型的分布样态，可以发现制发检察建议线索类型多元，既包括检察机关自身履职以获取线索，又包括同其他机关工作衔接或日常协作过程中发现线索，还包括上级检察机关移送交办线索及社会公众举报线索等情形。因此，检察机关应充分明确自身督促履职的监督定位，做到客观全面调查核实，多种证据并重，自线索搜集到程序启动、调查核实等环节均严格遵循法律规定。

（二）制发诉前检察建议的对象选择

诉前检察建议是诉讼程序的前伸环节，因此，检察建议的制发对象与行政公益诉讼的被告应当是一脉相承的，若进入诉讼环节，该制发对象则当然成为行政公益诉讼的被告。因此，就诉前检察建议的制发对象选择而言，应当尽可能厘清权责分配关系，明确管理事项归属，进而规避多头制发检察建议、多次制发同质化检察建议、检察建议制发对象不准确、检察建议内容缺乏针对性和可操作性等实践困境。本部分分别就环境行政公益诉讼案例关涉行政机关类型与关涉行政机关数量展开分析，自两维度细化描摹制发诉前检察建议对象选择的实践情况。

1. 关涉行政机关类型分析

就关涉行政机关类型而言，行政机关主体类型涵盖多元，涉及管理事项包括自然资源、林草、生态环境、海洋、城乡住建、水利、农业农村（包括渔业、畜牧）、文旅、应急管理、煤矿安全等领域,[23]其中自然资源类行政机关出现频次为57次,占比最多,占整体关涉行政机关数量的20.96%,其次为生态环境类行政机关,出现频次为54次,占整体关涉行政机关数量的19.85%,随后依次为水利类(出现频次为48次,占比17.65%)、城乡住建类(出现频次为44次,占比16.18%)、农业农村类(出现频次为37次,占比13.60%)、林草类(出现频次为16次,占比5.88%)及其他(出现频次为16次,占比5.88%)。(见图7-19、图7-20)

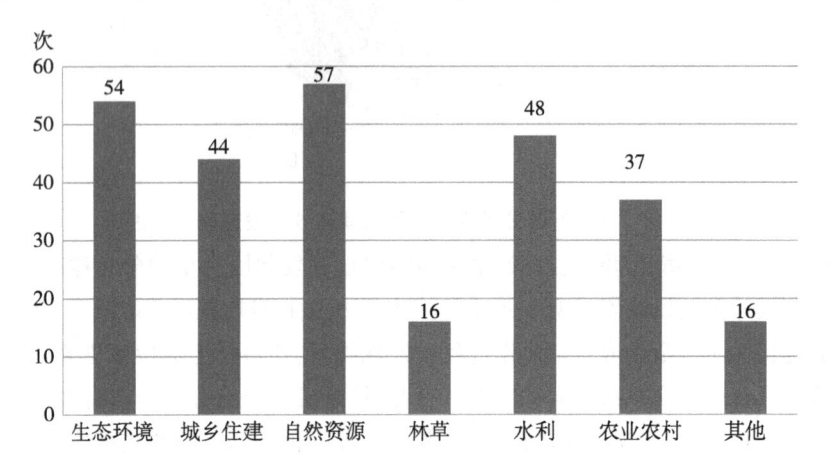

图7-19 环境行政公益诉讼案例关涉行政机关类型分布

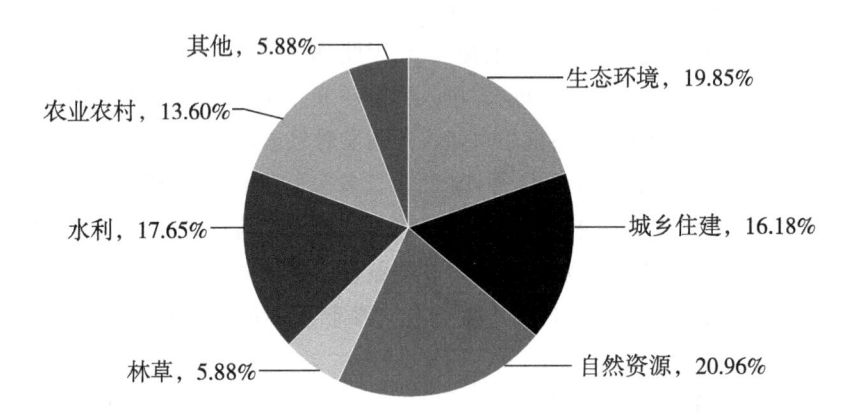

图7-20 环境行政公益诉讼案例关涉行政机关类型占比

---

[23] 由于部分案件中关涉行政机关并非单一主体,本部分数量统计结果为所有关涉行政机关在案件总数统计过程中出现的频次。

综合上述环境行政公益诉讼案件关涉行政机关类型的分布样态,可以得到以下认知:虽然生态环境类行政机关与自然资源类行政机关整体出现频次较高,但各部门管理事项交叉综合为实务常态,整体分布样态较为均衡,并未出现明显集中于某一领域或某一行政机关管理事项的情形。

2. 关涉行政机关数量比例分析

就关涉行政机关数量而言,由于环境问题具有综合性、复杂性特质,往往存在单一行政主体难以完全覆盖管理范围的情形。整体而言,2021~2023年环境行政公益诉讼案例关涉行政机关数量并未呈现明显的递增或递减趋向,行政机关多元主体与行政机关单一主体数量对比亦未出现明显悬殊。其中,环境行政公益诉讼案例关涉多元行政机关的情形为2021年17件、2022年30件、2023年37件。环境行政公益诉讼案例关涉单一行政机关的情形为2021年16件、2022年22件、2023年58件。就整体数量对比而言,关涉多元行政机关的案件总数为84件,占比46.67%,关涉单一行政机关的案件总数为96件,占比53.33%。(见图7-21、图7-22)

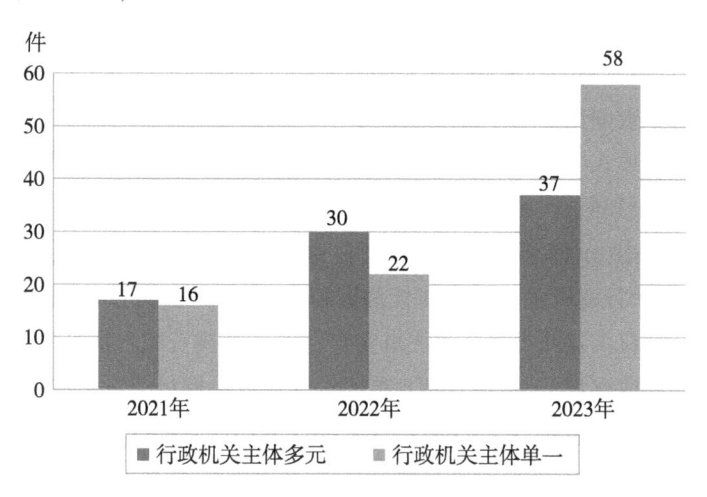

图7-21 环境行政公益诉讼案例关涉行政机关数量分布

行政机关主体
单一，53.33%

行政机关主体
多元，46.67%

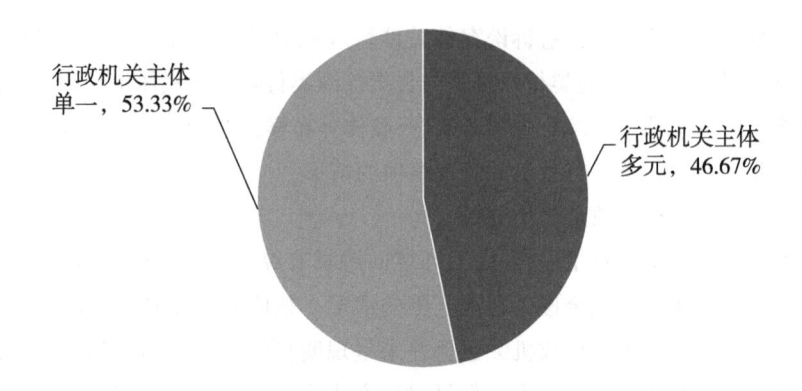

图7-22 环境行政公益诉讼案例关涉行政机关数量占比

（三）制发诉前检察建议的裁量空间

检察机关对诉前检察建议制发与否存在一定的自由裁量空间，其需重点考量的部分在于如何弥合检察机关与行政机关之间的对抗张力，即既要保障法律监督的刚性，又需规避检察权过度"入侵"行政权之越界风险。本部分自司法实践中检察建议制发对象的选择考量、诉前协商程序的多维适用两个方面展开分析，以期探寻制发诉前检察建议的平衡点所在。

1. 监管职责细化分配存在裁量空间

行政监管模式中的"监管职责"存在多重面向，就监管职责分配而言，也存在统一监管、过程监管、系统监管等多种监管模式。[24]《检察机关行政公益诉讼案件办案指南（试行）》中指明"对于同一侵害国家利益或者社会公共利益的损害后果，数个行政机关均存在未依法履行职责情形的，可以分别发出检察建议。同一行政机关对同类多个违法事实存在未依法履行职责情形的，可以合并为一案发出检察建议"。该授权性规范的设计使得检察机关对于制发对象的选择有较大自由裁量空间。[25] 在面对日趋综合的环境问题以及履职主体界定不清、多元主体共同参与监管的复杂情形时，权责主体交叉、监管领域重叠，往往难以直接确定诉前检察建议制发对象，进而引发了多元化、差异化的实践样态，具体情形包括但不限于基于生态环境受损事实综合立案、通过公开听证达成一致意见、根据听证会评议情况分别制发检察建议、明确牵头整改责任单位制发检察建议、召开诉前圆桌会议明确牵头组织及共同履职的责任主体等。进一步提炼

---

[24] 参见刘艺：《行政公益诉讼被告适格的实践分歧与规则建构》，载《清华法学》2023年第1期。
[25] 参见刘加良、李畅：《行政公益诉讼诉前检察建议的规则调适》，载《河北法学》2023年第11期。

概括，即包括"整体式"、"核心式"、"一主多辅式"及"上下协同式"等模式。

在 2021～2023 年中，当存在涉及行政主体多元，监管职责分配不明的情形时，环境行政公益诉讼案例制发建议对象选择的分布及占比亦存在差异，[26]其中，分别制发检察建议的情形最多，共 64 例，占本部分统计案例总数的 87.67%，其次是明确牵头责任单位的情形，共 6 例，占本部分统计案例总数的 8.22%，随后为结合听证内容达成一致和基于受损事实综合确定的情形，分别为 2 例和 1 例，各自占比 2.74% 和 1.37%。（见图 7-23、图 7-24）

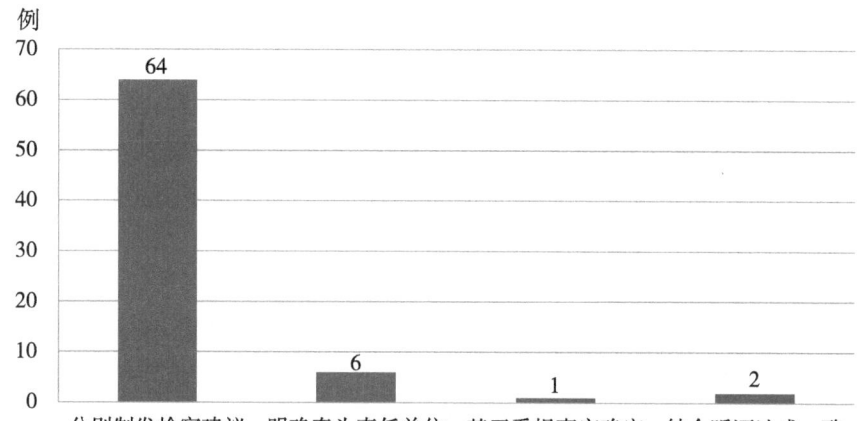

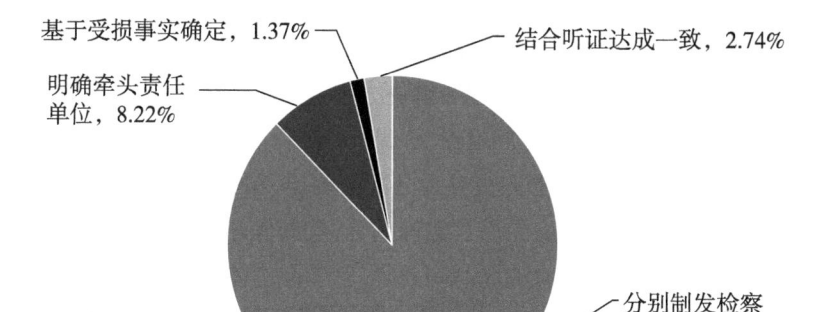

图 7-23　环境行政公益诉讼案例制发建议对象选择分布

图 7-24　环境行政公益诉讼案例制发建议对象选择占比

---

[26] 本部分数据需满足"关涉多元行政机关"且"监管职责分配不明"两项条件，即基于图 7-21 中"行政机关主体多元"的 84 件案例进行了二次筛选，进而得到数据基数 73 件。

结合前述数据统计分析,可以发现"同案群发检察建议"的现象相对普遍化。综上,当办案领域涉及多元、管理事项范围存在重叠时,权责主体关系亦随之复杂化,"行政机关"的限定范围不宜过窄。因此,检察机关在确定诉前检察建议的制发对象时,应当尽可能将对该领域公益保护负有行政监管职责的主体纳入制发范围,以实现周延保护。

值得关注的是,最高人民检察院直接立案办理的"万峰湖流域生态环境保护公益诉讼案"[27]或能为监管职责划分的实务难题提供新兴解决思路,即面对违法主体多元、情况复杂的跨区划环境污染案件时,可以采用相对灵活的"以事立案"模式,该案以实现生态环境修复目标为导向,纵向整合了四级检察机关的办案力量,横向打通了跨行政区划的管理难题,通过上下协同、综合治理,形成上级人民检察院以事立案为主案,下级人民检察院以监督对象立案为从案,主案与从案统分结合、因案施策、一体推进的办案模式,发挥以个案带动类案的良好效果,进而实现生态环境修复的"最优解"。

2. 诉前协商程序适用存在弹性空间

当前环境公益诉讼案件类型呈多元化样态,以诉前检察建议督促行政机关履职的单一程序设置难以满足日趋复杂的实践发展态势。因此,诉前协商程序的创新发展为增进检察机关与行政机关之间的理解互信、隔阂消弭提供了相对柔和的"对话地带",被监督机关意见亦能成为考量检察建议制发与否的重要参考指征。

从设置节点角度观之,诉前程序可分为前置协商程序和后置协商程序。前者为检察建议发出前寻求案件处理和解决方案合意的程序,后者为检察建议发出后监督政府及其职能部门尽职履责、协调执行的程序。[28] 前置协商程序与调查程序紧密承接,包括对监管职责关系分配的确定、相关行政机关是否依法履职、环境公益是否受损等事实予以核实确认等,就具体开展形式而言,包括座谈会、公开听证、联席会议、圆桌会议及磋商等;就参与主体来说,除以检察机关与关涉行政机关作为主要对话主体外,也有助于吸收同级党委、政府、人大、政协、行业专家以及社会公众等多元主体的广泛意见。本部分以磋商程序分析为主,辅以分析公开听证、联席会议及座谈会等多种情形,进而综合考量环境行政公益

---

[27] 该案系最高人民检察院发布第四十一批指导性案例(检例第166号)。
[28] 参见王清军、余婕:《环境司法服务乡村生态振兴的逻辑展开》,载《华中师范大学学报(人文社会科学版)》2024年第2期。

诉讼中诉前协商程序的适用空间与适用可能。

以下统计了 2021~2023 年环境行政公益诉讼案例前置磋商程序应用、磋商结果达成及占比的分布情况。其中,2021 年经过前置磋商的案件数为 5 件,未经前置磋商的案件数为 28 件;2022 年经过前置磋商的案件数为 4 件,未经前置磋商的案件数为 48 件;2023 年经过前置磋商的案件数为 20 件,未经前置磋商的案件数为 75 件。整体而言,前置磋商程序在司法实务中的适用逐渐增多。从磋商结果角度观之,达成磋商一致的案件数为 9 件,并有效阻却了诉前检察建议的制发;就部分磋商事项达成一致的案件数为 19 件,该部分事项包括监督对象的确定、监管事由的厘清等;磋商未果的案件数为 1 件,并进入了制发检察建议的后续环节。(见图 7-25、图 7-26)

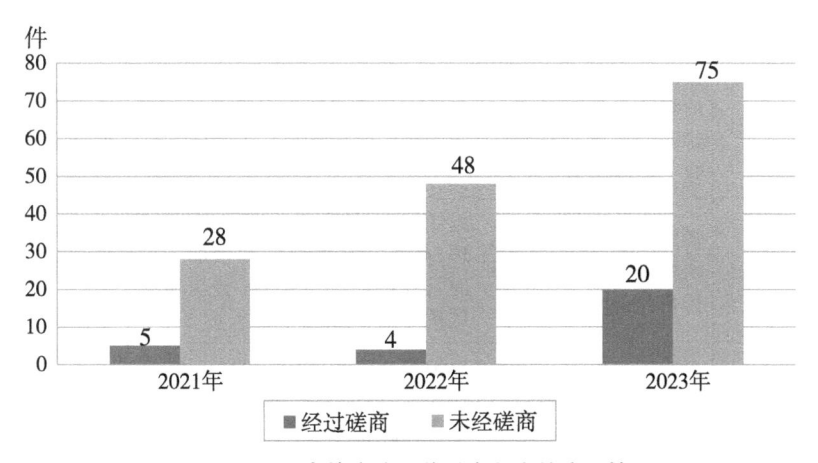

图 7-25 制发检察建议前磋商程序的应用情况

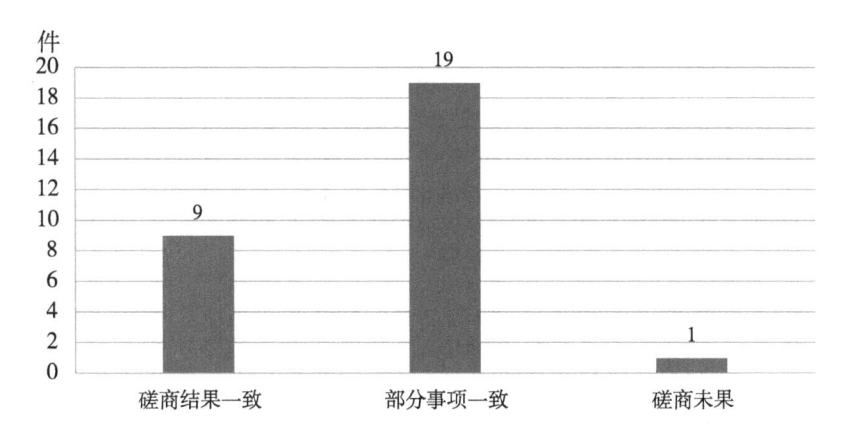

图 7-26 制发检察建议前磋商结果的统计情况

基于前述磋商程序使用的基础,适度结合公开听证、联席会议及座谈会等多元情形,可以发现环境行政公益诉讼诉前协商程序存在多元化适用的情况,也存在诉前协商程序应用失序,适用范围、适用位次与开展形式不明等问题。(见表7-5)

表7-5 环境行政公益诉讼诉前协商程序适用梳理

序号	年份	案件名称	诉前协商内容	协商结果
1	2021	万峰湖流域生态环境保护公益诉讼案	(1)针对为钓客提供食宿服务的改装船生活污水直排和垃圾污染问题,海事局是否负有监管职责进行磋商; (2)与县水利局、镇政府进行磋商,督促其依法履行监管职责	磋商未达成一致,制发检察建议
2	2021	重庆市两江地区人民检察院督促整治截污管网溢流污染环境行政公益诉讼案	与重庆经开区管委会就截污管网溢流污染履职整改方式进行磋商	磋商并整改方案达成一致
3	2021	福建省清流县人民检察院督促整治尾矿库行政公益诉讼案	组织县生态环境、水利、应急管理、自然资源等部门和余朋乡政府召开诉前圆桌会议,分析研判尾矿库销库治理问题	进行诉前磋商
4	2021	福建省惠安县人民检察院督促整治农村旱厕行政公益诉讼案	组织相关职能部门、人大代表、群众代表,就农村旱厕问题整改方案进行磋商	磋商与检察建议并举
5	2022	吉林检察机关督促保护莫莫格湿地生态环境行政公益诉讼案	吉林省人民检察院在莫莫格保护区组织5家相关行政主管部门现场磋商,形成莫莫格保护区湿地公益司法保护磋商会会议纪要,进一步明确各方监管职责、协同保护意见等问题	形成磋商会议纪要
6	2021	甘肃省检察机关督促整治非法开采石灰岩矿公益诉讼系列案	甘肃省检察院与省自然资源厅召开诉前磋商会议,形成磋商会议纪要	立案后召开磋商会议
7	2023	重庆市人民检察院第一分院诉长寿区水利局、长寿区农业农村委员会行政公益诉讼案	重庆市检一分院、长寿区检察院邀请人大代表、政协委员等召开听证会,听取长寿区水利局、长寿区农委及当事人代表意见建议	听证达成一致,后续因整改效果不佳又制发检察建议

续表

序号	年份	案件名称	诉前协商内容	协商结果
8	2023	内蒙古自治区包头市人民检察院督促整治超采及违规取用黄河水行政公益诉讼案	包头市人民检察院与包头市税务局进行磋商	磋商达成一致,后续因整改效果不佳又制发检察建议
9	2023	甘肃省人民检察院督促保护长城行政公益诉讼案	甘肃省人民检察院与武威市人民政府、定西市人民政府进行磋商沟通	经磋商充分听取意见后制发检察建议
10	2023	北京市密云区人民检察院督促整治印刷企业排污行政公益诉讼案	与生态环境部门和属地政府等有关单位开展沟通座谈,了解问题现状、问题原因以及有关部门的监管履职情况	经座谈充分听取意见后制发检察建议
11	2023	河北省涉县人民检察院督促整治非法采矿行政公益诉讼案	涉县人民检察院邀请县自规局、涉县辽城乡人民政府召开磋商会,就行业监管权、乡镇监管权和行政执法权等争议进行磋商	经磋商充分听取意见后制发检察建议
12	2023	江西省宜春市人民检察院督促整治袁河沿岸非法采砂行政公益诉讼案	组织召开听证会,厘清了两个部门的监管职责划分	听证后制发检察建议
13	2023	福建省惠安县人民检察院督促保护泉州湾河口湿地生态环境公益诉讼案	泉州市、县两级人民检察院组织属地政府、相关行政部门召开诉前圆桌会议,推动属地政府召开专题会议部署案涉垃圾清理整治专项行动	磋商达成一致,后续环境整治效果良好

综上,诉前协商程序是行政公益诉讼重要的诉前程序创新探索之一,检察建议的制发过程虽由检察机关主导,实则也是与涉案行政机关就相关事项寻求共识的过程。因此,自权力运行维度观之,推进诉前协商的开展有助于破除信息阻隔,推进双向信息互通,从而凝聚共识,尤其是面对权责分配不清、关涉事项复杂、部门职责交叉等实务困境时,既给予行政权自我纠正的弹性空间,又有助于检察权保持审慎谦抑的本质属性,从而维持二者柔性互动而非刚性碰撞的关系。由此,诉前协商程序虽然尚未成为诉前检察建议制发的必要前置环节,但其适用仍存在较为广阔的发展空间,可以成为检察权介入行政裁量权的优先选择路径。

(四) 小结

对最高人民法院、最高人民检察院于2021~2023年发布的环境行政公益诉讼指导、典型案例的裁判文书进行整体检视与细化分析后，可以发现制发诉前检察建议的发展模式已相对成熟。总体而言，当前检察机关制发诉前检察建议动因多元、制发范围涵盖广泛、制发程序逻辑严密，能够基本实现事实认定、法律适用、问题整改、效果评估的"全流程"覆盖。具体而言，可概括为以下几项特性。

第一，制发检察建议主体的灵活性。就案件整体数量而言，仍以基层检察机关占据多数，同时存在部分重案、难案提级审理的情形。此外，除惯常的检察机关层级分布外，亦出现了专项检察监督、上下级协同监督等"统分结合、因案施策、一体推进"的创新办案模式，该类模式在统一确定办案目标、研判案件线索及规范办案要求等方面独具优势。

第二，关涉行政机关的复杂性。环境行政公益诉讼问题成因复杂，涵盖管理范围多存在交叉重叠之处，甚至涉及不同地区不同层级不同行政机关等多项"纵横"问题，需要协作配合、统筹规划、综合治理，进而让跨层级、跨区域、跨部门协作成为可能。

第三，制发检察建议起因的多元性。如统计时段的典型案例情况所示，环境行政公益诉讼线索来源渠道广泛，包括联合督察、日常履职、自主巡查、群众举报、办案线索、上级交办等，尤需检察机关加以审慎研判，广泛收集多方意见，必要时予以调查核实，而非贸然制发诉前检察建议。

第四，诉前协商程序发展的创新性。从设置节点来看，诉前程序可分为前置协商程序和后置协商程序，就具体形式而言，实践中出现了诉前磋商、圆桌会议、检察听证等创新模式，搭建起司法与行政信息互通的交流渠道，就具体内容而言，其协商事项包括监管主体的确定、监管职责的分配等。

第五，制发检察建议调查核证的审慎性。根据统计情况，所有案例在检察建议制发前均经走访、询问、座谈、实地勘验等调查核实环节，具体表现为查询调取相关材料、实地走访相关单位、询问多方人员、广泛听取意见等，通过充分调查核证以进一步精准判断检察建议的制发必要性，由此可见检察建议制发的谦抑克制与检察机关行使监督权的审慎性。

除上述内容外，目前亦存在制发线索调查核实有待明晰、制发建议认定标准模糊、制发对象权责关系不清、诉前协商程序应用失范、检察权与行政权存在对抗张力等问题，进而可能引发检察建议性质定位不明、检察建议后续执行实效不佳、诉前程序中内部协商程序与制发程序衔接不畅、检察权与行政权互动过程中均衡性有缺等风险，亟须在确定统一保护原则、维护立法秩序协调、构建具体衔接规范、推进"两权"良性互动等方面予以更为明确的司法理念指引与更为明晰的司法规则完善。

四、检察机关对行政机关履行职责的评估情况

检察机关对行政机关发出检察建议后，是否有必要进一步提起环境行政公益诉讼，取决于行政机关是否"不依法履行职责"。因此，对行政机关是否依法履职的评估是诉前程序和诉讼程序中的焦点，是检察机关启动环境行政公益诉讼由诉前程序到诉讼程序的前提条件。2021年7月1日正式生效的《人民检察院公益诉讼办案规则》第81条规定："行政机关经检察建议督促仍然没有依法履行职责，国家利益或者社会公共利益处于受侵害状态的，人民检察院应当依法提起行政公益诉讼。"该规定将检察机关提出检察建议后，"行政机关仍然没有依法履行职责"作为提起环境行政公益诉讼的条件。尽管《人民检察院公益诉讼办案规则》第82条为检察机关认定行政机关是否履行职责提供了初步判断标准[29]，但我国环境行政公益诉讼的司法实践还处在探索发展阶段，至今尚没有形成统一的标准。近几年，理论界对到底用"行为标准"[30]、"结果标准"[31]还是"行为标准加结果标准"[32]的讨论从未停歇，实务界对用哪个标准来判断行政机关有没有依法履行职责也存在差异化。譬如行政机关更多地会主张行为标准，而检察机关则可能更倾向于"结果标准"或"行为标准＋结果标准"。因此，通过对环境行政公益诉讼中不依法履职的构成要件进行拆分，通过典型案例的观察形成对构成要件实践情况的描述，可以分析哪个标准更符合环境行政公益诉讼的实践需求，进而对环境行政公益诉讼中行政机关的履职标准予以总结。

---

[29] 《人民检察院公益诉讼办案规则》第82条规定："有下列情形之一的，人民检察院可以认定行政机关未依法履行职责：(一)逾期不回复检察建议，也没有采取有效整改措施的；(二)已经制定整改措施，但没有实质性执行的；(三)虽按期回复，但未采取整改措施或者仅采取部分整改措施的；(四)违法行为人已经被追究刑事责任或者案件已经移送刑事司法机关处理，但行政机关仍应当继续依法履行职责的；(五)因客观障碍导致整改方案难以按期执行，但客观障碍消除后未及时恢复整改的；(六)整改措施违反法律法规规定的；(七)其他没有依法履行职责的情形。"
[30] 刘超：《环境行政公益诉讼诉前程序省思》，载《法学》2018年第1期。
[31] 刘艺：《构建行政公益诉讼的客观诉讼机制》，载《法学研究》2018年第3期。
[32] 崔瑜：《行政公益诉讼履行判决研究》，载《行政法学研究》2019年第2期；张袁：《行政公益诉讼中违法行政行为为判断标准的实践检视与理论反思——以1021起裁判样本为考察对象》，载《行政法学研究》2022年第2期。

(一)对"法定职责"的范围的判定情况

在行政诉讼领域中,"法定职责"一般是指法律、法规明确规定的行政机关及其执法人员在行政管理活动中所负有的作出某种行为的责任。[33] 关于对"法定职责"中的"法"的范围界定,将直接影响案件的裁判结果。行政诉讼中将规范性文件作为"法"的来源已然基本达成共识,那么环境行政公益诉讼中的"法"是否需要应当局限于法律、行政法规、地方性法规、规章,还是要因为更强的维护环境公益的客观诉讼特征而对行政机关的履职提出更高的要求,进而对"法定职责"可以来源于规章进行进一步延伸,导致"法"的范围进一步扩张。[34] 这也导致实践中,"法"的范围并不限于法律、法规、规章,行政规范性文件和"三定方案"等也在"法"的范畴内。[35] 由此可见,环境行政公益诉讼中"法定职责"的范围应当是较为广泛的,目的就是更大限度地督促行政机关依法行政,更好地保护环境公益利益。

1. 法律、法规、规章

《立法法》规定了法律、行政法规、地方性法规、自治条例和单行条例、规章的制定、修改和废止程序,这也意味着法律、法规、规章一般可以视为正式的"法",作为环境行政公益诉讼中判定行政机关法定职责的依据。《行政诉讼法》第2条第2款对行政行为的界定,明确了行政行为是由法律、法规、规章授权的组织作出的行政行为。因此,法律、法规、规章属于"法定职责"中的"法",是有明确法律依据的。

2. "三定"方案

《"三定"规定制定和实施办法》中明确"三定"规定是指规范部门(单位)职能配置、内设机构和人员编制的规定环境行政公益诉讼由于维护环境公益的客观法秩序需求,需要最大限度地督促行政机关勤勉履行环境监管的法定职责。因而,"法"的范围需要进一步扩张,将"三定"方案纳入其中,作为法律、法规、规章中对"法定职责"规定的补充。

3. 规章以下的规范性文件

理论上,规章以下的规范性文件在满足"合法有效"的前提条件后,可以作

---

[33] 参见蔡小雪:《行政行为的合法性审查》,中国民主法制出版社2020年版,第208页。
[34] 参见伍华军、荣锦坤:《论行政公益诉讼中"不履行法定职责"判定标准的构建》,载《重庆社会科学》2023年第3期。
[35] 参见李瑰华:《行政公益诉讼中行政机关"依法履职"的认定》,载《行政法学研究》2021年第5期。

为"法定职责"的来源。[36] 虽然规范性文件的法律效力相较于法律法规和规章而言层级较低，但其规定方式与内容密度相较于法律法规和规章而言更加细致，因而经常成为行政机关日常工作的规范依据。因此，只有在环境行政公益诉讼中将其纳入"法定职责"的依据范围，才可以保证检察机关明确行政机关的"法定职责"，保障行政机关的公信力。这也符合《检察机关行政公益诉讼案件办案指南（试行）》中规定的行政机关的法定职责、权限和法律依据的范围。[37]

4."法"之外的行政机关义务

除了"法"可以作为行政机关"法定职责"的来源，行政机关的法定职责还可以来自上级的命令与指示、同级机关的协商以及行政机关的事先承诺与先行义务。[38] 此种适用需要根据环境行政公益诉讼案件的具体情况来进行分析。

从 2021~2023 年环境行政公益诉讼 180 件案件文本中看，检察机关仅仅通过法律、法规、规章明确行政机关法定职责的案件有 136 件，占比 75.56%。可见我国法律、法规、规章通过法律确权技术所划定的行政机关职责，可以为检察机关的法律监督工作提供相对稳定的预期。此外，参考"三定"方案的案件有 19 件，可见"三定"方案注重行政机关建章立制、加强行政机关职责管理和统筹协调的功能已经在环境行政公益诉讼领域中，得到了检察机关的认可。此外，在实践中，检察机关在面对基层监管职责不清、无法确定监管主体、情况复杂而需要行政部门协同治理等情形时，在依据法律法规、"三定"方案确定相关行政部门的"法定职责"后，还会通过磋商、联席会议等形式进一步厘清行政机关的具体职责，体现了包容审慎的法治共识。譬如，在"广东省人民检察院督促保护世界极危物种猪血木行政公益诉讼案"中，检察机关针对行政机关职能不清而导致珍稀树种长期管护不当的问题，通过两轮磋商厘清管护职责。[39] 类似情况在以

---

[36] 参见梁君瑜：《行政诉讼履行判决的构造与边界》，载《北方法学》2021 年第 4 期。
[37] 行政机关的法定职责、权限和法律依据。包括该行政机关的职权范围，除法律、法规、规章确定的法定职责外，还应当参考地方政府制定发布的权力清单和涉及行政机关职权、机构设置的文件等；该行政机关在履行职责过程中常用的法律、法规、规章、内部规则、操作指南、流程指引及技术标准等；该行政机关对某一违法行为进行查处的法律依据、程序流程、处罚条件、适用情形及处罚措施等；不同行政机关存在职能或者权限交叉时各自的分工及职责。对于行政机关的派出机构，如其职权来源于法律、法规、规章授权，则应直接以其作为被监督对象；如其职权来源于行政机关委托，则应以委托的行政机关作为被监督对象。
[38] 参见江必新主编：《中华人民共和国行政诉讼法理解适用与实务指南》，中国法制出版社 2015 年版，第 65 页。
[39] 参见最高人民检察院发布 11 件生物多样性保护检察公益诉讼典型案例之一：广东省人民检察院督促保护世界极危物种猪血木行政公益诉讼案。

下案例中都有所体现。(见表7-6)

表7-6 通过磋商、联席会议等形式进一步厘清行政机关职责的案例统计

案例	情形	措施
江西省宜春市袁州区人民检察院督促保护新发现极危物种"明月山野豌豆"行政公益诉讼案	新发现的尚未纳入重点保护野生植物名录以及《植物新品种保护条例》保护物种名录的野生植物,保护力度有限,仅依靠林业主管部门难以推进,需协同保护	检察机关通过联席会议、磋商座谈会等方式协商保护方案,明确各行政部门的职责
浙江省淳安县人民检察院督促整治外来入侵物种豹纹脂身鲶行政公益诉讼案	外来入侵物种豹纹脂身鲶非法养殖发生外逸,威胁特别生态功能区鱼类生物资源多样性	检察机关通过磋商确定了当地的农业农村局作为外来物种主管部门,负责相应的监管职责
辽宁省铁岭市人民检察院督促整治外来入侵物种三裂叶豚草行政公益诉讼案	物种三裂叶豚草入侵会威胁本地生物多样性,分布区域有三块,散播的花粉会对人体健康造成不良影响	检察机关组织召开磋商会议,明确各相关单位监管职责以及整治方案
北京铁路运输检察院督促整治违法运输外来入侵物种行政公益诉讼案	物流运输公司利用互联网违法违规为未经检疫的外来入侵物种提供运输服务	检察机关通过与当地农业农村局开展磋商,明确其监管职能
安徽省歙县人民检察院督促保护滩培村等中国传统村落行政公益诉讼案	传统村落保护监管难,出现部分古民居濒临倒塌、新建房屋破坏村落整体风貌等问题	检察机关邀请人大代表、政协委员、志愿者等,围绕各相关部门监管职责、监管必要性等方面进行公开听证
江西省崇义县人民检察院督促保护上堡梯田农业文化和灌溉工程遗产行政公益诉讼案	农业文化遗产、灌溉工程遗产保护中存在的主体职责交叉、保护标准不明确	检察机关组织各行政部门召开联席会议,厘清了各方法定职责,并就整改方式与整改时限达成一致意见

(二)对"不依法履行职责"的认定情况

在选取的48件进入诉讼程序的环境行政公益诉讼指导性与典型案例中,几乎所有案件都满足环境公益受损的结果标准要求,但这并不代表着行为标准不重要。因为职权法定本就是现代行政法的基本原则之一,行政机关违法行使职权即可被认定为不履行法定职责。[40] 同时,尽管行为标准与结果标准存在区隔,但从对行政机关行为是否依法履职的认定角度看,首先需要判断的就是行政机关在行为意义上是否完全履行了法定职责。[41] 因此,对行政机关是否履行法定职责的认定,需要从行为意义上看行政机关是否履职。通过对案例文本进行梳理,行政机关从行为上不履行法定职责大概可以分为以下几类,行政机关完全未履职的案件有 20 件,内容事项部分未履职的案件有 17 件,履行方式不够实质全面的案件有 10 件,[42] 分别占比 42.55%、36.17%、21.28%。

1. 完全未履职

完全未履职是指行政机关在收到检察机关发出的检察建议后,或没有回复检察建议也没有履行法定职责,或在回复中直接表示拒绝履职,或在回复中推诿履职,认为应该是其他单位的责任。

(1)不回复检察建议,同时完全未履行。在"贵阳市乌当区人民检察院诉贵阳市某自然资源局怠于履行行政管理职责行政公益诉讼案"中,检察机关向行政机关发出检察建议后,行政机关既未书面回复履职情况,又未履行相应职责。类似情况在"人民陪审员参加七人合议庭审理行政机关不履行法定职责行政公益诉讼案""山东省日照市岚山区人民检察院诉区自然资源局不依法履行农用地复垦监管职责行政公益诉讼案""河南省汤阴县人民检察院督促保护基本农田行政公益诉讼案""安徽省蚌埠市检察机关督促保护天井湖湿地系列行政公益诉讼案""四川省南江县人民检察院督促整治违法占用耕地行政公益诉讼案""贵州省沿河土家族自治县人民检察院诉县自然资源局怠于履行野生动物栖息地保护监管职责行政公益诉讼案""贵州省贞丰县人民检察院督促保护马二元帅府行政公益诉讼案"中均有所体现。

(2)书面回复检察建议,拒绝履职。在"江苏省睢宁县人民检察院督促处置危险废物行政公益诉讼案"中,检察机关向行政机关发出检察建议后,行政机关书面回复,称其没有相应的行政职责而拒绝履职。类似情况在以下案例中都有

---

[40] 参见张旭勇:《行政公益诉讼中"不依法履行职责"的认定》,载《浙江社会科学》2020 年第 1 期。
[41] 参见伍华军、荣锦坤:《论行政公益诉讼中"不履行法定职责"判定标准的构建》,载《重庆社会科学》2023 年第 3 期。
[42] 选取的 48 件进入诉讼程序的指导性与典型案例中,有 1 个案件(西安铁路运输检察院诉陕西省西咸新区某管理委员会不履行环境监管职责行政公益诉讼案)的案例文本只能看出行政机关因为未履职而被提起环境行政公益诉讼,但无法看出未履职的具体情形。因此,未将其列入该分析点的案例范围中,因此此处统计的案件共有 47 件。

所体现。(见表7-7)

表7-7 书面回复检察建议、拒绝履职的案例统计

案例	案情
四川省剑阁县人民检察院督促保护古柏行政公益诉讼案	检察机关向行政机关发出检察建议后,行政机关书面回复,以存在不履职的客观理由为由不予履职
湖北省公安县人民检察院督促保护洪湖湿地生态环境行政公益诉讼案	检察机关向行政机关发出检察建议后,行政机关书面回复,以存在不履职的客观理由以及没有相应的行政职责为由不予履职
睢宁县人民检察院诉睢宁县环境保护局不履行环境保护监管职责案	检察机关向行政机关发出检察建议后,行政机关回复,以涉案油泥产生单位非在其辖区,没有代为处置的法定职责为由不予履职
浙江省宁波市人民检察院诉宁波市自然资源和规划局行政公益诉讼案	检察机关向行政机关发出检察建议后,行政机关回复,以向海洋倾倒废弃物属于污染海洋环境行为、应由海洋环境监督管理部门负责为由拒绝履职
云南省龙陵县人民检察院诉龙陵县某镇人民政府怠于履行外来物种阻截防控监管职责行政公益诉讼案	检察机关向行政机关发出检察建议后,行政机关回复,以辖区暂未发现外来物种入侵为由拒绝履职

(3)书面回复检查建议,表示已经履职,但实际上推诿履职,并未实质采取行动进行履职。在"西藏自治区朗县人民检察院督促履行矿山环境资源监管职责行政公益诉讼起诉案"中,检察机关向行政机关发出检察建议后,行政机关书面回复表示了未履职的理由与履职行为。检察机关跟进调查发现,尽管行政机关在形式上进行了专题调研、召开了专题会议并成立领导小组,但对于恢复生态环境并未采取实质性的行动,生态环境仍然未获得恢复治理。类似情况在以下案例中都有所体现。(见表7-8)

表7-8 推诿履职的案例统计

案例	案情
安徽省滁州市检察机关督促整治跨区域固体危险废物污染行政公益诉讼案	检察机关向行政机关发出检察建议后,行政机关书面回复履职行为。检察机关"回头看",发现涉案危险废物并未得到妥善处置,污染损害仍在持续

续表

案例	案情
湖北省沙洋县人民检察院督促保护叶家大港水环境行政公益诉讼案	检察机关向行政机关发出检察建议后,行政机关书面回复称已采取多项监管治理措施。检察机关对整改效果进行回访发现,行政机关并未履职,社会公共利益仍在持续受损
吉林省检察机关督促履行环境保护监管职责行政公益诉讼案	检察机关向行政机关发出检察建议后,行政机关书面回复称已经履职。检察机关对整改情况跟进调查发现,行政机关在未采取无害化处理措施的情况下,雇用人员、机械用沙土对堆放的垃圾进行掩埋处理,环境污染未得到有效整治

(4)未及时履职。未及时履职是指行政机关在收到检察建议后的一段时间内没有采取履职行为,但在诉讼过程中积极采取了措施进行履职,恢复了环境利益受损的状态,履职状态相较于未履职而言更加积极。例如,在"安徽省怀远县人民检察院督促履行禁渔监管职责行政公益诉讼案"中,检察机关向行政机关发出检察建议后,行政机关未依法履行职责,但在案件审理过程中,行政机关依法全面履行职责,公益诉讼目的全部实现,检察机关建议法院裁定终结诉讼被采纳,提高了办案质效。又如,在"安徽省蚌埠市检察机关督促保护天井湖湿地系列行政公益诉讼案"中,检察机关向行政机关发出检察建议后,行政机关对围堰养殖违法建筑未整治到位,但在案件审理期间全面履职整改合格,法院裁定终结诉讼。

2. 内容事项部分未履职

部分未履职是指行政机关在收到检察机关发出的检察建议后,进行了回复并采取了部分的履职行为,但没有完整履职。由于环境侵害的复杂性与不可逆性,行政机关履行环境治理职责应当由一系列行为内容组成,缺少任何一个环节或行为都有可能影响职责履行的完整性,进而造成履职的法律效果、社会效果与法律要求不符,环境公益无法得到实质性的保护与修复。譬如在"辽宁省抚顺市东洲区人民检察院督促整治东洲河阿金沟段水环境行政公益诉讼案"中,检察机关向行政机关发出检察建议后,行政机关书面回复其履行方式与效果。但检察机关通过跟进调查与现场勘查,发现只有部分职责予以履行。该案中河床内土壤得到了平整,但原有三处渗油井还剩两处,土壤和水仍有被污染的可能。类似情况在以下案例中都有所体现。(见表7-9)

表7-9　内容事项部分未履职的案例统计

案例	案情
湖北省随县人民检察院督促整治非法占用耕地行政公益诉讼案	检察机关向行政机关发出责令违法企业限期拆除土地上新建的建筑物和其他设施、退还土地、恢复土地原状的检察建议后,行政机关书面回复。但行政机关只对行政相对人新增违法占地行为予以行政处罚,对最开始的非法占地行为未重新作出行政处理,社会公益仍处于受侵害状态
江西省新余市渝水区人民检察院诉江西省新余市水务局怠于履行河道监管职责行政公益诉讼案	检察机关向行政机关发出履行河道监管的检察建议后,行政机关书面回复落实情况。但行政机关只责令行政相对人停止违法行为后对其作出罚款,现场堆放的砂石及废弃采砂设备并未清除,河道未得到修复,没有严格全面履职,严重损害社会公共利益
湖北省武汉市东湖新技术开发区人民检察院督促保护矿产、林地和耕地资源行政公益诉讼案	检察机关向行政机关发出对违法企业非法采石破坏山体、林地和耕地的问题履行法定职责的检察建议后,行政机关书面回复履职情况。但行政机关只在耕地方面发出责令停止、改正违法行为通知书,在林地方面要求限期恢复并罚款,对破坏矿产资源问题未开展监督执法,对破坏林地问题未督促当事人恢复林地原状,对破坏耕地问题未依法进行处罚。因此,行政机关没有严格全面履职,严重损害社会公共利益
河北省蔚县人民检察院督促整治乡村生活垃圾行政公益诉讼案	检察机关向行政机关送达整治生活垃圾的检察建议,行政机关积极整改,清理各类垃圾与恢复土地,疏通清理河道与新建垃圾转运站。但有一处垃圾填埋点清理不彻底,仍存在大量垃圾,未恢复土地原貌,致使社会公共利益处于受侵害状态
陕西省周至县人民检察院西安铁路运输检察院督促整治蚰蜒河黑臭水体行政公益诉讼案	检察机关对行政机关发出整治涉案黑臭水体的检察建议,行政机关书面回复称,生活垃圾已全部清理,涉案黑臭水体纳入该县农村黑臭水体二期治理工程项目,编制了可行性研究报告。但行政机关对生活垃圾处理、污水治理等问题并未根本解决,致使社会公共利益侵害持续存在
江苏省镇江市检察机关督促整治长江非法采砂行政公益诉讼案	检察机关向行政机关发出整改621件案件的检察建议,行政机关整改了63件履职不到位案件,其余案件未得到纠正
海南省三亚市人民检察院督促保护地下水资源行政公益诉讼案	检察机关对行政机关发出履行水资源保护职责、查处违法企业的违法行为的检察建议,行政机关回复称已对违规企业作出履职行为。检察机关跟进发现,行政机关虽然封闭了地下取水井口,但未依法履行罚款和追缴水资源费等职责

续表

案例	案情
河北省保定市莲池区人民检察院诉保定市生态环境局莲池区分局行政公益诉讼案	检察机关对行政机关发出对无排污许可证排放医疗污水的情形依法处置的检察建议,行政机关回复称已对违规医院作出履职行为。检察机关跟进发现,行政机关只进行了排污登记工作,未对医院无排污许可证排放污水的情形依法处置
甘肃省景泰县人民检察院督促保护松山水沙河河道行政公益诉讼案	检察机关对行政机关发出责令违法公司纠正违法行为、限期拆除河道内洗砂设备、及时清除乱排乱堆的废渣废料淤泥、疏通河道并回填砂坑的检察建议,行政机关回复称大部分问题已整改。但实际上,砂石和废弃料并未完全清除,采砂坑没有完全回填,河道没有平整复平,洗砂设备也未搬迁。行政机关仅采取了部分履职措施,履职事项不完全、不充分
江西省萍乡市检察机关督促整治非法采矿行政公益诉讼案	检察机关对行政机关发出对涉案企业依法作出行政处罚、责令涉案企业赔偿矿产资源损失、对矿山进行修复治理的检察建议。行政机关仅对部分案件下达补缴罚款通知书,并督促涉案企业限期复垦复绿,但未责令涉案企业赔偿矿产资源损失,也未完成地质环境修复
河北省涉县人民检察院督促整治非法采矿行政公益诉讼案	检察机关对行政机关发出依法履行行政处罚权、责令违法行为人停止违法行为、恢复土地原状、对受损林地进行生态修复的检察建议。行政机关依法拆除违法占地的厂房,没收违法行为人违法所得并处罚款,也书面回复检察机关。但涉案地部分弃料随意堆放,采矿坑回填较浅,土地未完全恢复原状,受损林地生态未全面修复
内蒙古自治区鄂尔多斯市东胜区人民检察院督促整治煤矸石污染环境行政公益诉讼案	检察机关对行政机关发出对违法堆放煤矸石的行为依法查处,采取切实有效的措施处置煤矸石的检察建议。行政机关依法作出书面回复,称已履职。整改到期后,检察机关通过跟进监督发现,违法堆放煤矸石未依法按期清运,仍有几处煤矸石未清理
安徽省蚌埠市淮上区人民检察院诉吴小街镇政府不依法履行水污染治理职责行政公益诉讼案	检察机关向行政机关发出采取有效措施治理相关沟渠水污染、加强人居环境整治的检察建议后,行政机关书面回复称已履职。检察机关针对整改情况开展跟进调查发现,污染仅部分整治,行政机关未能全面履行监督管理职责,社会公共利益持续处于受损状态
贵州省威宁县人民检察院督促整治喀斯特草原石漠化行政公益诉讼案	检察机关向行政机关发出对违法修建永久性建筑、圈地放牧、车辆碾压草原、随意丢弃垃圾等破坏草原生态环境的违法行为依法履职的检察建议后,行政机关书面回复称已经履职。检察机关对整改情况跟进调查发现,违法占用草地修建的房屋、圈舍等仍未拆除,行政机关未作出相关行政决定

续表

案例	案情
贵州省兴仁市人民检察院督促整治违法占用耕地行政公益诉讼案	检察机关向行政机关发出对被破坏的耕地进行修复治理、恢复种植条件、对煤矿违法占地的行为进行查处的检察建议后,行政机关书面回复称已经履职。检察机关对整改情况跟进调查发现,煤矿未按照《土地复垦技术标准(试行)》要求编制耕地复垦方案,在无监理机构的情况下自行组织施工且未通过验收,被破坏的耕地仍未得到有效修复
河南省兰考县人民检察院诉三义寨乡人民政府不履行基本农田保护职责公益诉讼案	检察机关对行政机关发出及时拆除涉案企业建设的所有设施、复耕复垦的检察建议,建议及时拆除所有设施,复耕复垦。行政机关回复称已按照检察建议整改完毕。检察机关"回头看",发现涉案娱乐设施未全部拆除,部分设施恢复投入使用,公共利益持续被侵害

3. 履行方式不够全面合理

履行方式不够全面合理是指行政机关在收到检察建议后已经履职,但基于环境侵害的复杂性与不可逆性行政机关履行环境治理职责应当由一系列的职能方式组成,而行政机关选取的履行方式不够全面或不够针对性,进而造成履行效果不佳,没有完整实现环境保护的效果。相较于完全未履职与部分未履职,履行方式上不够全面合理在积极性上又前进了一步。如在"山西省沁源县人民检察院督促保护水资源行政公益诉讼案"中,检察机关向行政机关发出对案涉煤矿超批复许可取用地下水的行为依法处理、加强取水许可证管理和水资源执法检查力度的检察建议,而行政机关仅仅对煤矿予以罚款,未进一步采取有效监管措施,存在以罚代管的情况,致使公共利益持续处于受损状态。类似情况在以下案例中都有所体现。(见表7-10)

表7-10 履行方式不够全面合理的案例统计

案例	案情
湖北省老河口市人民检察院督促履行渔业资源监管职责行政公益诉讼起诉案	检察机关向行政机关发出加大监督执法力度、采取有效措施、切实保护汉江流域水生物资源和水域生态环境的检察建议。行政机关书面回复,向检察机关报告了其履行的方式与效果。检察机关通过跟进调查与现场勘查,发现并未完全有效地实现生态环境保护的效果

续表

案例	案情
福建省泉州市丰泽区人民检察院督促保护泉州湾河口湿地省级自然保护区生态环境行政公益诉讼案	检察机关向行政机关发出依法全面履行职责、对违法行为人采取有效措施进行依法查处的检察建议。行政机关书面回复,向检察机关报告了其履行的方式与效果。检察机关通过跟进调查与现场勘查,发现并未完全有效地保护生态环境
重庆市武隆区人民检察院督促治理矿山地质环境行政公益诉讼案	检察机关向行政机关发出督促涉案公司开展矿山闭坑环境治理和河道岸线整治工作的检察建议。行政机关书面回复,向检察机关报告了其履行的方式与效果。检察机关通过跟进调查与现场勘查,发现并未完全有效地保护生态环境
安徽省芜湖市弋江区人民检察院诉芜湖市农业农村局行政公益诉讼案	检察机关向行政机关发出依法查处涉案公司未经许可从事家禽屠宰生产经营行为、消除该违法行为带来的动物防疫安全隐患的检察建议。行政机关对违法公司责令改正并处以罚款,但未能有效制止违法行为,生态环境污染问题未得到根本解决,社会公共利益仍处于受侵害状态
吉林省白城市洮北区人民检察院诉洮北区林业和草原局行政公益诉讼案	检察机关向行政机关发出责令违法责任人恢复被其破坏的草原植被的检察建议。行政机关书面回复称已责令违法责任人恢复原状,但未采取有效措施恢复案涉草原
海南省儋州市人民检察院诉儋州市自然资源和规划局、儋州市农业农村局行政公益诉讼案	检察机关向行政机关发出对涉案责任人的违法行为依法作出行政处理的检察建议。行政机关书面回复称履职。但行政机关未依法采取有效监管手段对违法行为进行制止和监管,未实质性落实整改工作
重庆市人民检察院第一分院诉长寿区水利局、长寿区农业农村委员会行政公益诉讼案	检察机关向行政机关发出对流域围堰养鱼侵占河道、无证非法养殖进行综合治理的检察建议。行政机关书面回复称已责令违法行为人停止违法,计划在特定时间内完成围堰拆除工作。但行政机关未依法采取有效监管手段,未实质性落实整改工作
西藏自治区朗县人民检察院诉某自然资源局怠于履行矿山修复监管职责行政公益诉讼案	行政机关仅仅通过下发文件的方式要求违法企业开展环境恢复工作,效果不明显,在收到检察建议后,仍未采取其他的积极措施,致使案涉矿区环境治理恢复工作始终未能开展
湖北省麻城市人民检察院督促整治非法占用永久基本农田行政公益诉讼案	检察机关向行政机关制发履行法定监督管理职责、采取有效措施恢复土地原状的检察建议。行政机关书面回复称已履职。检察机关经跟进监督发现,被占的基本农田仅部分清场,仍堆放大量建筑材料,非法建设的厂房仍未拆除,且均未恢复耕种条件,原因在于行政机关在法定期限内未申请法院强制执行其作出的行政处罚决定

(三)对"环境公益受到侵害"的认定情况

《人民检察院提起公益诉讼试点工作实施办法》(已失效),最高人民法院、最高人民检察院《关于检察公益诉讼案件适用法律若干问题的解释》,《检察机关行政公益诉讼案件办案指南(试行)》都表明在环境行政公益诉讼中,检察机关必须可以证明行政机关违法行使职权或者不作为,造成了环境公益受到侵害。学界对如何认定"环境公益受到侵害"存在争议。有学者认为"环境利益受到侵害"涉及"侵害行为"与"侵害后果",此理论更有助于预防环境利益受损;[43]也有专家认为应当将事实层面环境利益是否受到损害作为审查的核心。由于预防环境风险是我国环境治理的重要任务,行政机关需要进行全流程的环境监管工作,在传统的事后惩戒职责之外也要承担风险预防责任,环境行政监管职责要不断向预防面前移,通过提供一系列规制措施以降低环境风险转化为实害的可能性。[44]因此,环境行政公益诉讼不能等到具体的环境侵害结果发生后再启动法律监督职责,而是需要更好地发挥预防风险的制度性功能,注重存在的环境侵害危险与侵害可能。与之相应,环境行政公益诉讼中的环境公益侵害应当既包括抽象层面影响生态安全的风险隐患,又包括事实层面实质性损失的环境公益。[45]

从2021~2023年的环境行政公益诉讼案件文本来看,检察机关对"环境公益受到侵害"的认定,以具体的侵害事实为主,同时在部分案件中对于存在的较大侵害危险,也将其视为"环境公益受到侵害"。譬如在"安徽省芜湖市弋江区人民检察院诉芜湖市农业农村局行政公益诉讼案"中,禽业公司在无动物防疫条件合格证、未配备无害化处置设施的情况下违法从事家禽屠宰生产经营活动,存在动物防疫安全隐患。检察院考虑到日均屠宰近3万只的规模与相应的危险性,通过诉前检察建议、提起行政公益诉讼等方式督促行政机关依法全面履职,消除违法行为带来的动物防疫安全隐患,从源头上彻底解决生态环境污染问题。又如在"云南省龙陵县人民检察院诉龙陵县某镇人民政府怠于履行外来物种阻截防控监管职责行政公益诉讼案"中,外来有害物种"红火蚁"入侵,数量增多,防控形势严峻性加剧,而行政机关履行监督管理职责不到位。检察机关考虑到

---

[43] 参见李大勇:《论行政公益诉讼"不依法履职"的评判标准》,载《行政法学研究》2023年第3期。
[44] 参见张忠民、袁明:《环境健康风险法律规制的限度及其调适》,载《河南社会科学》2024年第1期。
[45] 参见张袁:《行政公益诉讼中违法行政行为判断标准的实践检视与理论反思——以1021起裁判样本为考察对象》,载《行政法学研究》2022年第2期。

当地生物系统独特而脆弱,外来入侵物种在当地往往没有天敌,大量繁殖会直接影响生物多样性和生态平衡,严重危害生态安全,进而提起环境行政公益诉讼。

在48件进入诉讼程序的环境行政公益诉讼指导性、典型案件中,有43件案件涉及具体的侵害事实,有5件案件涉及较大的侵害危险,占比为10.42%。这可以表明,检察机关对"环境公益受到侵害"的认定倾向与"不依法履行职责"的认定倾向类似,采取了一定的实质性的认定标准,体现出较为明显的结果导向,不仅关注事实层面环境公益的受损,而且会注重从是否穷尽所有手段、危险程度、救济难度、实际效果等实质层面对环境公益是否受到侵害进行综合判断。

(四)不依法履行职责与环境公益受损之间因果关系的判定情况

在2023年环境行政公益诉讼案件中,行政机关的败诉率很高。其中,既存在行政机关"不履行法定职责"的认定因素,同时又存在"不依法履行职责与公益受损之间因果关系"的判定因素。最高人民法院、最高人民检察院《关于检察公益诉讼案件适用法律若干问题的解释》《检察机关行政公益诉讼案件办案指南(试行)》都明确规定,检察院提起行政公益诉讼应当提交的材料中,需要包含被告违法行使职权或者不作为致使国家利益或者社会公共利益受到侵害的证明材料。这就意味着在确认行政机关违法行使职权或者不作为的前提下,只有行政机关违法行使职权或者不作为与环境公益受损害之间存在因果关系时,环境行政公益诉讼才可以被提起。因此,在环境行政公益诉讼中,如何结合环境行政公益诉讼案件的具体类型与实质特点判断是否存在因果关系,就成为一个重要的问题。

环境行政公益诉讼中对因果关系内容的考察,既要在事实层面判断侵害环境利益的侵害人与环境侵害之间的因果关系,又要在法律层面判断行政机关与侵害人之间是否具有行政法律关系。[46] 在此因果关系的认定框架下,不依法履行职责与环境公益受损之间的因果关系可能是直接性的,也可能是因相对人引起的间接性的。检察机关应当认识到,间接性的因果关系认定更为复杂,行政机关不依法履行职责不一定是环境利益受损发生的唯一因素,如果环境公益损害并非行政机关的"不依法履行职责"所造成,那么责令行政机关履职对于环境公益保护而言并无意义,反而会增加违法性评价扩大的风险,也不利于激励行政机

---

[46] 参见李大勇:《论行政公益诉讼"不依法履职"的评判标准》,载《行政法学研究》2023年第3期。

关积极履行或纠正履职。[47] 因此,环境行政公益诉讼中的因果关系需要至少达到相对较大的关联程度,即行政机关不依法履行职责与环境公益受损之间需要具有较强的关联性。

从2021~2023年的环境行政公益诉讼案件文本来看,检察机关在因果关系要件的认定上可能重视程度还不够。多数案件并没有将不依法履行职责与环境公益受损之间的因果关系作为单独评价的分析要件,尽管考虑了不依法履行职责与环境公益受损之间的客观联系,但此种客观联系的关联程度有多大并无深究,在一定程度上忽视了客观环境、自然条件等中间抗辩性因素。多数案件仅通过"致使""造成"在"等类似的简单表述将因果关系附加于二者之上,显然缺乏足够的说服力。例如,河北省涉县人民检察院督促整治非法采矿行政公益诉讼案"[48]中针对"涉案砂石破碎厂房虽已拆除,但仍有部分弃料随意堆放,采矿坑回填较浅,土地未完全恢复原状,受损林地生态未全面修复"的情况提起诉讼,但就行政机关在检察建议后的履职情况是否对因果关系产生影响未作详细评价,还存在一定的模糊。同时也有部分案件,检察机关通过强化实质性分析和考察环节,对于不依法履行职责与环境公益受损之间的因果关系进行了相对详细的论证。例如,在"浙江省宁波市人民检察院诉宁波市自然资源和规划局行政公益诉讼案"[49]中,检察机关跟进监督后反复进行了论证,分别从事实层面与法律层面判断侵害环境利益的侵害人与环境侵害之间的因果关系以及行政机关与侵害人之间的行政法律关系,并最终判定是行政机关的不依法履职,而致使国家利益和社会公共利益的损害持续存在。又如,在"辽宁省抚顺市东洲区人民检察院督促整治东洲河阿金沟段水环境行政公益诉讼案"[50]中,检察机关通过组织召开听证会的形式,经过激烈讨论和多方论证,厘清该案检察机关委托鉴定意见与行政机关及企业委托检测结论存在的差异,确定公益损害是否仍然存在,补强检察机关委托鉴定意见的证明力,进而判定因果关系的存在。再如,在"重

[47] 参见张袁:《行政公益诉讼中违法行政行为判断标准的实践检视与理论反思——以1021起裁判样本为考察对象》,载《行政法学研究》2022年第2期。
[48] 参见最高人民检察院发布第二批10件督促整治非法采矿检察公益诉讼典型案例之三:河北省涉县人民检察院督促整治非法采矿行政公益诉讼案。
[49] 参见最高人民法院、最高人民检察院联合发布9起海洋自然资源与生态环境检察公益诉讼典型案例之五:浙江省宁波市人民检察院诉宁波市自然资源和规划局行政公益诉讼案。
[50] 参见最高人民检察院发布13起"公益诉讼守护美好生活"专项监督活动典型案例之三:辽宁省抚顺市东洲区人民检察院督促整治东洲河阿金沟段水环境行政公益诉讼案。

庆市武隆区人民检察院督促治理矿山地质环境行政公益诉讼案"[51]中,检察机关在"回头看"过程中发现生态环境仍然受损严重,先是进一步调查收集相关证据材料与复核行政机关履职情况,并征询参与验收专家意见,判定是行政机关未依法全面履行监管职责,致使国家利益和社会公共利益仍处于持续受侵害状态。

(五)小结

检察机关对行政机关履行职责的评估体现出实质审查的司法立场,存在行为与结果判定的双重标准。在"法定职责"的范围判定中,检察机关进行了更为宽泛的解释,以此因应环境行政职能多元化的现实需要;在"不依法履行职责"的认定中,检察机关着重关注行政机关是否完全未履职、内容事项部分履职、履职方式不够实质全面这几种履职情况;在"不依法履行职责与环境公益受损之间因果关系"的判定中,2021~2023年多数的环境行政公益诉讼案件并没有将其作为单独评价的分析要件。尽管检察机关考虑了不依法履行职责与环境公益受损之间的联系,但此种联系的关联程度有多大并无深究。从这三个要件判定的实践样态中可以看出,检察机关对行政机关不履行法定职责的判断标准,并不存在单独意义上的行为标准或者结果标准。检察机关既会审查行政机关的履职行为,又会考虑环境公益是否受损、是否得到修复。行政机关是否采取积极作为以避免环境公益受损才是检察机关衡量行政机关是否依法履职的根本评估标准。[52]

同时需要注意,尽管"行为+结果"的双重判定标准与环境行政公益诉讼具有的监督行政机关依法行使职权的制度功能以及维护环境公益及法律秩序的客观诉讼特点[53]相契合,但检察机关亦需要对此保持一定的谨慎态度,尽可能规避掉"行为+结果"的双重判定标准可能伴随的过度干预行政权、打击行政机关积极性的风险。鉴于完备的法律供给是确保检察机关在法治轨道内依法能动履职的关键,[54]未来,检察机关对行政机关履行职责的情况判定,还需要结合环境行政公益诉讼的具体领域形成更加规范化、精细化的判定标准。特别是对于

---

[51] 参见最高人民检察院发布16起2022年度"公益诉讼守护美好生活"典型案例之一:重庆市武隆区人民检察院督促治理矿山地质环境行政公益诉讼案。
[52] 参见王作化、喻怀峰、刘霞:《作为客观诉讼的环境行政公益诉讼》,载《南京工业大学学报(社会科学版)》2023年第5期。
[53] 参见王作化、喻怀峰、刘霞:《作为客观诉讼的环境行政公益诉讼》,载《南京工业大学学报(社会科学版)》2023年第5期。
[54] 参见秦前红、张演锋:《检察机关能动履职的形态界分、宪制基础与完善方向》,载《国家检察官学院学报》2023年第2期。

"不依法履行职责与环境公益受损之间的因果关系"该如何谨慎判定,避免过于草率地对行政机关的行为进行定性,需要着重进行理论探讨与实践总结。

五、结语

"始终坚持用最严格制度最严密法治保护生态环境,保持常态化外部压力。"[55]环境行政公益诉讼制度采取"监督就是支持、支持就是监督"的新理念、新模式,不仅压实了环境履职、有力推动了依法行政,更是为生态环境司法保护提供了有益经验。从整体上看,2021~2023年环境行政公益诉讼的司法实践日渐完善,绝大多数的环境履职争端都能够在一审得到及时、有效化解,且有相当一部分案件,检察机关与环境行政机关在诉中便展现出积极协商合作的姿态,协力保护生态环境、推动诉讼终结,实现共赢。但通过样本亦可以发现,环境行政公益诉讼制度建设尚存在较大的提升空间,存在非专门环保部门环境行政履职不规范、不完备、争议多,审判依据法律规范相对模糊、分散等现实问题。而聚焦于环境行政公益诉讼之关键,即检察机关向行政机关制发诉前建议的情况来看,当前环境行政公益诉讼中的检察建议具有制发主体上的灵活性、关涉行政机关上的复杂性、协商程序发展上的创新性与调查核证的审慎性。此外,从检察机关对于行政机关履行职责的评估情况来看,检察机关对于法定职责范围、"不依法履行职责"与"不依法履行职责与环境公益受损之间因果关系"的判定采取了行为与结果判定的双重标准,进行了实质意义上的司法审查,如此虽有益于彰显环境行政公益诉讼"监督"的制度功能,但也可能在一定程度上打击行政机关积极性,故还需努力做到审慎判定、具体问题具体分析。

---

[55]《习近平在全国生态环境保护大会上强调:全面推进美丽中国建设 加快推进人与自然和谐共生的现代化》,载中国政府网,https://www.gov.cn/yaowen/liebiao/202307/content_6892793.htm,最后访问日期:2024年5月24日。

环境刑事附带民事公益诉讼案件的实证检视与路径完善*

欧　恒　王生珍　曾雨婷

基于落实国家环境保护政策、推进检察公益诉讼立法、推动环境司法专门化等多重需求,在历经试点及专门司法解释的正式确立后,环境刑事附带民事公益诉讼制度已在生态环境保护工作中得到广泛运用。作为"刑事诉讼—民事诉讼—公益诉讼"三重结构的耦合,环境刑事附带民事公益诉讼不仅能够有效发挥提高诉讼效率、节约成本等程序优势,还能充分平衡保障国家追诉权与生态环境公共利益的需求。然而,作为环境刑事附带民事公益诉讼运行的规范基础,最高人民法院、最高人民检察院《关于检察公益诉讼案件适用法律若干问题的解释》(以下简称《检察公益诉讼解释》),最高人民法院《关于审理环境民事公益诉讼案件适用法律若干问题的解释》(2020 修正)(以下简称《环境民事公益诉讼解释》)等相关规定仍多以抽象的原则性条款为主,在规则设计上仍相对粗陋,无论是在审理程序等程序层面还是法律责任衔接等实体规范层面,均缺乏具体的、有针对性的、可操作性强的规定,进而限制环境刑事附带民事公益诉讼程序的适用与发展,致使其在环境司法实践中面临诸多亟待讨论和解决的现实困境,如与立法规定相悖、与恢复性司法理念相冲突、与环境保护实践需求相冲突等[1]。对此,有必要以环境刑事附带民事公益诉讼实践为观察点,在梳理和剖析其制度运行的基础上,以回应生态环境保护与刑事犯罪惩治工作需求为导向,进一步健全相关制度、细化相关规范,以及厘清法院、检察院、生态环境主管部门等不同主体在该制度中的应然职能定位,提供具有针对性的制度建议。

---

* 感谢中南财经政法大学法学院硕士研究生何双琪、法与经济学院硕士研究生李乙丁参与资料整理工作。

[1] 参见石魏、侯撼岳:《生态环境刑事附带民事公益诉讼之现状审视、反思与完善路径——以 595 件环境犯罪裁判文书为样本》,载《法律研究》2023 年第 1 期。

一、环境刑事附带民事公益诉讼的问题限定及样本选择

(一)环境刑事附带民事公益诉讼案件的问题指向

2014年,党的十八届四中全会作出探索建立检察机关提起公益诉讼制度的重大改革部署,为我国检察公益诉讼机制作出了重要制度安排。2017年,在全国检察机关办理的首例刑事附带民事公益诉讼案件——董某伟、董某亚涉嫌污染环境犯罪案中,检察机关同时提起刑事公诉和刑事附带民事公益诉讼,请求法院对两被告(人)进行刑事和民事双重处罚,开启了环境刑事附带民事公益诉讼制度的实践先河。2018年《检察公益诉讼解释》的出台标志检察公益诉讼制度正式被纳入制度运行的轨道,成为实践中可具操作性的制度抓手,尤其该解释第20条明确破坏生态环境和资源保护等领域,检察机关在提起刑事公诉时可以一并提起附带民事公益诉讼。该条以司法解释的形式确立了环境刑事附带民事公益诉讼制度。《刑事诉讼法》(2018修正)将附带民事诉讼纳入刑事诉讼之中,为附带民事公益诉讼的部分情形提供了合法性来源。

环境刑事附带民事公益诉讼作为一种特殊的法律诉讼形式,旨在通过结合刑事诉讼和民事公益诉讼,进一步节约司法资源、提高诉讼效率,为打击环境刑事犯罪、保护生态环境等社会公共利益构筑强有力的屏障。自《检察公益诉讼解释》正式确立刑事附带民事公益诉讼制度以来,环境刑事附带民事公益诉讼在环境司法实践中得以大规模适用并迅速发展,但由于相关理论研究与规则设计的缺位与模糊,仍存在诸多程序性、实体性的现实问题。为此,需把握以下观察要点,深入探究环境刑事附带民事公益诉讼实践中可能存在的制度性问题。

第一,在程序适用及衔接层面,一是要关注环境刑事附带民事公益诉讼中诉前程序的适用问题。尽管最高人民法院、最高人民检察院《关于人民检察院提起刑事附带民事公益诉讼应否履行诉前公告程序问题的批复》已明确规定应当履行诉前程序,但无论是学理还是实践层面,仍皆存在基于司法效率的考量而反对或主张限制诉前程序适用的观点。因此,需以实践运行情况为观察和检视的基点,探索如何对适格原告主体诉权保障与司法效率提升需求进行取舍与平衡,进一步探究诉前程序相关规则设计和完善的空间。二是要观察环境刑事附带民事公益诉讼中调解制度的运行状况。附带民事公益诉讼中的调解制度,作为一种非诉纠纷解决机制,具有灵活、高效、平等协商等诉讼价值与制度优势,促使被

告方更加积极地履行法律责任,进而能有效维护和及时修复生态环境公益。[2]为避免调解制度在环境刑事附带民事公益诉讼程序中付之阙如、无法发挥其所具备的应然功能,需在考察其实践运行状况的基础上探究其实然效果,并以现行制度为参照对象,为相关规则的健全提供尽可能充分、全面的实证素材。三是要观照刑事与附带民事公益诉讼的程序衔接。基于刑事诉讼与民事公益诉讼之间固有的诉讼构造差异,环境刑事附带民事公益诉讼在证据效力、证明标准、因果关系判断等程序层面出现了难以跨越的"鸿沟"。为此,需要系统研究环境刑事附带民事公益诉讼案件,发现并提炼刑事附带民事公益诉讼的"两审合一"规则,切实解决司法实践中的"诉讼主体错位""诉讼规则错配"等问题,并以此为基础建立协同性诉讼机制。[3]

第二,在实体层面,需要重点关注环境刑事附带民事公益诉讼中的责任认定及其履行监督的问题。在环境刑事附带民事公益诉讼中适用生态环境修复等法律责任,具有惩罚犯罪和修复受损生态环境的双重功能,但受制于生态环境修复责任缺乏系统性法律规范、刑事附带民事诉讼制度本身存在的制约,其在实践适用中依然面临缺乏规范保障、成为量刑的"工具"、救济效果存疑、执行困难等问题。[4] 对此,需重点关注裁判文书中的法律责任认定与监督保障部分,以探析环境刑事附带民事公益诉讼案件中相关环境法律责任的承担、履行和保障状况,在分析实践问题的同时充分挖掘司法智慧与实务经验。

对此,本报告以2023年度的358份环境刑事附带民事公益诉讼案件为分析样本,主要从案件地域分布、案由分布、审级分布、法院级别、审理程序、结案方式、诉讼请求等方面对其进行梳理研究,以探究环境刑事附带民事公益诉讼的基本运行情况及现实问题,并在现有学术研究成果的基础上,对环境刑事附带民事公益诉讼中的具体焦点问题进行细致观察与剖析,进而尝试就诉前程序、调解制度、程序衔接、责任履行与保障等相关规则和制度设计提出完善建议。

(二)裁判样本选择路径与筛选标准

本部分主要以2023年生态环境资源保护领域刑事附带民事公益裁判文书作为研究样本,系统梳理并检视环境刑事附带民事公益诉讼的实践状况。本研

---

[2] 参见王智杰:《刑事附带民事公益诉讼中调解的适用与展开》,载《常州大学学报(社会科学版)》2023年第4期。
[3] 参见吕忠梅:《检察公益诉讼立法应解决的基础理论问题及建议》,载《人民检察》2023年第21期。
[4] 参见徐军、李方玲:《生态环境修复责任在刑事附带环境民事公益诉讼中的司法适用研究——以397份裁判文书为样本》,载《四川环境》2021年第4期。

究报告选取的样本全部来源于最高人民法院中国司法大数据研究院案例数据库，并通过以下路径筛选和确认研究样本：一是在检索案由方面，本报告聚焦于《刑法》（2023 修正）第六章"妨碍社会管理秩序罪"中第六节"破坏环境资源保护罪"类的相关案件，并对其进行检索、选取与分析；二是在裁判文书的选取方面，课题组在数据库中全文搜索"刑事附带民事公益诉讼"，手动筛选生态环境类相关案件，并以文书内容为基础进行人工筛选和排除，筛掉部分重复案例；三是在检索时间范围方面，仅选定审结日期为 2023 年 1 月 1 日至 2023 年 12 月 31 日的案件。以前述方法进行检索、下载、整理和筛选后，共获得 2023 年度刑事附带民事公益裁判文书 358 份。[5]

二、环境刑事附带民事公益诉讼案件的现实样态

课题组共获取 2023 年度环境刑事附带民事公益诉讼裁判文书 358 份，以此为样本，从案件地域、案件案由、案件审级、法院级别、审理程序、结案方式、诉讼请求等方面对环境刑事附带民事公益诉讼的运行状况进行整体描述和分析。

（一）地域分布

2023 年度，在全国 31 个省区市[6]中，除海南省、天津市外，其余 29 个省区市均发生了环境刑事附带民事公益诉讼案件。（见表 8-1）

表 8-1　全国 31 个省区市环境刑事附带民事公益诉讼案件数量

省（区、市）	案件发生数量（件）	全国排名
陕西省	37	1
辽宁省	33	2
湖南省	31	3
贵州省	26	4
甘肃省	24	5
黑龙江省	23	6
云南省	17	7

---

[5] 仍需要说明的是，囿于检索口径的科学性不足、数据库及人工筛选的局限性等多方影响因素，上述数据样本及其分析结果仍可能与环境刑事附带民事公益诉讼实践的实际情况存在一定偏差，但相关误差均在合理范围之内，且对以上数据的微观分析仍能够大体反映环境刑事附带民事公益诉讼的实践状况。

[6] 因数据不可得，此处统计并未包含我国港澳台地区。

续表

省(区、市)	案件发生数量(件)	全国排名
广西壮族自治区	16	8
内蒙古自治区	15	9
上海市	15	9
湖北省	14	10
四川省	14	10
江苏省	12	11
安徽省	9	12
吉林省	9	12
山东省	9	12
江西省	8	13
福建省	7	14
青海省	6	15
山西省	6	15
浙江省	5	16
重庆市	5	16
广东省	4	17
河北省	4	17
北京市	2	18
宁夏回族自治区	2	18
西藏自治区	2	18
新疆维吾尔自治区	2	18
河南省	1	19
天津市	0	0
海南省	0	0

上述地域按照我国传统的行政区域划分,可分为西部地区、中部地区和东部地区。[7] 经统计,西部地区共发生环境刑事附带民事公益诉讼案件166件,中

---

[7] 此处的行政区域划分是按照三大经济带的标准划分的,由于西部大开发,广西和内蒙古被划为了西部地区。所以形成此种划分方式(这种划分方式只存在一段时间)。——编者注

部地区共发生环境刑事附带民事公益诉讼案件 101 件,东部地区共发生环境刑事附带民事公益诉讼案件 91 件。案件的地域分布特征较为明显,总体上看,案件的发生量呈现从西部地区向东部地区递减的趋势。这与当前我国各区域的经济和社会发展水平恰好相反。[8](见图 8-1)

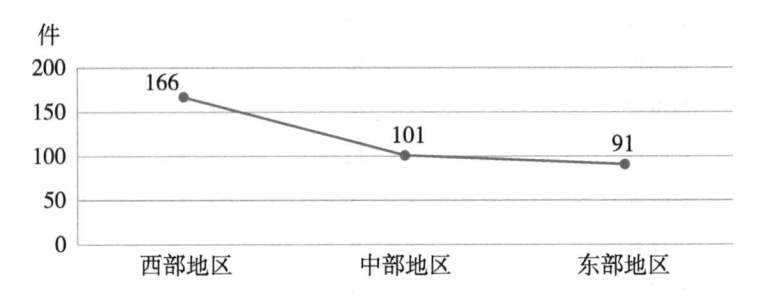

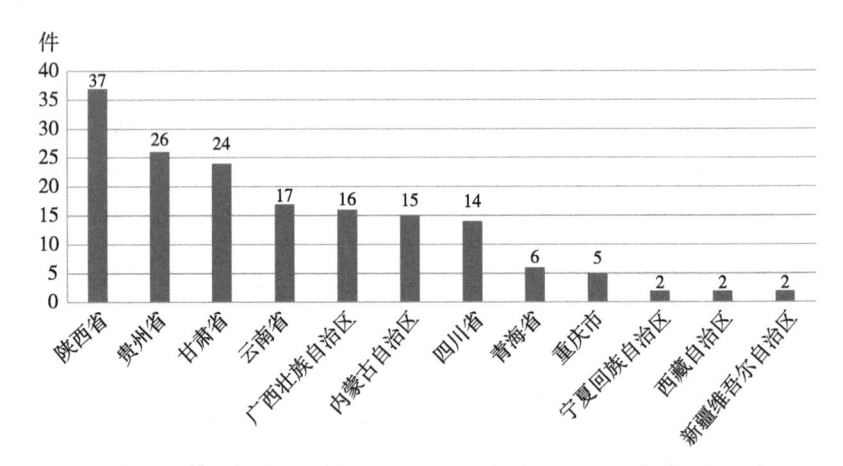

图 8-1 2023 年西部、中部、东部地区环境刑事附带民事公益诉讼案件数量地区分布

西部地区环境刑事附带民事公益诉讼案件共计 166 件,占比 46.37%。其中,陕西省 37 件,贵州省 26 件,甘肃省 24 件,云南省 17 件,广西壮族自治区 16 件,内蒙古自治区 15 件,四川省 14 件,青海省 6 件,重庆市 5 件,宁夏回族自治区、西藏自治区、新疆维吾尔自治区均为 2 件。(见图 8-2)

图 8-2 2023 年西部地区环境刑事附带民事公益诉讼案件数量分布

---

[8] 2023 年 GDP 排名前十的省区市中,东部地区有 6 个,分别是广东省、江苏省、山东省、浙江省、福建省、上海市。中部地区有 3 个,分别是河南省、湖北省、湖南省。西部地区仅有 1 个,为四川省。参见《2023 年全国 31 省份 GDP 排名出炉:广东连续 35 年总量第一,黑龙江增速最低》,载腾讯网,https://new.qq.com/rain/a/20240131A0A18X00。

中部地区环境刑事附带民事公益诉讼案件共计101件，占比28.21%。其中，湖南省31件、黑龙江省23件、湖北省14件、安徽省9件、吉林省9件、江西省8件、山西省6件、河南省1件。（见图8-3）

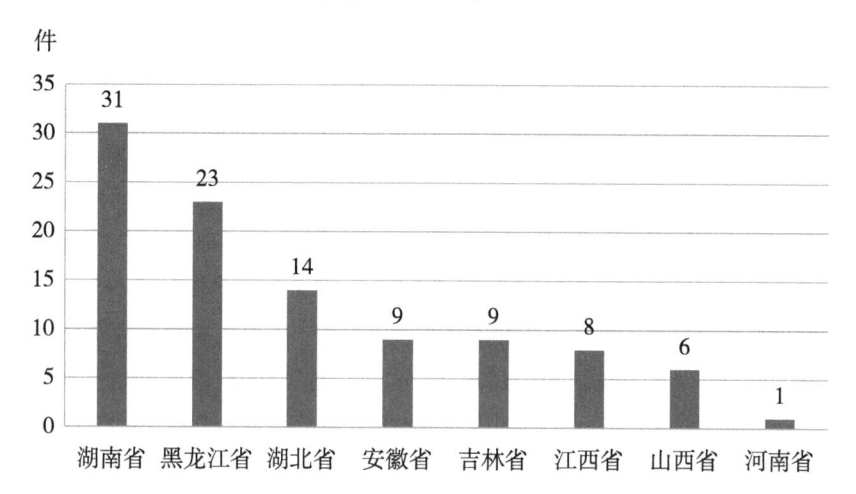

图8-3　2023年中部地区环境刑事附带民事公益诉讼案件数量分布

东部地区环境刑事附带民事公益诉讼案件共计91件，占比25.42%。其中，辽宁省33件、上海市15件、江苏省12件、山东省9件、福建省7件、浙江省5件、广东省4件、河北省4件、北京市2件、天津市和海南省为0件。（见图8-4）

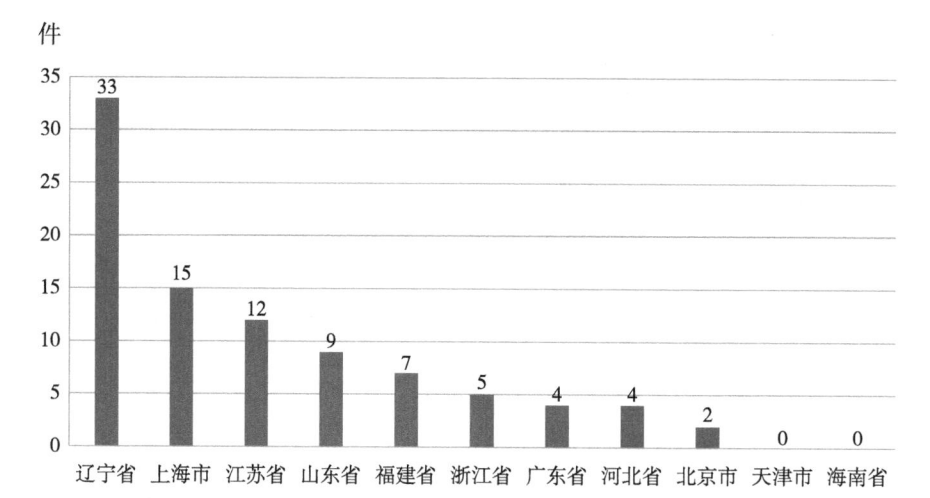

图8-4　2023年东部地区环境刑事附带民事公益诉讼案件数量分布

(二)案由分布

《刑法》第六章第六节"破坏环境资源保护罪"项下,规定了污染环境罪,非法处置进口的固体废物罪,擅自进口固体废物罪,走私废物罪,非法捕捞水产品罪,危害珍贵、濒危野生动物罪,非法狩猎罪,非法猎捕、收购、运输、出售陆生野生动物罪,非法占用农用地罪,破坏自然保护地罪,非法采矿罪,破坏性采矿罪,危害国家重点保护植物罪,非法引进、释放、丢弃外来入侵物种罪,盗伐林木罪,滥伐林木罪,非法收购、运输盗伐、滥伐的林木罪和破坏环境资源保护的单位犯罪等18个罪名。在检索到的358件环境刑事附带民事公益诉讼案件中,共有13个罪名(见表8-2),除失火罪为《刑法》规定的"危害公共安全罪"项下的罪名外,其余12个罪名均为"破坏环境资源保护罪"项下的罪名,各个罪名涉及的案件数量极不均衡。其中案件数量排名前五的依次为非法捕捞水产品罪(89件)、非法狩猎罪(56件)、滥伐林木罪(43件)、非法占用农用地罪(38件)、危害珍贵、濒危野生动物罪(31件)。这5类案件共计257件,占环境刑事附带民事公益诉讼总案件量的71.79%。非法猎捕陆生野生动物罪和非法收购陆生野生动物罪的案件量最少,均为1件。

表8-2 2023年度环境刑事附带民事公益诉讼案件的刑事案由分布

单位:件

罪名分布	数量
非法捕捞水产品罪	89
非法狩猎罪	56
滥伐林木罪	43
非法占用农用地罪	38
危害珍贵、濒危野生动物罪	31
失火罪	24
非法采矿罪	21
盗伐林木罪	19
危害国家重点保护植物罪	19
污染环境罪	14
非法猎捕、收购、运输、出售陆生野生动物罪	2
非法猎捕陆生野生动物罪	1
非法收购陆生野生动物罪	1
总计	358

（三）案件审级及法院级别

图 8-5 呈现了 2023 年环境刑事附带民事公益诉讼案件的不同审级分布。在 358 件环境刑事附带民事公益诉讼案件中，一审案件为 343 件，占比 95.81%，二审案件为 15 件，占比 4.19%。从数据上看，一审案件量远高于二审案件量。可见大部分环境刑事附带民事公益诉讼案件的服判息诉率较高。

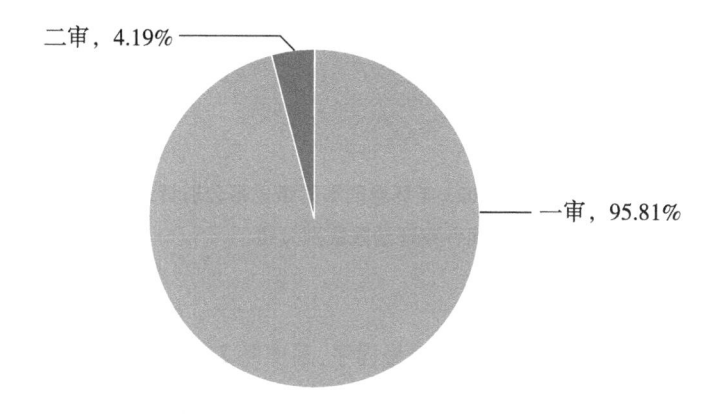

图 8-5　2023 年环境刑事附带民事公益诉讼案件不同审级案件分布

在 358 件环境刑事附带民事公益诉讼案件中，由基层人民法院审理的案件为 267 件，占比 74.58%，由中级人民法院审理的案件为 59 件，占比 16.48%，由专门法院审理的案件为 32 件，占比 8.94%，没有出现由高级人民法院和最高人民法院审理的案件（见图 8-6）。可见，绝大部分环境刑事附带民事公益诉讼案件是由基层人民法院审理的。《检察公益诉讼解释》第 5 条第 1 款规定："市（分、州）人民检察院提起的第一审民事公益诉讼案件，由侵权行为地或者被告住所地中级人民法院管辖。"第 20 条第 2 款规定："人民检察院提起的刑事附带民事公益诉讼案件由审理刑事案件的人民法院管辖。"《检察公益诉讼解释》第 5 条为普通民事公益诉讼案件管辖的规则。第 20 条第 2 款的规定可称为"附随刑事案件管辖"的规则，按照特别条款优于一般条款的原则，环境刑事附带民事公益诉讼案件的管辖应当适用第 20 条。再者，若规定环境刑事附带民事公益诉讼一审案件由中级人民法院管辖，将会打破现有的刑事管辖权配置现状，使本就数量有限的中级人民法院不堪重负，进而影响到刑事案件的审判。在刑事附带民事公益诉讼中，当审理刑事案件的法院为基层法院时，刑事附带民事公益诉讼也随之由该基层法院管辖。2023 年环境刑事附带民事公益诉讼案件审理法院的级别分布情况，也印证了该款的规定。

286 | 中国环境司法发展报告(2023 年)

专门人民法院,8.94%
中级人民法院,16.48%
基层人民法院,74.58%

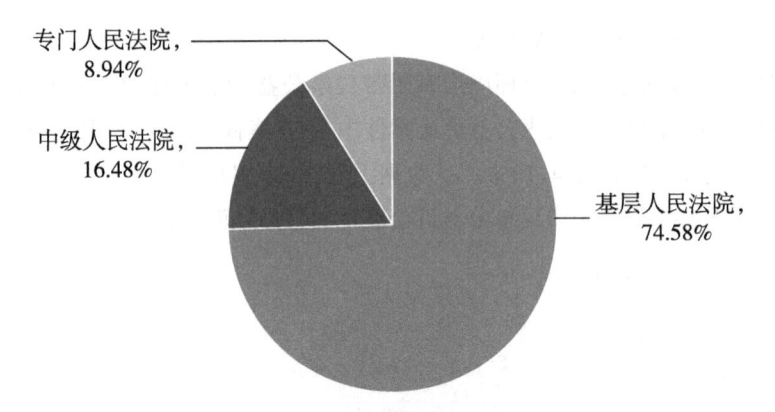

图 8-6　2023 年环境刑事附带民事公益诉讼案件审理法院级别分布

(四) 审理程序

《刑事诉讼法》设专节规定了简易程序,其中第 214 条规定了简易程序适用的条件,即对于案件事实清楚、证据充分的,被告人承认自己所犯罪行,对指控的犯罪事实没有异议并对适用简易程序没有异议的,基层人民法院可以适用简易程序审理。2018 年《刑事诉讼法》修正时新增了速裁程序的规定,对于可能判处 3 年有期徒刑以下刑罚的案件,案件事实清楚,证据确实、充分,被告人认罪认罚并同意适用速裁程序的,基层人民法院可以适用速裁程序,由审判员一人独任审判。依照《刑事诉讼法》第 226 条的规定,法院在审理过程中,发现有被告人的行为不构成犯罪或者不应当追究其刑事责任、被告人违背意愿认罪认罚、被告人否认指控的犯罪事实或者其他不宜适用速裁程序审理的情形的,应依照法律规定转为简易程序或普通程序重新审理。

图 8-7 呈现了 2023 年环境刑事附带民事公益诉讼案件法院审理程序的分布情况。在 358 件环境刑事附带民事公益诉讼案件中,法院适用普通程序审理的案件量最多,为 289 件,占比 80.73%;适用简易程序审理的案件为 52 件,占比 14.53%;适用速裁程序审理的案件为 1 件,占比 0.28%,为公某等非法捕捞水产品案[9];由简易程序转普通程序的案件为 12 件,占比 3.35%;由速裁程序转简易程序的案件为 2 件,占比 0.56%,这两件案件分别是苏某某等非法捕捞水产

---

[9]　参见上海铁路运输法院刑事判决书,(2023)沪 7101 刑初 106 号。

品案[10]和林某等非法采矿案[11];由速裁程序转普通程序的案件为1件,占比0.28%,为王某某非法捕捞水产品案[12];由速裁程序转为简易程序再转为普通程序的案件为1件,占比0.28%,为李某某等非法捕捞水产品案[13]。

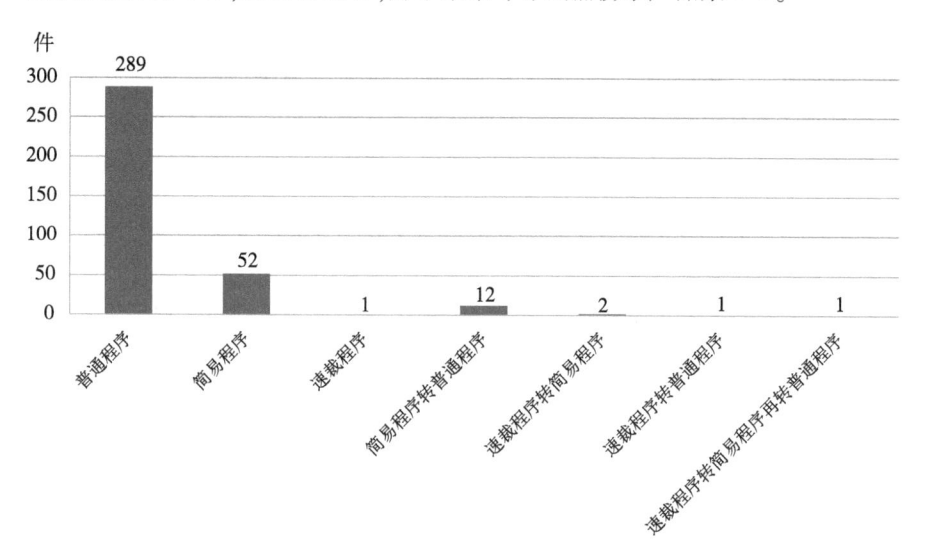

图8-7　2023年环境刑事附带民事公益诉讼案件审理程序分布

由于法院在审理刑事附带民事公益诉讼案件时,大多秉持"先刑后民"的审理模式,目前环境刑事附带民事公益诉讼的审理程序更多是依照《刑事诉讼法》的规定。而最高人民法院《关于适用〈中华人民共和国民事诉讼法〉的解释》(2022修正)(以下简称《民事诉讼法解释》)第257条第5项规定,"涉及国家利益、社会公共利益的"案件不适用简易程序。依此规定,环境刑事附带民事公益诉讼涉及公共利益,不应适用简易程序审理。而《检察公益诉讼解释》和《环境民事公益诉讼解释》中都未规定法院在审理刑事附带民事公益诉讼案件时,是否可以采用简易程序、速裁程序的规定,从而造成环境刑事附带民事公益诉讼适用程序上的困惑。

---

[10] 参见上海铁路运输法院刑事判决书,(2023)沪7101刑初62号。
[11] 参见上海铁路运输法院刑事判决书,(2023)沪7101刑初88号。
[12] 参见上海铁路运输法院刑事判决书,(2023)沪7101刑初97号。
[13] 参见上海铁路运输法院刑事调解书,(2023)沪7101刑初101号。

(五)结案方式

因环境刑事附带民事公益诉讼案件较为特殊,属于刑民交叉案件,其裁判结果既包括刑事部分,又包括附带民事公益诉讼部分。法律规定刑事案件不能调解,附带民事公益诉讼案件可以调解。为了便于统计,课题组将环境刑事附带民事公益诉讼案件的结案方式划分为"调解+判决"、判决、裁定三种方式。图8-8呈现了2023年环境刑事附带民事公益诉讼案件的三种结案方式。在358件环境刑事附带民事公益诉讼中,以"调解+判决"方式结案的有45件,占比12.57%;以"判决"方式结案的有299件,占比83.52%;以"裁定"方式结案的有14件,占比3.91%。

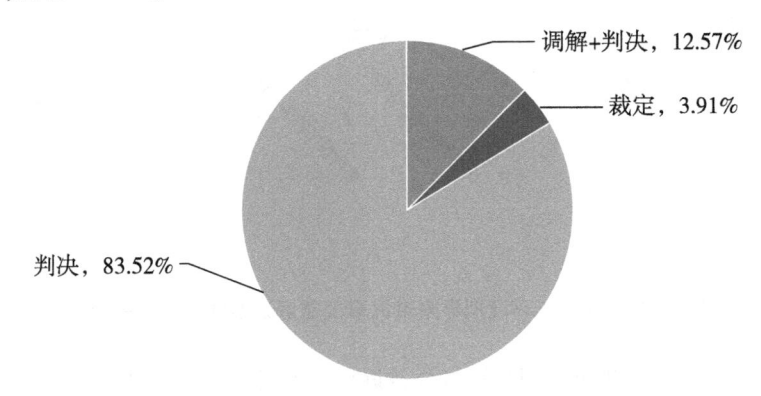

图8-8 2023年环境刑事附带民事公益诉讼案件结案方式分布

环境民事公益诉讼案件可以在人民法院的主持下进行调解,目前,《民事诉讼法解释》第287条、《人民检察院公益诉讼办案规则》第99条、《环境民事公益诉讼解释》第25条等也对此作出了明确规定。以上述规范为依据,如果检察机关在环境民事公益诉讼中与对方当事人达成调解协议或和解协议,人民法院必须进行为期30日的公告。可见,调解在民事公益诉讼中的适用受到公告程序与法院审查的双重约束。然而,《检察公益诉讼解释》对于检察机关提起的刑事附带民事公益诉讼案件,没有对是否需要制作调解书以及调解后公告程序作出规定。课题组在上述45件对附带民事公益诉讼部分进行调解的案件中发现,有11件裁判文书显示法院对调解协议进行过审查,并出具调解书,剩余34件未在裁判文书中显示法院是否出具调解书以及是否公告。

(六)附带民事诉讼请求

在358件环境刑事附带民事公益诉讼案件中,除没有提及诉请的45件以

"调解"方式结案和14件以"裁定"方式结案的案件外,课题组统计了299件环境刑事附带民事公益诉讼案件的附带民事诉讼请求后,将其归纳为两种类型:一是传统的民事侵权责任,包括停止侵害、排除妨碍、消除危险、恢复原状[14]、赔偿损失[15]、赔礼道歉等。二是新型环境损害责任,包括补种复绿、增殖放流、劳务代偿、承担环境修复费用、其间服务功能丧失导致的损失、生态环境损害调查、鉴定评估等费用、惩罚性赔偿费用。(见表8-3)

表8-3 2023年环境刑事附带民事公益诉讼诉请分布情况

单位:次

民事责任	民事责任承担方式	出现次数
传统民事侵权责任	停止侵害	2
	排除妨碍	2
	消除危险	0
	恢复原状	3
	赔偿损失(生态损害赔偿)	112
	赔礼道歉	76
新型环境损害责任	履行环境修复义务[16]	16
	补种复绿	77
	增殖放流	22
	劳务代偿	15
	认购碳汇	4
	承担环境修复费用	54
	其间服务功能丧失导致的损失	9
	生态环境损害调查、鉴定评估等其他费用	28
	防止损害的发生和扩大所支出的合理费用	4
	惩罚性赔偿费用	6

[14] 在数据统计中,课题组认为"生态修复"不同于"恢复原状",依据诉讼请求的实质内容进行统计:恢复原状是恢复特定物的民事权利,将请求判令返还被非法占用的耕地、退还占用的林地、恢复被占用的林地等统计为恢复原状;将补种树木恢复原状、原地造林恢复原状等,虽有恢复原状几个字,但实质是环境修复措施,统计为新型环境损害责任。

[15] 依照《环境民事公益诉讼解释》第18条和《民法典》第1235条之规定,课题组将国家野生动物资源损失、水生生物资源损害损失、生态资源损失、生态赔偿、生态环境损失、渔业资源赔偿、生态环境修复损害赔偿、生态资源损害等都归入了"赔偿损失"类。

[16] 此处的"履行环境修复义务"为判决书中的原文,是指法院直接判处"履行环境修复义务",而未明确环境修复义务的具体情形。

在299件有诉讼请求的样本中，传统环境民事侵权责任有195项，新型环境损害责任有235项。经分析可知，第一，传统环境民事侵权责任的诉请量比新型环境损害责任的诉请量少。第二，从诉请的具体类别来看，传统的环境民事侵权责任以赔偿损失和赔礼道歉为主，分别为112项、76项；新型环境损害责任以补种复绿和承担修复费用为主，分别为77项、54项。第三，从诉请的发展趋势来看，在传统的环境民事侵权责任中，赔礼道歉是一种新趋势，共76个案例。在新型环境损害责任中，认购碳汇逐步成为一种新的责任承担方式，共4个案例。

在上述299件环境刑事附带民事公益诉讼案件中，刑事附带民事公益诉讼起诉人的诉讼请求得到法院全部支持的有296件，部分支持的有3件（见图8-9）。[17]可见，在环境刑事附带民事公益诉讼案件中，大部分刑事附带民事公益诉讼起诉人的诉讼请求得到了法院的全部支持。

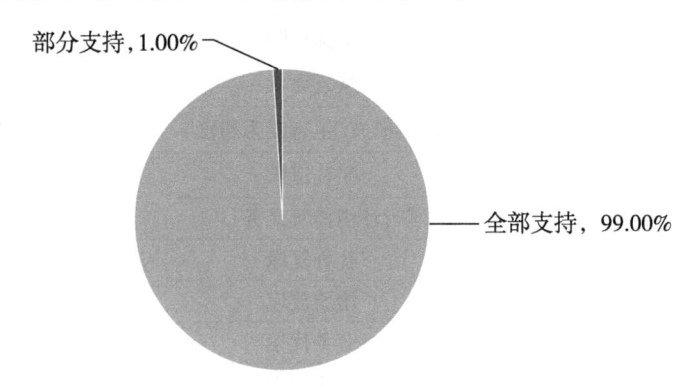

图8-9 2023年环境刑事附带民事公益诉讼案件中附带民事公益诉讼诉请支持情况

三、环境刑事附带民事公益诉讼案件的问题透视

最高人民法院、最高人民检察院联合推出刑事附带民事公益诉讼的实践背景是检察机关在办理民事公益诉讼案件中普遍遇到了取证难、举证成本高等问题，希望借助传统的刑事附带民事诉讼制度达到"一案双查或三查"的效果。[18]从审判效率上看，刑事附带民事公益诉讼通过同一审判组织在同一程序中落实

---

[17] 参见广东省广宁县人民法院刑事判决书，(2023)粤1223刑初80号；甘肃省洮河林区法院刑事判决书，(2023)甘7506刑初10号；重庆市万州区人民法院刑事判决书，(2023)渝0101刑初54号。

[18] 参见张仁平、贺华锋、范跃红、张代磊：《创新举措维护公益，检察机关在行动》，载《检察日报》2018年4月1日，第1版。

刑事责任与民事责任，不但能够节约司法资源，也可以提高案件的审理效率，实现对于被破坏生态环境的最大保护。从公益诉讼起诉人的职能上讲，刑事附带民事公益诉讼弥补了检察机关履行公益诉讼职能的短板，扭转了检察公益诉讼实践的疲软态势。[19] 然而，在理论界和实务界尚未对是否有必要以及如何构建这一附带型诉讼达成一致意见，相关法律法规又未对这一诉讼类型予以确认的情况下，便将检察环境公益诉讼制度推向了实践。[20] 由于缺乏现行法律支撑和完整的制度设计，刑事附带民事公益诉讼在司法实践中呈现出多样化甚至背离制度初衷的趋势，呈现出制度与实践的张力和实践之间的混乱等问题。

从宏观维度上看，在法律基础层面，环境刑事附带民事公益诉讼缺乏现行法律统一安排下的正当性基础，《检察公益诉讼解释》并不具备法律效力，最高人民法院仅将司法解释性质和效力的界定为作为补充性裁判依据的规范性法律文件，因此其无法成为刑事附带民事公益诉讼充分的正当性法源。在制度协同性层面，刑事附带民事公益诉讼融合了刑事诉讼、民事公益诉讼甚至民事诉讼的双重或三重制度，导致刑事附带民事公益诉讼在制度设计上存在竞合关系又有较大差异，从而使该制度内部在实体法律基础、程序运行上稍逊协同性和缺乏融合度。在其中的诉讼程序上，刑事附带民事公益诉讼遵循的是《刑事诉讼法》的规定，以刑事诉讼为前提，民事公益诉讼只是"附带"性的，这也导致民事公益诉讼在程序设计上游离于刑事程序之外，且《刑事诉讼法》第101～104条规定的民事诉讼，不同于公益性质的民事公益诉讼，因此附带民事公益诉讼不能完全适用相关民事诉讼的规定。在受案范围层面，二者虽都有针对公共利益受损的情形，但不能完全等同。具言之，刑事附带民事公益诉讼案件中的违法犯罪行为在侵犯了刑法"破坏环境资源保护罪"罪名保护的生态法益、严重危害社会安全的同时，又危害了国家利益，民事公益诉讼的受案范围为社会公共利益的受损，而侵犯国家利益并不必然导致公共利益的受损。以下从微观维度，对诉前公告程序、调解程序、审理顺序与责任履行分别进行分析。

（一）附带民事公益诉讼诉前公告适用不明

刑事附带民事公益诉讼的诉前公告程序是指检察机关在提起民事公益诉讼

---

[19] 参见聂友伦：《刑事附带民事公益诉讼的理论反思》，载《安徽大学学报（哲学社会科学版）》2023年第5期。

[20] 参见梅傲寒：《检察行政附带民事公益诉讼制度的构建困境与突破路径——以检察环境公益诉讼为例》，载《河南社会科学》2024年第4期。

前，应当通过诉前程序督促享有民事公益诉讼诉权的法定机关或有关组织提起诉讼。在公告期届满后，没有法律规定的组织或者法律规定的组织不提起诉讼，则由检察机关向人民法院提起诉讼。诉前公告程序是检察公益诉讼制度的前置程序。行政公益诉讼同样规定了诉前公告程序，但两诉所设计的诉前程序在目的上差异性较大。环境行政公益诉讼设立诉前公告程序的目的在于督促行政机关积极依法履职，从而高效保护受损的公共利益。其诉前程序实则是一种司法机关与行政机关的合作机制，经由诉前公告程序，由各机关和检察机关达成统一的行动方案。而刑事附带民事公益诉讼继承了社会组织提起民事公益诉讼的优先性以及检察机关支持起诉的法律规定，实际上确立了只有经由法定的诉前公告程序，检察机关才得以获得提起民事公益诉讼的诉权规则。刑事附带民事公益诉讼诉前公告程序的目的在于敦促有诉权的组织积极提起环境公益诉讼，从而减轻检察机关的工作负担，达到最大限度节约司法资源的目的。在法律规定的组织无法提起或不愿提起的情况下，检察机关作为公共利益救济的兜底部门，自动获得提起刑事附带民事公益诉讼的诉讼资格。

刑事附带民事公益诉讼的诉前程序在法律规定层面上仍属空白，但由两个司法解释予以规定。《检察公益诉讼解释》第13条规定了民事公益诉讼应当进行诉前公告，以30日为限。最高人民法院、最高人民检察院在《检察公益诉讼解释》出台后发布了《关于人民检察院提起刑事附带民事公益诉讼应否履行诉前公告程序问题的批复》（以下简称《诉前公告批复》），明确了检察机关在提起刑事附带民事公益诉讼时应当履行诉前公告程序，对于未履行诉前公告程序的，法院应当进行释明，告知检察机关公告后再行提起诉讼。

通过对358件环境刑事附带民事公益诉讼案件进行分析后得出，只有176件案件的判决书中提及了诉前公告程序，剩下一半的案件并未履行诉前公告程序。虽然在判决书中未呈现诉前公告程序，并不绝对代表检察机关未履行诉前公告程序，但是很大程度上可以说明其对待诉前公告程序的态度：虽然在司法解释中规定了诉前公告，但由于其法律效力尚待厘清，检察机关在实践中对诉前公告程序呈现模棱两可的态度。因此在实践中出现大量未履行诉前公告程序即提起刑事附带民事公益诉讼的案件。

关于诉前公告程序适用不明的现象，究其原因有三：其一，生态环境案件对提起主体要求较高。生态环境案件专业性强，附带民事公益诉讼的启动需要调查取证、出庭参加法庭调查及辩论，对财力、人力和专业性要求较高，因此符合条件的社会组织较少。大量的环境刑事附带民事公益诉讼诉前程序履行后,其"公告"处于"无人问津"的状态,最终提起附带民事公益诉讼的重任仍然归于检察机关。诉前公告程序因此呈现"悬置"状态。出于诉讼效率的考量,检察机关简化或省略了诉前公告程序。其二,诉讼构造的不同导致了法律依据选择不同。与独立的环境民事公益诉讼程序不同,刑事附带民事公益诉讼的程序启动是在刑事公诉的框架之下,刑事诉讼是主要诉讼,民事公益诉讼依附于刑事诉讼程序,民事公益诉讼为辅助诉讼,因此诉前公告程序理应首先遵照《刑事诉讼法》及其司法解释的规定,即不需要进行诉前公告,于是产生了刑事程序与民事公益诉讼程序之间选择的张力。其三,出于对生态环境保护的考量。《检察公益诉讼解释》规定了公告期为30日,但生态环境一旦遭到污染或者被破坏,所造成的损害随着时间的流逝而累积,因此越早提起附带民事公益诉讼,越有利于保护生态环境。出于对生态环境的高效保护和诉讼成本的考量,检察机关选择了简易而高效的程序便利模式。

理论界关于检察机关是否应当履行公益诉讼诉前程序同样争讼纷纭,支持者与反对者主要从以下角度考量。一些观点认为,检察机关应当就两种情形而决定是否进行诉前公告程序:如果附带民事公益诉讼符合民事公益诉讼相关法律所规定的诉讼范围,则应当进行诉前公告程序,检察机关未经诉前公告程序提起刑事附带民事公益诉讼,应当被认定为缺乏必要的程序要件,法院应当释明其补正该要件;如果检察机关所提起的附带民事公益诉讼不属于民事公益诉讼的诉讼范围,则无须履行诉前公告程序。[21] 支持者认为,从制度规定的角度看,检察公益诉讼制度虽然没有在法律中明确诉前公告程序,但在司法解释与专门批复中确立了民事公益诉讼诉前公告程序的前置性和必经性,规定了检察机关的诉权具有后置性特征,只有在遵守该规定之后检察机关方能取得诉权。此程序不但尊重了其他适格主体的诉权,而且分担了检察机关的诉讼压力,可以提高司法效率。从检察机关的诉讼地位上看,若不进行诉前公告,检察院将是唯一的起诉主体,检察公益诉权的谦抑性与补充性将不复存在。[22] 持反对意见者认为,从诉讼性质上看,环境刑事诉讼所附带的民事公益诉讼与环境民事公益诉讼存在诸多区别,故不宜完全照搬其诉讼模式,且《检察公益诉讼解释》规定的诉前公告程序局限于民事公益诉讼,刑事附带民事公益诉讼的法律性质相对独立,不

---

[21] 参见汤维建:《刑事附带民事公益诉讼研究》,载《上海政法学院学报(法治论丛)》2022年第1期。
[22] 参见刘加良:《刑事附带民事公益诉讼的困局与出路》,载《政治与法律》2019年第10期。

可完全适用民事公益诉讼的规则。[23] 从诉讼效率上看,一些学者呼吁取消诉前程序,为提高诉讼效率、节约司法资源、为检察机关减负。[24] 从刑事诉讼被告人权利保护角度看,如果履行诉前公告程序,刑事诉讼程序将因30日的等待期而中止,会导致整个刑事诉讼案件的延误,不利于刑事诉讼被告人的诉权保障。[25]

(二)附带民事公益诉讼调解制度程序空置

在环境刑事附带民事公益诉讼中,调解的目的是基于诉讼当事人对案件案情、预期纠纷解决结果等认知,以法院等作为利益沟通的桥梁与居中的监督主体,实现对社会公共利益的维护。调解制度的本质是通过一种非诉对抗的纠纷解决机制,基于双方的合意,在诉讼前或者诉讼中但裁判结果未定的情况下,最大程度上实现矛盾的缓和、权利义务的衡平和社会关系的恢复。调解制度的功能在于实现定分止争效率最大化,一定程度上也可以化解实践中的执行难题。在公益诉讼中规定调解制度可以兼顾效率与公平,实现社会公益的最大化。《刑事诉讼法》第103条规定了人民法院在审理附带民事诉讼案件时,可以进行调解。《环境民事公益诉讼解释》第25条规定了环境民事公益诉讼的调解制度:第一款规定了调解协议应当予以公告和公告时间的最低限度要求;第二款规定了调解协议确实不损害社会公共利益原则后,法院可以以调解书的方式确认其效力;第三款规定了调解书的内容。但针对调解制度能否在刑事附带民事公益诉讼中适用的问题,实践上含混不清,学理上也存在争议。

在2023年度的358件环境刑事附带民事公益诉讼案件中,以"调解+判决"的方式结案的有45件,仅占比12.57%。考虑到部分案件可能不适用调解,除却该因素,仍然彰显司法实务对于调解的认可度并不高的问题,附带民事公益诉讼的调解制度某种程度上处于空置状态。

关于附带民事公益诉讼是否适用调解制度,支持者与反对者同样争持不下。其根源在于民事公益诉讼或附带民事公益诉讼中检察机关的地位问题,亦即检察机关是否等同于普通民事诉讼中的当事人,享有对其提起的民事诉讼案件的调解权。此外,检察机关与被告之间的合意是否会影响此类环境案件的公益性

---

[23] 参见毋爱斌:《检察院提起刑事附带民事公益诉讼诸问题》,载《郑州大学学报(哲学社会科学版)》2020年第4期。

[24] 参见梅傲寒:《检察行政附带民事公益诉讼制度的构建困境与突破路径——以检察环境公益诉讼为例》,载《河南社会科学》2024年第4期。

[25] 参见汤维建:《刑事附带民事公益诉讼研究》,载《上海政法学院学报(法治论丛)》2022年第1期。

也颇受关注。[26] 赞成适用调解制度的观点认为,从检察机关的地位上看,虽然检察机关是公益或国家利益的代表,但是在附带民事公益诉讼中仍遵循平等双方当事人诉讼地位平等的原则。在诉讼构造中,检察机关仍然享有原告的诉讼权利,承担原告的诉讼义务,也因此可以处分实体权利,不能因为其具有原告地位和法律监督职能的双重身份就剥夺其处分权。从公益诉讼的目的上看,在附带民事公益诉讼中规定诉讼双方可以进行调解,并不背离公益诉讼维护公共利益的本质,只需要通过监督程序,例如,不违反公共利益原则和公告程序,限制检察机关的处分权即可。在诉讼类型的归属上,附带民事公益诉讼属于民事公益诉讼的范畴,理应遵循相关的规定。同时,通过对比域外的环境民事诉讼制度后发现,一些国家在环境民事公益诉讼中非常支持运用非对抗式的合意纠纷解决方式,从而较好地缓解环境社会公益保护与企业、行业发展之间的矛盾。[27] 反对者持以下观点:检察机关作为国家公诉机关,是公共利益和国家利益的代表,国家利益和社会公益具有不可处分性,在公益诉讼中规定调解制度可能会导致公共利益得不到全部恢复。此外,检察机关并不等同于普通案件的当事人,因此其是否具备实体上的案件处分权以及多大程度上具备实体处分权存疑。[28] 附带民事公益诉讼能否等同于民事诉讼尚无定论,《环境民事公益诉讼解释》第25条的适用前提并未明确是否包含附带民事公益诉讼,因此动辄在附带民事公益诉讼中移加调解制度缺乏法理基础。

（三）刑事与民事公益诉讼案件审理顺序存疑

环境刑事附带民事公益诉讼是指检察机关依据法律规定,针对同一环境违法事实,对生态环境犯罪提起刑事指控的过程中,发现犯罪行为同时损害了环境公共利益,同步提起附带性民事公益诉讼,要求被告一并承担刑事责任和民事责任的诉讼活动。如果不合并为同一诉讼而还原为刑事诉讼与民事公益诉讼,由不同审判组织分别按照不同程序进行处理,则降低了案件处理的效率,浪费了司法资源。由此,在处理刑民交叉案件时不可避免地涉及刑事案件和民事公益诉讼案件的审理顺序问题。目前刑事附带民事公益诉讼的审判顺序以刑事诉讼为主,"民事程序"是被"附带"的,因此先审理刑事诉讼再审理民事公益诉讼是我

---

[26] 参见蔡彦敏:《中国环境民事公益诉讼的检察担当》,载《中外法学》2011年第1期。
[27] 参见蔡彦敏:《中国环境民事公益诉讼的检察担当》,载《中外法学》2011年第1期。
[28] 参见石晓波、梅傲寒:《检察机关提起刑事附带民事公益诉讼制度的检视与完善》,载《政法论丛》2019年第6期。

国刑事附带民事公益诉讼的传统模式。不仅审判组织同一,附带民事公益诉讼的程序规定、证据规则也要遵从《刑事诉讼法》的规定。

在刑事案件与附带民事公益诉讼案件审理顺序上,"先刑后民""先民后刑"都有各自的理论支持。支持"先刑后民"的学者认为,该诉讼模式在我国影响深远,其历史沿革可以追溯到1979年2月最高人民法院出台的《人民法院审判民事案件程序制度的规定(试行)》(已失效)确立的"先刑后民"的审理模式,该模式成为法院审理环境刑事附带民事公益诉讼案件时常用的审理顺序。[29] 此外,通过刑检部门在办理刑事案件中发现并移送公益诉讼线索,引导公安机关侦查,减少附带民事公益诉讼搜集证据的难度,能够有效提起刑事附带民事公益诉讼,一并实现刑事打击和公益保护。支持"先民后刑"的学者认为,优先审理民事公益诉讼案件可以激励被告(人)先于刑事处罚履行民事责任,一来可以使被污染或破坏的环境及时得到修复,二来可以将民事责任的承担情况纳入刑事案件量刑的考量因素之一,实现处罚组合的最优解,例如,对于主动提出且积极履行生态环境修复义务或赔偿责任的被告(人),在量刑时法院往往会基于以上理由在量刑方面从轻处罚。反之,被告(人)为了争取量刑"优惠",也会积极主动履行环境民事责任,从而达到生态效果和社会效果的双赢。该优势是"先刑后民"无法比拟的,因为若采取"先刑后民"的模式,在审理附带民事公益诉讼后,被告(人)的刑事责任已经确定且程序无法倒流,会导致被告履行民事责任的积极性不强。

审理顺序的存疑亦会衍生出证据衔接的问题。首先,刑事和民事公益诉讼证据标准不一致,刑事证明标准高于民事证明标准,部分案件证据达到了民事公益诉讼的证明标准,但未达到刑事案件的证明标准,导致附带民事公益诉讼部分诉讼请求在刑事附带民事公益诉讼案件中未得到支持。其次,刑事案件与民事公益诉讼案件之间缺乏证据的衔接与协同机制,会导致审判效率的下降。

目前,关于环境刑事附带民事公益诉讼的程序规定更多是依照《刑事诉讼法》第104条的规定:附带民事诉讼应当同刑事案件一并审判,只有为了防止刑事案件审判的过分迟延,才可以在刑事案件审判后,由同一审判组织继续审理附带民事诉讼。在课题组观察的358件环境刑事附带民事公益诉讼案件中,虽然法院在判决书中并未明确提出"先刑后民"还是"先民后刑"抑或"刑民交叉"的

---

[29] 参见杨雅妮:《环境刑事附带民事公益诉讼审理顺序的反思与优化》,载《河南社会科学》2024年第2期。

审理顺序,但判决书在裁判说理和判决部分基本都采用了先刑事部分后民事部分的表述方式。而且各地法院在实务中主要采取先审理刑事案件再审理民事公益诉讼案件的审理顺序,不过也有部分法院反之,审理顺序的不一严重影响了司法程序的规范性。同时,审理顺序也影响公益组织提起附带民事公益诉讼的积极性,倘若先审理民事公益诉讼案件,则证据的搜集与处理需要公益组织自身完成,难度系数较大;若先审理刑事案件,刑事案件的证据标准高于民事公益诉讼案件,可以用在民事公益诉讼案件之中,则会减轻公益组织的证据压力。

(四)附带民事公益诉讼责任履行监督缺失

在责任承担上,附带民事公益诉讼平移了环境民事私益诉讼和环境民事公益诉讼的责任承担形式。除《民法典》第179条规定的传统民事侵权责任外,《民法典》第1234条和第1235条还规定了生态环境领域侵权的特殊行为责任和财产责任,以及《环境民事公益诉讼解释》第18条将赔礼道歉作为生态环境领域侵权的精神损害赔偿责任。责任的履行和执行是诉讼的"最后一公里",责任履行的意愿是否积极主动和承担责任的完成程度通常可以检验权利受侵害的恢复程度。因此,对于责任履行的监督至关重要。但在刑事附带民事公益诉讼制度中并未有相关规定,财产责任的履行只能借鉴相关的文件,例如,《生态环境损害赔偿制度改革方案》、最高人民法院《关于审理生态环境损害赔偿案件的若干规定(试行)》、《生态环境损害赔偿资金管理办法(试行)》、《关于推进生态环境损害赔偿制度改革若干具体问题的意见》等文件从不同层面明确了生态环境损害赔偿金的来源、缴纳、管理和使用。但目前相关规范层级效力较低、内容不够具体、地方实践未能统一,且多用于生态环境损害赔偿诉讼案件之中,能否适用于附带民事公益诉讼之中也尚未可知。

在检索到的358件案例样本中,仅有26件明确对生态修复行为执行或生态修复费用使用进行监督,仅有1件明确赔礼道歉内容由检察院审定。[30] 足见在刑事附带民事公益诉讼之中责任履行监督得不到位。

在行为责任的履行与监督上,目前规范性文件处于空白状态,责任人是否依照判决履行了行为责任,全部依赖于公益诉讼起诉人和作出生效判决的法院是否有能力和意愿进行监督。在财产责任的履行与监督上,首先是财产责任的承担能力问题,附带民事公益诉讼案件中受侵害的公共利益程度和范围通常较大,

---

[30] 参见东台市人民法院一审刑事判决书,(2023)苏0981刑初615号。

造成的生态环境损失或损害较为严重,民事公益诉讼的被告即刑事诉讼的被告人在承担了较多的刑事罚金后,在民事责任承担部分往往较为困难,因此无财产可供执行的情形非常普遍。其次是赔偿金的使用问题。赔偿金原则上应当专款专用,专门用于该案件中受到破坏的生态环境或当地生态环境的治理和修复,但检察机关通过提起环境民事公益诉讼案件,向被告主张的生态环境修复费用或者生态环境损害赔偿费用,尚未纳入市级统一建立的生态环境损害赔偿金账户管理,而是在判决执行完毕后经由法院或者检察机关上缴国库,未能体现生态环境损害赔偿费用应有的价值。最后是监督主体问题。公益诉讼案件是移送执行而非依申请执行,检察机关并非执行申请人,但现行法律未明确作为公益诉讼起诉人的检察机关在环境公益诉讼执行程序中的地位,检察机关对其提起诉讼案件的执行情况并不能及时监督。

四、环境刑事附带民事公益诉讼案件的规则完善

(一)完善环境刑事附带民事公益诉讼的诉前程序

从2023年的案例样本分析中可以窥见,在环境刑事附带民事公益诉讼的司法实践中,对于是否需要提起诉前公告、诉前公告的具体程序规则及其与诉讼程序的衔接协调,存在较大的认知与操作层面的分歧。基于此,需以规则设计为抓手,规范并统一环境刑事附带民事公益诉讼的诉前程序。

第一,明确检察机关是诉前公告的主体。尽管部分学者以提起诉前公告不利于案件审理效率提升、刑事审判信息保密、可为法院公告所替代、及时救济国家利益和社会公共利益等为由主张取消检察机关的诉前公告程序,但《诉前公告批复》已明确规定"人民检察院提起刑事附带民事公益诉讼,应履行诉前公告程序"。然而,这一原则性的要求,仍存在可操作性不强、与其他现行法律衔接不畅等问题,且从实践效果来看,规范设计粗陋、供给不足也是诉前公告履行情况未达到预期效果、适用不统一的主要原因。鉴于此,需以更高层级的规范性文件进一步强化检察机关提起诉前公告的法定义务,理由有二:一是法院公告与诉前公告在目的、性质上存在较大差异,无法全然覆盖和替代诉前公告的功能;二是学界已就诉前公告的可行性、优越性进行充分论证,如诉前公告可以保护和督促有关机关和社会组织等其他适格主体行使民事公益诉权,避免检察机关脱离其监督地位不当扩充其权力、防止公权力过度介入和滥用,符合最高人民法院《关于适用〈中华人民共和国刑事诉讼法〉的解释》第179条有关诉权顺位的规

定,有助于案件分流、提升司法效率、形成环境公益多元维护合力等。[31] 根据《立法法》(2023 修正)第 11 条的规定,诉讼制度和仲裁基本制度只能以制定法律的形式确定,由于刑事附带民事公益诉讼属于民刑交叉的诉讼制度,且其理论与实践尚处在探索和发展阶段,现阶段直接以单独立法的形式巩固其实践成果并不可取。此外,由于诉前公告程序更多侧重于附带民事公益诉讼的程序规则,应以现行《民事诉讼法》或相关司法解释等有关民事公益诉讼的规定为基础,对环境刑事附带民事公益诉讼诉前公告程序及其具体内容进行规范。

第二,健全诉前公告程序的具体规则。由上可知,《诉前公告批复》仅抽象地明确检察机关需进行诉前公告的法律义务,但从实践操作来看,这一概括性的规定显然难以支撑诉前公告的实际运行。为增强诉前公告实际效果,避免出现诉前公告流于形式等情形,需要对诉前公告的对象、方式、适用范围、时间节点等具体规则予以精细化和具体化。

就时间节点而言,根据《刑事诉讼法》第 172 条的规定,普通刑事案件的审查起诉期限为一个月,重大、复杂的案件可以在此基础上延长 15 日,而适用速裁程序的案件则为 10 日或 15 日。故若检察机关只能在审查起诉阶段进行公告,则可能出现诉前公告程序尚未结束但审查起诉期限已届满的窘境,进而导致附带民事公益诉讼无法正常开展,严重影响诉讼进程。此外,基于上述环境刑事附带民事公益诉讼本身的公益性,为整合环境公益诉讼的社会资源,检察机关应积极利用智能信息平台、会商制度,加强与侦查机关、行政执法部门等有关部门的联动,进行案件信息和线索移送的共享与对接,以便提前介入案件,对是否需要提起附带民事公益诉讼进行审查,并适时进行诉前公告,以实现在刑事审判期限届满前完成诉前程序的理想效果。综上,为避免影响刑事审判及附带民事公益诉讼的进程,应尽可能提前检察机关进行诉前公告的时间节点,并以刑事审判期限为参照,将诉前公告期限制在 30 日内,同时对应刑事案件具体情况予以区分和调整,如出现诉前公告影响刑事案件办理等情形,检察机关可以另行提起民事公益诉讼等。

就适用范围而言,针对上文中提到的诉前公告可能存在的弊端,建议在《诉前公告批复》规定的基础上,以"排他性列举 + 兜底"的方式明确可以不进行诉前公告的例外情形,如因侦查需要保密的、涉密的、严重影响诉讼进程的刑事案

---

[31] 参见张忠民:《检察机关试点环境公益诉讼的回溯与反思》,载《甘肃政法学院学报》2018 年第 6 期。

件,以此规避因诉前公告的固定时间成本等对刑事审判产生的不必要影响。

就公告载体而言,实务中存在检察院通过在正义网、全国性报刊、地方传统纸媒或在当地较显眼的位置张贴纸质公告等方式进行公告的不同做法,然而大多数公告的提示性方式仅流于形式,辐射范围有限,难以起到督促作用,难以达到充分保障其他有诉权的主体的知情权的效果。此外,鉴于实践中存在案件管辖区域无符合条件的社会组织而导致有权起诉的主体范围变窄、诉前公告程序目的无法实现的情形,建议适当取消诉讼公告对象的地域限制,尽可能地使符合法定条件的社会组织获悉案件信息、积极行使诉权。因此,建议统一固定的公告渠道,利用正义网、专门的公益诉讼网站或者其他覆盖面较广的全国性传播媒介履行诉前公告,将案件信息告知社会组织、对国家或社会公益具有直接管护义务的法定机关或其他适格主体,并相应增加在线回复渠道以便高效获取相关主体提起或放弃提起诉讼的意愿与其他意见。

就公告形式而言,《检察公益诉讼解释》中仅规定了公告这一单一诉前程序履行方式,但公告缺乏强制约束力,加之以其固有的单向性特质,难以有效督促并与其他适格主体就起诉事宜进行沟通与协作。此外,实践中社会组织由于其诉讼能力有限、诉讼成本过高而往往怠于提起诉讼。因此,在附带民事公益诉讼的诉前程序中,可以综合采取检察机关发送督促建议、支持起诉等多元形式,要求相关机关或组织履行职责、发挥监督作用,为提升其他主体公益诉讼积极性、诉前程序有效性提供实质保障。另外,为保证检察机关在履行诉前公告程序后可以在实体层面确认其提起诉讼的合法性、避免后续因诉权认定争议而影响诉讼进程,可以规定其他适格主体有权在诉前程序中申请放弃起诉或委托检察院进行起诉。

第三,注重诉前公告与诉讼程序的衔接。其一,由于《诉前公告批复》的规定较为抽象,诉前公告启动后相关主体的退出、承继等具体问题未得到规范指引,为更好地调动其他适格主体参与附带民事公益诉讼,应进一步明确诉前公告后诉讼主体的加入与退出问题。若社会组织等其他适格主体在公告规定的期限内依法提起诉讼,经审查符合法定条件,法院应通知其与检察机关作为共同原告参加该案诉讼;若其他适格主体在公告期届满、检察机关已然提起诉讼的情形下请求参与案件审理,法院应不予准许。其二,根据《诉前公告批复》规定,附带民事公益诉讼原则上不得影响刑事审判的进行,且实务中亦存在附带民事公益诉讼因履行诉前公告程序影响刑事案件审理期限而被终结的情形。故检察机关应综合考虑环境刑事案件审理期限、生态环境救济的紧迫性等因素,审慎考量启动诉前公告、启动附带民事公益诉讼程序的必要性。为避免诉前程序对刑事审判产生掣肘,检察机关应加强与侦查机关、行政执法部门等主体的沟通、共享与联动,以便及时掌握案件信息,尽可能地介入案件、提起诉前公告,提高附带民事公益诉讼效率;对于案件事实确认耗时较长等疑难复杂案件,可以另行提起附带民事公益诉讼。其三,尽管《诉前公告批复》规定"对于未履行诉前公告程序的,人民法院应当进行释明,告知人民检察院公告后再行提起诉讼",但并未就未履行诉前公告程序情形下检察院是否可以继续提起诉讼作出规定,从实务结果来看,此种情形下法院的处理方式并不统一,存在法院直接受理、法院不予受理等处理方式迥异的不同做法。故需要进一步明确未履行诉前公告的法律后果,即诉前公告程序是不是提起诉讼的必要条件。具体而言,为督促检察机关履行诉前公告义务,应将履行诉前程序规定为刑事附带民事公益诉讼的必要条件,检察机关已履行诉前公告程序且符合其他法定要求的,法院可以直接进行审理;检察机关未履行诉前公告程序的,法院应当释明,并告知检察院应进行公告;检察院未履行诉前公告义务情形下仍欲提起诉讼的,法院应当以不符合检察民事公益诉讼起诉条件为由,裁定不予受理,法院已经受理的,应当裁定驳回起诉。其四,作为诉前程序的监督保障,一方面,法院需加强对诉前程序的审查,以诉前公告内容为基础实现对案件的审查,以此判断附带民事公益诉讼的必要性,为后续审判程序的衔接奠定基础;另一方面,应在判决书中明确诉前公告的履行情况,包括但不限于诉前公告是否提起、具体时间及形式、其他适格主体的回应情况、公告费用等。

(二)探索环境刑事附带民事公益诉讼的调解制度

尽管实务中已出现如上海铁路运输检察院诉丁某某案等适用调解程序的案例,但现阶段环境刑事附带民事公益诉讼的调解适用缺乏规范指引,尤其在是否可以适用调解、如何开展调解的关键问题上未能得到规则的支撑。基于此,应结合现有实践与相关规定,在兼顾审判效率与公益性的基础上,对相关主体尤其是检察机关的处分权及其行使进行规范,探索调解制度在环境刑事附带民事公益诉讼中的适用空间。

一方面,尽管《环境民事公益诉讼解释》明确了环境民事公益诉讼中可以适用调解程序,且实务中已出现适用调解的案例,但现行法律规定及司法解释等并未明确刑事附带民事公益诉讼是否可以适用调解程序,故作为具体规则设计的前提与基础,仍应明确可以在环境刑事附带民事公益诉讼中适用调解制度,理由有三:其一,环境刑事附带民事公益诉讼的设计初衷系解决犯罪行为致社会公共利益受损的民事责任承担问题,体现了公法"外壳"下浓厚的私法理念,对于这一以处理国家利益和社会公共利益冲突为特征的新型纠纷而言,"其解决的方式区别于传统的所谓'非黑即白'的判定,而不得不更多地采取调整式或和解式的方法"[32]。检察机关作为国家司法机关,可以在调解中以其公信力作为担保,有效化解诉讼当事人之间的利益冲突,且从司法实践中的案件结果及调解协议履行情况来看,调解取得的最终成效与生效判决并不存在明显差距。其二,基于环境问题的不可逆、环境公益类案件的特殊性,通过调解形式结案既可以避免诉讼周期较长导致生态环境损害危险进一步扩大,又能推动案件分流、节约司法资源,缓解司法机关的工作负担。其三,根据《民事诉讼法解释》第287条、《人民检察院公益诉讼办案规则》第99条等相关规定,民事公益诉讼案件的当事人可以依法在人民法院主持下进行调解,故现行法律并未直接禁止检察机关在附带民事公益诉讼中与被告(人)和解、调解,而只是对检察机关处分权的行使进行必要限制。

另一方面,作为制度运行的保障,应对实践中出现及可能出现的调解相关的具体问题予以规定和回应,并通过设计、完善配套机制来限制和指引调解程序的适用,使调解制度在环境刑事附带民事公益诉讼框架内得以规范运行。

第一,规范检察机关处分权的行使。在环境刑事附带民事公益诉讼中,检察机关作为公益诉讼起诉人,与被告(人)的地位不能完全等同,故尽管可以有条件地允许检察机关与被告(人)就附带民事公益诉讼进行和解与调解,但应当通过必要的监督机制限制检察机关处分权的行使,尤其是物质权益处分权的行使,以避免检察机关的不当处分损害国家利益和社会公共利益。具体而言,在调解过程中,检察机关应尊重案件基本事实,以保护环境公益为基本原则参与调解,而不能以提升诉讼效率为由作出或要求被告(人)作出与正常诉求明显不匹配的"牺牲"与"妥协"。此外,就参与调解的主体而言,除法院、检察院、被告(人)外,为监督、限制检察院权力的行使,应在不影响案件信息保密的基础上,尽可能保障主体多元化,引入与案件没有利害关系、具有先进知识或经验的行政机关、社会公益组织、专业人员、新闻媒体等参与调解,并通过听证、专家论证、鉴定等

---

[32] 刘加良:《刑事附带民事公益诉讼的困局与出路》,载《政治与法律》2019年第10期;[日]谷口安平:《程序的正义与诉讼》(增补本),王亚新、刘荣军译,中国政法大学出版社2002年版,第19页。

方式引用、参考其他调解参与人员的意见,对调解协议的内容进行审查与商议。[33]

第二,明确调解监督的相关问题。尽管调解是诉讼当事人依法享有的正当权利,但考虑到附带环境民事公益案件中调解对于生态环境等社会公共利益的影响,应充分保护公众对于调解的知情权,对调解进行适当限制,防止出现形为调解实为"交易"、损害环境公益的情况。因此,应当在现行民事公益诉讼调解相关规定的基础上,明确在达成调解协议后,通过调解协议公告、法院审查等方式对调解情况及结果进行监督。简言之,《人民检察院公益诉讼办案规则》仅对公告的原则性问题作出规定,其操作规范并不完善,公告对象、方式、时间节点、形式、内容等均未予以明确。结合现有实践及最高人民法院《关于审理环境公益诉讼案件的工作规范(试行)》[以下简称《环境公益诉讼案件工作规范(试行)》]等相关规定,在当事人达成调解协议后,法院应通知相关环境行政主管部门,通过全国性的报刊、网站等媒介向社会公众公开调解协议情况,具体应包含被告对生态环境造成破坏的情况、应履行的法律责任、环境修复方案及监督主体等,必要时可公开案件相关证据及其他材料,公告期不少于30日。公告期内,应保持诉讼当事人以及社会公益组织、相关行政机关等案外人的沟通渠道畅通,即案外人可以对调解协议的人员就协议内容提出异议,法院需对异议内容进行审查,且有权要求诉讼当事人或其他参与调解的人员就异议进行回复与说明。经审查认定异议成立的,法院应不予出具调解书;不能重新达成调解协议的,法院应对案件继续审理并依法作出裁判。不存在异议且公告期届满后,为规范调解中各方主体权利义务的行使与履行,应由法院居中对调解协议的合法性、合理性进行实质审查,前者主要指审查调解协议是否与现行法律规定、法律基本原则、强制性规定相抵触,后者则主要是结合专家意见、鉴定意见对调解所涉费用、行为等调解协议的主要内容进行审查。当然,具体的审查规则、标准及操作程序等仍有待在现行民事诉讼规则的基础上进一步明确。此外,调解协议经审查不违反社会公共利益、不会对生态环境造成二次破坏的,法院应当出具调解书或和解书对调解内容的效力进行确认;反之,法院应不予出具调解书,继续对案件进行审理并依法作出裁判。

第三,明确调解与诉讼的衔接问题。从适用调解的案例来看,调解启动时间

---

[33] 参见石晓波,梅傲寒:《检察机关提起刑事附带民事公益诉讼制度的检视与完善》,载《政法论丛》2019年第6期。

分布在诉前、诉中、诉后三大时间段,其中在诉前和诉中达成调解,在庭审之前或庭审过程中已履行环境修复法律责任的案例较多,且法院会根据调解协议履行情况相应作出减轻或从轻处罚的刑事判决。鉴于此,需就调解明确或细化以下程序规范:一是参照《环境民事公益诉讼解释》第25条和第26条的规定,应明确调解达成后,检察机关不得以达成调解、被告(人)已履行相关生态环境修复义务等为由提出撤诉,但原告的诉讼请求已在相关部门监管下全部实现的情形除外;二是法院应在刑事判决书中对调解主体、结果、公示情况等具体内容予以说明;三是实务中部分案例的调解裁定明确"民事部分赔偿情节可作为刑事部分量刑情节予以考虑"[34],即将被告人附带民事公益诉讼责任的承担及履行情况纳入量刑考量因素,但为避免司法实践陷入"以钱买刑"的误区,建议细化并完善相关量刑规则和指导意见,就附带民事公益诉讼调解及履行情况制定专门的定罪量刑裁判依据,以防出现因被告(人)拒绝达成调解协议等直接被加重量刑,进而影响案件认罪认罚从宽原则适用的情形。

(三)明确刑事与民事公益诉讼案件审理程序衔接

作为司法改革过程中的"后起之秀",刑事附带民事公益诉讼突破了传统诉讼模式和理论,将刑事诉讼和民事诉讼两种程序"合二为一",其实质是实现惩罚犯罪的刑罚诉权和救济环境公益的民事公益诉权的有机结合。[35] 在诉讼程序的框架内,附带民事公益诉讼在证据、启动顺序等程序问题上均应与刑事部分有序衔接,需要从以下两个方面补足相关审理程序规则。

一方面,明确诉讼模式的相关问题。目前实践中存在"先刑后民""先民后刑"两种诉讼模式,但现行规定未对环境刑事附带民事公益诉讼的诉讼模式,即刑事诉讼、附带民事公益诉讼的顺位问题予以明确,且关于应适用何种诉讼模式,学界仍存在较大的争议——部分学者主张先审理刑事案件有利于保障公权力的优先行使,且在刑事部分案件事实确认的基础上,为附带民事公益诉讼审理提供帮助,故应选择"先刑后民"的诉讼模式;部分学者则主张先审理附带民事公益诉讼部分符合宽严相济的环境犯罪刑事政策要求,有利于激励被告(人)履行民事责任,及时修复环境,实现环境治理效果,故应采用"先民后刑"的诉讼模式。尽管两种诉讼模式均具有一定的适用优势,但单一、僵化适用"先刑后民"或"先民后刑",存在一定弊端,如"先刑后民"会使刑事部分的裁判结果影响附

---

[34] 上海铁路运输法院一审刑事调解书,(2023)沪7101刑初101号、(2023)沪7101刑初153号。
[35] 参见吕忠梅等:《中国环境司法发展报告(2019年)》,法律出版社2020年版,第143页。

带民事部分审理的独立性,难以全方位保护社会公共利益,"先民后刑"则使原告收集整理证据的难度增加,进而可能影响案件审理效率。因此,为更好地从根本上厘清环境刑事附带民事公益诉讼的顺序与逻辑,不宜就诉讼模式作出肯定的、"一刀切"式的规定,可以通过"列举+兜底"的形式明确两种诉讼模式各自的操作优势空间。概言之,基于环境刑事附带民事公益诉讼涉及公共利益的特殊性,为保障公众环境得到充分的救济,应在诉讼模式的选择上遵循"先民后刑"为主、"先刑后民"为辅的逻辑,并因案变通和转换两种诉讼模式。[36] 整体而言,应优先适用"先民后刑"的诉讼模式,以及时救济生态环境等社会公共利益,但当案件具有"先刑后民"的必要性、存在以下例外情形时,应先行审理刑事部分:一是在短期内无法确定被告人应就生态环境修复所承担的法律责任;二是刑事部分的审理期限显然短于民事部分,先审理附带民事部分容易导致刑事责任无法确认、刑事案件拖延累积;三是被损害的生态环境已通过自然或其他人为方式修复,被告无须承担生态环境修复责任;四是被告(人)明确表示不愿承担生态环境修复责任。

另一方面,诉讼证据的衔接。尽管民事证明标准可以有效减轻检察院对于环境侵权事实、损害结果、鉴定结论的举证负担,但由于民事诉讼程序与刑事诉讼程序在证据搜集、认定标准等层面存在差异,且缺乏刑、民程序证据的转化规则,刑事部分与附带民事公益部分的证据无法直接互通,且不益于诉讼程序的衔接、诉讼效率的提升。此外,现行规定未明确检察机关是否在环境民事公益诉讼中拥有强制调查取证权,且其收集证据的法律依据与保障机制尚处于空缺状态,故检察机关单独以公益诉讼的名义进行调查取证仍面临一定困难,实务中亦出现少数检察机关因证据不足而被法院驳回附带民事公益诉讼请求的案例。对此,既需要在证据证明规则层面健全刑事与民事证据规则协调衔接的实体性规定,如刑事证据与事实的免证规则,又需要完善两大程序间证据对接、协同收集的程序性规定;还需明确检察机关在附带环境民事公益诉讼中的调查取证权,完善检察机关调查取证的操作与保障机制,并以《检察公益诉讼解释》第6条的规定为基础,依托司法大数据平台、部门联动机制,通过证据共享、信息互通、线索移送等方式,加强检察机关与行政执法部门、侦查机关等的协作配合,以提升证据收集效力与举证能力。

---

[36] 参见田雯娟:《刑事附带环境民事公益诉讼的实践与反思》,载《兰州学刊》2019年第9期。

(四)规范附带民事公益诉讼责任履行的保障监督

环境刑事附带民事公益诉讼中被告承担法律责任的形式主要集中于三类,包括支付生态环境损害赔偿费用、生态环境修复费用等财产责任,补植复绿、增殖放流等环境修复行为责任,以及赔礼道歉等精神损害赔偿责任。实务中明确对法律责任进行保障监督的案例较少,且处理方式存在一定的差异,缺乏系统有效的监督保障机制,不利于对被告人相关法律责任的履行情况及最终履行效果进行验证和评估。因此,对于附带民事公益诉讼责任履行保障监督缺位、不统一的问题,需要从以下几个方面予以规范。

第一,明确监督主体。《环境公益诉讼案件工作规范(试行)》第39条规定,"负责执行的人民法院可以请申请执行人或者负有环境保护监督管理职责的部门、其他社会组织等第三方对被执行人履行生态环境修复义务的情况进行监督,监督费用由被执行人负担"。从检索到的案例样本来看,实务中存在在判决内容中明确将检察院、政府、相关行政主管部门作为监督执行主体的不同做法。为更好地为附带民事公益诉讼责任履行监督提供指引规范,应在法律层面明确享有监督权的主体。首先,根据《中共中央关于加强新时代检察机关法律监督工作的意见》,在法律执行和实施领域,检察机关的法律监督职能作用发挥不够充分,仍需补齐短板,增强监督的主动性、精准度和实效性,故作为履行公诉和法律监督职能的检察机关,应作为第一顺位的监督主体,参与生态修复等环节的监督,被告人履行不积极、不到位、不符合规范要求的,检察机关应及时向其提出监督意见并向法院进行反馈相关情况。其次,根据《环境民事公益诉讼解释》第26条的规定,负有环境资源保护监督管理职责的部门负有监管职责。故林业主管部门、渔业主管部门等案涉环境行政主管部门可以在生态修复方案制定、进度监管、质量验收等各环节行使行政监督权。最后,鉴于生态修复的专业性较强,司法机关、行政机关的执行监管压力较大,可以引入第三方专门机构与专业人员对生态环境修复的过程进行监督,对生态修复结果进行鉴定、评估与验收。

第二,明确监督对象和方式。其一,实务中,判决被告人通过补植复绿、增殖放流的方式来履行环境修复责任的案例较多,且部分案例还创新适用替代性修复,要求被告人通过认购碳汇的形式履行环境修复责任。为进一步贯彻落实并充分发挥恢复性司法理念在环境刑事附带民事公益诉讼中的实际作用,防止监督保障机制缺位导致环境修复责任未落实到位,应通过综合运用多种措施监督保障生态环境的修复。具体而言,在案件审理过程中,审判机关应尽可能实地考察生态环境的损害与恢复情况,作出与生态环境实际情况相符合的判决,或委托相关行政部门针对生态环境损害情况制定修复方案。此外,可以借鉴实务经验,由法院在判决时要求附带民事公益诉讼被告交纳保证金,逾期未履行则抵作生态修复费用。[37] 审判结束后,考虑到生态环境修复工作具有一定专业性、长期性,且法院、检察院等司法机关的工作量较大,应及时移送案件信息,并将跟踪落实与监督生态环境修复执行效果的权力统一交由对应的环境行政主管部门;监督过程中,法院可要求环境行政主管部门汇报被告人修复责任履行情况,被告人已按判决要求履行完毕生态环境修复责任的,可由环境行政主管部门出具相应的证明。其二,在环境刑事附带民事公益诉讼的司法实践中,除判处刑事罚金外,部分法院还会结合案件环境损害、环境修复的事实与要求,判决被告人承担支付生态环境损害赔偿费用、生态环境修复费用等金钱给付义务。然而,对于生态环境赔偿费用、修复费用的监督与管理,目前尚无统一规定进行规范和指引,各地区的管理实践存在一定差异。整体而言,应吸收司法实践中的有益经验,建立健全资金使用的监督管理机制。在执行操作上,可以设置专项资金账户,用于生态环境修复与公益保护,并将监督管理权委托给与案件不存在利害关系的第三方专门机构行使,由其对资金用途、使用情况等进行公示。其三,鉴于实务中被告人履行公开赔礼道歉的形式和标准尚未统一,建议吸收实践经验,由法院、检察院对道歉的形式及内容进行审定。

第三,明确相关法律责任。为保障执行监督的透明度与实施效果,在需要对附带民事公益诉讼责任履行进行监督的案件中,应在判决书中明确生态修复基金用途及使用监管主体,生态修复行为及其执行的监督主体,以及监督主体向法院的反馈义务。对于未履行监督、反馈义务的,法院可以责令相关监督主体履行反馈及监督执行的义务;监督主体在监督过程或验收环节发现被告(人)的执行不到位、不符合要求的,可以向法院反馈,由法院决定是否通过另行缴纳生态修复费用、以保证金充作生态修复金等方式履行其生态修复行为修复不能的法律责任。

五、结语

自 2015 年 7 月 1 日《全国人民代表大会常务委员会关于授权最高人民检察院在部分地区开展公益诉讼试点工作的决定》公布以来,生态环境公益诉讼成

---

[37] 参见东辽县人民法院刑事判决书,(2023)吉 0422 刑初 162 号。

为检察公益诉讼工作的"重头戏",生态环境检察公益诉讼制度也在生态文明体制改革中扮演了重要角色。[38] 在实践需求与理论供给的双重指引下,检察公益诉讼立法也正在进行中。环境刑事附带民事公益诉讼作为生态环境公益诉讼与检察公益诉讼的重要制度,能够在同一诉讼构造内,通过环境刑事诉讼与民事公益诉讼的合力,最大限度、最高效率、最少成本实现生态环境利益与社会公共利益的耦合。因此,准确识别环境刑事附带民事公益诉讼制度中的问题,并提出对策建议,可以促进环境刑事附带民事公益诉讼制度的发展。

对 2023 年全国范围内 358 份环境刑事附带民事公益诉讼裁判文书分析后可以得出,环境刑事附带民事公益诉讼案件目前存在以下亟待解决的问题:在附带民事公益诉讼中,诉前公告适用不明,较有争议;在附带民事公益诉讼中,调解制度存在程序空置的问题;刑事案件与附带民事公益诉讼案件的审理顺序并未有法律等规范性文件予以确定;在附带民事公益诉讼的责任履行上,履行的监督情况并不乐观,无法保证责任的完全落实和履行效果。因此,从以下方面提出建议:首先,规范并统一环境刑事附带民事公益诉讼的诉前程序;其次,探索调解制度在环境刑事附带民事公益诉讼中的适用空间;再次,在证据、启动顺序等程序问题上确立刑事诉讼与附带民事公益诉讼的有序衔接;最后,规范附带民事公益诉讼责任履行的保障监督。由此,环境刑事附带民事公益诉讼制度在实践中亟须解决的问题、理论上亟待回应的问题可以得到妥善处理。

---

[38] 参见吕忠梅:《融合履职视野下的生态环境检察》,载《国家检察官学院学报》2024 年第 1 期。

附录[*]

附录一：环境立法、司法解释、生态文明体制改革政策目录[**]（2023）

（一）中央环境立法、司法解释、生态文明改革政策文件等

1. 法律

序号	发布时间	名称	发布部门	发布号	效力级别	类别
1	2023年4月26日	青藏高原生态保护法	全国人大常委会	中华人民共和国主席令第5号	法律	生态保护
2	2023年10月24日	海洋环境保护法（2023修订）	全国人大常委会	中华人民共和国主席令第12号	法律	海洋资源

2. 党内法规

序号	发布时间	名称	发布部门	发布号	效力级别	类别
1	2023年1月3日	中共中央办公厅、国务院办公厅印发《关于加强新时代水土保持工作的意见》	中共中央办公厅、国务院办公厅	无	党内法规制度	环保综合规定

---

[*] 感谢中南财经政法大学生态文明研究院博士研究生张建刚，法学院硕士研究生郝军宝、王艺一，法律硕士教育中心硕士研究生万晨颖，法与经济学院硕士研究生杜玉涵等参与资料整理工作。

[**] 时间限定为2023年1月1日到2023年12月31日，将收集到的法律法规、部门规章、司法解释、规范性文件等（省级及以上）汇总整理，并按照法律，党内法规，行政法规，司法解释、"两高"工作文件，部门规章、规范性文件等进行归类。

续表

序号	发布时间	名称	发布部门	发布号	效力级别	类别
2	2023年4月20日	中共中央办公厅、国务院办公厅印发《关于全面加强新形势下森林草原防灭火工作的意见》	中共中央办公厅、国务院办公厅	无	党内法规制度	环保综合规定
3	2023年5月25日	中共中央、国务院印发《国家水网建设规划纲要》	中国共产党中央委员会、国务院	无	党内法规制度	水资源
4	2023年9月24日	中共中央办公厅、国务院办公厅关于调整生态环境部职责机构编制的通知	中共中央办公厅、国务院办公厅	无	党内法规制度	环保综合规定
5	2023年9月25日	中共中央办公厅、国务院办公厅印发《深化集体林权制度改革方案》	中共中央办公厅、国务院办公厅	无	党内法规制度	林业资源
6	2023年12月27日	中共中央、国务院关于全面推进美丽中国建设的意见	中国共产党中央委员会、国务院	无	党内法规制度	环保综合规定

3. 行政法规

序号	发布时间	名称	发布部门	发布号	效力级别	类别
1	2023年7月20日	海洋观测预报管理条例(2023修订)	国务院	中华人民共和国国务院令第764号	行政法规	海洋资源
2	2023年7月20日	长江河道采砂管理条例(2023修订)	国务院	中华人民共和国国务院令第764号	行政法规	流域治理
3	2023年12月29日	消耗臭氧层物质管理条例（2023修订）	国务院	中华人民共和国国务院令第770号	行政法规	气候变化治理

4. 司法解释、两高工作文件

序号	发布时间	名称	发布部门	发布号	效力级别	类别
1	2023年2月6日	最高人民检察院、自然资源部关于印发土地执法查处领域五件行政非诉执行监督典型案例的通知	最高人民检察院、自然资源部	高检发办字〔2023〕18号	"两高"工作文件	土地资源
2	2023年2月16日	最高人民法院关于完整准确全面贯彻新发展理念为积极稳妥推进碳达峰碳中和提供司法服务的意见	最高人民法院	法发〔2023〕5号	司法解释性质文件	气候变化治理
3	2023年2月17日	最高人民法院发布十一起司法积极稳妥推进碳达峰碳中和典型案例	最高人民法院	无	"两高"工作文件	气候变化治理
4	2023年3月27日	最高人民检察院、国家文物局关于印发《长城保护检察公益诉讼典型案例》的通知	最高人民检察院、国家文物局	高检发办字〔2023〕39号	"两高"工作文件	文化遗产保护
5	2023年4月12日	最高人民检察院、水利部发布11件检察监督与水行政执法协同保护黄河水安全典型案例	最高人民检察院、水利部	无	"两高"工作文件	流域治理
6	2023年4月21日	最高人民检察院、国家文物局发布5件长城保护检察公益诉讼典型案例	最高人民检察院、国家文物局	无	"两高"工作文件	文化遗产保护
7	2023年5月5日	最高人民法院发布十件青藏高原生态保护典型案例	最高人民法院	无	"两高"工作文件	生态保护
8	2023年5月29日	最高人民检察院关于印发《检察公益诉讼协同推进中央生态环境保护督察整改典型案例》的通知	最高人民检察院	无	"两高"工作文件	环保综合规定
9	2023年5月29日	最高人民检察院、公安部、生态环境部发布7件依法严惩危险废物污染环境犯罪典型案例	最高人民检察院、公安部、生态环境部	无	"两高"工作文件	污染防治

续表

序号	发布时间	名称	发布部门	发布号	效力级别	类别
10	2023年5月31日	最高人民法院发布十二件湿地生态保护典型案例	最高人民法院	无	"两高"工作文件	湿地保护
11	2023年6月5日	最高人民检察院发布10起检察机关服务保障碳达峰碳中和典型案例	最高人民检察院	无	"两高"工作文件	气候变化治理
12	2023年6月5日	最高人民法院发布2022年度人民法院环境资源审判典型案例	最高人民法院	无	"两高"工作文件	环保综合规定
13	2023年6月27日	最高人民法院关于贯彻实施《中华人民共和国黄河保护法》的意见	最高人民法院	法发〔2023〕8号	司法解释性质文件	流域治理
14	2023年7月6日	最高人民检察院关于印发《生态环境保护检察公益诉讼典型案例》的通知	最高人民检察院	无	"两高"工作文件	环保综合规定
15	2023年7月27日	最高人民法院关于具有专门知识的人民陪审员参加环境资源案件审理的若干规定	最高人民法院	法释〔2023〕4号	司法解释	环保综合规定
16	2023年8月8日	最高人民法院、最高人民检察院关于办理环境污染刑事案件适用法律若干问题的解释(2023)	最高人民法院、最高人民检察院	法释〔2023〕7号	司法解释	污染防治
17	2023年8月13日	最高人民法院关于审理破坏森林资源刑事案件适用法律若干问题的解释	最高人民法院	法释〔2023〕8号	司法解释	林业资源
18	2023年8月14日	最高人民法院关于生态环境侵权民事诉讼证据的若干规定	最高人民法院	法释〔2023〕6号	司法解释	环保综合规定
19	2023年8月14日	最高人民法院关于审理生态环境侵权责任纠纷案件适用法律若干问题的解释	最高人民法院	法释〔2023〕5号	司法解释	环保综合规定

续表

序号	发布时间	名称	发布部门	发布号	效力级别	类别
20	2023年8月14日	最高人民法院发布六起依法惩治破坏森林资源犯罪典型案例	最高人民法院	无	"两高"工作文件	林业资源
21	2023年8月15日	最高人民法院、最高人民检察院关于印发生态环境保护检察公益诉讼典型案例的通知	最高人民法院、最高人民检察院	无	"两高"工作文件	环保综合规定
22	2023年8月15日	最高人民检察院、国家林业和草原局关于印发《关于建立健全林草行政执法与检察公益诉讼协作机制的意见》的通知	最高人民检察院、国家林业和草原局	高检发办字〔2023〕115号	司法解释性质文件	环保综合规定
23	2023年8月29日	最高人民检察院关于印发《检察公益诉讼助力流域生态环境保护治理典型案例》的通知	最高人民检察院	无	"两高"工作文件	流域治理
24	2023年9月1日	最高人民检察院关于印发《荒漠化防治检察公益诉讼典型案例》的通知	最高人民检察院	无	"两高"工作文件	土地资源
25	2023年9月11日	最高人民检察院关于印发《耕地保护检察公益诉讼典型案例》的通知	最高人民检察院	无	"两高"工作文件	土地资源
26	2023年10月17日	最高人民法院发布十件国家公园司法保护典型案例	最高人民法院	无	"两高"工作文件	国家公园建设
27	2023年10月19日	最高人民检察院、公安部、生态环境部联合发布4件依法严惩重点排污单位自动监测数据弄虚作假犯罪典型案例	最高人民检察院、公安部、生态环境部	无	"两高"工作文件	污染防治
28	2023年10月21日	最高人民法院关于人民法院环境资源审判工作情况的报告	最高人民法院	无	"两高"工作文件	环保综合规定

续表

序号	发布时间	名称	发布部门	发布号	效力级别	类别
29	2023年10月21日	最高人民检察院关于人民检察院生态环境和资源保护检察工作情况的报告	最高人民检察院	无	"两高"工作文件	环保综合规定
30	2023年12月21日	最高人民检察院关于印发《文物和文化遗产保护检察公益诉讼典型案例》的通知	最高人民检察院	无	"两高"工作文件	文化遗产保护
31	2023年12月28日	最高人民检察院发布11件生物多样性保护检察公益诉讼典型案例	最高人民检察院	无	"两高"工作文件	野生动植物资源
32	2023年12月29日	最高人民法院、最高人民检察院联合发布九起海洋自然资源与生态环境检察公益诉讼典型案例	最高人民法院、最高人民检察院	无	"两高"工作文件	海洋资源

5. 部门规章、部门规范文件

序号	发布时间	名称	发布部门	发布号	效力级别	类别
1	2023年1月3日	自然资源部关于印发矿业权出让交易规则的通知	自然资源部	自然资规〔2023〕1号	部门规范性文件	矿产资源
2	2023年1月12日	水利工程质量管理规定（2023）	水利部	中华人民共和国水利部令第52号	部门规章	水资源
3	2023年1月13日	生态环境部、海关总署关于发布进口货物的固体废物属性鉴别程序的公告（2023）	生态环境部、海关总署	生态环境部、海关总署公告2023年第2号	部门规范性文件	环保综合规定
4	2023年1月17日	生产建设项目水土保持方案管理办法	水利部	中华人民共和国水利部令第53号	部门规章	环保综合规定

续表

序号	发布时间	名称	发布部门	发布号	效力级别	类别
5	2023年1月18日	生态环境统计管理办法	生态环境部	中华人民共和国生态环境部令第29号	部门规章	环保综合规定
6	2023年1月19日	长江流域控制性水工程联合调度管理办法（试行）	水利部	中华人民共和国水利部令第54号	部门规章	流域治理
7	2023年2月8日	水利部、农业农村部、国家林业和草原局、国家乡村振兴局关于加快推进生态清洁小流域建设的指导意见	水利部、农业农村部、国家林业和草原局、国家乡村振兴局（留牌已撤销）	水保〔2023〕35号	部门规范性文件	流域治理
8	2023年2月20日	国家发展改革委等部门关于统筹节能降碳和回收利用加快重点领域产品设备更新改造的指导意见	国家发展和改革委员会（含原国家发展计划委员会、原国家计划委员会）、工业和信息化部、财政部、住房和城乡建设部、商务部、中国人民银行、国务院国有资产监督管理委员会、国家市场监督管理总局、国家能源局	发改环资〔2023〕178号	部门规范性文件	环保综合规定
9	2023年2月24日	自然资源部办公厅关于修订《土地卫片执法图斑合法性判定规则》的通知（2023）	自然资源部	自然资办函〔2023〕337号	部门规范性文件	土地资源

续表

序号	发布时间	名称	发布部门	发布号	效力级别	类别
10	2023年2月24日	生态环境部科技与财务司关于印发《黄河流域生态保护和高质量发展联合研究管理暂行规定》的通知	生态环境部	科财函〔2023〕31号	部门规范性文件	流域治理
11	2023年2月28日	中共自然资源部党组关于加强自然资源智库建设的若干意见	自然资源部	自然资党发〔2023〕22号	部门规范性文件	环保综合规定
12	2023年3月3日	中国气象局科技与气候变化司关于印发《中国气象局气候变化专题项目组织实施细则(暂行)》的通知	中国气象局	气科函〔2023〕16号	部门规范性文件	气候变化治理
13	2023年3月8日	国家发展改革委、市场监管总局关于进一步加强节能标准更新升级和应用实施的通知	国家发展和改革委员会(含原国家发展计划委员会、原国家计划委员会)、国家市场监督管理总局	发改环资规〔2023〕269号	部门规范性文件	环保综合规定
14	2023年3月13日	国家邮政局关于推动邮政快递业绿色低碳发展的实施意见	国家邮政局	国邮发〔2023〕12号	部门规范性文件	环保综合规定
15	2023年3月15日	水利部办公厅关于加强流域面积3000平方公里以上中小河流系统治理的意见	水利部	办规计函〔2023〕202号	部门规范性文件	流域治理

续表

序号	发布时间	名称	发布部门	发布号	效力级别	类别
16	2023年3月17日	水利部关于批准发布《节水产品认证规范》水利行业标准的公告	水利部	中华人民共和国水利部公告2023年第6号	部门规范性文件	环保综合规定
17	2023年4月7日	财政部关于修改《节能减排补助资金管理暂行办法》的通知(2023)	财政部	财建〔2023〕58号	部门规范性文件	环保综合规定
18	2023年4月15日	生态环境部关于发布国家生态环境标准《生态保护红线监管数据互联互通接口技术规范》的公告	生态环境部	生态环境部公告2023年第12号	部门规范性文件	环保综合规定
19	2023年4月27日	水利部关于全面加强水资源节约高效利用工作的意见	水利部	水节约〔2023〕139号	部门规范性文件	水资源
20	2023年5月8日	生态环境行政处罚办法	生态环境部	中华人民共和国生态环境部令第30号	部门规章	环保综合规定
21	2023年5月31日	生态环境部、中央精神文明建设办公室、教育部、共青团中央、全国妇联关于发布《公民生态环境行为规范十条》的公告	生态环境部、中央精神文明建设指导委员会办公室、教育部、共青团中央、全国妇女联合会	生态环境部、中央精神文明建设办公室、教育部、共青团中央、全国妇联公告2023年第17号	部门规范性文件	环保综合规定

续表

序号	发布时间	名称	发布部门	发布号	效力级别	类别
22	2023年6月5日	生态环境部办公厅、国家发展和改革委员会办公厅、水利部办公厅、农业农村部办公厅关于印发《长江流域水生态考核指标评分细则(试行)》的通知	生态环境部、国家发展和改革委员会(含原国家发展计划委员会、原国家计划委员会)、水利部、农业农村部	环办水体〔2023〕10号	部门规范性文件	流域治理
23	2023年6月6日	财政部、生态环境部、水利部、国家林草局关于延续黄河全流域建立横向生态补偿机制支持引导政策的通知	财政部、生态环境部、水利部、国家林业和草原局	财资环〔2023〕32号	部门规范性文件	流域治理
24	2023年6月13日	自然资源部关于进一步做好用地用海要素保障的通知	自然资源部	自然资发〔2023〕89号	部门规范性文件	环保综合规定
25	2023年6月28日	水利部、自然资源部关于印发《地下水保护利用管理办法》的通知	水利部、自然资源部	水资管〔2023〕214号	部门规范性文件	水资源
26	2023年7月1日	水利部关于印发《中小河流治理建设管理办法》的通知	水利部	水建设〔2023〕215号	部门规范性文件	流域治理
27	2023年7月6日	自然资源部、公安部关于加强协作配合强化自然资源领域行刑衔接工作的意见	自然资源部、公安部	自然资发〔2023〕123号	部门规范性文件	环保综合规定
28	2023年7月18日	水利部关于批准发布《生态清洁小流域建设技术规范》水利行业标准的公告	水利部	中华人民共和国水利部公告2023年第13号	部门规范性文件	流域治理

续表

序号	发布时间	名称	发布部门	发布号	效力级别	类别
29	2023年7月26日	自然资源部关于深化矿产资源管理改革若干事项的意见	自然资源部	自然资规〔2023〕6号	部门规范性文件	矿产资源
30	2023年8月4日	国家标准委、农业农村部、生态环境部关于推进畜禽粪污资源化利用标准体系建设的指导意见	国家标准化管理委员会、农业农村部、生态环境部	国标委联〔2023〕36号	部门规范性文件	污染防治
31	2023年8月8日	农业农村部关于进一步加强珍贵濒危水生野生动物保护管理工作的通知	农业农村部	农渔发〔2023〕22号	部门规范性文件	野生动植物资源
32	2023年8月18日	水利部关于修订印发《节水型社会评价标准》的通知（2023）	水利部	水节约〔2023〕245号	部门规范性文件	水资源
33	2023年9月19日	生态环境部关于进一步优化环境影响评价工作的意见	生态环境部	环环评〔2023〕52号	部门规范性文件	环保综合规定
34	2023年10月9日	国家林草局关于印发《国家级自然公园管理办法（试行）》的通知	国家林业和草原局	林保规〔2023〕4号	部门规范性文件	国家公园建设
35	2023年10月13日	生态环境部生态环境监测司关于印发《国家生态环境监测标准预研究工作细则（试行）》的通知	生态环境部	监测函〔2023〕35号	部门规范性文件	环保综合规定

续表

序号	发布时间	名称	发布部门	发布号	效力级别	类别
36	2023年10月19日	温室气体自愿减排交易管理办法（试行）	生态环境部、国家市场监督管理总局	中华人民共和国生态环境部、国家市场监督管理总局令第31号	部门规章	气候变化治理
37	2023年10月29日	国家能源局关于印发《可再生能源利用统计调查制度》的通知（2023修订）	国家能源局	国能发新能〔2023〕74号	部门规范性文件	能源综合规定
38	2023年11月13日	自然资源部关于探索推进海域立体分层设权工作的通知	自然资源部	自然资规〔2023〕8号	部门规范性文件	海洋资源
39	2023年11月13日	国家发展改革委等部门关于加快建立产品碳足迹管理体系的意见	国家发展和改革委员会（含原国家发展计划委员会、原国家计划委员会）、工业和信息化部、国家市场监督管理总局、住房和城乡建设部、交通运输部	发改环资〔2023〕1529号	部门规范性文件	气候变化治理
40	2023年12月12日	国家发展改革委、住房城乡建设部、生态环境部关于推进污水处理减污降碳协同增效的实施意见	国家发展和改革委员会（含原国家发展计划委员会、原国家计划委员会）、住房和城乡建设部、生态环境部	发改环资〔2023〕1714号	部门规范性文件	污染防治

续表

序号	发布时间	名称	发布部门	发布号	效力级别	类别
41	2023年12月14日	生态环境部办公厅关于促进土壤污染风险管控和绿色低碳修复的指导意见	生态环境部	环办土壤〔2023〕19号	部门规范性文件	污染防治
42	2023年12月21日	水利部关于实施水土保持信用评价的意见	水利部	水保〔2023〕359号	部门规范性文件	环保综合规定
43	2023年12月26日	生态环境部办公厅、水利部办公厅、农业农村部办公厅关于印发《农村黑臭水体治理工作指南》的通知（2023修订）	生态环境部、水利部、农业农村部	环办土壤〔2023〕23号	部门规范性文件	水资源
44	2023年12月26日	生态环境部办公厅、农业农村部办公厅关于进一步推进农村生活污水治理的指导意见	生态环境部、农业农村部	环办土壤〔2023〕24号	部门规范性文件	污染防治
45	2023年12月29日	工业和信息化部等十部门关于印发绿色建材产业高质量发展实施方案的通知	工业和信息化部、国家发展和改革委员会（含原国家发展计划委员会、原国家计划委员会）、生态环境部、住房和城乡建设部、农业农村部、商务部、中国人民银行、国家市场监督管理总局、国家金融监督管理总局、国家广播电视总局	工信部联原〔2023〕261号	部门规范性文件	环保综合规定

(二)省级环境立法

序号	发布时间	名称	发布部门	发布号	效力级别	类别
1	2023年1月12日	江苏省城市市容和环境卫生管理条例(2023修订)	江苏省人民代表大会常务委员会	江苏省第十三届人民代表大会常务委员会公告第105号	地方性法规	环保综合规定
2	2023年1月18日	西藏自治区实施《中华人民共和国草原法》办法(2023修正)	西藏自治区人民代表大会常务委员会	西藏自治区人民代表大会常务委员会公告〔2023〕5号	地方性法规	草原管理
3	2023年1月18日	西藏自治区环境保护条例(2023修正)	西藏自治区人民代表大会常务委员会	西藏自治区人民代表大会常务委员会公告〔2023〕5号	地方性法规	环保综合规定
4	2023年3月28日	陕西省湿地保护条例(2023修订)	陕西省人民代表大会常务委员会	陕西省人民代表大会常务委员会公告〔14届〕第2号	地方性法规	湿地保护
5	2023年3月29日	河南省黄河河道管理条例	河南省人民代表大会常务委员会	河南省第十四届人民代表大会常务委员会公告第2号	地方性法规	流域治理
6	2023年3月30日	河南省露天矿山综合治理和生态修复条例	河南省人民代表大会常务委员会	河南省第十四届人民代表大会常务委员会公告第6号	地方性法规	矿产资源
7	2023年3月30日	重庆市水资源管理条例(2023修正)	重庆市人民代表大会常务委员会	重庆市人民代表大会常务委员会公告〔6届〕第2号	地方性法规	水资源
8	2023年3月30日	江苏省水库管理条例(2023修正)	江苏省人民代表大会常务委员会	江苏省人大常委会公告第2号	地方性法规	水资源

续表

序号	发布时间	名称	发布部门	发布号	效力级别	类别
9	2023年3月30日	四川省土壤污染防治条例	四川省人民代表大会常务委员会	四川省第十四届人民代表大会常务委员会公告第2号	地方性法规	污染防治
10	2023年3月31日	新疆维吾尔自治区实施《中华人民共和国水污染防治法》办法	新疆维吾尔自治区人民代表大会常务委员会	新疆维吾尔自治区第十四届人民代表大会常务委员会公告第1号	地方性法规	污染防治
11	2023年4月1日	山西省湿地保护条例	山西省人民代表大会常务委员会	山西省人民代表大会常务委员会公告第1号	地方性法规	湿地保护
12	2023年4月3日	福建省气候资源保护和利用条例	福建省人民代表大会常务委员会	福建省人民代表大会常务委员会公告〔14届〕第4号	地方性法规	气候变化治理
13	2023年4月3日	福建省实施《中华人民共和国野生动物保护法》办法（2023修订）	福建省人民代表大会常务委员会	福建省人民代表大会常务委员会公告〔14届〕第3号	地方性法规	野生动植物资源
14	2023年5月26日	广西壮族自治区野生动物保护条例	广西壮族自治区人大常委会	广西壮族自治区人大常委会公告14届第5号	地方性法规	野生动植物资源
15	2023年5月30日	河北省实施《中华人民共和国水法》办法（2023修正）	河北省人民代表大会常务委员会	河北省第十四届人民代表大会常务委员会公告第5号	地方性法规	水资源
16	2023年5月30日	山东省黄河三角洲生态保护条例	山东省人民代表大会常务委员会	山东省人民代表大会常务委员会公告第6号	地方性法规	流域治理

续表

序号	发布时间	名称	发布部门	发布号	效力级别	类别
17	2023年5月31日	广东省森林保护管理条例（2023修订）	广东省人民代表大会常务委员会	广东省第十四届人民代表大会常务委员会公告第5号	地方性法规	林业资源
18	2023年6月20日	上海市野生动物保护条例	上海市人民代表大会常务委员会	上海市人民代表大会常务委员会公告〔16届〕第3号	地方性法规	野生动植物资源
19	2023年7月25日	上海市土壤污染防治条例	上海市人民代表大会常务委员会	上海市人民代表大会常务委员会公告〔16届〕第6号	地方性法规	污染防治
20	2023年7月26日	山东省生物多样性保护条例	山东省人民代表大会常务委员会	山东省人民代表大会常务委员会公告第11号	地方性法规	野生动植物资源
21	2023年7月27日	天津市人民代表大会常务委员会关于加强生态保护红线管理的决定	天津市人民代表大会常务委员会	天津市人民代表大会常务委员会公告第5号	地方性法规	环保综合规定
22	2023年7月27日	甘肃省黄河流域生态保护和高质量发展条例	甘肃省人民代表大会常务委员会	甘肃省人民代表大会常务委员会公告第9号	地方性法规	流域治理
23	2023年7月28日	陕西省实施《中华人民共和国野生动物保护法》办法（2023修订）	陕西省人民代表大会常务委员会	陕西省人民代表大会常务委员会公告〔14届〕第7号	地方性法规	野生动植物资源
24	2023年7月31日	安徽省农村能源建设与管理条例（2023修订）	安徽省人民代表大会常务委员会	安徽省人民代表大会常务委员会公告第5号	地方性法规	能源综合规定

续表

序号	发布时间	名称	发布部门	发布号	效力级别	类别
25	2023年7月31日	内蒙古自治区建设我国北方重要生态安全屏障促进条例	内蒙古自治区人民代表大会常务委员会	内蒙古自治区第十四届人民代表大会常务委员会公告第3号	地方性法规	环保综合规定
26	2023年7月31日	安徽省长江船舶污染防治条例	安徽省人民代表大会常务委员会	安徽省人民代表大会常务委员会公告第4号	地方性法规	污染防治
27	2023年7月31日	四川省人民代表大会常务委员会关于加强大熊猫国家公园协同保护管理的决定	四川省人民代表大会常务委员会	四川省第十四届人民代表大会常务委员会公告第11号	地方性法规	国家公园建设
28	2023年7月31日	四川省大熊猫国家公园管理条例	四川省人民代表大会常务委员会	四川省第十四届人民代表大会常务委员会公告第10号	地方性法规	国家公园建设
29	2023年8月2日	宁夏回族自治区生态保护红线管理条例（2023修正）	宁夏回族自治区人民代表大会常务委员会	宁夏回族自治区人民代表大会常务委员会公告第5号	地方性法规	环保综合规定
30	2023年9月21日	河北省新能源发展促进条例	河北省人民代表大会常务委员会	河北省第十四届人民代表大会常务委员会公告第13号	地方性法规	能源综合规定
31	2023年9月22日	广西壮族自治区土地管理条例	广西壮族自治区人大常委会	广西壮族自治区人大常委会公告14届第11号	地方性法规	土地资源
32	2023年9月22日	天津市城镇排水和再生水利用管理条例	天津市人民代表大会常务委员会	天津市人民代表大会常务委员会公告第6号	地方性法规	环保综合规定

续表

序号	发布时间	名称	发布部门	发布号	效力级别	类别
33	2023年9月22日	山西省节约能源条例(2023修订)	山西省人民代表大会常务委员会	山西省人民代表大会常务委员会公告第16号	地方性法规	能源综合规定
34	2023年9月23日	云南省星云湖保护条例(2023修订)	云南省人民代表大会常务委员会	云南省人民代表大会常务委员会公告〔14届〕第10号	地方性法规	水资源
35	2023年9月23日	云南省杞麓湖保护条例(2023修订)	云南省人民代表大会常务委员会	云南省人民代表大会常务委员会公告〔14届〕第11号	地方性法规	水资源
36	2023年9月23日	云南省程海保护条例(2023修订)	云南省人民代表大会常务委员会	云南省人民代表大会常务委员会公告〔14届〕第12号	地方性法规	水资源
37	2023年9月23日	云南省泸沽湖保护条例	云南省人民代表大会常务委员会	云南省人民代表大会常务委员会公告〔14届〕第13号	地方性法规	水资源
38	2023年9月26日	上海市种子条例	上海市人民代表大会常务委员会	上海市人民代表大会常务委员会公告〔16届〕第11号	地方性法规	种质资源
39	2023年9月27日	辽宁省农作物种子管理条例(2023修订)	辽宁省人民代表大会常务委员会	辽宁省人民代表大会常务委员会公告〔14届〕第7号	地方性法规	种质资源
40	2023年9月27日	吉林省草原条例	吉林省人民代表大会常务委员会	吉林省第十四届人民代表大会常务委员会公告第14号	地方性法规	草原管理

续表

序号	发布时间	名称	发布部门	发布号	效力级别	类别
41	2023年9月27日	吉林省农村供水条例	吉林省人民代表大会常务委员会	吉林省第十四届人民代表大会常务委员会公告第12号	地方性法规	水资源
42	2023年9月27日	江西省庐山风景名胜区管理条例（2023修订）	江西省人民代表大会常务委员会	江西省第十四届人民代表大会常务委员会公告第15号	地方性法规	风景名胜区保护
43	2023年9月27日	江西省生态文明建设促进条例（2023修正）	江西省人民代表大会常务委员会	江西省第十四届人民代表大会常务委员会公告第17号	地方性法规	环保综合规定
44	2023年9月27日	江西省水资源条例（2023修正）	江西省人民代表大会常务委员会	江西省第十四届人民代表大会常务委员会公告第17号	地方性法规	水资源
45	2023年9月27日	甘肃省水土保持条例（2023修订）	甘肃省人民代表大会常务委员会	甘肃省人民代表大会常务委员会公告第16号	地方性法规	环保综合规定
46	2023年9月27日	山东省农村供水条例	山东省人民代表大会常务委员会	山东省人民代表大会常务委员会公告第17号	地方性法规	水资源
47	2023年9月27日	江西省林木种子条例（2023修正）	江西省人民代表大会常务委员会	江西省第十四届人民代表大会常务委员会公告第17号	地方性法规	种质资源
48	2023年9月27日	陕西省历史文化名城名镇名村保护条例	陕西省人民代表大会常务委员会	陕西省人民代表大会常务委员会公告〔14届〕第9号	地方性法规	文化遗产保护

续表

序号	发布时间	名称	发布部门	发布号	效力级别	类别
49	2023年9月28日	河南省革命文物保护条例	河南省人民代表大会常务委员会	河南省第十四届人民代表大会常务委员会公告第17号	地方性法规	文化遗产保护
50	2023年9月28日	四川省泸沽湖保护条例	四川省人民代表大会常务委员会	四川省第十四届人民代表大会常务委员会公告第17号	地方性法规	水资源
51	2023年9月28日	四川省《中华人民共和国野生动物保护法》实施办法（2023修订）	四川省人民代表大会常务委员会	四川省第十四届人民代表大会常务委员会公告第18号	地方性法规	野生动植物资源
52	2023年10月4日	新疆维吾尔自治区实施《中华人民共和国水法》办法（2023修正）	新疆维吾尔自治区人民代表大会常务委员会	新疆维吾尔自治区第十四届人民代表大会常务委员会公告第13号	地方性法规	水资源
53	2023年11月2日	黑龙江省水污染防治条例	黑龙江省人民代表大会常务委员会	黑龙江省第十四届人民代表大会常务委员会公告第13号	地方性法规	污染防治
54	2023年11月15日	辽宁省实施《中华人民共和国水法》办法（2023修正）	辽宁省人民代表大会常务委员会	辽宁省人民代表大会常务委员会公告〔14届〕第13号	地方性法规	水资源
55	2023年11月15日	辽宁省地质环境保护条例（2023修正）	辽宁省人民代表大会常务委员会	辽宁省人民代表大会常务委员会公告〔14届〕第13号	地方性法规	环保综合规定

续表

序号	发布时间	名称	发布部门	发布号	效力级别	类别
56	2023年11月23日	上海市实施《中华人民共和国土地管理法》办法（2023修订）	上海市人民代表大会常务委员会	上海市人民代表大会常务委员会公告〔16届〕第14号	地方性法规	土地资源
57	2023年11月23日	福建省水资源条例（2023修正）	福建省人民代表大会常务委员会	福建省人民代表大会常务委员会公告〔14届〕第19号	地方性法规	水资源
58	2023年11月23日	福建省海洋经济促进条例	福建省人民代表大会常务委员会	福建省人民代表大会常务委员会公告〔14届〕第16号	地方性法规	海洋资源
59	2023年11月23日	广东省农村供水条例	广东省人民代表大会常务委员会	广东省第十四届人民代表大会常务委员会公告第17号	地方性法规	水资源
60	2023年11月23日	广东省河道采砂管理条例（2023修正）	广东省人民代表大会常务委员会	广东省第十四届人民代表大会常务委员会公告第13号	地方性法规	环保综合规定
61	2023年11月24日	北京市建筑绿色发展条例	北京市人民代表大会常务委员会	北京市人民代表大会常务委员会公告〔16届〕第12号	地方性法规	环保综合规定
62	2023年11月24日	浙江省土壤污染防治条例	浙江省人民代表大会常务委员会	浙江省第十四届人民代表大会常务委员会公告第10号	地方性法规	污染防治
63	2023年11月24日	海南省红树林保护规定（2023修正）	海南省人民代表大会常务委员会	海南省人民代表大会常务委员会公告第21号	地方性法规	林业资源

续表

序号	发布时间	名称	发布部门	发布号	效力级别	类别
64	2023年11月24日	海南省湿地保护条例（2023修订）	海南省人民代表大会常务委员会	海南省人民代表大会常务委员会公告第20号	地方性法规	湿地保护
65	2023年11月28日	甘肃省农作物种子条例(2023修订)	甘肃省人民代表大会常务委员会	甘肃省人民代表大会常务委员会公告第20号	地方性法规	种质资源
66	2023年11月29日	天津市湿地保护条例（2023修订）	天津市人民代表大会常务委员会	天津市人民代表大会常务委员会公告第11号	地方性法规	湿地保护
67	2023年11月29日	江苏省人民代表大会常务委员会关于在城乡建设中加强历史文化保护传承的决定	江苏省人民代表大会常务委员会	江苏省人民代表大会常务委员会公告第10号	地方性法规	文化遗产保护
68	2023年11月29日	贵州省大气污染防治条例（2023修正）	贵州省人民代表大会常务委员会	贵州省人民代表大会常务委员会公告2023第14号	地方性法规	污染防治
69	2023年11月29日	贵州省红枫湖百花湖水资源环境保护条例（2023修正）	贵州省人民代表大会常务委员会	贵州省人民代表大会常务委员会公告2023第14号	地方性法规	水资源
70	2023年11月29日	贵州省矿产资源管理条例（2023修正）	贵州省人民代表大会常务委员会	贵州省人民代表大会常务委员会公告2023第14号	地方性法规	矿产资源
71	2023年11月29日	贵州省生态文明建设促进条例（2023修正）	贵州省人民代表大会常务委员会	贵州省人民代表大会常务委员会公告2023第14号	地方性法规	环保综合规定

续表

序号	发布时间	名称	发布部门	发布号	效力级别	类别
72	2023年11月29日	贵州省噪声污染防治条例（2023修正）	贵州省人民代表大会常务委员会	贵州省人民代表大会常务委员会公告2023第14号	地方性法规	污染防治
73	2023年11月29日	贵州省森林条例（2023修正）	贵州省人民代表大会常务委员会	贵州省人民代表大会常务委员会公告2023第14号	地方性法规	林业资源
74	2023年11月29日	贵州省林地管理条例（2023修正）	贵州省人民代表大会常务委员会	贵州省人民代表大会常务委员会公告2023第14号	地方性法规	林业资源
75	2023年11月29日	贵州省湿地保护条例（2023修正）	贵州省人民代表大会常务委员会	贵州省人民代表大会常务委员会公告2023第14号	地方性法规	湿地保护
76	2023年11月30日	云南省滇池保护条例(2023)	云南省人民代表大会常务委员会	云南省人民代表大会常务委员会公告〔14届〕第15号	地方性法规	水资源
77	2023年11月30日	云南省抚仙湖保护条例（2023）	云南省人民代表大会常务委员会	云南省人民代表大会常务委员会公告〔14届〕第17号	地方性法规	水资源
78	2023年11月30日	云南省阳宗海保护条例（2023）	云南省人民代表大会常务委员会	云南省人民代表大会常务委员会公告〔14届〕第16号	地方性法规	水资源
79	2023年11月30日	河北省水文管理条例（2023修正）	河北省人民代表大会常务委员会	河北省第十四届人民代表大会常务委员会公告第19号	地方性法规	水资源

续表

序号	发布时间	名称	发布部门	发布号	效力级别	类别
80	2023年11月30日	河北省城市市容和环境卫生条例（2023修正）	河北省人民代表大会常务委员会	河北省第十四届人民代表大会常务委员会公告第19号	地方性法规	环保综合规定
81	2023年11月30日	河北省气候资源保护和开发利用条例（2023修正）	河北省人民代表大会常务委员会	河北省第十四届人民代表大会常务委员会公告第19号	地方性法规	气候变化治理
82	2023年11月30日	河北省实施《中华人民共和国气象法》办法（2023修正）	河北省人民代表大会常务委员会	河北省第十四届人民代表大会常务委员会公告第19号	地方性法规	气候变化治理
83	2023年11月30日	河北省气象灾害防御条例（2023修正）	河北省人民代表大会常务委员会	河北省第十四届人民代表大会常务委员会公告第19号	地方性法规	气候变化治理
84	2023年11月30日	河南省实施《中华人民共和国土地管理法》办法(2023)	河南省人民代表大会常务委员会	河南省第十四届人民代表大会常务委员会公告第24号	地方性法规	土地资源
85	2023年11月30日	陕西省大气污染防治条例（2023修正）	陕西省人民代表大会常务委员会	陕西省人民代表大会常务委员会公告〔14届〕第14号	地方性法规	污染防治
86	2023年11月30日	陕西省汉江丹江流域水污染防治条例(2023修正)	陕西省人民代表大会常务委员会	陕西省人民代表大会常务委员会公告〔14届〕第14号	地方性法规	污染防治
87	2023年11月30日	陕西省实施《中华人民共和国水法》办法（2023修正）	陕西省人民代表大会常务委员会	陕西省人民代表大会常务委员会公告〔14届〕第14号	地方性法规	水资源

续表

序号	发布时间	名称	发布部门	发布号	效力级别	类别
88	2023年11月30日	湖南省重污染天气防治若干规定	湖南省人民代表大会常务委员会	湖南省第十四届人民代表大会常务委员会公告第10号	地方性法规	污染防治
89	2023年11月30日	湖南省实施《中华人民共和国土地管理法》办法（2023修正）	湖南省人民代表大会常务委员会	湖南省第十四届人民代表大会常务委员会公告第15号	地方性法规	土地资源
90	2023年11月30日	湖南省城镇污水管网建设运行管理若干规定	湖南省人民代表大会常务委员会	湖南省第十四届人民代表大会常务委员会公告第14号	地方性法规	污染防治
91	2023年11月30日	山西省城乡垃圾管理条例	山西省人民代表大会常务委员会	山西省人民代表大会常务委员会公告第19号	地方性法规	污染防治
92	2023年11月30日	江西省鄱阳湖流域总磷污染防治条例	江西省人民代表大会常务委员会	江西省第十四届人民代表大会常务委员会公告第24号	地方性法规	污染防治
93	2023年11月30日	江西省农作物种子条例	江西省人民代表大会常务委员会	江西省第十四届人民代表大会常务委员会公告第23号	地方性法规	种质资源
94	2023年12月1日	湖北省绿色建筑发展条例	湖北省人民代表大会常务委员会	湖北省人民代表大会常务委员会公告第338号	地方性法规	环保综合规定
95	2023年12月1日	吉林省民用建筑节能与发展新型墙体材料条例（2023修改）	吉林省人民代表大会常务委员会	吉林省第十四届人民代表大会常务委员会公告第23号	地方性法规	环保综合规定

续表

序号	发布时间	名称	发布部门	发布号	效力级别	类别
96	2023年12月1日	吉林省城市市容和环境卫生管理条例（2023修改）	吉林省人民代表大会常务委员会	吉林省第十四届人民代表大会常务委员会公告第23号	地方性法规	环保综合规定
97	2023年12月1日	吉林省陆生野生动物保护条例	吉林省人民代表大会常务委员会	吉林省第十四届人民代表大会常务委员会公告第22号	地方性法规	野生动植物资源
98	2023年12月1日	吉林省红色资源保护传承条例	吉林省人民代表大会常务委员会	吉林省第十四届人民代表大会常务委员会公告第21号	地方性法规	文化遗产保护
99	2023年12月1日	河南省禁止和限制不可降解一次性塑料制品规定	河南省人民代表大会常务委员会	河南省第十四届人民代表大会常务委员会公告第21号	地方性法规	环保综合规定
100	2023年12月28日	上海市商品包装物减量若干规定（2023修正）	上海市人民代表大会常务委员会	上海市人民代表大会常务委员会公告〔16届〕第22号	地方性法规	环保综合规定
101	2023年12月28日	安徽省基本农田保护条例（2023修正）	安徽省人民代表大会常务委员会	安徽省人民代表大会常务委员会公告〔14届〕第18号	地方性法规	土地资源
102	2023年1月4日	广西壮族自治区实施《城市供水条例》办法（2023修订）	广西壮族自治区人民政府	广西壮族自治区人民政府令第146号	地方政府规章	水资源
103	2023年1月5日	江西省气象灾害防御重点单位气象安全管理办法	江西省人民政府	江西省人民政府令第260号	地方政府规章	气候变化治理

续表

序号	发布时间	名称	发布部门	发布号	效力级别	类别
104	2023年1月10日	西藏自治区绿色建筑推广和管理办法	西藏自治区人民政府	西藏自治区人民政府令第176号	地方政府规章	环保综合规定
105	2023年1月14日	四川省水资源调度管理办法	四川省人民政府	四川省人民政府令第355号	地方政府规章	水资源
106	2023年1月14日	广东省洗砂管理办法	广东省人民政府	广东省人民政府令第299号	地方政府规章	环保综合规定
107	2023年1月14日	辽宁省农村供水管理办法	辽宁省人民政府	辽宁省人民政府令第345号	地方政府规章	水资源
108	2023年1月16日	山西省陆生野生动物造成人身与财产损害补偿办法	山西省人民政府	山西省人民政府令第303号	地方政府规章	野生动植物资源
109	2023年1月20日	河北省城市园林绿化管理办法(2023修正)	河北省人民政府	河北省人民政府令〔2023〕第1号	地方政府规章	环保综合规定
110	2023年1月20日	河北省农村供水用水管理办法(2023修正)	河北省人民政府	河北省人民政府令〔2023〕第1号	地方政府规章	水资源
111	2023年3月20日	浙江省餐厨垃圾管理办法(2023修正)	浙江省人民政府	浙江省人民政府令第396号	地方政府规章	污染防治
112	2023年3月23日	福建省固定污染源自动监控管理办法	福建省人民政府	福建省人民政府令第230号	地方政府规章	污染防治
113	2023年9月12日	江西省雷电灾害防御办法(2023修正)	江西省人民政府	江西省人民政府令第261号	地方政府规章	气候变化治理

续表

序号	发布时间	名称	发布部门	发布号	效力级别	类别
114	2023年10月11日	福建省气象灾害防御办法（2023修订）	福建省人民政府	福建省人民政府令第232号	地方政府规章	气候变化治理
115	2023年12月7日	山西省不可移动文物自然灾害风险管理办法	山西省人民政府	山西省人民政府令第306号	地方政府规章	文化遗产保护
116	2023年12月30日	西藏自治区林地保护管理办法	西藏自治区人民政府	西藏自治区人民政府令第186号	地方政府规章	林业资源
117	2023年12月31日	甘肃省气象灾害风险评估管理办法（2023修订）	甘肃省人民政府	甘肃省人民政府令第173号	地方政府规章	气候变化治理
118	2023年12月31日	甘肃省城市市容和环境卫生管理办法（2023修订）	甘肃省人民政府	甘肃省人民政府令第173号	地方政府规章	环保综合规定

（三）2023年环境法律法规对比图

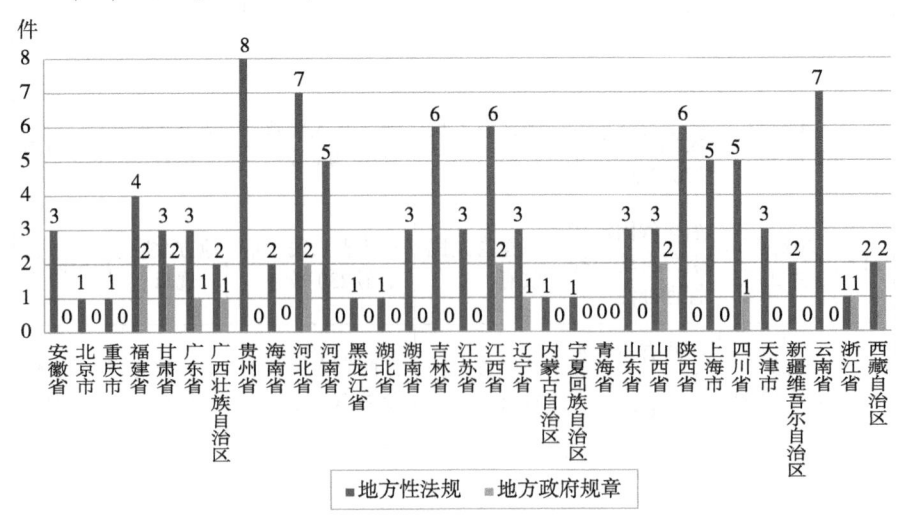

图1　2023年各省、自治区、直辖市环境立法状况

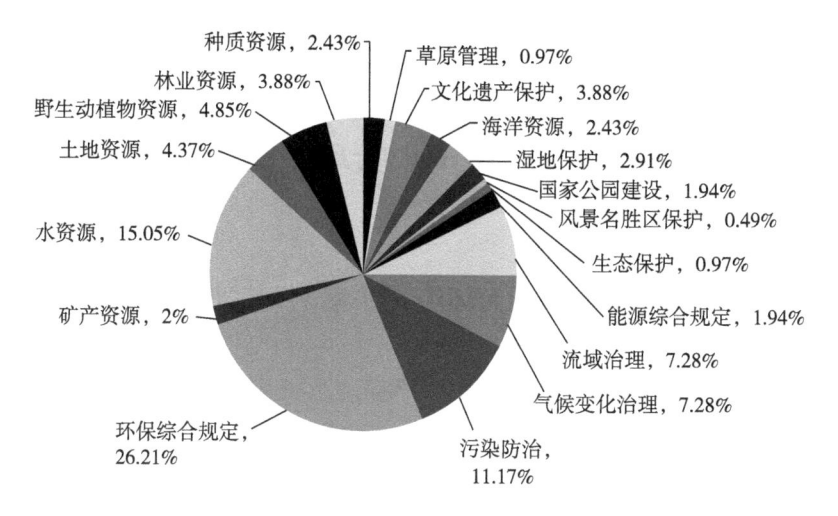

图 2　2023 年环境立法法规类别

附录二:2023年度"中国十大环境司法案例"评选

2023年度"中国十大环境司法案例"基础评选细则

为深入贯彻习近平法治思想,固化环境司法实践成果,挖掘环境司法案例价值,"中国环境司法发展研究"课题组特进行2023年度"中国十大环境司法案例"评选活动。

一、基础评选案例库数据来源释明

参与本次评选的案例数据来源于最高人民法院、最高人民检察院于2023年发布的指导以及典型案例。以上案例已经具备一定典型性,便于数据聚焦;同时以官方发布的案例为基础可最大限度地避免课题组在案例检索过程中的主观干扰。

特别声明:本次评选案例明确为2023年度发布,非2023年结案。此设计一是持续回溯近邻年份典型环境司法案件内容,塑造本次评选活动的时间延续性;二是弥补地方法检两院典型案例报送的时间延迟,避免优秀案例结案与发布客观时间差造成的案例数据遗漏。

二、2023年"中国十大环境司法案例"基础评选流程[1]

(一)环境司法案例初分类

课题组对案例先行分类,以供参评专家在类型化案件中进行对比选择。

1. 新点案例

此类案例应能解决司法新问题,如可弥补立法盲点或重新解释法律概念或首次明确裁判规则等。

2. 难点案例

此类案例特征为案情复杂,如多种法律关系交织,案件事实认定和法律适用

---

[1] 为更好地兼顾公众朴素的法治认知和专家精准的司法判断,当前,"中国十大环境司法案例"的评选细则初步实现了从样本案例出发的"单轨制"评选,到样本案例评选与专家推荐并行的"双轨制"模式转型,此项评选细则主要规定基础评选的具体流程,特此说明。

难度较大,裁判尺度不好把握等。案例能在法律适用或事实认定中提供借鉴。

3. 热点案例

此类社会广泛关注的案例,主要是指案件影响重大、群众反映强烈、社会各界关切,涉及公共利益、公众权益与个人权益合理权衡和价值取舍的案例。

4. 争点案例

此类案例是指不同主体对案例的裁判理解不同、争议较大,具体表现一是理论界观点各异,二是实务界裁判不同。

表1 "中国十大环境司法案例"分类

分类标准	案例汇总
新点案例	
难点案例	
热点案例	
争点案例	

(二)环境司法案例初评

1. 评选方法:德尔菲专家咨询法

不同类型主体基于各自立场对案例的关注点存在差异。故课题组将邀请检察官、法官、律师共三类专家,其中法官、检察官专家分别来自最高、省级及基层法、检两院,律师专家充分考虑从事司法实务专长及业务能力状况,同时兼顾参评专家所处地域差异等因素。

2. 计分说明

课题组采用单个案例总分20分制,各专家参考标准权重均等的评分方式,分值越高,表明单一或多个标准体现越强。汇总各类专家打分情况,确定总分排名前三十的案件进入2023年"中国十大环境司法案例"复评阶段。

3. 评选标准类型化设计

(1)检察官专家评选标准

评选标准分为以下方面:

一为案件是否可提炼可供参照的适用规则,如事实认定规则、证据采信规则、法律适用规则、办案方法等。

二为案件处理方式是否具有现实普遍借鉴可行性,如回避主观诉讼发挥作用的领域、弥补行政执法活动对公共利益救济和补偿的不充分等。

三为案件文书是否注重案情陈述与语言修辞,如全面陈述案情,用语恰当,注重修辞等。

四为案件办理是否与司法外力量衔接与融入,如和行政机关、社会公益组织进行案件沟通与协调等。

表2　"中国十大环境司法案例"检察院打分

案例分类	序号	案例名称	提炼可供参照的适用规则	处理方式具有现实普遍借鉴可行性	注重案情陈述与语言修辞	司法外力量衔接与融入	总分

(2)法官专家评选标准

法官专家的评选标准可分为以下方面:

一是形成裁判规范与强化法律适用。其中形成裁判规范具体可以细分为解释法律规范概念、纠正法律规范的偏误、弥补法律规范空白、形成衔接规则四个方面;强化法律适用则可以细分为明确法律适用方法、消除法律适用分歧两部分。

二是完善程序建设。具体可分为在附带类诉讼方面和诉前程序方面存在创新。

三是宣示司法理念。如对环境司法能动性理念、环境生态多元共治理念、预防性环境司法理念、恢复性环境司法理念等进行宣扬。

四是影响力提升。具体为扩大法院案件审理的实际影响力和彰显司法保障生态文明建设。

表3　法院评选标准

裁判规范形成	解释法律规范概念
	纠正法律规范的偏误
	弥补法律规范空白
	形成规则与现有规范衔接
法律适用强化	明确法律适用方法
	消除法律适用分歧

续表

程序建设完善	附带类诉讼
	诉前程序创新
司法理念宣示	环境司法能动性
	环境生态多元共治
	预防性环境司法理念
	恢复性环境司法理念
影响力提升	扩大法院案件审理的影响力
	彰显司法保障生态文明建设

表4 "中国十大环境司法案例"法院打分

案例分类	序号	案例名称	形成裁判规范与强化法律适用	完善程序建设	宣示司法政策与理念	提升影响力	总分

(3)律师专家评选标准

对律师专家而言,重点关注案例是否厘清法律争点、设计诉讼思路、论证诉讼主张、发现与增强诉讼理由,意图在于实现"以司法文书反推司法运转"的协同效果。

表5 "中国十大环境司法案例"律师打分

案例分类	序号	案例名称	厘清法律争点	设计诉讼思路	论证诉讼主张	发现与增强诉讼理由	总分

(三)环境司法案例复评

1.复评方法:问卷调查法

本次案例复评采用问卷调查法。即通过网络问卷调查的方式,让广大公众参与到评选中,以此提高本次案例评选活动中的社会参与程度,调动公众参与我国环境司法建设的积极性。

2. 问卷的具体设计方案

(1) 问卷设计及发放方式

课题组将通过中国法学会"环境资源法学研究会"公众号公布参与复评的案例。同时在问卷中根据公众是否具有法律学习、从业背景等进行分类,分类不影响参投各票权重。

(2) 复评评选结果确定

本次复评结果将按照案例得票数前十名确定,复评即为终评。

三、2023 年"中国十大环境司法案例"专家点评

课题组将邀请多名高等院校教授组成十大案例点评专家组,对最终评选得出的案例进行理论点评,以裁判公正、效果良好、本质引领、范围普遍、形式规范等为参考,形成专家意见,体现 2023 年"中国十大环境司法案例"理论贡献,实践结合理论,促进环境司法进一步发展。

2023 年度"中国十大环境司法案例"评选结果展示[2]

案例一:海南省儋州市人民检察院诉儋州市自然资源和规划局、儋州市农业农村局行政公益诉讼案

【基本案情】

2007 年 5 月,陈某诰、陈某道在海域使用权及水域滩涂养殖证到期后,未经批准继续占用儋州市峨蔓镇黄沙港湾海域养殖,占用面积分别为 114.2 亩、43.8 亩,属Ⅰ类近岸海域生态红线区,后陈某诰成立浩某合作社继续经营。2019 年 1 月,原儋州市海洋与渔业局对两人作出行政处罚决定,责令其自行拆除养殖设施,恢复海域原状。陈某诰提起行政复议和行政诉讼,法院判决维持行政处罚决定。其间,原儋州市海洋与渔业局被撤销,海域使用管理职责划归儋州市自然资源和规划局(以下简称儋州市资规局),海洋渔业管理职责划归儋州市农业农村局。两人非法占用海域养殖造成海域生态环境和资源严重破坏。

2019 年 7 月,海南省儋州市人民检察院在中央生态环境保护督察问题中发现该线索,依法立案。儋州市人民检察院后经调阅行政执法卷宗、询问违法行为人、现场勘验,发现案涉养殖场系通过围海造池的方式修建养虾池,不符合环评

---

[2] 本年度获评案例排名不分先后。

审批文件的选址要求。2019年9月,儋州市人民检察院分别向儋州市资规局、儋州市农业农村局发出检察建议,建议对浩某合作社、陈某诰、陈某道的违法行为依法作出行政处理。儋州市资规局回复称:拟委托峨蔓镇政府(代履行)对案涉养殖场进行拆除,该镇政府拒签文书,已上报市政府商请清退。儋州市农业农村局回复称:已制定整治方案,力争推进拆除工作。2020年3月,海南省综合行政执法体制改革,由各市县综合行政执法部门集中行使行政处罚权,但该案件未移送综合行政执法部门查处。2020年11月,儋州市人民检察院多次回访,发现案涉养殖场仍持续生产。

2020年12月,儋州市人民检察院向海口海事法院提起行政公益诉讼,请求判令确认被告儋州市资规局、儋州市农业农村局未履行监督管理职责行为违法;判令被告立即制止占用海域养殖行为,依法履行监督管理职责。

诉讼过程中,儋州市农业农村局向相关职能部门发函要求查处案涉违法养殖场,并责令陈某诰等人自行拆除养殖设施;儋州市政府专题会议明确由峨蔓镇政府牵头制定拆除方案,各单位配合拆除工作,峨蔓镇政府签收代履行委托书但未实质性落实。

2021年9月2日,海口海事法院开庭审理儋州市人民检察院诉儋州市资规局、儋州市农业农村局行政公益诉讼案。海口海事法院经审理认为,在原儋州市海洋与渔业局被撤销后,儋州市资规局、儋州市农业农村局分别承继海域使用管理和渔业管理等法定职责,均系适格被告。两被告未依法采取有效监管手段对陈某诰等人继续发生的违法行为进行制止和监管,亦未及时将案件移送综合行政执法部门查处。在代履行遇阻后,被告儋州市资规局未依法自行组织代履行,未尽到监管职责。行政机关不履行职责的违法性构成了判决其继续履行职责的逻辑前提,判决行政机关继续履行职责本身已包含对其不履行职责行为的否定性评价,故不必同时判决确认行政机关不履行职责行为违法和要求行政机关继续履行职责。据此,该法院于2021年9月26日作出一审判决,判令两被告在判决生效之日起两个月内依法履行监督管理职责。两被告不服,提起上诉。

海南省高级人民法院二审认为,儋州市资规局在承继海域使用监管职责后,未采取有力的监管措施依法全面履行职责,未采取有效措施与执法机构沟通配合对案涉违法行为进行制止和查处。违法占用海域、违法养殖是具有牵连关系的两个独立违法行为,并非想象竞合的违法行为,被告儋州市农业农村局对陈某诰等人继续养殖行为,特别是停养后又反复恢复养殖的新的违法行为,应当依法进行监管，但被告未采取有效的监管手段进行制止和监管，未尽到监管职责。2022年3月31日，二审法院作出判决，驳回两被告的上诉，维持原判。

判决生效后，检察机关与法院协同纪检监察部门督促行政机关全面履行生效判决，并主动向儋州市委、市政府报告，推动党委政府组织相关职能单位联合开展拆除整改工作，现案涉违法养殖场已全部拆除完毕。

【专家点评】

本案系一起海洋生态环境检察行政公益诉讼案件，最高人民法院、最高人民检察院于2022年5月发布的《关于办理海洋自然资源与生态环境公益诉讼案件若干问题的规定》规定检察机关因破坏海洋生态、海洋水产资源、海洋保护区，可以提起民事公益诉讼、刑事附带民事公益诉讼和行政公益诉讼。进一步明确了人民检察院在海洋自然资源与生态环境公益诉讼中的职能定位，2024年新《海洋环境保护法》修订生效，为检察机关更好地开展涉海公益诉讼工作提供了重要的制度保障。

本案是一起因违法占用海域从事养殖活动，相关部门未及时履行法定职责，由检察机关依法提起的行政公益诉讼。涉及的法律规范主要有《渔业法》《海域使用管理法》《行政强制法》及配套地方性法规。根据上述法律，从事海水养殖的生产者必须依法依规取得不动产权证书（登记为海域使用权）和养殖证，2023年12月，自然资源部办公厅、农业农村部办公厅联合发布的《关于优化养殖用海管理的通知》也重申了该项规定，而本案行政相对人在"两证"到期后未申请续期，且其所在海域已经成为养殖禁、限区，因此，事实上其继续从事养殖行为已经违反多项法律规定，本案被告依法作出了行政处罚决定，相对人提起行政诉讼败诉后未执行行政处罚决定且被告未及时采取后续强制执行措施，因此，检察机关才对被告提起了行政公益诉讼。

本案违法行为作出后，包括海南省在内的各省都经历了政府部门机构改革、综合行政执法改革，在行政监督管理权移转、执法权统一行使过程中出现了一些"真空"或者"以时间换空间"的问题，使一些案件的处置被滞后，本案中检察机关及时发现并多次沟通，最终以行政公益诉讼的方式推动相关部门及时履行职责，有力地改变了这一不利局面。

本案也反映出海洋生态环境行政执法领域具有一定的普遍性和典型性的问题。一是本案从一定程度上体现出我国海洋行政执法衔接上不够顺畅。本案两被告分别负责海域使用权监督管理和养殖证发放管理，由于综合行政执法改革，行政机关的行政检查、行政处罚、行政强制权移交至综合行政执法部门。《海南省综合行政执法条例(试行)》(2024年1月1日生效)规定:市、县、自治县人民政府……由一个部门依法行使相对集中行政处罚以及与之相关的行政检查、行政强制等职权。因此,两被告在作出行政处罚后,在综合执法部门尚未明确获得海洋行政执法权的情况下,才会委托镇政府代履行,形成了权力监管的"真空"状态,也给违法行为长期继续提供了"空间"。行政机关代履行中委托他人代为履行委托事项,并不意味着代履行法定职责的转移,委托的行政机关仍是职责主体。被告长达一年多的时间未实质落实和实施代履行决定,在代履行受阻情况下被告未进一步采取措施,客观上形成了"行政不作为",本质上部分也缘于海洋生态环境执法的衔接不畅。二是由本案也可窥见,我国海洋行政管理体制仍然存在一定的模糊空间,如《海洋环境保护法》作为海洋生态环境保护的重要法律,其在法律责任部分有17个条款在行政处罚主体上表述仍然比较原则,以"依照本法规定行使海洋环境监督管理权的部门或者机构"为指称,这对检察机关明确职责主体,以便更好地开展检察监督,提出检察建议和行政公益诉讼存在一定的障碍,有必要在进一步的配套立法或地方立法中予以明确,从而有助于探索有中国特色的海洋检察公益诉讼事业。

(海南大学　王秀卫教授)

案例二:上海某某港实业有限公司破产清算转破产重整案
【基本案情】

上海某某港实业有限公司(以下简称上海某某港公司)于1993年9月设立,主营业务为码头租赁及仓储、装卸服务等。所处位置毗邻长江口,东与上海市外高桥港区、保税区相接,西临黄浦江。2019年11月,经债权人申请,上海市第三中级人民法院裁定受理上海某港公司破产清算案。经管理人调查发现,码头承租方经营管理混乱、设施设备陈旧老化,存在重大环境污染隐患。审理期间,环保、交管部门联合下达整改通知,要求对码头污水及扬尘处理设施进行限期整改,否则上海某港公司名下营运许可资质将被吊销。

上海某港公司名下拥有岸线使用许可证、港口经营许可证等无形资产,并拥有150米岸线长度,码头前沿控制线水深$2 \leqslant 水深 < 5$米,年货物吞吐量约200万吨,为保住上海某港公司营运价值,维护全体债权人利益,法院依申请裁定转入重整程序。

在法院指导下,管理人一方面与环保、交管部门紧急沟通协调,了解具体环保整改要求;另一方面迅速委托第三方进行施工整改,对污水沉砂池、水沟、地坪等设施设备进行施工扩建,确保地面雨水、喷洒水等统一汇集至污水沉砂池,经沉降处理后循环用于港内喷洒,大幅提高港口污水回用率,有效避免污水直排入江。另外加装围墙、增加砂石料围挡遮盖及装车喷水装置,有效管控码头扬尘,防止周边区域大气污染物超标。在接管财产难以支付相关施工、审价费用情况下,由管理人协调第三方先行垫付587068元,待重整资金到位后依据最高人民法院《关于适用〈中华人民共和国企业破产法〉若干问题的规定(三)》第2条的规定,按共益债务予以清偿,部分费用以租金抵扣方式协调租户随时整治并支付。

同时,依据最高人民法院《关于适用〈中华人民共和国企业破产法〉若干问题的规定(三)》第15条第1款的规定,在债权人会议中以专项议案方式充分披露码头经营中的环境问题,说明修复整治费用及其处理方式,并经债权人会议表决同意,以有效地解决环保整改费用不足问题,提高了环境整治效率,确保码头绿色环保运营。在招募投资人过程中,除关注投资人本身资金实力与企业背景外,还关注投资人在码头绿色经营上的意愿和能力。经两轮市场化公开招募,引入投资人投入资金8700余万元,并着重将码头后续环保经营方案纳入重整计划草案。重整后企业将从设施设备改造升级、码头规范智能管理及环保绿色经营三个维度提升码头经营能力,做好外高桥保税区、港区配套服务。经债权人会议表决,出资人组在穷尽送达方式并公告后仍逾期未表决,担保债权组、税务债权组及普通债权组均表决通过了重整计划草案。管理人请求法院裁定批准上海某港公司重整计划草案。

上海市第三中级人民法院于2022年8月10日作出(2019)沪03破320号之六民事裁定:(1)批准修订后的《上海某某港实业有限公司重整计划(草案)》;(2)终止上海某港公司重整程序。重整计划执行过程中,在法院、管理人协助下,企业顺利解决营业执照到期及港口经营许可证超期问题。

法院生效裁判认为,对重整计划草案的审查批准,要尊重债权人会议意思自治和坚持合法性审查原则,同时要考虑其能否在利益平衡基础上实现社会价值最大化。本案中,普通债权组清偿率较模拟清算下零清偿有了提高,在上海某港公司已严重资不抵债的情况下,重整计划对出资人组权益调整为零的方案公平合理,草案中的经营方案具有可行性,可有效地延续上海某港公司的经营价值,有助于恢复上海某港公司的经营能力。破产管理人的申请,符合法律规定,并有利于实现企业可持续发展和生态环境保护的双重效果,应予准许。人民法院应充分发挥破产审判职能,将绿色发展理念融入重整司法全过程,从环境问题的修复治理、费用安排、重整计划的制定及执行等方面探索建立灵活高效的工作机制,使重整成为助推困境企业绿色低碳转型的有效路径。具体如下:

1. 关于重整企业环境污染治理责任及费用性质。依据《环境保护法》《港口法》等相关法律规定,以及"谁污染,谁治理"的原则,企业的环境污染治理责任应延续至其破产受理后。港口码头重整企业对相关基础设施的建设、维护缺失造成环境污染的,应由其作为环境治理责任主体进行整治。管理人作为破产事务的执行者,应负责实施具体的整治行为。该行为使债务人企业经营资质得以保留,经营价值得以维系,提升了全体债权人的清偿利益。因整治所产生的费用,系为全体债权人利益而产生的费用,管理人请求按照最高人民法院《关于适用〈中华人民共和国企业破产法〉若干问题的规定(三)》第2条的规定认定为共益债务的,人民法院应予支持。

2. 关于重整期间环境污染治理路径。本案所涉码头污染主要集中于水体、大气污染两个方面,在法院指导下,管理人依法协同推进环境污染治理与重整程序:一是府院协调。由法院、管理人走访属地街镇、环境监管部门,充分了解所涉码头岸线环保责任要求及后续规划前景。经沟通协调后,相关部门延长整改期限,为环境污染整治争取了时间。二是先行治理。整改通知下达时,管理人未能接管到应收租金及其他资金。为在短时间内完成各项环境污染治理措施,保住企业经营资质,由管理人沟通码头承租企业先行委托第三方专业机构对标整改。通过对污水沉砂池及附属设施的扩建完善,解决雨水及场地污水未经处理渗漏进入环境水体现象,并提高污水回用率;通过加装降尘降噪设备,降低大气粉尘污染,确保空气质量达标,提升长江口岸流域生态环境质量。三是费用落实。主要费用由承租企业先行垫付,待重整资金到位后以共益债务清偿,解决整治资金难问题。四是信息披露。充分尊重债权人知情权、参与权、监督权,依据最高人民法院《关于适用〈中华人民共和国企业破产法〉若干问题的规定(三)》第15条第1款规定,将环境污染整治事项作为重大财产处分行为进行专项表决,并在重整计划草案中披露环境污染治理经过及费用承担,争取债权人支持配合重整工作。

3. 关于环境污染治理与重整价值维护的关系。本案环境污染治理与企业重整价值密切相关,是决定企业能否实现其重整价值的关键因素。一旦企业违反相关环境污染防治法律法规,面临被剥夺行政许可资质的处罚时,将导致其重整价值丧失,故在港口码头企业破产重整案件审理过程中,应注重将环境污染治理和企业重整价值维护有机结合,及时消除影响码头经营许可资质存续的环境污染状态,将环境污染治理作为实现重整价值的重要考量因素。

4.关于重整计划的制定、批准及执行。制定重整计划时,应体现绿色发展原则,引导投资人将环保经营方案和环保承诺事项写入计划,注重企业未来能否践行环境责任并促进经济、社会和环境协调发展。对重整计划草案进行审查批准时,应综合考虑企业清算价值、程序合法性等法律因素,以及企业可持续发展、生态环境保护等社会因素。重整计划执行中,应协调解决企业继续经营障碍。通过探索破产审判与生态环境司法保护协同推进的新机制,实现长江流域减污降碳源头治理和企业绿色低碳转型,促进生态环境保护、企业重生、债权人利益最大化的有机统一。

【专家点评】

本案灵活运用破产重整制度,既保留了企业运营资质及优势资源,又促进了内河航运码头的污染治理,实现了企业重生和绿色转型"一箭双雕"的公私双赢。作为破产制度生态化的有益尝试,本案在进一步推进商法生态化、明晰破产程序中生态环境治理费用的债权顺位、将 ESG 标准引入司法实践等层面具有典型意义。

在生态文明新时代,企业破产制度具备生态化转型的必要性和内驱力。受历史局限性的影响,传统部门法在制度设计之初并未将生态环境利益纳入考量范围,更未将其置于核心地位。现行的企业破产法亦是如此。尽管环境污染和生态破坏所致私人损害可以在一定程度上寻求破产法的救济,但破产程序中对生态环境本身的关照和直接保护明显不足,推进破产制度的生态化迫在眉睫。企业破产制度生态化的实质是将生态环境治理理念融入破产法律制度之中,其核心作用在于预防和显著降低企业破产对生态环境的潜在损害,同时确保生态环境的公共利益得到维护,并减少因环境污染和生态破坏而引发的人身伤害和财产损失。《民法典》第 9 条"绿色原则",是环境私法义务的重要渊源。《公司法》第 20 条第 1 款规定,公司从事经营活动,应当充分考虑公司职工、消费者等利益相关者的利益以及生态环境保护等社会公共利益,承担社会责任。上述规定不仅强调了个人和企业在生态环境保护中的责任和义务,也为破产法治的生态化提供了重要的法律依据。

本案对于明晰破产程序中环境治理费用的债权顺位,厘清学理争议具有指导意义。相较于破产程序中的其他债权,环境债权具有债权金额的不确定性、债权的紧迫性、公益性、多样性等特征,其债权人数量较多,债权人地位亦往往处于劣势。目前,我国《企业破产法》并未对环境债权在破产程序中的清偿顺位有明确规定。仅有最高人民法院2018年发布的《全国法院破产审判工作会议纪要》第28条规定:"对于法律没有明确规定清偿顺序的债权,人民法院可以按照人身损害赔偿债权优先于财产性债权、私法债权优先于公法债权、补偿性债权优先于惩罚性债权的原则合理确定清偿顺序。"遗憾的是,本条只是总括性地规定了破产程序中未明确规定的传统债权的清偿顺序,并未进一步明确"环境债权"的地位。迄今为止,关于环境债权是否属于破产债权以及环境债权的范围、清偿顺序、申报程序等问题,无论是学术界还是实务界均有不同意见。其中大抵存在共益债务说、破产费用说、债权人会议协商说以及受益债权人共同分摊说等四种观点。根据本案的裁判结果,符合条件的环境治理费用可以被认定为共益债务,进而明确了破产程序中的环境治理费用可由破产财产随时清偿。这既是对学理争议的现实回应,又体现出破产案件办理与审判中对环境利益保护和生态文明建设目标的重视,对于司法实践中处理同类案件起到了一定的引领和示范作用。

本案是将ESG标准引入司法实践的有益尝试。ESG是Environmental Social Governance的简称,2004年首次由联合国研究报告"Who Cares Wins"提出,要求评价公司经营或案件办理的过程中融入环境(Environmental)、社会(Social)以及公司治理(Governance)等因素。审理本案的法院上海市第三中级人民法院在有关重整计划的制订、批准和执行的裁判理由中明确,制订重整计划时,应体现绿色发展原则,引导投资人将环保经营方案和环保承诺事项写入计划,注重企业未来能否践行环境责任并促进经济、社会和环境协调发展。对重整计划草案进行审查批准时,应综合考虑企业清算价值、程序合法性等法律因素,以及企业可持续发展、生态环境保护等社会因素。重整计划执行中,应协调解决企业继续经营障碍。本案是将ESG标准引入司法实践的重要尝试,取得了保环境、稳经济、促发展的良好效果,值得全国各级法院借鉴学习。

(北京林业大学　杨朝霞教授)

案例三：山东省滕州市索某某等 4 人安装干扰装置干扰自动监测设施破坏计算机信息系统案

【基本案情】

被告人索某某等 4 人，均系安装干扰装置人员。

2018 年至 2022 年 6 月，被告人索某某等 4 人以成立经营环保设备的企业为掩护，对外宣称"专业降低氧含量、颗粒物，保证达到超低排放标准"，为山东、安徽、浙江、江西 4 省 12 家砖瓦窑新型建材企业（其中 7 家为重点排污单位）安装干扰装置，稀释污染物浓度，干扰实时检测数据，致使企业排放的污染物监测数据严重失真，帮助企业在减少使用环保除尘材料的情况下，达到二氧化硫、氮氧化物等污染物在线监测数据合格的效果，非法获利共计 30 余万元。

2019 年 7 月 26 日，山东省枣庄市生态环境局滕州分局在对滕州市姜屯镇 3 家企业开展环保检查时，发现存在安装氮气装置干扰自动监测设施的行为，依法将相关责任人员移送滕州市公安局行政拘留。滕州市公安局通过深挖扩线，发现多条为企业安装氮气装置干扰自动监测设施的违法犯罪线索，生态环境部门同步抽调业务骨干提供技术支持，协助排查嫌疑企业。经排查，滕州市公安局于同年 11 月 20 日对索某某等人立案侦查，在山东、江西、浙江、安徽 4 省先后抓获犯罪嫌疑人 26 名，查获建材企业 12 家。

2022 年 7 月 29 日，滕州市公安局将安装干扰装置的索某某等 4 人以涉嫌破坏计算机信息系统罪向滕州市人民检察院提请批准逮捕。滕州市人民检察院经过审查认为，索某某等 4 人涉嫌破坏计算机信息系统罪，且达到后果特别严重的程度，遂于 2022 年 8 月 5 日作出批准逮捕决定。鉴于重点排污单位的入罪涉及污染环境罪和破坏计算机信息系统罪的竞合问题，办案周期较长，滕州市人民检察院建议滕州市公安局对其余 21 名涉案企业人员及 1 名第三方运维人员作分案处理。

2022 年 9 月 30 日，滕州市公安局以索某某等 4 人涉嫌破坏计算机信息系统罪向滕州市人民检察院移送审查起诉。为准确评估自动监测数据的失真程度，滕州市人民检察院提出多重验证法，经生态环境部门分析，确定涉案企业安装干扰装置后，二氧化硫、氮氧化物的数值降低 30% 至 50%。根据法律规定，索某某等 4 人的行为同时符合污染环境罪和破坏计算机信息系统罪的构成要件，但鉴于 4 名被告人获利共计 30 余万元，按照从一重罪处罚的原则，应以破坏计算机信息系统罪认定，且属后果特别严重。同年 11 月 22 日，滕州市人民检察院以被告人索某某等4人涉嫌破坏计算机信息系统罪,依法向滕州市人民法院提起公诉。

2023年2月22日,滕州市人民法院采纳检察机关全部指控意见,以破坏计算机信息系统罪判处索某某等4名被告人5年3个月至5年10个月不等有期徒刑。4名被告人均未上诉。

此案发生后,2022年7月,滕州生态环境部门在全市范围内全面推进排污企业安装"全流程校准"装置,先后对100家企业开展双随机执法,进一步提升甄别企业是否存在干扰自动监测设施行为的能力。2023年3月,三部门召开联席会,就继续加强协调执法办案达成共识,将生态环境监测数据引入公安机关环境案件预警模型,建立预警工作机制,先后对5家预警企业进行检查。为强化企业法治教育,三部门还通过媒体宣传、现场讲解、组织庭审观摩等形式,积极开展了环境污染防治宣传活动。

【专家点评】

本案的典型意义主要表现为进一步完善了监测造假行为入罪的认定规则。

完整、真实、及时的环境信息是行政机关实施有效环境监管的前提条件,也是保障公众参与和环境权益实现的基础。基于此,环境监测的重要性日益凸显,相关的立法规定日趋完善和严格。根据我国《环境保护法》和各单项污染防治法律的规定,环境质量监测由各级生态环境部门负责开展;而污染源监测则以排污单位的自行监测为主,其中对重点排污单位和排污许可重点管理单位还进一步要求安装、使用、维护污染物排放自动监测设备,并与生态环境主管部门的监控设备联网。实践中,基于完成考核指标、规避监测、逃避处罚、获取更大经济利益等动机,环境监测造假现象层出不穷。为了惩治和防范环境监测造假行为,最高人民法院、最高人民检察院2016年颁布的《关于办理环境污染刑事案件适用法律若干问题的解释》(已失效),将排污单位"篡改、伪造自动监测数据或者干扰自动监测设施,排放化学需氧量、氨氮、二氧化硫、氮氧化物等污染物的"规定为构成污染环境罪的一种情形,同时规定前述行为"同时构成污染环境罪和破坏计算机信息系统罪的,依照处罚较重的规定定罪处罚";从事环境监测设施维护、运营的人员实施或者参与实施前述行为的,依法从重处罚。这就确立了污染排放监测造假行为入罪的两项基本规则:第一,以篡改、伪造自动监测数据或者干扰自动监测设施的方式排放重点污染物的行为,可以构成污染环境罪;篡改、伪造自动监测数据或者干扰自动监测设施的行为本身也可以构成破坏计算机信息系统罪。第二，同时构成污染环境罪和破坏计算机信息系统罪的，依照处罚较重的规定定罪处罚。

从已有的司法实践来看，被认定为破坏计算机信息系统罪的干扰自动监测设施行为主要表现为对采样器及其周边环境、样本来源的人为干扰，例如，用棉纱等物品堵住环境监测设备采样器、私自篡改监测设备采样管、在采样口及其周边对样本进行稀释等；实施犯罪行为的主体多为排污单位或者环境监测服务机构及其工作人员。本案中索某某等4人既非重点排污单位工作人员，又非环境监测服务机构的工作人员，而只是经营环保设备的企业工作人员；索某某等4人也未直接实施干扰自动监测设施的行为，而只是销售和安装干扰装置。但是，人民法院认为，正是索某某4人积极主动推销并安装干扰装置的行为，使得排污单位及环境监测服务机构实施监测所获取的监测数据严重失真，致使污染物自动监测系统不能正常运行，可以认定为构成破坏计算机信息系统罪。这就将销售、安装环境监测干扰装置的行为也纳入了刑法规制范围，进一步完善了环境监测造假行为入罪的认定规则，加大了对环境监测造假行为的打击范围和力度。

本案值得进一步探讨的问题是，如何更为精确地对环境监测造假行为进行定罪处罚。司法实践中存在一种趋势，即只要能够认定构成"干扰自动监测设施，致使监测数据严重失真"，就可以认定构成破坏计算机信息系统罪。从打击环境监测造假的目标出发，此种认定方法有其合理性。但是根据罪刑法定原则的要求，要将"干扰自动监测设施，致使监测数据严重失真"认定为破坏计算机信息系统罪，还需要进一步论证干扰监测的行为造成了自动监测系统功能异常，构成《刑法》第286条所规定的"造成计算机信息系统不能正常运行"。换言之，将干扰环境监测行为以破坏计算机信息系统定罪的关键点是干扰行为导致监测系统不能正常运行，监测数据失真只是系统不能正常运行的结果。如果仅是干扰监测行为或者出现监测数据失真的结果，但是并未出现监测系统异常，则不应认定为破坏计算机信息系统罪。2023年最高人民法院、最高人民检察院颁布的《关于办理环境污染刑事案件适用法律若干问题的解释》将环境监测造假条款中的"干扰采样，致使监测数据严重失真的"修改为"干扰系统采样，致使监测数据因系统不能正常运行而严重失真的"，这就对环境监测造假行为定罪的精确化提出了新的要求，需要在未来的司法实践中予以认真贯彻落实。

（西北大学　王社坤教授）

案例四：四川省检察机关督促保护若尔盖高寒泥炭沼泽湿地公益诉讼系列案

【基本案情】

若尔盖湿地作为世界上最大的高寒泥炭沼泽湿地,对筑牢青藏高原生态屏障、维护黄河流域生态安全具有重要意义。近年来,若尔盖湿地盗挖泥炭现象频发,严重破坏了湿地生态。

2021年两会期间,若尔盖县巴西乡政协委员提交关于严厉打击破坏草原生态系统行为的提案,四川省若尔盖县人民检察院（以下简称若尔盖县院）获悉后,组织开展若尔盖湿地泥炭资源保护专项行动。2021年4月11日,若尔盖县院对该线索依法立案,该院"鹤翔兰萨"湿地保护公益诉讼办案团队多次深入若尔盖县巴西乡、包座乡远牧点等现场收集固定证据,使用无人机进行现场测绘,走访相关行政机关及周边群众。经调查发现,若尔盖县巴西乡、包座乡多地存在盗采泥炭资源破坏湿地的情况。4月22日,若尔盖县院向若尔盖县林业和草原局（以下简称县林草局）发出诉前检察建议,建议其与县自然资源局加强协作配合,细化泥炭资源保护措施,加强巡查执法力度,合理设置警示标志,督促生态修复。收到检察建议后,县林草局逐项整改,对案涉盗采地点进行填埋、覆土、覆草,最大限度修复受损生态,并与县自然资源局等部门开展联合执法。两部门在联合执法中发现,任某、罗某于2020年10月至2021年5月在松潘、红原两县多次盗挖泥炭共计2567余立方米,非法获利50余万元。因盗挖泥炭行为涉及多个县乡,若尔盖县院将有关案情层报至四川省人民检察院（以下简称四川省院）。

四川省院收到案情报告后,经实地调研、多方座谈研判,认为破坏泥炭资源行为具有分布广、跨辖区、鉴定难等特点,决定成立专案组,统筹线索管理,加强对系列案件的指挥协调。在四川省院指导下,松潘县人民检察院（以下简称松潘县院）对任某、罗某提起刑事附带民事公益诉讼,诉请被告赔偿生态系统服务功能损失费、生态修复费共计17万余元,法院判决予以支持。

2022年3月,为有效解决如何界定泥炭资源生态服务功能损失的实务难题,四川省院对另一起盗挖泥炭案（杨某某、扎某某盗挖泥炭案）提级管辖,以民事公益诉讼立案。四川省院联合公安机关共同开展委托鉴定,有效避免多头鉴定和重复鉴定,提高办案效率。同时,四川省院第八检察部与本院检察技术部门、四川大学法学院、中科院成都生物研究所开展协作,探索泥炭沼泽湿地生态服务功能的分类鉴定标准,量化泥炭沼泽湿地固碳、蓄水、释氧、栖息地保护、景观多样性等方面的生态功能损失。四川省院调查终结后,将该案移交阿坝藏族羌族自治州人民检察院(以下简称阿坝州院)办理。

2023年3月,阿坝州院对该案提起民事公益诉讼,要求被告承担生态修复责任,并赔偿生态系统功能永久性损害赔偿金、修复期间的功能性损失赔偿金、惩罚性赔偿金、鉴定费。5月25日阿坝藏族羌族自治州中级人民法院对该案开庭审理。

【专家点评】

湿地被誉为"地球之肾",是地球上最具生产力的复合生态系统之一,具有涵养水源、调节气候、改善环境、维护生物多样性等多方面功能,是经济社会可持续发展的重要生态基础。我国的湿地分布范围广、类型多,湿地保护对于保障生态安全、促进生态文明建设、实现人与自然和谐共生具有重大意义。为此,我国制定了《湿地保护法》,并于2022年6月1日起正式实施,这标志着我国的湿地保护工作全面进入法治化阶段。

泥炭沼泽是一类重要的湿地生态系统。《湿地保护法》第35条第3款规定,"禁止在泥炭沼泽湿地开采泥炭或者擅自开采地下水;禁止将泥炭沼泽湿地蓄水向外排放,因防灾减灾需要的除外"。除此之外,该法还就泥炭湿地的修复和违法责任分别作出了规定。这些规定为泥炭沼泽保护提供了重要的法律依据。在这两个案件中,检察机关基于一体化办案机制的优势,积极履行调查和督促履职的职责,使行政、民事公益诉讼及刑事检察职能各自发挥作用,为湿地保护的司法保障提供了一个可资借鉴的范例。

在第一个案件中,检察机关在发现案件线索并经调查之后,认为有关主管部门应依法履职,随即提出检察建议。林草部门和自然资源部门积极响应,迅速展开调查,确定了泥炭破坏和非法获利的情况。这一过程实现了生态环境司法中检察机关与行政机关的良好协动,也为案件的后续处理奠定了基础。在此,检察机关发挥督促履职的职能,有关主管部门则发挥各自的业务优势,两方面协同配合使本案的办理得以顺利推进。

环境诉讼最主要的目的是确保受损的生态系统获得修复,以司法手段确保受损的生态利益得到弥补。在这一方面,第二个案件亮点颇多。需要特别关注的是,检察机关认识到开展生态修复的前提是确定生态服务功能损失的程度和具体数额,事实上,这也是长期以来困扰生态环境司法的难点,成为必须解决的前提性问题。为此，检察机关协同公安机关就泥炭的生态服务功能损失共同委托鉴定，从而避免了不同机关鉴定结论之间可能产生的冲突、影响办案质量和效率的情况，同时节省了鉴定费。在明确生态系统功能损失的情况下，检察机关要求被告赔偿生态系统功能永久性损害造成的损失、修复期间的功能性损失。这样基于科学判断的诉讼请求既是确保生态环境司法的科学性、公正性的前提，又是通过司法手段保护湿地生态系统、特别是实现生态系统有效修复的前提。

（中国政法大学　于文轩教授）

案例五：湖北省宜昌市检察机关督促整治船舶修造、拆解行业污染环境行政公益检察系列案

【基本案情】

湖北省宜昌市地处长江中上游，得益于长江咽喉枢纽的区位优势，当地船舶工业发达，新型标准化船舶和新能源船舶制造规模居全国全省行业前列。近年来，部分企业违规开展船舶修造、拆解业务，产生的废钢铁、压舱水、废油、橡胶、石棉等大量工业废物和危险废物得不到规范收集和有效处置，威胁长江生态和水质安全。

2021年12月，湖北省人民检察院将上述线索交办至宜昌市人民检察院（以下简称宜昌市检察院）。宜昌市检察院迅速组织对流域内的船舶修造企业和航运公司进行实地调查，查明有11家在修造过程中未采取污染防治措施，有5家未取得修造资质，有25家未取得拆船环评审批手续。上述船舶修造企业进行违规修造、拆解活动，威胁长江生态和水质安全，损害社会公共利益。根据《环境保护法》《环境影响评价法》《防止拆船污染环境管理条例》的相关规定，生态环境部门负有修造、拆解船舶污染防治的监管职责，经济和信息化部门对未取得船舶修造许可仍经营修造业务行为负有监管职责。

因涉案问题范围广、情况复杂，宜昌市检察院决定分类监督，统筹推进办案工作。2022年1月至5月，宜昌市检察院针对市级单位某新区管理委员会未依法会同相关部门加大违规拆解打击力度的问题立案；葛洲坝人民检察院（以下简称葛洲坝检察院）受指定，针对4个县区生态环境部门未全面履行船舶违规拆解监管职责问题立案；宜都市、枝江市、秭归县检察院针对16家船舶修造公司未取得修造资质、防污染措施不足等问题，分别对辖区内经济和信息化部门和生态环境部门立案。2022年1月至8月，宜昌市检察机关先后向11家行政机关提出检察建议,督促其依法履行监管职责,促使相关企业合规经营,消除环境污染隐患;加大对长江沿线船舶修造企业执法检查力度,规范拆解行为。

检察建议发出后,相关行政机关高度重视,经济和信息化部门督促企业全面自查自改,依法合规经营;生态环境部门查处环境违法行为,督促企业规范处置危险废物,补办环评手续,组织全市船舶企业自查整改,有效促进行业整治。在船舶修造方面,5家企业依法取得修造船许可、补办环评手续,11家具有修造船资质的企业加大污染防治设施投入。在船舶拆解方面,对于依法不能办理拆船环评的11家船舶修造企业,及时引导转型,其余14家船舶修造企业承诺暂停船舶拆解业务,并积极推动办理拆解环评手续;对违法转移废机油等危险废物的某船舶企业,予以罚款10万元,并责令改正违法行为;依法将接收处置废机油的经营户移送公安机关,已于2022年9月刑事立案。

为做好"后半篇文章",宜昌市检察院、葛洲坝检察院联合相关职能部门开展调研,向宜昌市政府提交长江宜昌段船舶拆解中存在的问题及建议调研报告。宜昌市政府高度重视,推动出台《关于规范船舶拆解工作的若干意见》,从源头上加强报废船舶监管,完善相关企业资质审核,提高船舶拆解安全环保能力。

【专家点评】

本案系检察机关督促行政机关履职以保护长江流域生态环境的环境行政公益诉讼案件。流域指一个水系的干流和支流所流过的整个地区,是以水为纽带的完整生态系统。流域间的各生态要素间相互联系、共同作用,这种流域的系统性使流域生态环境的有效管理需要具备整体性。流域生态环境的特性给传统地方化、部门化的管理体制和司法体制带来了挑战。本案中,面对部分企业违规开展船舶修造、拆解业务造成未经规范处理的大量工业废物和危险废物威胁长江流域生态环境的状况,检察机关对流域内的船舶修造企业和航运公司展开实地调查。检察机关就实地调查后发现的未采取污染防治措施、未取得修造资质、未取得拆船环评审批手续等不同的违法行为,对辖区内经济和信息化部门和生态环境部门分别立案,并先后向横跨四个县区的多个行政机关提出检察建议。借助新兴的环境行政公益诉讼制度,检察机关统筹推动跨区域、多部门间的协作,实现对流域生态环境整体系统的保护。

本案是检察机关充分发挥检察建议这一环境行政公益诉讼诉前程序功能的成果。检察建议作为环境行政公益诉讼的诉前程序,是连接检察机关和行政机关、融合外部监督和自我纠错的一项复合型制度创新。检察建议发挥提高诉讼效率、避免司法资源浪费、优化诉权结构等功能,助力检察机关在与行政机关的沟通中寻求督促行政机关履职最便利的途径。本案中,检察机关针对实地调查后发现的船舶工业生产中出现的截然不同的环境违法行为,督促不同的行政机关灵活使用行政指导、行政处罚、行政命令、移送刑事立案等多种履职方式,在复杂的行业治理问题面前,为流域生态环境提供了综合、立体、有针对性的保护。检察建议功能的充分发挥,既节约了诉讼成本,又实现了对长江流域生态环境问题及时、有效的治理,彰显了检察权和行政权间的良性互动。

本案的典型意义不仅限于办案时检察机关充分发挥环境行政公益诉讼及其诉前程序的功能,对流域生态环境进行了协同性、一体化的保护,还在于办案后检察机关继续跟进,在"后半篇文章"中助力长江流域环境保护长效机制的建立。惩戒环境违法行为和环境治理并非一劳永逸,最终需要依赖机制对流域环境问题进行源头治理。本案中,宜昌市检察院、葛洲坝检察院从个案的契机切入,联合相关职能部门开展调研,向宜昌市政府提交长江宜昌段船舶拆解中存在的问题及建议调研报告,并助力《关于规范船舶拆解工作的若干意见》的出台,使本案对于长江流域环境治理的效果不止于一时。检察机关一方面能动地行使检察权督促行政机关履职,另一方面尊重而非取代行政机关的判断,这为检察机关在检察行政公益诉讼的法律程序之外如何履职提供了启发。

(中国政法大学　胡静教授)

案例六:新疆维吾尔自治区伊犁哈萨克自治州人民检察院诉乌鲁木齐市某运输公司、伊犁某材料公司、山东省某化工厂环境污染民事公益诉讼案

【基本案情】

2020年11月,乌鲁木齐市某运输公司在运输危险化学品"邻甲酚"时,在国道218线伊犁州那拉提至和静段因罐体破裂导致约90%以上的"邻甲酚"泄漏在沿途约31公里的高速公路路面,车辆停靠后剩余少量泄漏到地面洼地并通过泥沙渗入地下,造成突发环境污染事故。

伊犁州人民政府(以下简称伊犁州政府)处置该突发环境污染事故会议纪要中明确将案件线索移交伊犁州人民检察院(以下简称伊犁州检察院)办理。

伊犁州检察院调查查明:"邻甲酚"是一种有毒有机化合物,毒性级别为高度,为第6类危险化学品,具有腐蚀性和强刺激性,泄漏后会通过多种方式污染土壤、水生态系统,导致农作物减产、危害人体健康。山东省某化工厂为涉案

"邻甲酚"所有权人，委托生产者伊犁某材料公司联系不具备6类危险化学品运输资质的乌鲁木齐市某运输公司承运，乌鲁木齐市某运输公司用只能装载3类甲醇的车辆罐体进行运输，运输途中罐体发生破裂，该危险化学品泄漏长达31公里并流入巩乃斯河。经检测，泄漏事故点下游约58公里处鱼塘土壤及水体"邻甲酚"依然超标，其中下游16公里处水体挥发酚浓度最高超标703倍。

伊犁州政府紧急采取源头清污、多级拦截引流、活性炭坝吸附等多种应急措施控制、消除污染影响。经生态环境部华南环境科学研究所评估，本次应急处置和生态恢复费用1124.82万元，农业和其他财产直接损失98.19万元，评估费用115万元。伊犁州党委组织相关行政机关研判分析本案应急处置及赔偿责任问题，鉴于本案法律关系复杂，生态损害情形严重，由检察院提起公益诉讼更能发挥专业优势和资源优势。伊犁州检察院遂于2021年3月2日以民事公益诉讼立案。

经公告程序，2021年4月14日伊犁州检察院向新疆维吾尔自治区高级人民法院伊犁州分院提起民事公益诉讼，请求判令乌鲁木齐市某运输公司、伊犁某材料公司、山东省某化工厂共同赔偿应急处置费用等各项损失合计1338.02万元，并在伊犁州级以上媒体向社会公众赔礼道歉。

新疆维吾尔自治区高级人民法院伊犁州分院经审理认为，环境侵权适用无过错责任归责原则，三被告均是对本次事故具有控制能力的经营者，负有防止危险化学品对环境造成污染的法律责任，因此均是本案共同侵权人，应承担连带责任。法院于2021年9月18日作出一审判决，支持伊犁州检察院的全部诉讼请求。三被告不服，向新疆维吾尔自治区高级人民法院提起上诉。二审法院认为，本案构成环境污染责任和高度危险作业责任的竞合，伊犁州检察院有权作为环境民事公益诉讼起诉人选择提起环境民事公益诉讼。案涉买卖双方企业及运输企业虽无共同意思联络，但其行为结合在一起相互助成造成同一损害后果，构成共同侵权。其内部责任份额应依据各自过错和原因力大小划分。二审法院于2022年6月9日作出判决，驳回上诉，维持原判。

【专家点评】

本案中，伊犁州新源县危险化学品邻甲酚泄漏威胁群众生命安全和当地生态安全，造成特别严重的生态环境损害和巨大的经济损失。司法机关秉持人与自然和谐共生理念和损害担责原则，通过民事公益诉讼追偿应急处置费用，明确危险化学品泄漏应急处置和修复成本合理分担裁判规则，推动美丽中国建设和法治政府建设。

本案的积极意义主要体现在以下三个方面：

第一，当地党委政府组织有关部门积极采取应急处置措施，司法机关积极探索损害赔偿资金管理使用方案，形成在法治轨道上推进生态环境保护的合力，维护群众生命安全和当地生态安全。伊犁州党委政府组织有关部门及时采取源头清污、多级拦坝引流、活性炭坝吸附等多种应急处置措施，委托生态环境部华南环境科学研究所提供危险化学品泄漏事件应急处置回顾性调查和环境损害鉴定评估等技术服务，并将案件线索移交给检察院，由检察院提起民事公益诉讼。由于伊犁州人民政府是案涉危险化学品邻甲酚泄漏事件应急处置措施的具体落实及牵头机关，法院将应急处置费用、水闸及灌溉渠修复重建费用和环境损害鉴定评估费用的接收主体确定为伊犁州人民政府，其对该费用负有监督、管理、使用的权利。这些措施体现当地党委政府运用法治思维和法治方式推进环境治理。

第二，检察院通过提起民事公益诉讼，运用法律手段追偿突发生态环境事件应急处置费用，避免生态环境损害的发生和扩大。由于案涉污染环境行为发生在《民法典》施行前，法院适用《环境保护法》、原《侵权责任法》相关条款，探索参照最高人民法院《关于审理生态环境损害赔偿案件的若干规定（试行）》（法释〔2019〕8号）第14条应急处置费用承担之规定，判令乌鲁木齐市某运输公司、伊犁某材料公司和山东省某化工厂连带赔偿危险化学品邻甲酚泄漏事件应急处置费用，避免生态环境损害进一步扩大。

第三，法院通过审理民事公益诉讼案件，明确危险化学品运输者、生产者兼托运者、所有人兼使用人承担连带责任和分担内部责任的裁判规则，为危险化学品泄漏事件应急处置和修复成本合理分担提供规范指引。其一，连带责任承担方面，危险化学品的运输者、生产者兼托运者、所有人兼使用人，作为对高度危险污染源的危险化学品具有相应控制能力的经营者，负有按照安全规范防止危险化学品对环境造成污染的法律义务。然而，三方都没有履行此种法律义务，导致危险化学品泄漏事件，造成他人损害的，应当承担连带责任。其二，内部责任分担层面，危险化学品的运输者、生产者兼托运者、所有人兼使用人责任份额的确定，应秉持比较原因力为主、比较过错为辅的原则。法院结合本案具体情况，以及三被告对案涉危险化学品邻甲酚泄漏造成环境损害的原因力大小和过错比例，判令乌鲁木齐市某运输公司、伊犁某材料公司和山东省某化工厂分别承担50%、30%和20%的赔偿责任。

本案的不足之处在于，将农业种植经济损失费16.03万元定性为生态环境损害赔偿资金的做法或许存在不当之处。本案中农业种植经济损失费系危险化学品邻甲酚泄漏引起的相关农户经济损失，属于环境污染受害者的财产损失，不同于生态环境损害赔偿资金。生态环境损害赔偿资金作为政府非税收入，纳入一般公共预算管理，反而可能给相关农户经济损失填补带来麻烦。

本案中法院判令三被告连带赔偿应急处置费用、水闸及灌溉渠修复重建费用等。《民法典》第1235条规定，违反国家规定造成生态环境损害的，国家规定的机关或者法律规定的组织有权请求侵权人赔偿清除污染费用。在生态环境法典编纂工作中，需要认真研究清除污染费用是否能够覆盖所有的应急处置费用这一重要课题。

（天津大学　王小钢教授）

案例七：广东省广州市人民检察院诉广州某环保公司、广州某检测公司、徐某某环境污染民事公益诉讼案

【基本案情】

2016年1月至2018年3月，广州某环保公司接收50家污水处理厂产生的生活污泥共计483411吨，对污泥进行压滤脱水后，由徐某某联系人员全部非法倾倒，除6972吨倾倒于广州、东莞等地（另案处理）外，绝大部分倾倒地不明。广州某检测公司按广州某环保公司要求篡改污泥检测数据并出具符合有机肥标准检测报告。经鉴定，上述污泥为含有重金属的污染物、环境有害物质，存在环境污染和人体健康风险。

2018年4月22日，生态环境部通报，对广州某环保公司污泥非法倾倒问题开展专项督察。广州市人民检察院在履行公益诉讼检察职责中发现线索，并于2018年4月29日、2019年1月30日分别对广州某环保公司、徐某某以及广州某检测公司以民事公益诉讼立案。

立案后，广州市人民检察院就污泥环境损害问题咨询了有关专业机构及学者，均确认污泥倾倒至外环境对环境有损害，但因倾倒地不确定，无法开展环境损害鉴定。为解决生态环境损害认定难题，经沟通，广州市生态环境局协助检察机关组织专家对广州某环保公司倾倒污泥造成的环境损失开展论证并形成专家意见，确认了涉案污泥压滤脱水后重量为214849吨至241706吨，扣除6972吨，去向不明为207877吨至234734吨，并建议合理确定污泥运输距离、咨询相关单位单价后计算污泥清运费用和无害化处理费用。广州市人民检察院就污泥处置方式及价格、污泥运输单价等向广州市净水有限公司发函并查询地图,确认广州某环保公司住所地至最近的污泥处置点距离14公里,污泥处置及运输的最低单价为299元/吨、1.338元/吨×公里,进而得出污泥无害化处置费用62155223元,污泥清运费用3893951.9元。

2020年11月19日,广州市检察院对广州某环保公司、广州某检测公司、徐某某提起民事公益诉讼,请求:(1)判令三被告承担污泥无害化处置费用62155223元;(2)判令三被告承担污泥清运费用3893951.9元;(3)判令三被告在省级以上电视台或全国发行的报纸公开赔礼道歉。

2021年7月30日,广州市中级人民法院公开开庭审理本案,广州市生态环境局组织两级执法人员旁听本案庭审。

广州市中级人民法院经审理认为,检察机关针对广州某环保公司、徐某某倾倒的案涉污泥存在去向不明的情形,主张三被告共同承担案涉污泥无害化处理费用及清运费用用于修复被损害的生态环境于法有据、诉请合法。据此,该法院于2021年9月15日作出一审判决,支持检察机关全部诉讼请求。广州某环保公司不服,上诉至广东省高级人民法院。二审法院于2022年5月9日作出判决,驳回上诉,维持原判。另外,2020年8月25日,广州市中级人民法院对广州某环保公司倾倒污泥等行为作出另案一审刑事判决。2022年10月21日,广东省高级人民法院二审对污染环境罪予以维持。

【专家点评】

以专家意见认定生态环境损害事实,对广州某环保公司和广州某检测公司提起的环境民事公益诉讼创新了环境民事公益诉讼的类型。由于广州某环保公司和广州某检测公司具有环境污染的专业知识,其污染环境的行为隐蔽性强,危害性大,通过专家意见认定损害事实和治理费用,本案具有重要的示范意义。

本案中,广州某环保公司和广州某检测公司串通倾废污染行为,以其专业知识使污染物难以查明倾倒地,使鉴定机构不能对生态环境损害作出鉴定,增大了污染行为对生态环境和人群健康的损害风险,加大了环境污染责任的追究难度。作为承担专业知识与权威性社会认知的环保公司和检测公司,其行为严重背离公司的目的和宗旨,不但给生态环境造成严重的损害,更是对社会信任和专业公司的声誉造成不可估量的伤害。检察机关函请相关行政机关委托专家出具专家意见,进行科学定性定量,人民法院组织质证,采纳专家意见作为认定事实的根据,依法追究广州某环保公司和广州某检测公司生态环境污染责任。

对生态环境损害责任追究的一大难题即是污染排放的隐蔽性导致污染事实认定的困难，鉴定机构无法对生态环境损害作出鉴定，司法机关常常由于缺乏相关的事实而不能以司法路径作出裁判，污染行为人常常因此逃避法律责任。在传统私法路径下，事实认定一般应当是根据直接依据来认定，这是私法规制的灵魂，而对生态环境污染规制，根据直接依据认定事实变得非常困难，这给生态环境污染责任追究带来挑战。本案的启示意义在于：首先，司法机关和行政机关的联动。在司法权与行政权的互动与联系中，基于行政机关的专业性与权威性，司法机关采纳了行政机关委托专家出具的专家意见，并据此作出裁判，以行政专业性审判违法行为的专业性，这对生态环境违法行为释放明显的信号，即使通过专业知识违法损害生态环境，也不会逃脱法律责任。其次，专家意见在生态环境司法裁判中的重要作用。生态环境损害由于原因复杂、因果链条曲折、损害后果不确定性等，对于司法裁判来说，直接依据往往难以获得。很多生态环境损害行为人正是利用生态环境损害的特点，抱有侥幸心理，以谋取不正当经济利益为目的，实施生态环境损害行为。行政机关组织专家论证，以科学方法，通过定性定量分析，得出生态环境损害的事实与损害生态环境治理的费用，专家意见在环境公益诉讼中发挥关键作用。最后，在环境民事公益诉讼之外，以"污染环境罪"追究了行为人的刑事责任。广州某环保公司和广州某检测公司的生态环境损害行为，违法犯罪手段技术性强，后果特别严重，已触犯刑法责任设置，在承担相应的民事责任之外，还应当追究相应的刑事责任。

作为环保公司和检测公司，本应承担一定的社会信任依赖与专业期待，但是，他们利用专业优势，以逃避监管的方式，对生态环境造成巨大的伤害，更是对社会信任机制与专业权威的巨大伤害，影响特别恶劣。司法机关和行政机关联动，通过专家意见形成对生态环境损害事实的认定，并以此为基础，作出司法裁判，追究了行为人的法律责任。以科学方法创新解决了生态环境污染中的事实认定难题，既发挥了生态环境部门的专业优势，又使公益诉讼庭审起到"法治课堂"的示范作用，促进提升行政执法人员开展生态环境监管和损害赔偿等工作的能力和意识，形成生态环境保护工作合力，对于生态环境损害案件的责任追究具有重要的启发意义。

（西南政法大学　杜健勋教授）

案例八:贵州省江口县人民检察院诉陈某平生态破坏民事公益诉讼案

【基本案情】

2021年7月11日,陈某平在贵州梵净山景区排队前往梵净山金顶时,使用登山手杖在省级文物保护单位——"梵净山金顶摩崖"石壁处进行刻划。虽有其他游客提醒、劝阻,陈某平仍执意在该石壁处刻留"丽水陈国"字样。经鉴定,刻划行为造成上述文物和景观价值不可逆损害,经济损失在50000元以上。经委托有关机构制定修复方案,需修复费用60952.08元,勘察设计费38000元。贵州省江口县人民检察院提起民事公益诉讼,请求判令陈某平承担上述修复费用、勘察设计费以及惩罚性赔偿金50000元并向公众赔礼道歉。

贵州省江口县人民法院一审认为,陈某平在世界自然遗产地梵净山内的省级文物保护单位"梵净山金顶摩崖"处刻划,对文物造成了不可逆损害,也对梵净山的整体生态环境造成了破坏,依法应当承担生态环境修复责任。陈某平不顾他人劝阻,故意破坏生态环境,结合专家意见、陈某平庭审态度、已受行政处罚等情形,酌定确定其承担相应惩罚性赔偿金。依法判决:陈某平承担文物修复费用60952.08元、勘察设计费38000元、生态环境损害惩罚性赔偿金25000元,并对其违法行为在国家级新闻媒体上向社会公众赔礼道歉。贵州省铜仁市中级人民法院二审维持原判。

【专家点评】

在我国当前大力推进美丽中国建设的背景下,该案作为一起典型的因故意毁损文物引发的民事公益诉讼案件,案件判决对于践行美丽中国司法保障具有重要的示范意义:

第一,加强对生态环境美学价值的司法保护。美丽中国建设的核心在于在生态环境保护中体现美学价值。依据《环境保护法》的相关规定,环境是指影响人类生存和发展的各种天然的和经过人工改造的自然因素的总体,其中人文遗迹等各种经过人工改造的环境要素,对生态环境美学价值的体现更为集中和典型。本案中,"梵净山金顶摩崖"石壁属省级文物保护单位,是极具艺术价值的人文历史遗迹,对梵净山世界自然遗产美学价值的体现具有代表性,本案判决依法判定陈某平对刻划行为导致的文物遗迹损害承担修复和赔偿责任,以文物遗迹保护为抓手,凸显了加强生态环境美学价值司法保护的取向,对于贯彻美丽中国建设的整体部署,明确美丽中国建设司法保障的重点领域具有重要示范意义。

第二,提倡以人为本,引导生态文明新风尚,体现司法教育功能。美丽中国建设以人民为主体,马克思主义美学认为,美是人类在实践活动中与对象交互作用产生的结果,审美活动的主体就是从事社会实践活动的人类自身。因此,引导和推动广大人民群众以生态文明建设为导向的审美实践,是深入推进美丽中国建设的重要前提,也是加强美丽中国建设司法保障的主要方面。现实中,在一定程度和范围内还存在个别人在旅游景区刻字涂鸦、攀爬踩踏等陋习,产生了严重的不良影响。本案判决对于在文物遗迹上刻划行为的处理,在引导教育社会公众珍惜文物遗迹美学价值、摒弃陋习、树立文明出行理念的同时,彰显了司法的严肃性,充分体现了在美丽中国建设背景下,司法对于提倡以人为本、引导生态文明新风尚的教育功能。

第三,坚持协同思维,凸显生态环境法治体系的系统优势。中共中央、国务院《关于全面推进美丽中国建设的意见》在"强化美丽中国建设法治保障"部分明确要求:"加强行政执法与司法协同合作。"行政处罚作为行政执法的重要环节,统筹考虑行政处罚与司法判定责任的衔接,应成为加强行政执法与司法协作的主要抓手。本案中,案件判决在充分考虑陈某平已接受行政处罚的基础上,酌情确定其承担相应惩罚性赔偿金,并依法承担生态环境修复责任,实现了行政处罚与惩罚性赔偿民事责任的有机衔接,不仅对于在环境民事公益诉讼中惩罚性赔偿责任的适用形成了明确的示范效应,也凸显了我国生态环境法治体系在惩戒违法、赔偿损失、修复环境等方面的系统优势。

(华东政法大学 张璐教授)

案例九:(浙江省)某机械公司诉江山市经济和信息化局等不履行法定职责及行政赔偿案

【基本案情】

某机械公司系一家传统铸造企业,江山市经济和信息化局为落实当地新能源汽车合金结构项目铸造产能筹集的工作要求,从 2022 年 9 月起多次就产能置换、设备补偿事宜进行沟通,某机械公司为此进行了包括职工遣散、上下游供应链中断等停产准备。2023 年 4 月,相关铸造产能置换方案经政府常务会议讨论通过。2023 年 5 月,因政策变动,政府明确不再对铸造产能实行置换,江山市经济和信息化局遂停止与某机械公司的产能置换事宜。某机械公司认为其已为产能置换和转产升级做好充分前期准备,现暂停进度给企业造成了重大损失,遂提起行政诉讼。

在案件审理过程中,浙江省衢州市柯城区人民法院赴企业对经营现状进行调查,认为企业转产升级更有利于其生产经营,遂督促各方磋商并达成化解方案。经过联动调解,当事人达成一致意见,江山市经济和信息化局牵头对某机械公司的老旧设备处理及产业升级方面提供政策指导和支持,某机械公司申请撤回起诉。人民法院裁定予以准许。现和解协议内容已履行完毕,某机械公司已顺利转产高端精密仪器行业。

【专家点评】

浙江省某机械公司诉江山市经济和信息化局不履行法定职责及行政赔偿案是近年来环境司法发展实践中的新型案例,既在案件事实层面反映出面向绿色低碳发展的环境司法新动向,又在裁判标准上凸显出法院在高质量发展背景下对经济发展与环境保护的平衡策略。

环境司法的一大特征就在于有效平衡经济发展与环境保护之间的关系。但从历时性角度来看,平衡经济发展与环境保护的当下意义在于对高质量发展和新质生产力发展的全面贯彻。对此,最高人民法院《关于完整准确全面贯彻新发展理念为积极稳妥推进碳达峰碳中和提供司法服务的意见》中明确提出了完整准确全面贯彻新发展理念的原则要求,主动服务新时代绿色低碳发展要求,实现经济发展与环境保护之间的新型平衡。本案中形成的老旧设备处理及产业升级的调解方案就是法院全面贯彻新发展理念的真实写照。

本案的另一特征是有效实现了环境司法的能动价值。"坚持良好环境是最普惠的民生福祉",这是习近平生态文明思想的核心原则之一,本案积极贯彻习近平生态文明思想,抛开就案件本身论案件裁判的旧思路,在人民法院通过实地调查、促进多方磋商化解纠纷等方式,形成了有效的司法解决方案。本案裁判中人民法院的能动性特征是对习近平生态文明思想中民本观的全面贯彻,有效保护了企业的发展利益,避免了"只见树木不见人"的机械环境司法裁判现象。

此外,本案也反映出一个新问题,即面对新型环境司法案件,业已建立的环境诉讼规则不能完全满足案件裁判的需要。本案是面向绿色低碳发展和新质生产力发展的典型案例,在裁判理念、裁判制度等方面对法官提出了全新的挑战。虽然最高人民法院已于2023年印发了《关于完整准确全面贯彻新发展理念 为积极稳妥推进碳达峰碳中和提供司法服务的意见》,但该意见在属性上是司法政策,仅从宏观层面规定了相关的司法原则和要求,因而法官很难将其准确引入具体案件裁判之中。面对此类诉讼规则不足的新型环境案例,本案中法院通过能动司法形成多方调解方案不失为一种有效补充环境诉讼规则缺失的重要方式和途径,值得其他人民法院在此类案件审理中借鉴。

(甘肃政法大学　郭武教授)

案例十:(云南省)昆明闽某纸业有限责任公司等污染环境刑事附带民事公益诉讼案

【基本案情】

被告单位昆明闽某纸业有限责任公司(以下简称闽某公司)于2005年11月16日成立,公司注册资本100万元。黄某海持股80%,黄某芬持股10%,黄某龙持股10%。李某城系闽某公司后勤厂长。闽某公司自成立起即在长江流域金沙江支流螳螂川河道一侧埋设暗管,接至公司生产车间的排污管道,用于排放生产废水。经鉴定,闽某公司偷排废水期间,螳螂川河道内水质指标超基线水平13.0～239.1倍,上述行为对螳螂川地表水环境造成污染,共计减少废水污染治理设施运行支出3009662元,以虚拟治理成本法计算,造成的环境污染损害数额为10815021元,并对螳螂川河道下游金沙江生态流域功能造成一定影响。

闽某公司生产经营活动造成生态环境损害的同时,其股东黄某海、黄某芬、黄某龙还存在以下行为:(1)股东个人银行卡收公司应收资金共计124642613.1元,不作财务记载。(2)将属于公司财产的9套房产(市值8920611元)记载于股东及股东配偶名下,由股东无偿占有。(3)公司账簿与股东账簿不分,公司财产与股东财产、股东自身收益与公司盈利难以区分。闽某公司自案发后已全面停产,对公账户可用余额仅为18261.05元。

云南省昆明市西山区人民检察院于2021年4月12日公告了本案相关情况,公告期内未有法律规定的机关和有关组织提起民事公益诉讼。昆明市西山区人民检察院遂就上述行为对闽某公司、黄某海、李某城等提起公诉,并对该公司及其股东黄某海、黄某芬、黄某龙等人提起刑事附带民事公益诉讼,请求否认闽某公司独立地位,由股东黄某海、黄某芬、黄某龙对闽某公司生态环境损害赔偿承担连带责任。

云南省昆明市西山区人民法院于2022年6月30日作出(2021)云0112刑初752号刑事附带民事公益诉讼判决,认定被告单位闽某公司犯污染环境罪,判处罚金人民币2000000元;被告人黄某海犯污染环境罪,判处有期徒刑3年6个月,并处罚金人民币 500000 元;被告人李某城犯污染环境罪,判处有期徒刑 3 年 6 个月,并处罚金人民币 500000 元;被告单位闽某公司在判决生效后 10 日内承担生态环境损害赔偿人民币 10815021 元,以上费用付至昆明市环境公益诉讼救济专项资金账户用于生态环境修复;附带民事公益诉讼被告闽某公司在判决生效后 10 日内支付昆明市西山区人民检察院鉴定检测费用合计人民币 129500元。附带民事公益诉讼被告人黄某海、黄某芬、黄某龙对被告闽某公司负担的生态环境损害赔偿和鉴定检测费用承担连带责任。

法院生效裁判认为,企业在生产经营过程中,应当承担合理利用资源、采取措施防治污染、履行保护环境的社会责任。被告单位闽某公司无视企业环境保护社会责任,违反国家法律规定,在无排污许可的前提下,未对生产废水进行有效处理并通过暗管直接排放,严重污染环境,符合《刑法》第 338 条之规定,构成污染环境罪。被告人黄某海、李某城作为被告单位闽某公司直接负责的主管人员和直接责任人员,在单位犯罪中作用相当,亦应以污染环境罪追究其刑事责任。闽某公司擅自通过暗管将生产废水直接排入河道,造成高达 10815021 元的生态环境损害,并对下游金沙江生态流域功能也造成一定影响,其行为构成对环境公共利益的严重损害,不仅需要依法承担刑事责任,还应承担生态环境损害赔偿民事责任。附带民事公益诉讼被告闽某公司在追求经济效益的同时,漠视对环境保护的义务,致使公司生产经营活动对环境公共利益造成严重损害后果,闽某公司承担的赔偿损失和鉴定检测费用属于公司环境侵权债务。

由于闽某公司自成立伊始即与股东黄某海、黄某芬、黄某龙之间存在大量、频繁的资金往来,且三人均有对公司财产的无偿占有,与闽某公司已构成人格高度混同,可以认定属《公司法》第 20 条第 3 款规定的股东滥用公司法人独立地位和股东有限责任的行为。现闽某公司所应负担的环境侵权债务合计 10944521元,远高于闽某公司注册资本 1000000 元,且闽某公司自案发后已全面停产,对公账户可用余额仅为 18261.05 元。上述事实表明黄某海、黄某芬、黄某龙与闽某公司的高度人格混同已使闽某公司失去清偿其环境侵权债务的能力,闽某公司难以履行其应当承担的生态环境损害赔偿义务,符合《公司法》第 20 条第 3 款规定的股东承担连带责任之要件,黄某海、黄某芬、黄某龙应对闽某公司的环境侵权债务承担连带责任。

宣判后,没有上诉、抗诉,一审判决已发生法律效力。案件进入执行程序,目前可供执行财产价值已覆盖执行标的。

【专家点评】

公司是现代经济活动的主体,也是环境污染破坏的主要肇事者和责任承担方。之所以如此,与公司的特点和环境损害的特性密切相关。一方面,公司的独立法人地位和股东有限责任本就使公司具有冒险追求利润的天然倾向。另一方面,环境损害的外部性、累积性、潜伏性,以及经济见效快而危害显现慢,产生容易修复难,成本收益不对称等特点,更极大增加了股东通过操纵或放任公司的环境违法活动为自己谋取不当利益的可能和空间。实践中,公司严重损害环境却无力担责,使相关股东获得巨额利益的情形屡见不鲜。此时,刺破公司面纱,通过法人人格否认制度追究相关股东责任意义重大,势在必行。

对于公司法人人格否认制度,我国学界多有探讨。2005 年修改的《公司法》第 20 条作出明确规定,予以正式确立。《民法典》第 83 条也作出类似规定。但这些规定均表述笼统,未明确提及环境责任,实践中鲜少在环境领域适用,未发挥环境治理方面的应有作用。

本案中,被告闽某公司长期利用暗管偷排废水,造成严重污染,但因财务管理和经营制度不规范,与股东人格高度混同,大量资产由股东实际持有,公司账面资金不足以支付相应生态环境损害赔偿。法院积极适用《公司法》规定,刺破公司面纱,让股东承担连带责任,明确了法人人格否认制度在环境案件中的可适用性,具有多方面的积极意义:一是把公司"应当承担而无力承担生态环境损害赔偿责任"作为启动法人人格否认之必要条件的"逃避债务"的具体情形之一,根据环境案件特点灵活作出扩大解释;二是扩展了环境责任承担的主体范围和资金来源,为其履行提供更多保障,有利于实现以修复为中心的环境司法目标;三是有助于倒逼公司提高对环境事务的重视程度,强化环境责任承担和风险预防意识,促使公司积极承担环境社会责任;四是全面贯彻损害担责原则,使环境污染破坏的获益者付出相应代价,真正实现环境成本内部化。尤其值得注意的是,既有法人人格否认案件多发生在普通民事诉讼中,本案将之扩展到刑事附带民事公益诉讼中,在适用范围和可依凭手段方面,也作了重大扩展和有益探索。

不过,法人独立地位和股东有限责任毕竟是现代公司制度的核心特征和立身之本,对其否定和突破应以确有必要为前提,须谨慎、稳妥实施。除"人格混同""无力担责"等事实以及"生态环境责任承担的必要性"外,股东滥用控制权和影响地位,以及这种滥用在影响公司环境决策、催生或扩大相应环境责任方面的作用也应是据以考量的有力理由和重要因素。就本案公司股权结构及自成立起即埋设暗管偷排等情形来看,如能在此方面挖掘、论证,对环境领域法人人格否定规则体系的形成,或许更有意义。另外,公益诉讼原告在公司法人人格否定中到底属于何种身份、居于何种地位,与法律明确规定的"债权人"是何关系,也不无疑问,毕竟,无论是在文字表述,还是在理论逻辑上,二者都难以直接画上等号。环境公益诉讼中如何妥善适用公司法人人格否认,尚需更多理论研究和实践探索。

(北京大学　巩固研究员)

附录三：2023年度"中国十大环境司法事件"评选

2023年度"中国十大环境司法事件"评选细则

为更加生动呈现中国环境司法建设的丰硕成果，"中国环境司法发展研究"课题组特举办2023年"中国十大环境司法事件"评选活动。

一、2023年"中国十大环境司法事件"评选意义

回首过去，客观反映2023年度我国环境司法发展状况，整体审视影响环境司法发展的客观因素。

关注当下，反映公众对环境司法事件发生的看法、态度，为我国当下环境司法的运行提供民主养料。

展望未来，通过民间智慧的集中理性表达为环境司法运行提供思路，整体提升我国环境司法发展的质量。

二、2023年"中国十大环境司法事件"概述

（一）环境司法事件范围界定

传统意义上的"环境司法事件"是指在审判权行使过程中发生的客观事实，其以审判权行使为核心。在强调环境协同治理背景下，此界定显得过度狭义和静态，无法展现我国环境司法运行全貌，故课题组对"环境司法事件"的认定范围进行延拓，确定其为影响司法权行使并一定程度上形塑我国环境司法发展样态的事实。

对范围进行拓展，首先可以更明晰司法机关在环境治理中的角色，通过比对司法机关与其他主体的行为，助力司法机关了解自身功能；其次可以更清晰反映环境司法发展的动态过程，发掘影响环境司法发展的综合因素，将环境司法观察视角从静态引至动态；最后可以更积极回应环境多元治理现状，提升环境司法机关的应对能力。

（二）环境司法事件类型描述

环境司法事件可分为两大类，分别为有关主体的作为行为，以及客观环境变

化。客观环境变化,典型为现实中发生重大的影响环境司法运作的环境损害事件等。作为行为可以细分出以下内容,分别为发布重要法律、法规及政策性文件;举办重大会议;变革组织机构;实施专项环保行动;其他活动等。

三、2023年"中国十大环境司法事件"数据来源释明

本次参与评选的环境司法事件数据,一为课题组自行查找确定;二为课题组外其他专家、团体推荐。

课题组自行查找的事件数据以不同类型主体为参考,即通过对党政机关、省级以上法、检两院、社会环保组织等正式发布的可能影响环境司法发展的事件进行检索,并采取宽松化的数据库搭建标准,即与环境司法活动存在关联就将该事件纳入环境司法事件参选数据库中。对此,一是尽可能实现事件数据增量,避免遗漏;二是降低在严格标准的适用下课题组查找事件的主观影响,为专家和社会公众提供广泛的选择空间。

四、2023年"中国十大环境司法事件"评选流程

(一)2023年中国十大环境司法事件初评

1. 初评方法:德尔菲专家咨询法

德尔菲专家咨询法,即采用邮件等方式将所需解决的问题单独发送给专家,通过专家背对背打分的方式,获取专家意见,然后对专家的反馈进行汇总、分析,并再次征集意见逐步取得相对一致决策的方法。课题组通过多轮德尔菲专家函询,获取专家意见,确保事件初评结果的多领域、多角度及客观权威。

2. 参评专家的范围确定

课题组邀请法院法官、检察院检察官、知名学者、资深律师等组成专家团。其中法官、检察官专家分别来自最高法、检两院、省级法、检两院及基层法、检两院;律师及学者的确定则以深耕环境司法实务及理论研究为主要标准,兼顾我国地区差异的要求。

3. 初评评选标准及权重

(1)初评评选方式

通过采用专家咨询法,邀请评选专家就影响性、学术性、长效性和典型性标准对事件分别打分,各标准采用2.5分量表法(0~2.5分),单个环境司法事件总分不超过10分。分值越高,表明单一或多个标准体现越强。汇总专家打分情况,确定总分数前15名的事件进入复评环节。

(2)评选标准

①影响性

入选事件应具有较为广泛的影响力,具有较高社会关注度,影响范围广泛并能迅速引起公众积极讨论。

②典型性

入选事件应当在同类型事件中具有代表性和典型性,可以充分反映2023年度中国环境司法发展历程,充分发挥示范效应。

③长效性

入选事件应当可以对中国环境司法的发展产生长期作用,即能对中国环境司法的未来发展发挥预期引导作用并对环境司法专业能力的提升进行长期引领。

④学术性

入选事件应当反映环境司法的基本理念,具有较强的环境司法理论研究价值。

(二)年度环境司法事件复评

1. 复评方法:问卷调查法

2023年度"中国十大环境司法事件"的复评环节采用问卷调查法。通过网络问卷调查的方式,让公众参与环境司法事件评选,提升本次事件评选活动的社会参与度,调动社会公众参与我国环境司法建设事业的积极性。

2. 问卷的具体设计方案

(1)问卷设计及发放方式

课题组将通过中国法学会"环境资源法学研究会"公众号进行问卷发放,将进入复评的事件依其发生时间先后为序进行排列。

(2)复评评选结果确定

本次复评结果将按照事件得票数前10名确定,复评即为终评。

2023年度"中国十大环境司法事件"结果展示[3]

事件一:2023年4月10日,北京市朝阳区自然之友环境研究所诉国网甘肃省电力公司"弃风弃光"案达成调解

本案被称为我国气候变化诉讼第一案。2016年北京市朝阳区自然之友环境研究所针对国网甘肃省电力公司放弃风能和光伏太阳能发电行为,向兰州市中级人民法院提起环境民事公益诉讼。2018年8月14日,兰州市中级人民法院作出一审裁定,驳回自然之友环境研究所的起诉。自然之友环境研究所向甘肃省高级人民法院提起上诉。二审中,甘肃省高级人民法院撤销兰州市中级人民法院的民事裁定,指令甘肃矿区人民法院审理此案,最终该案以调解结案。调解协议内容显示,国网甘肃省电力公司将继续投资至少9.13亿元,用于新能源配套电网建设,提升新能源发电输送能力。本案对维护环境公益、推动能源供给革命和绿色低碳转型具有积极意义。

事件二:2023年2月16日,最高人民法院发布《关于完整准确全面贯彻新发展理念 为积极稳妥推进碳达峰碳中和提供司法服务的意见》(法发〔2023〕5号)

《关于完整准确全面贯彻新发展理念 为积极稳妥推进碳达峰碳中和提供司法服务的意见》分为6部分共24条。其中,第一部分是司法服务"双碳"工作的原则性要求;第二部分至第五部分重点对人民法院审理的涉碳案件提出具体指导意见;第六部分是最高人民法院要在涉碳案件领域"持续深化环境司法改革创新"的任务强调。该意见紧扣国家"双碳"目标,遵循全国统筹、节约优先、双轮驱动、内外畅通、防范风险的原则要求,立足发挥审判职能作用,旨在为积极稳妥推进碳达峰、碳中和提供有力司法服务。该意见是最高人民法院出台的第一部涉"双碳"规范性文件,对于各级人民法院依法妥善审理涉碳领域的新型案件具有重要的指导作用,对于以司法力量助力推进碳达峰、碳中和具有重要意义。

---

[3] 2023年度"中国十大环境司法事件"以网络复评的票高低排序。

事件三:2023年9月7日,十四届全国人大常委会立法规划公布并明确指出要积极推进生态环境法典编纂工作

2023年9月6日,全国人大常委会召开立法工作会议,赵乐际委员长在讲话中强调,要总结《民法典》编纂的经验和做法,完善法典编纂工作机制,确保完成法典编纂任务。9月7日,十四届全国人大常委会立法规划公布并明确指出"要积极推进生态环境法典和其他条件成熟领域的法典编纂工作"。法典编纂是新时代坚持全面依法治国、推进法治中国建设的重要举措,编纂生态环境法典有利于以法典化的方式对现行生态环境法律制度规范进行系统整合、编订纂修、集成升华,增强生态环境法律制度的系统性、整体性、协同性、时效性。立足我国国情编纂一部体例科学、结构严谨、规范合理、内容完整并协调一致的生态环境法典,必将有助于整合完善现行的生态环境保护法律制度体系,以法治力量推进生态环境治理体系和治理能力现代化。

事件四:2023年5月8日,生态环境部印发《生态环境行政处罚办法》(中华人民共和国生态环境部令第30号)

为规范生态环境行政处罚,保障严格规范公正文明执法,维护行政相对人合法权益,生态环境部印发了《生态环境行政处罚办法》。新的处罚办法分为8章共92条。该办法修订的指导理念和修改方向是以新《行政处罚法》的精神实质和核心要义为基础,严格遵守行政处罚领域的通用规范,同时紧密联系生态环境执法实际,突出生态环境领域执法特点,增强生态环境执法的规范性和可操作性,严格约束行政执法行为,保障当事人合法权益,保障执法既有力度又有温度;重点修改内容则对应涉及"实施主体与管辖""普通程序"等。该处罚办法的修订,为进一步落实好生态环境基本制度、执行好生态环境法律法规提供了基础保障,也为行政诉讼中司法机关审查环境行政机关的行政行为合法性提供了新的规范依据。

事件五:2023年1月12日,中国环境资源审判信息平台正式运行

中国环境资源审判信息平台由最高人民法院主导、江苏省高级人民法院承建,是人民法院深化环境司法改革创新的重要成果,充分体现了环境资源审判的鲜明特色。借助该平台的运行,有助于实现针对环境资源审判的大数据统计、分析、研判,推动信息共享、协调联动,助力打好蓝天、碧水、净土保卫战,服务长江经济带发展、黄河流域生态保护和高质量发展等重大战略实施;同时,以该平台为载体有利于推动国际交流、研究学习、宣传展示等,进而持续加强环境司法国

际交流合作,分享中国环境司法改革创新经验。该平台的运行有助于提升环境资源审判工作质效,增强环境资源审判体系和审判能力,为建设人与自然和谐共生的现代化提供有力司法服务。

事件六:2023年4月26日,《青藏高原生态保护法》(中华人民共和国主席令第5号)获得通过并公布

《青藏高原生态保护法》的制定目的在于加强青藏高原生态保护,防控生态风险,保障生态安全,建设国家生态文明高地,促进经济社会可持续发展,实现人与自然和谐共生。本法主体内容包括总则、生态安全布局、生态保护修复、生态风险防控、保障与监督等部分。通过聚焦青藏高原生态保护面临的特有问题和突出问题,作出了建立青藏高原生态保护协调机制的顶层规划,确立了尊重自然、顺应自然、保护自然的原则;坚持生态保护第一,自然恢复为主,守住自然生态安全边界;坚持统筹协调、分类施策、科学防控、系统治理等原则。本法的制定和施行,为打造青藏高原生态文明高地提供了坚实的法治保障,也为青藏高原地区的生态环境司法裁判提供了法律依据。

事件七:2023年8月14日,最高人民法院集中发布了《关于审理生态环境侵权责任纠纷案件适用法律若干问题的解释》(法释〔2023〕5号)、《关于生态环境侵权民事诉讼证据的若干规定》(法释〔2023〕6号)

最高人民法院《关于审理生态环境侵权责任纠纷案件适用法律若干问题的解释》、最高人民法院《关于生态环境侵权民事诉讼证据的若干规定》的制定和发布旨在进一步健全完善生态环境审判法律适用规则体系,推动生态环境审判工作高质量发展。其中,前一部规范文件共29条,主要规定生态环境侵权案件范围、归责原则、数人侵权、责任主体、责任承担、诉讼时效等内容;后一部规范文件共34条,主要包括适用范围、举证责任、证据的调查收集和保全、证据共通原则、专家证据、书证提出命令、损失费用的酌定等内容。最高人民法院在首个全国生态日发布以上两部司法解释,不仅为各级法院审理生态环境侵权责任纠纷案件提供了更为明确和细化的法律依据,还是开展生态环境法治宣传教育活动的有效做法,具有较大意义。

事件八:2023年10月24日,《海洋环境保护法》(中华人民共和国主席令第12号)修订通过

新修订的《海洋环境保护法》共9章共124条,具体包括总则、海洋环境监督管理、海洋生态保护、陆源污染物污染防治、工程建设项目污染防治、废弃物倾倒

污染防治、船舶及有关作业活动污染防治、法律责任、附则。对《海洋环境保护法》进行修订旨在应对新时代我国改善海洋环境、建设美丽中国的迫切需求。新修订的《海洋环境保护法》立足当前我国海洋生态环境保护现状和需求，对我国海洋环境保护制度进行全方位的调整，体现我国生态文明建设的基本原理和核心要义，对于我国加快建设海洋强国、维护海洋权益、实现生态文明以及人与自然和谐共生具有重要意义。同时，该法的修订也会对海洋环境司法工作的具体开展产生重大影响。

事件九：2023年10月19日，生态环境部、市场监管总局联合发布《温室气体自愿减排交易管理办法（试行）》（中华人民共和国生态环境部、国家市场监督管理总局令第31号）

《温室气体自愿减排交易管理办法（试行）》的制定目的在于鼓励温室气体自愿减排行为，规范全国温室气体自愿减排交易及相关活动。该办法分为8章共51条，包括总则、项目审定与登记、减排量核查与登记、减排量交易、审定与核查机构管理、监督管理、罚则、附则；具体对自愿减排交易及其相关活动的各环节作出规定，明确了项目业主、审定与核查机构、注册登记机构、交易机构等各方的权利、义务和法律责任，以及各级生态环境主管部门和市场监督管理部门的管理责任。该办法的发布，标志着我国碳交易市场迈入由全国强制减排交易市场和全国自愿减排交易市场"双轮驱动"的时代。同时，该办法的发布可能使市场主体在碳减排项目核证、登记以及交易方面的纠纷增多，这会对未来的环境司法工作产生影响。

事件十：2023年6月5日，最高人民法院发布了《中国环境资源审判（2022）》年度报告

《中国环境资源审判（2022）》年度报告从持续深化改革创新、推进环境资源审判专业化建设，聚焦现代环境治理、增强协同联动和服务保障能力，深化国际交流合作、贡献建设清洁美丽世界中国智慧六个方面，对2022年的环境资源审判工作进行全面总结。其内容描述了我国专门环境诉讼制度发展态势良好、环境司法重点领域得到突破、环境司法专业化功能稳定发挥的环境司法现状；具体列明了全国法院在2022年共受理、审结的环境资源案件数量。本年度报告生动地展示了我国环境司法专业化发展成果，同时为后续环境司法实践提供丰富的裁判指引。